Matthias Siebold

Dienstleistungscontrolling in der Praxis

Matthias Siebold

Dienstleistungscontrolling in der Praxis

Methoden, Handlungsanleitungen und Fallbeispiele

WILEY

WILEY-VCH Verlag GmbH & Co. KGaA

1. Auflage 2014

Alle Bücher von Wiley-VCH werden sorgfältig erarbeitet. Dennoch übernehmen Autoren, Herausgeber und Verlag in keinem Fall, einschließlich des vorliegenden Werkes, für die Richtigkeit von Angaben, Hinweisen und Ratschlägen sowie für eventuelle Druckfehler irgendeine Haftung.

Bibliografische Information der Deutschen Nationalbibliothek
Die Deutsche Nationalbibliothek verzeichnet diese Publikation in der Deutschen Nationalbibliografie; detaillierte bibliografische Daten sind im Internet über http://dnb.d-nb.de abrufbar.

© 2014 Wiley-VCH Verlag & Co. KGaA, Boschstr. 12, 69469 Weinheim, Germany

Alle Rechte, insbesondere die der Übersetzung in andere Sprachen, vorbehalten. Kein Teil dieses Buches darf ohne schriftliche Genehmigung des Verlages in irgendeiner Form – durch Photokopie, Mikroverfilmung oder irgendein anderes Verfahren – reproduziert oder in eine von Maschinen, insbesondere von Datenverarbeitungsmaschinen, verwendbare Sprache übertragen oder übersetzt werden. Die Wiedergabe von Warenbezeichnungen, Handelsnamen oder sonstigen Kennzeichen in diesem Buch berechtigt nicht zu der Annahme, dass diese von jedermann frei benutzt werden dürfen. Vielmehr kann es sich auch dann um eingetragene Warenzeichen oder sonstige gesetzlich geschützte Kennzeichen handeln, wenn sie nicht eigens als solche markiert sind.

Printed in the Federal Republic of Germany

Gedruckt auf säurefreiem Papier.

Lektorat: boos for books, Evelyn Boos, Schondorf am Ammersee
Satz inmedialo Digital- und Printmedien UG, Plankstadt
Druck und Bindung CPI, Ebner & Spiegel, Ulm
Umschlaggestaltung Christian Kalkert, Birken-Honigsessen

ISBN: 978-3-527-50684-2

Inhaltsverzeichnis

1 **Mit diesen Seiten sparen Sie viel Zeit** 9
   1.1 Ansatz, Beispiele und Fachbegriffe 9
   1.2 Tipps für den eiligen Leser mit speziellen Erwartungen 13
   1.3 Anleitung für den umfassend interessierten Leser 16

2 **Ungeliebte, aber wichtige Grundlagen** 19
   2.1 Was Sie in diesem Kapitel erwartet 19
   2.2 Dienstleistungen 20
   2.3 Controlling 27
   2.4 Dienstleistungscontrolling 29
   2.5 Dienstleistungscontrolling strategisch einbetten 31
   2.6 Die Philosophie des Dienstleistungscontrollings 33
   2.7 Controller-Wörterbuch Deutsch – Englisch 37

3 **Wenn alle die Ziele kennen, stimmt die Richtung** 39
   3.1 Was Sie in diesem Kapitel erwartet 39
   3.2 Ausgangssituation für vorausschauende Strategieentwicklung 40
   3.3 Nutzen des strategischen Managements 42
   3.4 Den strategischen Managementprozess moderieren 45
   3.5 Handlungsanleitung für den Strategieentwicklungsprozess 48
      3.5.1 Leitbild aufstellen 53
      3.5.2 Zielthemen benennen 55
      3.5.3 Stärken und Schwächen analysieren 57
      3.5.4 Kernkompetenzen analysieren 61
      3.5.5 Zukunft analysieren 64
      3.5.6 Trends ableiten 78
      3.5.7 Strategischen Rahmen entwerfen 80
      3.5.8 Strategie detaillieren und formulieren 87
      3.5.9 Eckwerte planen 94
      3.5.10 Detailmaßnahmen planen 96
   3.6 Controller-Wörterbuch Deutsch – Englisch 98

4 **Den Gesamtüberblick behalten** 101
   4.1 Was Sie in diesem Kapitel erwartet 101
   4.2 Probleme mit dem Gesamtüberblick 102

Dienstleistungscontrolling in der Praxis Matthias Siebold
Copyright © 2014 WILEY-VCH Verlag GmbH & Co. KGaA, Weinheim

4.3 Nutzen einer ganzheitlichen, übergeordneten Steuerung 106
4.4 Methoden der jährlichen, quantitativen Gesamtsteuerung 108
    4.4.1 Mit quantitativen Kennzahlen arbeiten 108
    4.4.2 Bilanzcontrolling als Schnelltest 110
    4.4.3 Jährliche Ergebnisrechnung 131
    4.4.4 Cashflow-Analyse 131
4.5 Methoden der monatlichen, quantitativen Gesamtsteuerung 133
    4.5.1 Betriebswirtschaftliche Auswertung (BWA) 133
    4.5.2 Betriebsergebnisrechnung 137
4.6 Träge Kennzahlen der qualitativen Gesamtsteuerung 141
    4.6.1 Bedeutung qualitativer Steuerungsinformationen 141
    4.6.2 Längerfristig ausgerichtete qualitative Kennzahlen 142
4.7 Dynamische Kennzahlen der qualitativen Gesamtsteuerung 143
    4.7.1 Mit dynamischen Kennzahlen arbeiten 143
    4.7.2 Kurzfristig ausgerichtete qualitative Kennzahlen 143
4.8 Ganzheitlicher Gesamtüberblick mit der Balanced Scorecard 144
4.9 Beteiligungscontrolling 145
4.10 Controller-Wörterbuch Deutsch – Englisch 148

5 Wertschöpfung unternehmensintern verrechnen 151

5.1 Was Sie in diesem Kapitel erwartet 151
5.2 Probleme bei der Verrechnung interner Dienstleistungen 152
5.3 Nutzen eines sinnvollen Niveaus der internen Verrechnung 154
5.4 Handlungsanleitung für die interne Leistungsverrechnung 159
    5.4.1 Schritt 1: Strategischen Rahmen setzen 159
    5.4.2 Schritt 2: Internen Leistungskatalog definieren 161
    5.4.3 Schritt 3: Messgrößen vorgeben 168
    5.4.4 Schritt 4: Wirtschaftliche Strukturen festlegen 170
    5.4.5 Schritt 5: Gesamtsystem entwerfen 173
    5.4.6 Schritt 6: Interne Verrechnung aufbauen 176
5.5 Verrechnungssysteme in Konzernen 183
    5.5.1 Shared Service Centers (SSCs) 183
    5.5.2 Konzerninterne Verrechnungssysteme 188
    5.5.3 Internationale Verrechnungspreise 190
5.6 Controller-Wörterbuch Deutsch – Englisch 193

6 Kosten aktiv managen 197

6.1 Was Sie in diesem Kapitel erwartet 197
6.2 Probleme mit der Kostenposition 197

6.3 Kostenmanagement als Erfolgsvorsorge nutzen *201*
6.4 Grundlagen einer führungsorientierten Kostenrechnung *203*
6.5 Die Handlungsfelder eines operativen Kostenmanagements *205*
    6.5.1 Kostenrechnung ausbauen *208*
    6.5.2 Gemeinkosten transparent machen *218*
    6.5.3 Fixkosten reduzieren *223*
    6.5.4 Leistungsvielfalt und Portfoliobreite beherrschen *227*
    6.5.5 Leistungstiefe optimieren *235*
6.6 Controller-Wörterbuch Deutsch – Englisch *241*

7 Mit der richtigen Preispolitik profitabel wachsen *243*

7.1 Was Sie in diesem Kapitel erwartet *243*
7.2 Probleme der Preiskalkulation in Dienstleistungsunternehmen *243*
7.3 Sich auf das wirklich profitable Geschäft konzentrieren *247*
7.4 Kriterien für die Auswahl der richtigen Kalkulationsmethode *249*
7.5 Kostenorientierte Preiskalkulation *250*
    7.5.1 Divisionskalkulation *250*
    7.5.2 Zuschlagskalkulation *256*
    7.5.3 Deckungsbeitragsrechnung *261*
    7.5.4 Prozesskostenrechnung *273*
7.6 Nachfrage- und wettbewerbsorientierte Preiskalkulation *277*
    7.6.1 Zielkostenrechnung *277*
    7.6.2 Preisgesteuertes Kapazitätscontrolling *282*
    7.6.3 Projektkalkulation *286*
7.7 Kalkulation produktbegleitender Dienstleistungen *288*
7.8 Controller-Wörterbuch Deutsch – Englisch *289*

8 Berichtswesen *293*

8.1 Was Sie in diesem Kapitel erwartet *293*
8.2 Probleme mit den Steuerungsinformationen *293*
8.3 Nutzen eines professionellen Reportings *295*
8.4 Anforderungen an ein zeitgemäßes Berichtswesen *296*
8.5 Reportingkonzepte abhängig vom Reifegrad *299*
8.6 Controller-Wörterbuch Deutsch – Englisch *302*

Über den Autor *303*
Literaturverzeichnis *305*
Stichwortverzeichnis *309*

1
Mit diesen Seiten sparen Sie viel Zeit

1.1 Ansatz, Beispiele und Fachbegriffe

Gründe für dieses Fachbuch

»Ein eigenständiges Dienstleistungs-Controlling kann es nicht geben. Darum finden sich in Büchern zum Thema auch keine Instrumente, die ausschließlich von Dienstleistern angewendet werden (können). Vielmehr können solche Bücher lediglich eine Hilfestellung bei der Übertragung, Tipps zur Einführung usw. bieten.« (Kleinhietpaß 2012, S. 48).

Eine bessere Begründung eines Kritikers, der die Fokussierung im Controlling auf den Dienstleistungssektor in Frage stellt, kann es nicht geben. Denn genau darum geht es in diesem Fachbuch: Hilfestellung und Tipps für die Umsetzung in Dienstleistungsunternehmen! Oder anders ausgedrückt: Die Controllinginstrumente, die für Dienstleistungsunternehmen existenziell sind, werden differenziert betrachtet, und es werden Vorschläge in Form von erprobten Umsetzungswegen unterbreitet. Die Controllingmethoden, die für produzierende Industrieunternehmen wichtig, aber für Dienstleistungsunternehmen ohne oder von geringerer Bedeutung sind, werden in diesem Buch nicht behandelt.

Es gibt mittlerweile eine recht umfangreiche Literatur zum Thema Dienstleistungsmanagement, die die Besonderheiten des Managements von Dienstleistungsunternehmen in den Mittelpunkt stellt. Da ist es logisch, das Gleiche für das Controlling in Dienstleistungsunternehmen in Anspruch zu nehmen.

Für dieses Fachbuch über eine spezielle Ausrichtung des Controllings gibt es weitere gute Gründe:

- Mittlerweile sind 73,5 Prozent der Erwerbstätigen in Deutschland, das sind rund 30 Millionen, im Dienstleistungssektor tätig (Statistisches Bundesamt, 2010).
- Die Nachfrage nach Controllern in Deutschland ist weiterhin überdurchschnittlich hoch. Dies liegt einerseits an der guten Auftragslage und andererseits an dem hohen Arbeitsaufkommen in den Finanzabteilungen.

Dienstleistungscontrolling in der Praxis Matthias Siebold
Copyright © 2014 WILEY-VCH Verlag GmbH & Co. KGaA, Weinheim

Zielgruppe dieses Fachbuches

Neben Controllern in Dienstleistungsunternehmen wird heute auch von Führungs- und Nachwuchsführungskräften verlangt, dass sie im Rahmen der strategischen Ausrichtung des Unternehmens die ihnen gesetzten Ziele permanent im Blick und die Zahlen ihres Verantwortungsbereiches im Griff haben. Das bedeutet, dass sie in der Lage sein müssen, die Ergebnisse des strategischen Managementprozesses auf den eigenen Bereich herunterzubrechen, Kontrolle auszuüben über Plan-Ist-Vergleiche, bei drohenden oder festgestellten Abweichungen Vereinbarungen über Gegensteuerungsmaßnahmen zu treffen und diese zielorientiert umzusetzen. Mit diesen Worten ist ein Controllingzyklus skizziert.

An welche Führungs- und Nachwuchskräfte richtet sich dieses Fachbuch denn nun genau? An Quereinsteiger ins Controlling, Junior-Controller mit wenigen Jahren Berufserfahrung, »Nicht-Controller« wie Projektleiter und auch Projektcontroller, bei denen es sich oft um Spezialisten aus Controlling-fremden Fachbereichen handelt. Weiterhin an Fachspezialisten aus Marketing, Vertrieb, Informationstechnologie und weiteren internen Organisationseinheiten mit Querschnittsaufgaben sowie Führungskräfte (Teamleiter, Gruppenleiter, Abteilungsleiter), die dezentrale Controllingaufgaben mit übernehmen müssen. Außerdem richtet sich dieses Werk an Studenten mit Schwerpunkt Finanzen und Controlling, Teilnehmer an Controllinglehrgängen und Weiterbildungen zum Controller sowie an Fach- und Führungskräfte produktbegleitender Dienstleistungen aus Industriebetrieben.

Diese Zielgruppe verfügt in der Regel schon über Vorkenntnisse. Daher werden die grundlegenden Ansätze und Begriffe des Controllings vorausgesetzt und – wenn überhaupt – nur kurz angerissen. Auf spezielle Fachbegriffe rund um die Handlungsanleitungen für das Dienstleistungscontrolling wird detailliert eingegangen.

Schwerpunkt dieses Fachbuches

Im Mittelpunkt der Betrachtung steht immer der direkte ökonomische Nutzen. Das bedeutet, dass sich Instrumente zur Analyse der Rentabilität sowie der Wirtschaftlichkeit und Produktivität zentral durch das ganze Fachbuch hindurchziehen. Auf einschlägige Instrumente zu Qualitätsmanagement und -sicherung in Dienstleistungsunternehmen wie die »Fehlermöglichkeits- und Einflussanalyse« (engl. Failure Mode and Effects Analysis, FMEA), »Qualitätsfunktionendarstellung« (engl. Quality Function Deployment, QFD), Six Sigma, SERVQUAL etc. wird verzichtet.

Was der Fachbuchtitel verrät

»Dienstleistungscontrolling in der Praxis« bedeutet, dass der Leser keine Weiterentwicklung der Theorie erwarten darf. Die vorgestellten Handlungsanweisungen und Methoden bauen auf den vorhandenen theoretischen Modellen auf. Handlungsorientiert und natürlich beeinflusst durch die Meinung und spezielle Erfahrung des Autors.

Bei der Lektüre von Fachbüchern, Projektberichten und sonstigen Veröffentlichungen klassischer Unternehmensberater sind als Projektbeispiele häufig beeindruckende Excel-Tabellen zu finden. Die mit Zahlen gespickten Darstellungen können, wenn überhaupt, nur mühsam nachvollzogen werden. Meistens sucht der Leser vergeblich Hinweise darauf, wie der Weg zur Erstellung dieser »Exceltapeten« gewesen sein könnte. Genau diese Lücke zwischen theoretischer Fachlektüre und zusammengefassten Ergebnissen von Praxisprojekten will dieses Fachbuch schließen. Dem einen Leser werden die Umsetzungsempfehlungen zu weit gehen – einem anderen Leser wird die Umsetzungsorientierung immer noch zu allgemein sein. Das Ziel dieses Fachbuches ist es, ein mittleres Niveau für die Umsetzungsorientierung zu erreichen.

»Methoden, Handlungsanleitungen und Fallbeispiele« beschreibt den Aufbau der einzelnen Kapitel. Die wesentlichen methodischen Schritte beim Auf- und Ausbau des Dienstleistungscontrollings werden differenziert vorgestellt. Der Umgang mit Betroffenen und Beteiligten bei durch das Controlling initiierten Veränderungen entscheidet über Erfolg oder Misserfolg. Auf Ausführungen, redundante Darstellungen sowie Tipps und Tricks bei der Steuerung von Kommunikationsschleifen, Abstimmmaßnahmen und sonstigen Kommunikationsmaßnahmen wird allerdings verzichtet. Grundsätzlich gilt beim Auf- und Ausbau der Steuerungsinstrumente des Dienstleistungscontrollings immer: Beachten Sie die Anforderungen an ein professionelles *Veränderungsmanagement!* Kommunikation bzw. Nicht-Kommunikation ist immer erfolgskritisch.

Der Aufbau der einzelnen Fachkapitel orientiert sich an dem Prinzip der Salutogenese:

- Ist es nachvollziehbar? Die Themen werden in einfacher Sprache ohne Fremdwörter vorgestellt.
- Ist es sinnvoll? Der Nutzen der Dienstleistungsinstrumente wird früh dargestellt.
- Ist es anwendbar? Konzeptionelle Schaubilder und Beispiele erleichtern die Anwendung.

Die »klassischen« Differenzierungen und Darstellungen der Theorie sucht der Leser ebenfalls vergebens. Anstelle der Trennung und Gegenüberstellung zum Beispiel von strategischen und operativen Instrumenten des Dienstleistungscontrollings oder einer zusammenhängenden und in sich geschlossenen theoretischen Darstellung der Kosten- und Leistungsrechnung mit Kostenarten-, Kostenstellen- und Kostenträgerrechnung wird verzichtet. Die Methoden und die notwendige Theorie des Dienstleistungscontrollings werden an den Stellen vorgestellt, an denen sie in der praktischen Arbeit gefordert sind.

Die in diesem Buch enthaltenen anonymisierten Fallbeispiele sind real und überwiegend eigenen Prozessbegleitungs- und umfangreichen Trainingsprojekten entnommen. Sie stehen jeweils in einem Kasten und stammen – entsprechend der Kunden- und Projektstruktur des Autors – vor allem aus folgenden Branchen:
- Informationstechnologie und Telekommunikation
- Immobilien- und Wohnungswirtschaft
- Energiewirtschaft (Stadtwerke und Versorgungsunternehmen) und Öffentlicher Personennahverkehr
- Beratungsgesellschaften, besonders Steuerberatung und Wirtschaftsprüfung
- Personaldienstleister

Verwendung fehlerhafter Fachbegriffe

Die Inhalte und verwendeten Fachbegriffe in diesem Buch entsprechen den Standards und theoretischen Grundlagen der Betriebswirtschaftslehre. Sie sind formal richtig, dennoch sind Abweichungen bei der Verwendung von Fachbegriffen zur eigenen Praxis im Unternehmen oder dem eigenen Projekt immer möglich! Die Erfahrung zeigt, dass nicht nur unbewusst, sondern vielfach auch bewusst in der Projekt- und Unternehmenspraxis formal falsche Fachbegriffe verwendet werden. Die unbewusste Verwendung falscher Fachbegriffe ist üblicherweise auf betriebswirtschaftliche Unkenntnis oder betriebswirtschaftliches Halbwissen zurückzuführen. Interessanter ist hier schon die bewusste Falschverwendung. Es kommt vor, dass in Unternehmen die Verantwortlichen aus Finanzen, Rechnungswesen und/oder Controlling einen falschen Begriff einführen und auf den formal richtigen verzichten. Mal sollen die Mitarbeiter nicht verwirrt werden. Gelegentlich soll Intransparenz erzeugt werden.

> **Beispiel:**
>
> So wird die absolute, jährliche Ergebnisgröße einer Wirtschaftlichkeitsbetrachtung für neue Projekte in einem Unternehmen der Informationstechnologie/Telekommunikation Projekt-EBIT genannt, um einerseits die Kennzahl EBIT (Earnings before Interest and Taxes) im Unternehmen durchzusetzen und andererseits die Mitarbeiter nicht mit zu vielen Ergebnisgrößen im Projekt- und Unternehmensumfeld zu verwirren. Gemeint und bei Nutzung von Investitionsrechenverfahren formal richtig wäre die Bezeichnung Cashflow.

Ein zweiter Grund für die falsche Verwendung von Fachbegriffen liegt häufig darin, dass englische Fachbegriffe auf viele Adressaten gewichtiger, überzeugender oder geheimnisvoller wirken, ob sie nun richtig verwendet werden oder nicht.

Lesefreundlichkeit

Für einen guten Lesefluss und eine hohe Lesefreundlichkeit wird nicht zwischen Controllerinnen und Controllern differenziert, sondern die männliche Form verwendet. Damit sind natürlich auch alle Controllerinnen bzw. Leserinnen gemeint.

1.2 Tipps für den eiligen Leser mit speziellen Erwartungen

Vorgehensmodelle

Um die Struktur dieses Fachbuches zu verstehen, seien drei Vorgehensmodelle für den Aufbau bzw. zur Optimierung eines wirksamen Dienstleistungscontrollings kurz genannt:

1. Mindestausstattung des Dienstleistungscontrollings: Dieses Vorgehen trennt strategische und operative Controllinginstrumente. Im **3. Kapitel** wird der strategische Managementprozess mit für das Dienstleistungsmanagement relevanten Methoden des strategischen Controllings vorgestellt. Die operativen Instrumente werden anschließend in den **Kapiteln 4 bis 7** behandelt.
2. Informationsbedarf von Führungskräften und Schlüsselmitarbeitern: Sowohl Vorstände bzw. Geschäftsführer als auch Kunden- oder Projektmanager in Dienstleistungsunternehmen haben einen hohen Informationsbedarf, um bessere Entscheidungen treffen und ihre Verantwor-

tungsbereiche steuern zu können. Von den oberen Führungskräften bis zu den untersten Ebenen im Dienstleistungsunternehmen steigt die Kleinteiligkeit dieser benötigten Informationen. Diese Unterschiedlichkeit im Detaillierungsgrad der Informationen kann in einer Berichtsmatrix gut veranschaulicht werden. Im **4. bis 7. Kapitel** werden die einzelnen Stufen der Berichtsmatrix abhängig vom Informationsbedarf der handelnden Personen vorgestellt.
3. Professionalisierung vorhandener Instrumente: Der Ansatz Controllinginstrumente über sechs Stufen zu professionalisieren, wird im **8. Kapitel** kurz vorgestellt.

Mindestausstattung des Dienstleistungscontrollings

Erfahrungen belegen, dass für ein wirksames Controlling jedes Dienstleistungsunternehmen eine Mindestausstattung an strategischen und operativen Methoden einsetzen sollte. Eine bewährte Aufteilung könnte wie folgt aussehen:

Strategische, wachstumsorientierte Mindestausstattung:
- Strategisches Leitbild
- Planung von Dienstleistungsstrategien
- Strategisches Budget, qualitativ und quantitativ
- Strategischer Plan-Ist-Vergleich
- Früherkennung schwacher Signale
- Berichtswesen für Vorstand/Geschäftsführung und Aufsichtsrat

Operative, erfolgsorientierte Mindestausstattung:
- Führungs- und entscheidungsorientierte Kosten- und Leistungsrechnung
- Operative Jahresbudgets
- Operative Plan-Ist-Vergleiche mit Vorschaurechnungen
- Kennzahlen
- Dynamische Investitionsrechnung
- Berichtswesen

Ausgehend von dieser Aufteilung beschäftigt sich das Kapitel 3 mit der Entwicklung eines Leitbildes, der Erarbeitung von Vision und Mission sowie der Ableitung von Strategien.

Berichtsmatrix des Dienstleistungscontrollings

Der notwendige operative Informationsbedarf von Führungskräften auf den verschiedenen Ebenen kann verallgemeinert und standardisiert werden. Dieser Bedarf an Zahlen, Daten und Fakten ist eine Klammer und hat den Aufbau dieses Fachbuches und die Aufteilung in seine Kapitel ebenfalls stark beeinflusst. In maximal fünf Kategorien deckt das Dienstleistungscontrolling den Informationsbedarf des Vorstands bzw. Geschäftsführers bis zum Linien- bzw. Kundenmanager ab.

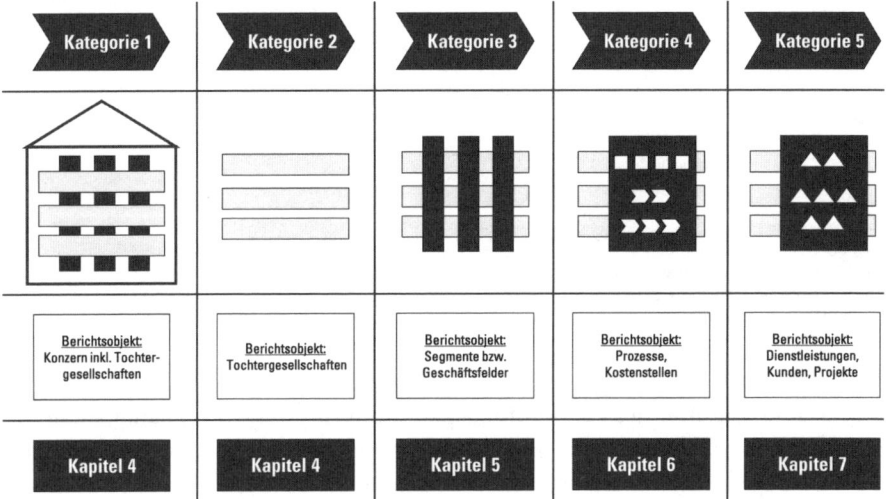

Abbildung 1.1: Berichtsmatrix des Dienstleistungscontrollings (in Anlehnung an Schrott/Hellebrandt 2009: S. 25)

Diese fünf Berichtskategorien werden in den Kapiteln 4 bis 7 ausführlich behandelt.

Dienstleistungscontrolling umsetzen

Controller stellen die Informationen zur Steuerung und Regelung des Unternehmens den Führungskräften, die diese Informationen nutzen, zur Verfügung. Dabei müssen auch sie die Grundsätze der Salutogenese einhalten:
- Verständlichkeit
- Sinnhaftigkeit/Bedeutsamkeit
- Handhabbarkeit

Der Inhalt der Information und ihre Einordnung in den Kontext der Arbeit müssen verständlich sein. Die vom Controlling berichtete Information muss für den Empfänger relevant und damit bedeutsam sein. Die gelieferten Informationen müssen zu den Kompetenzen und dem Know-how des Empfängers passen und damit für ihn handhabbar sein. Von der Berück-

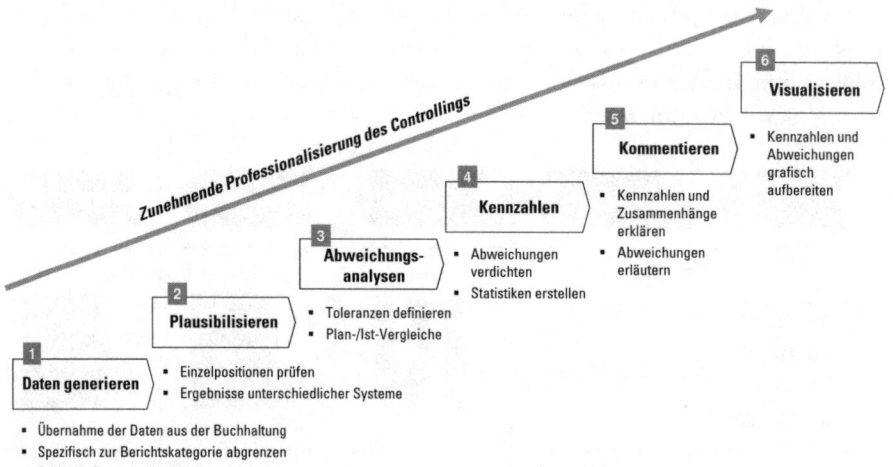

Abbildung 1.2: Dienstleistungscontrolling umsetzen

sichtigung und dem Zusammenspiel dieser drei Faktoren hängt es ab, ob das Dienstleistungscontrolling des Unternehmens einfach oder kompliziert wahrgenommen wird (vgl. DIN SPEC 1086: S. 7).

1.3 Anleitung für den umfassend interessierten Leser

Kurze Beschreibung, was in den einzelnen Kapiteln passiert.

Das **2. Kapitel** stellt die notwendigen Grundlagen für die Auseinandersetzung mit dem Dienstleistungscontrolling kompakt vor.

Im **3. Kapitel** wird ein strategischer Managementprozess beschrieben, der visionäre Elemente, fähigkeitsgetriebene Aspekte der Strategieentwicklung und Überlegungen des Chancenmanagements vereint.

Im **4. Kapitel** werden die jährlichen und monatlichen Informationsinstrumente des Vorstandes bzw. der Geschäftsführung, unterteilt nach steuerrechtlicher, betriebswirtschaftlicher und finanzieller Aussagekraft, vermittelt. Das Thema Beteiligungscontrolling wird kurz angesprochen.

Das **5. Kapitel** beschäftigt sich ausführlich mit den Anforderungen an eine effektive interne Leistungsverrechnung.

Nach dem **6. Kapitel** sind keine Fragen mehr rund um das Thema Kostenmanagement offen.

Im **7. Kapitel** werden Kalkulationsverfahren abhängig von Anwendungszweck, Dienstleistungstyp und Prozesstyp vorgestellt.

Das kurz gehaltene **8. Kapitel** über Reporting behandelt schwerpunktmäßig die Professionalisierung vorhandener Controllinginstrumente über sechs Stufen hinweg.

Das **9. Kapitel** beinhaltet das Literaturverzeichnis.

Controller-Wörterbuch Deutsch – Englisch

Durch die Verwendung deutscher Fachbegriffe wird eine hohe Lesefreundlichkeit erreicht und »Denglish« vermieden. Allerdings: Viele Leser benötigen englische Fachbegriffe, weil sie mit Konzerntöchtern, Lieferanten, Kunden und anderen Partnern international zusammenarbeiten. Außerdem sind nach den Erfahrungen des Autors vielen Teilnehmern von Controllingseminaren – durchgeführt in englischer Sprache – die englischen Fachbegriffe geläufig, häufig sind aber die deutsche Übersetzung und/oder die inhaltliche Bedeutung unklar. Daher stehen die wichtigsten Fachbegriffe des Dienstleistungscontrollings am Ende eines jeden Kapitels zum Nachschlagen in deutscher und englischer Sprache.

Literaturverzeichnis

Die genutzten und zitierten Titel und Quellen stellen eine persönliche Auswahl des Autors ohne Anspruch auf Vollständigkeit und Rücksicht auf die wissenschaftliche Leistung dar. Entscheidende Kriterien bei der Auswahl waren Praxisrelevanz und eine hohe Lesefreundlichkeit.

2
Ungeliebte, aber wichtige Grundlagen

2.1 Was Sie in diesem Kapitel erwartet

Im vorherigen Kapitel haben Sie erfahren, welche grundsätzlichen Überlegungen beim Ansatz und Aufbau dieses Fachbuches eine Rolle gespielt haben und wie Sie es effektiv und effizient nutzen können.

Dieses Kapitel soll Sie in die Lage versetzen,
- den Unterschied von Dienstleistungscontrolling gegenüber dem »klassischen« industriellen Controlling zu verstehen,
- die Notwendigkeit von Dienstleistungscontrolling und wichtige Zusammenhänge des Dienstleistungscontrollings zu erkennen und in Ihre berufliche Praxis einzuordnen und
- grundlegende Fachbegriffe und Rahmenbedingungen inhaltlich und im Gesamtzusammenhang zu verstehen.

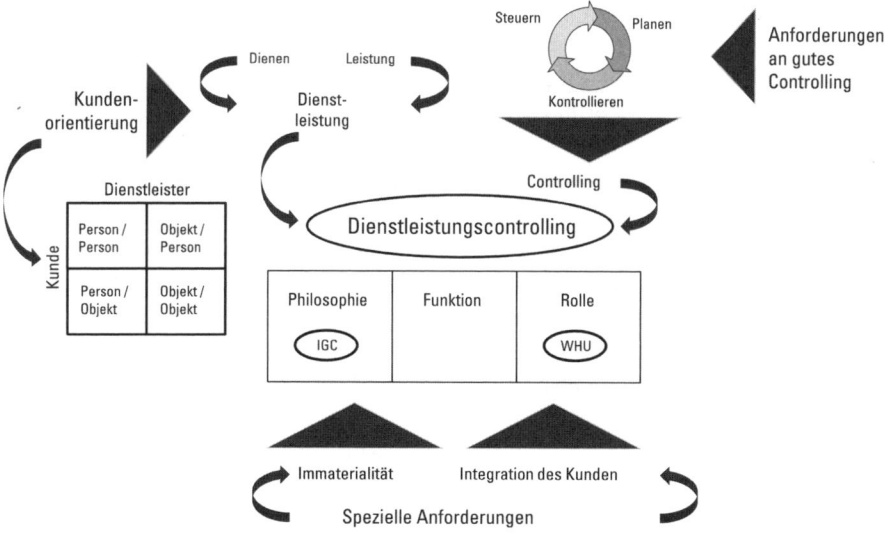

Abbildung 2.1: Kapitel 2 im Überblick

2.2 Dienstleistungen

Ausgangssituation

Die aktuelle Situation auf Dienstleistungsmärkten stellt hohe Anforderungen an das Management von Dienstleistungsunternehmen. Eine eng am Markt orientierte Analyse, Planung, Durchführung und Kontrolle aller Marktaktivitäten muss gewährleistet sein. Die Gestaltung einer intensiven Beziehung zwischen Dienstleistungsanbietern auf der einen Seite und den Kunden der Dienstleistungen auf der anderen Seite erfordert ein hohes Maß an Kundenorientierung (vgl. Meffert/Bruhn 2006: S. 3).

Kundenorientierung

Eine wirksame Kundenorientierung beinhaltet dabei
- den offenen Kontakt zum Kunden,
- die gezielte Erforschung von Kundenwünschen und
- die sich daraus ergebenden notwendigen Anpassungen im eigenen Prozess der Dienstleistungserstellung.

Nur durch eine konsequente Kundenorientierung bestehen Chancen zur Erlangung von Wettbewerbsvorteilen. Dies zeigen Erfahrungen auf den Dienstleistungsmärkten (vgl. Meffert/Bruhn 2006: S. 3).

Definition Dienstleistungen

Dienstleistungen sind immaterielle Leistungen, die durch eine Kombination von internen und externen Produktionsfaktoren an dem externen Faktor erbracht werden. Mit externem Faktor ist der Kunde selbst oder ein Vermögensgut in seinem Besitz, zum Beispiel sein Auto, das er zur Reparatur bringt, gemeint.

Unter dem Begriff Dienstleistungen sind früher überwiegend technische Kundendienstleistungen verstanden worden (vgl. Meffert/Bruhn 2006: S. 23). Denn Industriebetriebe haben schon immer neben Produkten, z.B. Druckmaschinen, auch produktbegleitende Dienstleistungen, z.B. Wartung und Instandhaltung der Druckmaschinen, angeboten. Die Geschäftsmodelle vieler Industriebetriebe sehen heute oftmals vor, dass mit dem Produkt nur eine Plattform beim Kunden aufgebaut und mit der Dienstleistung das eigentliche Geschäft gemacht wird, z.B. in der Informationstechnologie/Telekommunikationsbranche mit Systemlösungen in Form von Softwarewartungs- und -pflegeverträgen.

Dienstleistungen sind persönlich, arbeitsintensiv und vielfach schwer standardisierbar. Sie setzen Leistungsfähigkeiten in Form von besonderen

Kompetenzen und Leistungsbereitschaft der Mitarbeiter des Dienstleistungsunternehmens voraus. Für das Dienstleistungscontrolling sind spezielle Merkmale von Dienstleistungen und deren Auswirkungen auf das Controlling von besonderer Bedeutung.

Spezielle Merkmale von Dienstleistungen
Zusammenfassend gibt es wichtige Merkmale von Dienstleistungen und Voraussetzungen für ihre Erbringung:
1. Eine Voraussetzung für die Erbringung von Dienstleistungen ist Leistungsfähigkeit oder -potenzial beim Dienstleistungsunternehmen beziehungsweise seinen Mitarbeitern. Der Dienstleister bietet also seine besonderen Fähigkeiten mit dazu motivierten Mitarbeitern an.
2. Kundenmitwirkung bedeutet, dass der Kunde oder eines seiner Vermögensgüter anwesend ist oder als Auftraggeber in irgendeiner Form beteiligt werden muss.
3. Die Ergebnisse des Umsetzungsprozesses von Dienstleistungen sind immateriell – das heißt, sie liegen physisch nicht vor.
4. Dienstleistungen sind vielfach maßgeschneidert, das heißt individuell. Das bedeutet, dass das Ergebnis des Dienstleistungserstellungsprozesses in sehr vielen Fällen einzigartig ist.
5. Dienstleistungen sind nicht lagerfähig. Die Leistungserbringung, die Produktion von Dienstleistungen und der Leistungsverbrauch, der Konsum von Dienstleistungen, erfolgen nahezu gleichzeitig.
6. Es besteht oftmals sowohl eine Unsicherheit beim Dienstleistungsunternehmen und seinen Mitarbeitern als auch beim Kunden bzw. Mitarbeitern auf Kundenseite aufgrund von Informationsdefiziten, z.B. über Inhalt, Qualität, Leistungsteile, Termine etc. der zu erbringenden Dienstleistung (in Anlehnung an Reckenfelderbäumer 2005: S. 34).

Produktionsfaktor und Faktorkombination
Produktionsfaktoren sind alle materiellen und immateriellen Mittel und zugegangenen Dienstleistungen, die in die eigene Leistungserbringung einfließen. Bei der Faktorkombination handelt es sich um die spezifische Kombination von Produktionsfaktoren zur Herstellung der eigenen Leistungsbereitschaft und des Ergebnisses der Dienstleistung.

Leistungsbereitschaft
Die Leistungsbereitschaft ist das Ergebnis der ersten Phase der Leistungserbringung. Sie ist von besonderer Bedeutung, weil sie einerseits einen fes-

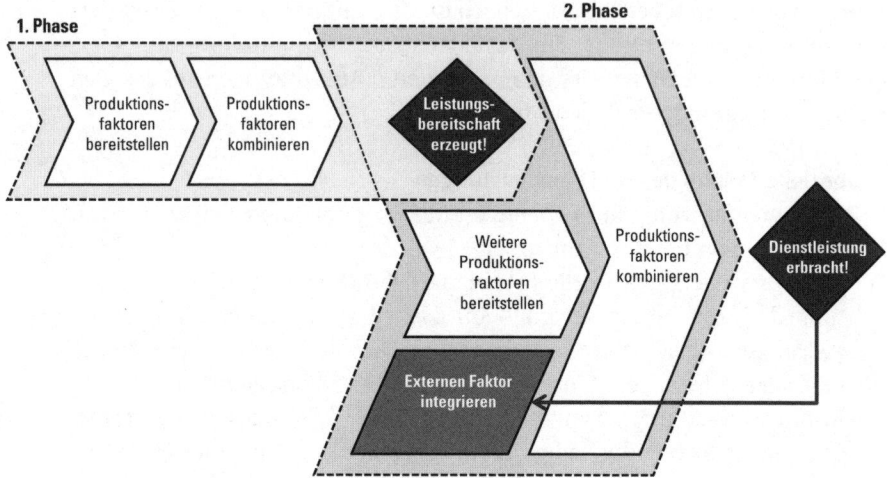

Abbildung 2.2: Grundmodell zur Erfassung der Dienstleistungserbringung (in Anlehnung an Meffert/Bruhn 2006: S. 60)

ten Kostenblock nach sich zieht, der in Zeiten geringer Nachfrage zu ungenutzten Kosten führt. Andererseits hat die Leistungsbereitschaft Einfluss auf die Bildung von speziellen Präferenzen beim Kunden (vgl. Meffert/Bruhn 2006: S. 60).

Die Leistungsbereitschaft kann mit unterschiedlichen Maßnahmen gesteuert werden:

- Quantitative Anpassung der menschlichen Arbeitskraft:
  - z. B. Umschichtung von Personal innerhalb des Unternehmens;
  - z. B. Neueinstellung oder Automation und Mechanisierung (z. B. Fahrkartenautomat).
  - Ist sinnvoll zur kurzfristigen Behebung von Spitzenbelastungen oder Abbau eines Engpasses im Leistungserstellungsprozess.
- Intensitätsmäßige Anpassung:
  - z. B. Variation der Arbeitsgeschwindigkeit durch eine Reduzierung der Durchlaufzeiten.
  - Ist ebenfalls sinnvoll zur kurzfristigen Behebung von Spitzenbelastungen oder Abbau eines Engpasses im Leistungserstellungsprozess.
  - Kann zu negativen Ausstrahlungseffekten beim Kunden führen, z. B. wenn die Dauer einer Werkstattreparatur »gefühlt« zu kurz ist.
- Zeitliche Anpassung:
  - z. B. Kurzarbeit und Überstunden.
  - Besonders geeignet für Dienstleistungen ohne Kundenkontakt.

- Qualitative Anpassung:
  - z. B. Qualifikationsniveau an jeweilige Aufgaben anpassen;
  - z. B. Spezialistentum gering halten und durch Rollenflexibilisierungen Tätigkeiten bündeln;
  - z. B. Übertragung von Aufgaben auf Kunden (z. B. Internetauskunft);
  - z. B. Auslagerung von vollständigen Teilleistungen an externe, spezialisierte Unternehmen (Outsourcing) (vgl. Meffert/Bruhn 2006: S. 61 f).

Leistungsfähigkeit
Die Erbringung von Dienstleistungen erfordert besondere Leistungsfähigkeiten. Daraus ergibt sich, dass Mitarbeiter in Dienstleistungsunternehmen über spezielle Kompetenzen oder Potenziale wie z. B. Wissen und körperliche Fähigkeiten und das Unternehmen selbst, z. B. über bestimmte Kapazitäten oder Technologien, verfügen müssen. Die Notwendigkeit eines Dienstleistungsunternehmens, eine bestimmte Leistungsbereitschaft vorzuhalten und über spezielle Leistungsfähigkeiten zu verfügen, bedeutet für das Dienstleistungscontrolling einen permanenten Abgleich zwischen den Faktoren.

> **Beispiel:**
>
> In einem Unternehmen des öffentlichen Personennahverkehrs ÖPNV bedeutet dies:
> - Fähigkeiten (z. B. Technik, Kundenberatung etc.)
> - Ausstattung (z. B. Niveau der Fahrzeuge: Klimaanlage oder Ähnliches vorhanden)
> - Personal (z. B. Fahrer, Bahnsteigpersonal)
> - Methodeninstrumentarium (z. B. fahrgastorientierte Fahrausweiskontrolle)
> - Allgemeine Organisationskapazitäten (z. B. Infrastruktur)

Einzigartige Kompetenzen sollten daher herausgestellt werden, z. B.:
- Einzigartigkeit, herausragende Vorteile
- Gutes Zusammenwirken von Personal und Ausstattung

Beispiel:

Dem Kunden von Unternehmen des öffentlichen Personennahverkehrs ÖPNV können besondere Fähigkeiten durch profilierende Leistungselemente dokumentiert werden:
- Materialisierung der Kompetenzen (z. B. U-Bahn-Fernsehen als Indikator für technologisches Niveau)
- Leistungsbeweise über spezielle Kommunikationspolitik (z. B. Kundenzeitung)
- Erscheinungsbild von Personal, Räumlichkeiten, Ausstattung etc. (in Anlehnung an Meffert/Bruhn 2006: S. 64 f).

Dienstleistungssektor

Der Dienstleistungssektor stellt sich auf den ersten Blick als außerordentlich heterogen dar.

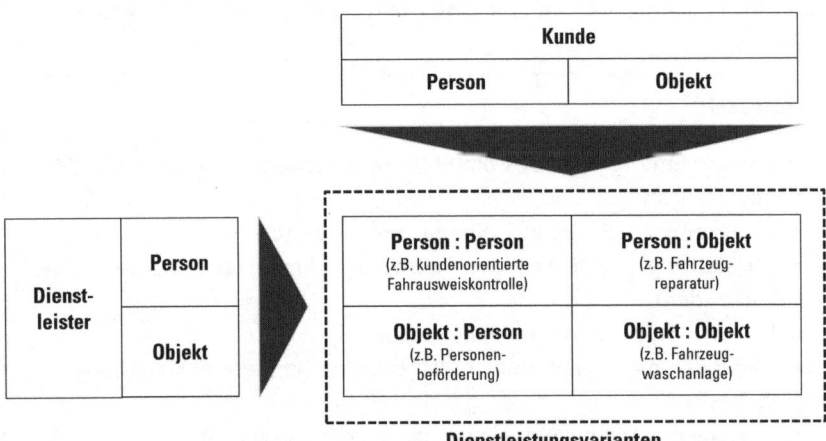

Abbildung 2.3: Strukturierung von Dienstleistungen nach Anbieter-Nachfrager-Beziehungen (in Anlehnung an Berekoven 1983: S. 24)

Daraus ergeben sich in Theorie und Praxis Probleme mit der Übertragbarkeit allgemeiner Aussagen auf die unterschiedlichen Dienstleistungsbranchen und Anwendungssituationen. Dienstleistungen sind immer Bestandteil von Problemlösungen:
- Wenige Absatzleistungen bestehen ausschließlich aus Dienstleistungen (z. B. ärztliche Beratung).

- Die meisten Produkte haben einen, wenn mitunter auch nur sehr geringen, Anteil an Dienstleistungen, z. B. erklärungsbedürftige Gebrauchsgüter. Dies erhöht die Schwierigkeiten, allgemeingültige Aussagen zu treffen (vgl. Meffert/Bruhn 2006: S. 4).

Dienstleistungsmanagement

Im Mittelpunkt des Dienstleistungsmanagements steht der Auf- und Ausbau von Steuerungsinstrumenten, die Entwicklung und Ermittlung von speziellen Kennzahlen, die eine Zurechenbarkeit von Erfolgswirkungen zu den Maßnahmen eines Dienstleistungsmanagements ermöglichen.

Funktion und Wirksamkeit des Dienstleistungsmanagements kann am besten in Form von sich positiv verstärkenden Ursache-Wirkungs-Beziehungen interner und externer Einflussfaktoren dargestellt werden. Dieses Konzept von Ursache und Wirkung gilt gleichzeitig für externe und interne Kunden-Lieferanten-Beziehungen. Dienstleistungen sind personalintensiv und integrieren den Kunden oder ein Vermögensgut des Kunden in den Leistungserstellungsprozess. Das hat zur Folge, dass es viele Schnittstellen zwischen den entscheidenden Faktoren bei Unternehmen, Mitarbeitern und Kunden gibt. Diese Zusammenhänge haben Auswirkungen auf das Aufgabenspektrum des Controllings (in Anlehnung an Bruhn/Stauss 2005: S. 7 ff).

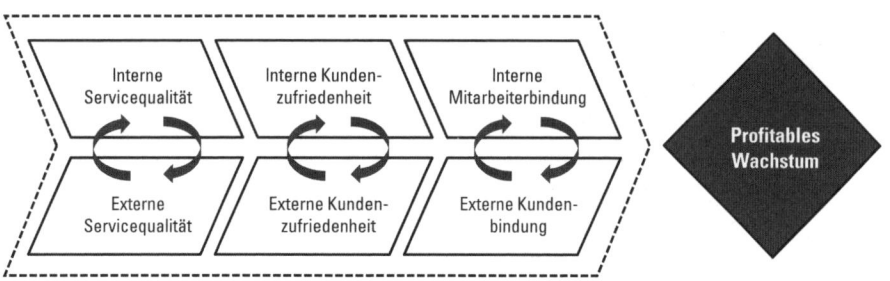

Abbildung 2.4: Erfolgsfaktoren des Dienstleistungsmanagements (vgl. Bruhn/Stauss 2005: S. 8)

Die Qualität der internen Kunden-Lieferanten-Beziehungen ist ein Objekt des Dienstleistungscontrollings und wird an der internen Kundenzufriedenheit deutlich. Das ist die Zufriedenheit der Mitarbeiter mit unternehmensintern von Kollegen erbrachten Dienstleistungen. Voraussetzung dafür ist eine interne Kundenorientierung.

Die Ursache für eine hohe interne Kundenzufriedenheit ist eine gute interne Kommunikation. Als Folge daraus ergeben sich ein besseres Betriebsklima und eine höhere Leistungsbereitschaft. Neben der höheren Leistungsbereitschaft identifizieren sich zufriedene Mitarbeiter stärker mit ihrem Unternehmen. Dies führt zu einer intensiveren und damit längeren Verbundenheit mit dem Unternehmen.

Die Qualität der internen Kunden-Lieferanten-Beziehungen mit der internen Kundenzufriedenheit als zentrale Kennzahl ist eine mittel- bis langfristige Voraussetzung für die externe Kundenzufriedenheit. Das ist die Zufriedenheit des zahlenden Kunden mit der Leistungserbringung des Dienstleistungsunternehmens. Diese ist Voraussetzung für eine längerfristige Kundenbindung (vgl. Bruhn/Stauss 2005: 8).

Unterscheidung typischer Dienstleistungen
Zu den internen Dienstleistungen gehören z. B.:
- Werkstätten
- Busdepots
- Informationstechnologie/Rechenzentrum
- Personalentwicklung
- Projektmanagement
- Controllingberichte
- Verkehrsmittelwerbung
- etc.

Externe Dienstleistungen sind z. B.:
- Versorgungsdienstleistungen wie öffentlicher Personennahverkehr ÖPNV oder Müllabfuhr
- Unternehmensberatung
- Finanzdienstleistungen
- Verwaltungsdienstleistungen
- Personaldienstleistungen
- Callcenter
- etc.

2.3 Controlling

Bedeutung Controlling

»Controlling bezeichnet im deutschsprachigen Raum den auf die Sicherstellung nachhaltiger Wirtschaftlichkeit ausgerichteten Management-Prozess der betriebswirtschaftlichen Zielfindung, Planung und Steuerung eines Unternehmens (…).« (DIN SPEC 1086: 4).

Controlling beruht auf der Wechselwirkung vielfältiger Regelkreise aus Zielsetzung, Planung, Umsetzung, Messung und Verbesserung. Oder einfach formuliert: Controlling bedeutet die volle Konzentration auf das Wesentliche – so werden Erfolge durch Dienstleistungscontrolling bestimmt.

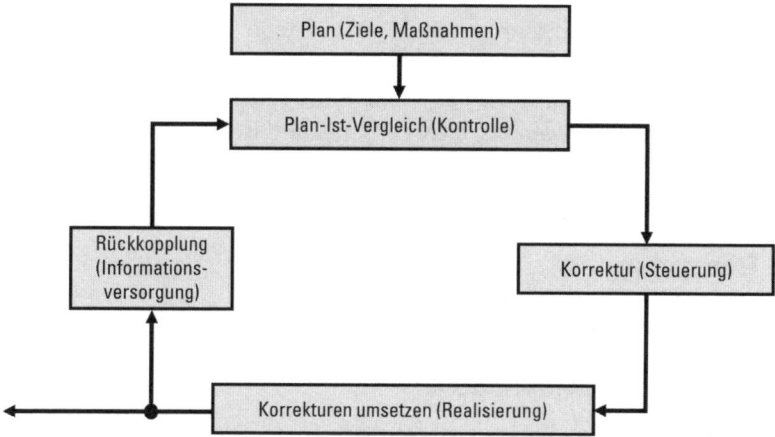

Abbildung 2.5: Grundprinzip im Controlling: Der kybernetische Regelkreis

Hauptaufgaben für pro-aktives, zukunftsorientiertes Handeln sind dabei:
- Rationalitätssicherung und Koordination bei der Auswahl und Definition von Vorgaben unternehmenspolitischer, strategischer, operativer und finanzieller Ziele.
- Formulierung von Strategien und operativen Plänen in Form von mess- und prüfbaren Zielen.
- Ganzheitliche Betrachtung von Chancen und Risiken eines Unternehmens.
- Sicherung der finanziellen Stabilität und Steigerung der Wirtschaftlichkeit eines Unternehmens (vgl. DIN SPEC 1086: S. 5).

Allgemeine Anforderungen an gutes Controlling

Im Controlling gelten Grundsätze, die voneinander abhängig sind bzw. sich gegenseitig beeinflussen:

- *Controlling schafft Transparenz!* Das bedeutet, dass getroffene Annahmen begründet werden, dass die Bewertung von Ergebnissen erst nach der Analyse erfolgt, dass der Zielerreichungsgrad von Vorgaben überwacht wird und die Vergleichbarkeit von Daten gewährleistet ist.
- *Controlling gewährleistet Wahrhaftigkeit!* Das bedeutet, dass Analysen authentisch und die Messungen zuverlässig sind und dass angewandte Methoden und die hervorgebrachten Kennzahlen zusammenpassen.
- *Controlling erzeugt Plausibilität!* Das bedeutet, dass Planungsdaten nachvollziehbar und konsistent sind und dass zwischen Ergebnissen, Annahmen und Einflüssen erkennbare Zusammenhänge bestehen.
- *Controlling führt zu Konsequenz!* Das bedeutet, dass Kontinuität in der strategischen Ausrichtung sichergestellt wird, Verbesserungspotenziale zielstrebig umgesetzt werden, dass Lerneffekte initiiert werden und Maßnahmen konkretisiert werden (vgl. DIN SPEC 1086: S. 6).

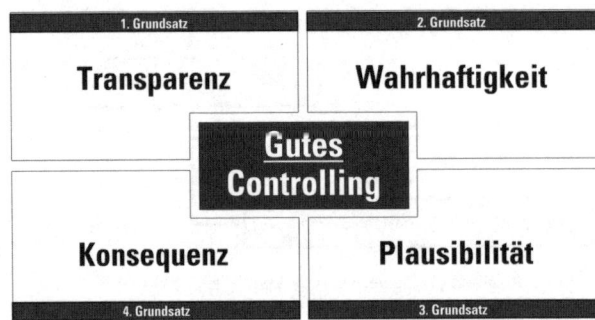

Abbildung 2.6: Allgemeine Anforderungen an gutes Controlling

Notwendigkeit von Controlling

Controlling ist ein umfassendes, vorausschauendes Steuerungskonzept. Es beschäftigt sich mit der Festlegung von Zielen, mit Wegen zur Zielerreichung und der Kontrolle und Analyse des Zielerreichungsgrades. Falls Plan-Ist-Abweichungen eingetreten sind oder sich Ziele und Aufgaben verändert haben, sind Korrekturmaßnahmen zur Optimierung Gegenstand des Controllings. Die Erfahrungen und Maßnahmen fließen wiederum in den künftigen Zielsetzungs- und Zielerreichungsprozess ein.

Controlling ist gleichzeitig auch ein kreatives Steuerungsinstrument, das es ermöglicht, die Unternehmensentwicklung aktiv zu beeinflussen. Daraus ergeben sich die Notwendigkeiten für strategisches und operatives Controlling.

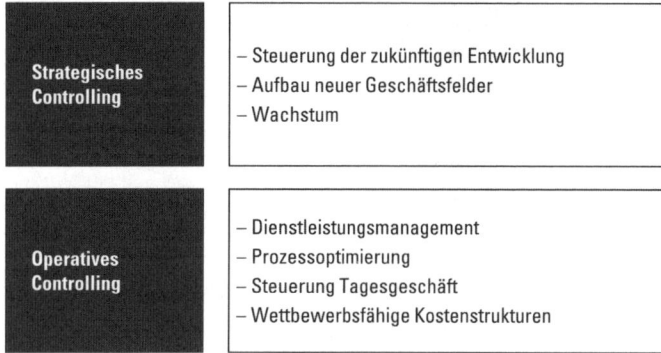

Abbildung 2.7: Notwendigkeit von Controlling

Notwendigkeit eines strategischen Controllings:
- Gezielte Steuerung der zukünftigen Entwicklung
- Strategisch orientierter Aufbau neuer Geschäftsfelder
- Wachstum auch außerhalb des Stammgebietes oder Kerngeschäftes

Notwendigkeit eines operativen Controllings:
- Effektives und effizientes Dienstleistungsmanagement
- Effizienter Ablauf interner Prozesse (Optimierung, Sanierung)
- Professionelle Steuerung des operativen Tagesgeschäfts
- Wettbewerbsfähige Kostenstrukturen

2.4 Dienstleistungscontrolling

Dienstleistungscontrolling

Dienstleistungscontrolling bedeutet die Analyse, Planung, Steuerung und Kontrolle der Durchführung und Koordination aller kundenbezogenen Aktivitäten im Hinblick auf eine wirtschaftliche Ausrichtung des Dienstleistungsmanagements.

Im Dienstleistungssektor ist die Optimierung der Infrastrukturkapazität, ihrer Auslastung und der Durchschnittserträge das wichtigste Ziel der wirtschaftlichen Planung, Steuerung und Kontrolle.

Spezielle Anforderungen an Dienstleistungscontrolling ergeben sich aus der Immaterialität sowie der Integration des Kunden in den Leistungserbringungsprozess.

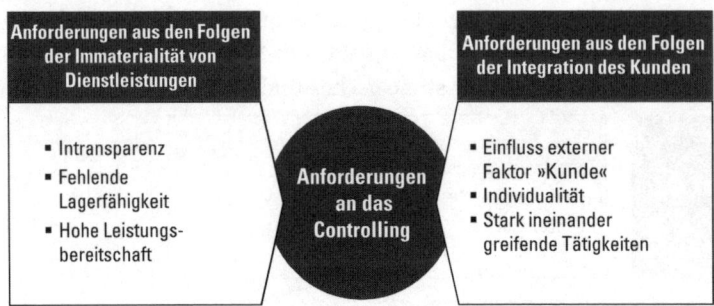

Abbildung 2.8: Spezielle Anforderungen an Dienstleistungscontrolling

Folgen der Immaterialität für das Dienstleistungscontrolling
Anforderungen aus den Folgen der Immaterialität von Dienstleistungen:
- Intransparenz
  - Kostentransparenz bei Beanspruchung betrieblicher Ressourcen für alle Produkte (z. B. Vertriebskosten für ein Abonnement)
  - Identifikation eines Mengengerüsts für die Produktkalkulation
- Fehlende Lagerfähigkeit
  - Kenntnis über Kapazitätsauslastungsgrad (z. B. Fahrzeugauslastung)
  - Kenntnis über Flexibilität der Kapazitätsaufstockung und Kapazitätsverringerung
  - Informationen über den Kundenwert
  - Informationsbereitstellung bei Make-or-Buy-Entscheidungen
- Hohe Leistungsbereitschaft
  - Fix- und Gemeinkostensteuerung
  - Prozessoptimierung und Aufzeigen von Kosteneinsparpotenzialen
  - Ermittlung und Beeinflussung der Kostentreiber
  - Einteilung der Bereitschaftskosten in Leerkosten und Nutzkosten
  (vgl. Lingnau 2004: S. 6)

Folgen der Integration für das Dienstleistungscontrolling
- Einfluss externer Faktor
  - Integration der Erfahrungswerte bez. der Zusammenarbeit mit den einzelnen Kunden
  - Kennzeichnung der Tätigkeiten in autonome (ohne Beeinflussung durch Kunden) und integrative Tätigkeiten
- Individualität
  - Erkennen und Planen kundenabhängiger Vor- und Nachteile
  - Instrumente der Prozessanalyse müssen bereitstehen

Einordnung der Einzelprozesse in Prozess- und Leistungsbündel
- Stark ineinander greifende Tätigkeiten
- Sinnvolle Kostenstelleneinteilung der betrieblichen Funktionen (vgl. Lingnau 2004: S. 6)

Ziele des Dienstleistungscontrollings

Typische Ziele werden im Dienstleistungsunternehmen verfolgt und durch Dienstleistungscontrolling überwacht:
- Angemessene Rentabilität erreichen
- Wirtschaftliches Handeln im Tagesgeschäft sicherstellen
- Jederzeitige Liquidität sicherstellen
- Die Produktivität im Leistungserstellungsprozess steigern
- Profitables Wachstum generieren
- Kosten ohne Qualitätseinbußen senken
- Sicher kalkulieren
- Die Wertschöpfung interner Dienstleistungen verrechnen
- Sich auf die Kunden und Dienstleistungen konzentrieren, die betriebswirtschaftlich die größte Attraktivität haben

Diese Ziele und die daraus abgeleiteten Themen werden in den folgenden Kapiteln näher behandelt.

2.5 Dienstleistungscontrolling strategisch einbetten

Bedeutung von Zielen für das Dienstleistungscontrolling

Durch die Einführung oder das Praktizieren eines Dienstleistungscontrollings wird eine ziel- und ergebnisorientierte Steuerung verankert. Ziel- und ergebnisorientierte Steuerung bedeutet, dass die zu erreichenden Ziele, Ergebnisse und Wirkungen des Handelns im Unternehmen festgelegt und die Zielerreichung durch die Gegenüberstellung von geplanten und tatsächlich erreichten Ergebnissen mit Hilfe von Kennzahlen kontrolliert wird. Dieser Ansatz des Dienstleistungscontrollings sollte in Leitsätze eingebettet sein.

Beispiel:

In einem Energieversorgungsunternehmen wurden verschiedene Controllingleitsätze verabschiedet. Ein Auszug:
- Controlling dient der Unternehmensführung bei der Zielsetzung und der Zielerreichung durch Planung und Steuerung.
- Ziele sind messbare Erfolgsgrößen, die sich in einem integrierten Kennzahlensystem dokumentieren.
- Zielvorgaben bestimmen den Planungsprozess und werden aus dem Planungsprozess generiert.
- Die Erfolgsgrößen sind durch die Entscheidungsträger beeinflussbar.
- etc.

Dieser Auszug aus den Leitsätzen ist zunächst einmal sehr allgemein und könnte so auch für viele andere Dienstleistungsunternehmen gelten. Sie geben allerdings klare Hinweise auf Lücken im Controllinginstrumentarium und Schwächen des Managements dieses Versorgungsunternehmens und die nachdrückliche Vereinbarung, dies in Zukunft zu ändern.

Nachfolgend einige Gründe, die zur Vereinbarung der Controllingleitsätze führten:
- Die Orientierung an den zentralen Unternehmenszielen war mäßig ausgeprägt. Wichtiger war die Erreichung dezentraler Ziele. Diese standen aber häufig im Konflikt mit den Zielen der Unternehmensführung, des Vorstandes.
- Man hatte bisher noch kein integriertes Kennzahlensystem mit Kennzahlen, die in einem Ursache-Wirkungs-Zusammenhang stehen. Korrekturmaßnahmen führten daher oft ins Leere.
- Führen mit Zielen wurde nur in Teilbereichen, z. B. im Vertrieb des Unternehmens, praktiziert. Hier allerdings wurde der Zielerreichungsgrad von Faktoren beeinflusst, die ihrerseits nicht von Vertriebsmitarbeitern zu beeinflussen waren. In einem sehr kalten Winter bezogen die Kunden mehr Energie, und die Ziele wurden früher erreicht bzw. deutlich übertroffen.

2.6 Die Philosophie des Dienstleistungscontrollings

Berufsleitbild

Das folgende Berufsleitbild soll das Selbstverständnis eines Controllers dokumentieren. Es gibt Antwort auf zentrale Fragen:
- Wozu ist ein Controller da?
- Wie sieht er sich selbst und wie wird er von anderen gesehen?

Der geschäftsführende Ausschuss der International Group of Controlling (IGC) hat im Jahr 2013 ein neues Controller-Leitbild formuliert.

Controller leisten als Partner des Managements einen wesentlichen Beitrag zum nachhaltigen Erfolg der Organisation

1. Controller gestalten und begleiten den Management-Prozess der Zielfindung, Planung und Steuerung, sodass jeder Entscheidungsträger zielorientiert handelt.
2. Controller sorgen für die bewusste Beschäftigung mit der Zukunft und ermöglichen dadurch, Chancen wahrzunehmen und mit Risiken umzugehen.
3. Controller integrieren die Ziele und Pläne aller Beteiligten zu einem abgestimmten Ganzen.
4. Controller entwickeln und pflegen die Controlling-Systeme. Sie sichern die Datenqualität und sorgen für entscheidungsrelevante Informationen.
5. Controller sind als betriebswirtschaftliches Gewissen dem Wohl der Organisation als Ganzes verpflichtet.

IGC
International Group of Controlling

Abbildung 2.9: Controlling-Philosophie am Beispiel des neuen Controller-Berufsleitbildes (vgl. International Group of Controlling 2013)

Zur Realisierung dieses Leitbildes sind in jedem Unternehmen und dessen Teilbereichen operative und strategische Methoden sowie Rahmenbedingungen wie Ziel-, Kommunikations- und Managementsysteme notwendig.

Verantwortung von Controller und Führungskraft abgrenzen

Der Controller unterstützt die Führungskräfte in ihrer Führungsaufgabe. Er trägt dabei nicht die Verantwortung für die Zielerreichung, aber für die Qualität der bereitgestellten Informationen und abgegebenen Signale. Aufgabe des Controllers ist es, diese beiden Wirkungskreise aktiv zusammenzubringen. Die Schnittmenge zwischen Fachverantwortung und Controlling bedeutet, Kommunikation zu betreiben.

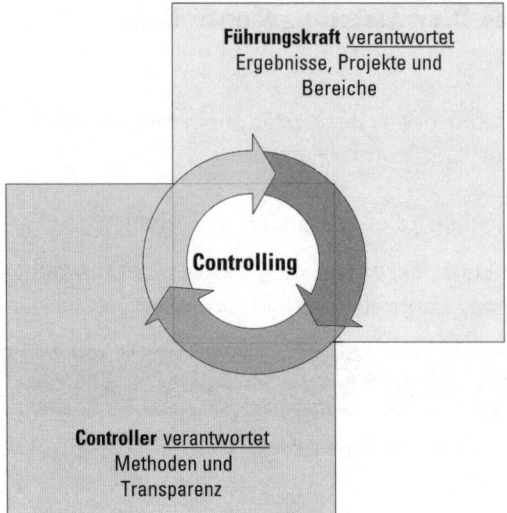

Abbildung 2.10: Verantwortung von Führungskräften und Controllern abgrenzen

Controlling im Dienstleistungsunternehmen ist keine Funktion, die mit vorgegebenen Methoden rezepthaft ausgeführt wird. Sondern Controlling besteht zu einem Großteil aus:

- Kommunikations- und Interaktionsprozessen,
- einem hohen Maß an Kreativität und
- wird erst durch das persönliche Verhalten zu dem Leben erweckt, das die Controllingpraxis ausmacht.

> **Beispiel:**
>
> Der technische Leiter Netze in einem Energieversorgungsunternehmen nahm die Monatsberichte des Controllings zwar zur Kenntnis, fühlte sich allerdings weder für Abweichungen verantwortlich noch leitete er Korrekturmaßnahmen ein. Sein höchstes Ziel war die Versorgungssicherheit auf qualitativ höchstem Niveau. Der Controller hingegen nutzte überwiegend die formalen Kommunikationswege des Berichtswesens und vertraute auf die formalen und vermeintlich verbindlichen Richtlinien des Berichtswesens. Von einem wirksamen Controlling konnte erst dann gesprochen werden, als der technische Leiter Netze die Verantwortung für die Monatsergebnisse seines Bereiches übernahm und der Controller persönliche Abstimm- und Kommunikationsschleifen praktizierte.

Controlling ist eine Denkhaltung für alle Führungskräfte. Der Controller hilft dabei mit seinem speziellen Instrumentarium. Fazit: Nicht allein der Controller macht Controlling.

Rolle des Controllers

Bei der Frage, warum Controller erfolgreich sind, helfen empirische Erkenntnisse, Licht ins Dunkel zu bringen. Befragungen von Führungskräften haben ergeben, dass aus ihrer Sicht die Arbeit ihrer Controller nicht als erfolgreich eingestuft wurde, weil sie andere Instrumente wie z.B. Prozesskostenrechnung im Unternehmen eingeführt haben oder nutzen. Erfolg oder Misserfolg hing aus Sicht der Führungskräfte auch nicht damit zusammen, ob sie andere Aufgaben wahrgenommen haben als ihre weniger erfolgreichen Kollegen, z.B. strategische versus operative Aufgaben. Die erfolgreichen Controller haben auch nicht länger als ihre weniger erfolgreichen Kollegen gearbeitet. Das entscheidende Merkmal war, dass erfolgreiche Controller eine andere Auffassung von ihrer Rolle und Funktion hatten als ihre weniger erfolgreichen Kollegen (vgl. Weber 2010: S. 91 ff).

Für Controller in Dienstleistungsunternehmen bedeuten diese Ergebnisse der Studie, dass sich Geschäftsführung oder Vorstand, Leiter Controlling und die Führungskräfte über ihren Beitrag zum Controlling und ihre jeweilige Rolle verständigen sollten.

Die Controllerrolle des »Business Partners«

Der Controller als Business Partner verfügt nicht nur über die notwendigen Fachkompetenzen eines Controllers. Er übernimmt auch Verantwortung für den geschäftlichen Erfolg und stellt sicher, dass die von ihm miterarbeitete strategische Ausrichtung eingehalten wird. Controller stellen damit nicht nur die notwendige Transparenz sicher, sondern müssen gleichzeitig unternehmerisch wie Führungskräfte denken und handeln. Ihnen kommt die Rolle zu, partnerschaftlich das Geschäft gemeinsam mit den Führungskräften voranzutreiben, aber auch gleichzeitig konstruktiv und pro-aktiv Rahmenbedingungen, Entscheidungen und Geschäftsmodelle kritisch zu hinterfragen.

Führen mit Zielvereinbarungen

Controlling ist ein Führungsprinzip, um »Führen mit Zielvereinbarungen« zu praktizieren. Diese Form der Unternehmensführung orientiert sich an fest formulierten, vereinbarten Zielen, bringt diese planmäßig zum Ausdruck und überwacht deren Einhaltung. Diese Form der Führung ist heute unter dem Begriff »Management by Objectives« ohne jeden Zweifel das international wohl bekannteste Managementkonzept.

Beispiel:

Im schon erwähnten Energieversorgungsunternehmen wurden die Erwartungen des Vorstandes zum Rollenverständnis der beteiligten Akteure abhängig von ihrer Funktion definiert:
- Der Leiter Controlling hatte die Rolle des »Architekten« und des »Kommunikators« einzunehmen. Einerseits verantwortete er die Weiterentwicklung des Controlling-Systems, andererseits hatte er nicht nur die Führungskräfte von den Neuerungen zu überzeugen, sondern auch die Mitarbeiter des eigenen Bereiches bei den Veränderungen »mitzunehmen«.
- Jeder Zentralcontroller seines Bereiches sollte einerseits die Rolle des »Internen Beraters«, der Empfehlungen und Rat gibt, für die zugeordneten Fachbereiche ausfüllen und weiterhin die des »Kontrolleurs« hinsichtlich Plan-Ist-Abweichungsanalysen einnehmen.
- Von den dezentralen Controllern in den Fachbereichen wurde einerseits erwartet, dass sie die Rolle des »ökonomischen Gewissens« lebten. Das bedeutet, dass sie ein Gegengewicht zur uneingeschränkten Qualitätsorientierung einzunehmen hatten und andererseits als »Spürhunde« Abweichungen und Fehler vor Ort klären sollten.

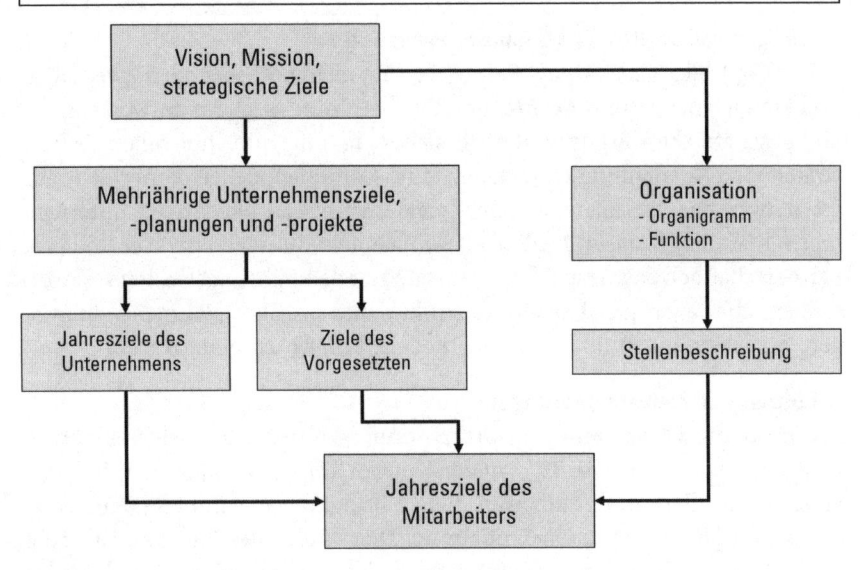

Abbildung 2.11: Controlling als Voraussetzung für Führen mit Zielvereinbarungen

Mit den Mitarbeitern werden Ziele verabredet und deren Einhaltung kontrolliert. Es geht beim »Management by Objectives« darum, das WAS zu definieren und zu konkretisieren. Es entsteht ein Prozess der Zielsetzung und Planung. Das Wort »Objectives« beinhaltet also beides: das Ziel und den Plan.

Bei Dienstleistungsunternehmen ist die Konzeption und Umsetzung eines »Führen mit Zielvereinbarungen« schwieriger als in Industriebetrieben. Das liegt einerseits daran, dass der Kunde Bestandteil des Leistungserbringungsprozesses ist, und andererseits daran, dass das Ergebnis der Dienstleistung physisch nicht vorhanden ist. Der Kunde kann durch sein Verhalten sowohl positiv als auch negativ hinsichtlich Zeitaufwand und Kosten wirken. Die Immaterialität macht die Definition der Qualität des Dienstleistungsproduktes schwierig. Diese beiden Einflussfaktoren müssen bei der Konzeption eines »Management by Objectives« in Dienstleistungsunternehmen berücksichtigt werden.

2.7 Controller-Wörterbuch Deutsch – Englisch

Anbieter-Nachfrager-Beziehungen	Supplier-customer relationship
Anforderung	Requirement
Berufsleitbild	Job profile
Budget	Budget
Chancen und Risiken	Opportunities and threats
Dienstleistung	Service
Dienstleistungscontrolling	Service controlling
Dienstleistungsmärkte	Service markets
Dienstleistungsmanagement	Service management
Dienstleistungsunternehmen	Service provider
Einzigartigkeit	Uniqueness
Erfolgsfaktoren	Success factors
Ertragsstärke	Profit strength
Externer Faktor (Kunde)	External factor
Finanzielle Stabilität	Financial stability
Führen mit Zielvereinbarungen	Management by objectives
Geschäftsmodell	Business model
Immaterialität	Intangibility
Industriebetrieb	Industrial business
Integration	Integration
Kompetenz	Competence
Kontrolle	Control
Kundenbindung	Customer loyalty
Kunden-Lieferanten-Beziehung	Supplier-customer relationship

Kundenmitwirkung	Customer participation
Kundenorientierung	Customer focus
Kundenzufriedenheit	Customer satisfaction
Lagerfähigkeit	Storage life
Leistungsbereitschaft	Performance motivation
Leistungsfähigkeit	Capability
Liquidität	Liquidity
Maßgeschneidert	Tailormade
Mitarbeiterbindung	Employee loyalty
Operatives Controlling	Operational Controlling
Philosophie des Controllings	Controlling philosophy
Planung	Planning
Plausibilität	Plausibility
Potenzial	Potential
Problemlösungsprozess	Problem-solving process
Produktionsfaktor	Production factor
Produktivität	Productivity
Profitables Wachstum	Profitable growth
Qualität	Quality
Regelkreis	Control circuit
Rentabilität	Profitability
Rolle	Role
Rückkopplung	Feedback
Standardisierung	Standardization
Steuerung	Controlling
Steuerungsinstrument	Controlling instrument
Strategie	Strategy
Strategisches Controlling	Strategic controlling
Technische Kundendienstleistung	Technical customer service
Transparenz	Tranparency
Umsetzung	Realization
Verantwortung	Responsibility
Verbundenheit	Commitment
Wertschöpfung	Value contribution
Wettbewerbsvorteil	Competitive advantage
Wirtschaftlichkeit	Efficiency
Ziel	Target

3
Wenn alle die Ziele kennen, stimmt die Richtung

3.1 Was Sie in diesem Kapitel erwartet

Im vorherigen Kapitel sind Ihnen der Ansatz des Dienstleistungscontrollings sowie die Funktion des Dienstleistungscontrollings im Gesamtzusammenhang nähergebracht worden.

Dieses Kapitel verdeutlicht
- die Wichtigkeit von strategischer Ausrichtung und Zielen für den langfristigen Unternehmenserfolg,
- die Relevanz von strategischer Ausrichtung und Zielen als Rahmen für das operative Dienstleistungscontrolling,
- ein Vorgehen, wie der strategische Managementprozess auf- und umgesetzt werden kann, und
- versetzt Sie in die Lage, aus Zielen Kennzahlen und Projekte sowie operative Maßnahmen ableiten zu können.

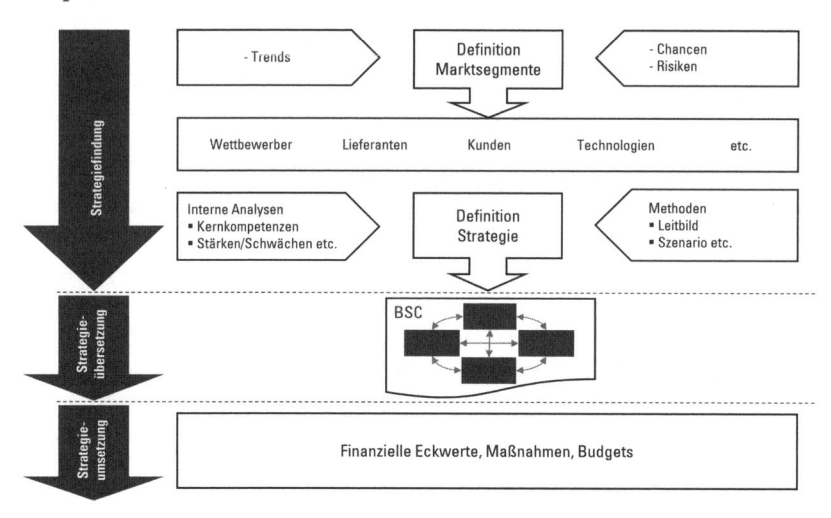

Abbildung 3.1: Kapitel 3 im Überblick

Dienstleistungscontrolling in der Praxis   Matthias Siebold
Copyright © 2014 WILEY-VCH Verlag GmbH & Co. KGaA, Weinheim

3.2 Ausgangssituation für vorausschauende Strategieentwicklung

Dilemma Dienstleistungsbranche

Speziell in Dienstleistungsunternehmen befinden sich viele Akteure in einem Dilemma. Einerseits muss es das Ziel sein, mit den eigenen Mitteln immer mehr zur Service-Oase zu werden und sich immer weiter von einer Dienstleistungswüste zu entfernen. Andererseits führt das stetige Mehr der eigenen Leistungen dazu, dass das Wünschenswerte oft nicht mehr das Wirtschaftliche ist (in Anlehnung an Nagl/Rath 2004: S. 7).

Anforderungen an die Strategie im Dienstleistungssektor

Sich schnell wandelnde Märkte, schrumpfende Margen, unberechenbare Kunden und der zunehmende Wettbewerbs- und Innovationsdruck zwingen Dienstleistungsunternehmen, ihre Marktposition immer wieder zu hinterfragen, um die Ausrichtung ihres Geschäftes neu zu justieren. Nach den Erwartungen der Kunden sollen Dienstleistungsunternehmen daher ständig

- noch flexibler,
- immer leistungsfähiger,
- technologisch führend,
- bei höchster Qualität,
- kundenindividuell und
- termingerecht

ihre Dienstleistungen erbringen. Aufgrund der komplexer werdenden Anforderungen und der steigenden Innovationsdynamik werden in Zukunft diese Fähigkeiten aber nicht mehr ausreichen.

Paradigmenwechsel bei Anbietern produktbegleitender Dienstleistungen

Wurden Dienstleistungen in der Industrie bisher als ein Teil der Kundenorientierung gesehen, werden sie nun zu einem Wettbewerbsvorteil. Dienten Dienstleistungen bisher der Absatzförderung und waren eine Zusatzleistung zu den veräußerten Produkten, können diese Produkte ohne Dienstleistungen nicht mehr vermarktet werden. Produkte und Dienstleistungen werden heute aus einer Hand angeboten, und die Produkte sind die Plattform für erfolgreiches Anbieten margenstarker Dienstleistungen. Kunden verlangen nach integrierten Lösungen, diese müssen vom Produktanbieter mitentwickelt werden (vgl. Schoen 2006: S. 3).

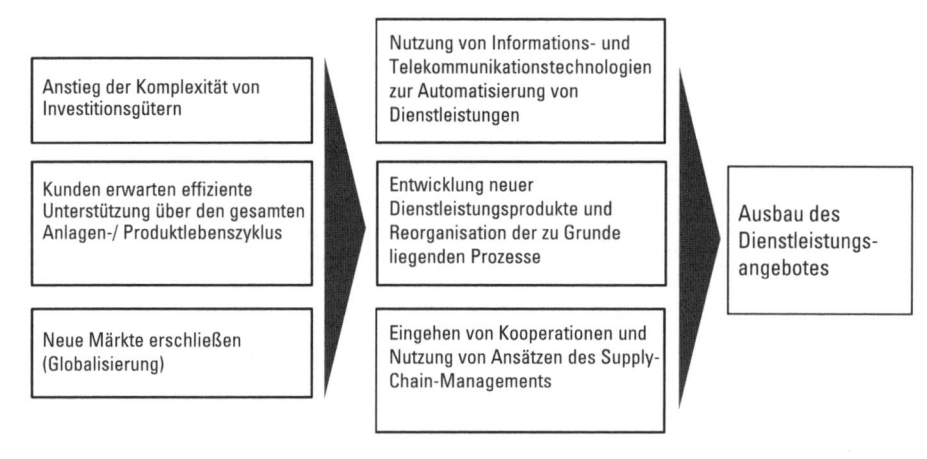

```
┌─────────────────────────┐      ┌─────────────────────────────┐
│ Anstieg der Komplexität │      │ Nutzung von Informations-   │
│ von Investitionsgütern  │      │ und Telekommunikations-     │
│                         │      │ technologien zur            │
│                         │      │ Automatisierung von         │
│                         │      │ Dienstleistungen            │
└─────────────────────────┘      └─────────────────────────────┘

┌─────────────────────────┐      ┌─────────────────────────────┐    ┌──────────────────┐
│ Kunden erwarten         │      │ Entwicklung neuer           │    │ Ausbau des       │
│ effiziente Unterstützung│  ▶   │ Dienstleistungsprodukte und │ ▶  │ Dienstleistungs- │
│ über den gesamten       │      │ Reorganisation der zu Grunde│    │ angebotes        │
│ Anlagen-/Produkt-       │      │ liegenden Prozesse          │    │                  │
│ lebenszyklus            │      │                             │    └──────────────────┘
└─────────────────────────┘      └─────────────────────────────┘

┌─────────────────────────┐      ┌─────────────────────────────┐
│ Neue Märkte erschließen │      │ Eingehen von Kooperationen  │
│ (Globalisierung)        │      │ und Nutzung von Ansätzen    │
│                         │      │ des Supply-Chain-           │
│                         │      │ Managements                 │
└─────────────────────────┘      └─────────────────────────────┘
```

Abbildung 3.2: Paradigmenwechsel bei produktbegleitenden Dienstleistungen (vgl. Meier 2006: S. 2)

Paradigmenwechsel bei internen Dienstleistern

Interne Dienstleistungen wurden früher zentralisiert oder aus dem Unternehmen ausgelagert, um Kosten zu minimieren oder sicherzustellen, dass Budgetgrenzen eingehalten werden.

Heute müssen interne Dienstleister die richtige Strategie und geeignete Strukturen schaffen, um Produkt- und Kundenorientierung, unternehmerische Verantwortung sowie Entscheidungskompetenz in den dezentralen Einheiten zu gewährleisten. Interne Dienstleister werden bewusst dem Wettbewerb ausgesetzt, und sie verlieren die Monopolstellung, die sie früher hatten. Interne Dienstleister vereinbaren mit ihren internen Kunden, den Fachbereichen, die Leistungen abnehmen, nachfrageorientierte Leistungsvereinbarungen, sogenannte Service Level Agreements (SLAs). Über eine Standardisierung und Harmonisierung der internen Dienstleistungen wird die Wettbewerbsfähigkeit durch Zeit- und Qualitätsverbesserungen in der Prozessabwicklung erhöht, und die internen Dienstleister tragen ihren Teil zum Erreichen der Gewinn- und Wertbeitragsziele bei. Die entstehenden Shared Service Centers sind interne Dienstleistungseinheiten, die administrative Prozesse für mehrere in der Regel dezentrale Unternehmensbereiche abwickeln.

Früher

- Zentralisierung interner Dienstleistungen
- Outsourcing interner Dienstleistungen

Ziel: Kostenminimierung bzw. -deckung

Heute

Richtige Strategie und geeignete Strukturen durch:

- Produkt- und Kundenorientierung
- Wettbewerb anstelle Monopolstellung
- Nachfrageorientierte Leistungsvereinbarungen durch SLAs
- Entscheidungskompetenz in dezentralen Einheiten
- Unternehmerische Verantwortung
- Höhere Wettbewerbsfähigkeit durch Standardisierung und Harmonisierung

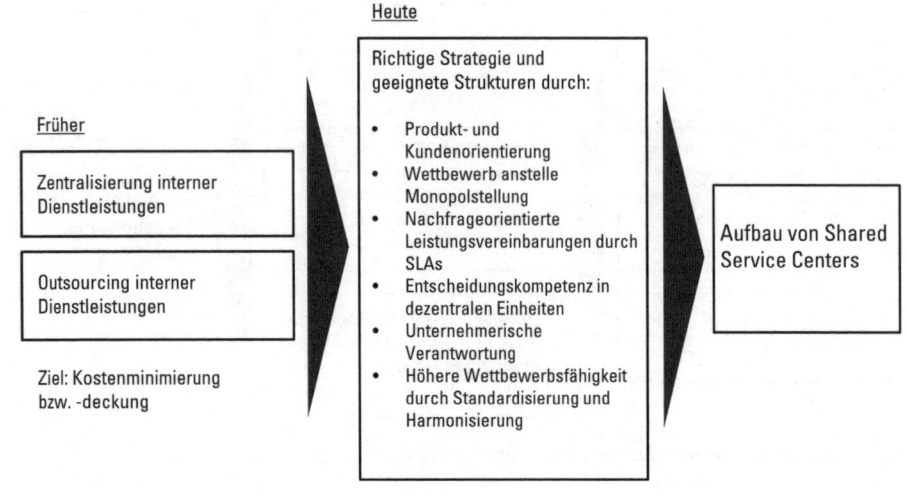

Ziel: Gewinn-/Wertbeitragsziele

Aufbau von Shared Service Centers

Abbildung 3.3: Paradigmenwechsel bei konzerninternen Dienstleistern (vgl. Schimank/Strobl 2002: S. 3 ff)

3.3 Nutzen des strategischen Managements

Ziele des strategischen Denkens

Mit einem professionell aufgesetzten strategischen Managementprozess wird es möglich, zukunftsorientiert zu denken. Die Erfolgspotenziale können erkannt und aufgebaut werden. Durch die Entwicklung von Handlungsspielräumen, Alternativen und Optionen können unternehmensspezifische Tätigkeiten ausbalanciert werden.

Strategiekompetenz

Um zum richtigen Zeitpunkt mit der richtigen Leistung präsent zu sein, müssen Unternehmen und Organisationen Markt- und Erfolgspotenziale frühzeitig erkennen und rechtzeitig erschließen. Entscheidend ist, dass man Vorstellungen über die Welt von morgen mit ihren Chancen und Bedrohungen entwickelt und intelligente Strategien entwirft und umsetzt, um die erkannten Chancen zu nutzen und den Bedrohungen geschickt aus dem Weg zu gehen. Dieses rechtzeitig und richtig zu tun und dabei in Optionen zu planen ist Strategiekompetenz.

1. Langfristige Planung	2. Strategische Planung	3. Strategisches Management
Mehrjährige wachstumsorientierte Planung	Verbesserung der Reaktion auf Markt- und Wettbewerbstrends	Aktiver Ressourceneinsatz zur Erlangung von Wettbewerbsvorteilen
Extrapolation in die Zukunft	Wettbewerb	Vorwegnahme der Zukunft

Strategisches Controlling gestaltet den Prozess des strategischen Managements

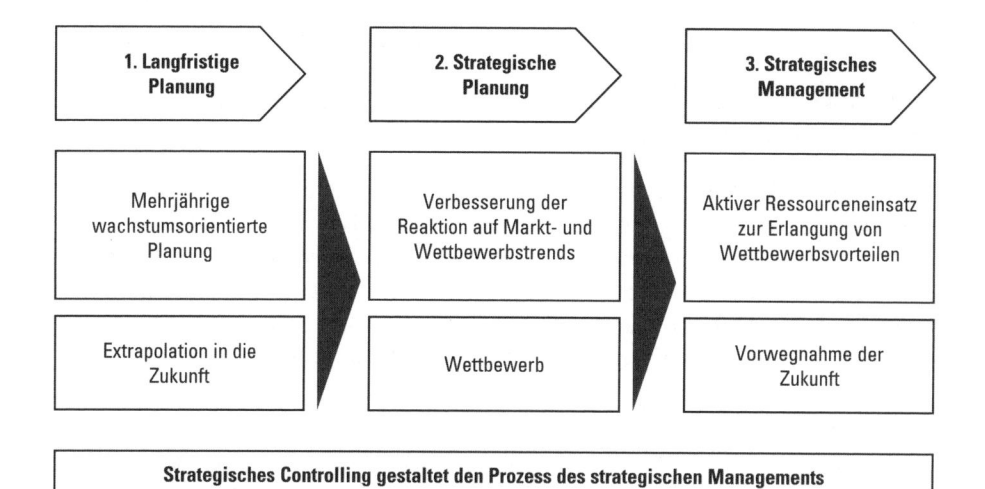

Abbildung 3.4: Entwicklungsstufen des strategischen Denkens

Die beiden Ebenen des strategischen Denkens

Das strategische Denken spielt sich auf zwei unterschiedlichen strategischen Ebenen ab: Auf der ersten strategischen Ebene geht es um die Dienstleistungen, die das Dienstleistungsunternehmen heute schon erbringt, und somit um die Frage, in welche Richtung es sich in diesem Geschäft mit der heutigen Marktposition entwickeln will.

Auf der zweiten strategischen Ebene geht es dagegen um die Geschäftsfelder, in denen das Dienstleistungsunternehmen heute noch nicht tätig ist, die es in Zukunft allerdings besetzen sollte, um dann lebensfähig und rentabel sein zu können. Sowohl die strategische Analyse als auch die Entwicklung strategischer Optionen hat daher nach diesen beiden strategischen Ebenen getrennt zu erfolgen (vgl. Das Strategie-System, SGMI 2003: S. 3).

Bedeutung der Strategie im strategischen Controlling

Das Wort Strategie selbst kommt aus dem Griechischen und bedeutet so viel wie »Heerführer«. Strategie bedeutet:
- echte, mittel- bis langfristig wirkende Grundsatzentscheidungen;
- sehr verbindlich, schwer korrigierbar und nicht zu optimieren;
- gezielte Vorgehensweisen statt «Durchwursteln».

Strategien beziehen sich nicht nur auf Dienstleistungen und deren Niveau selbst, sondern auch auf Kunden, Vertriebskanäle, Wettbewerber, Image, Standort und mehr. Sie sind darauf gerichtet:

- das Dienstleistungsunternehmen auf eine sich ändernde Umwelt einzustellen,
- Chancen und Risiken der Unternehmung geplant zu handhaben und
- bestimmte Positionen im Markt zu erreichen.

Strategien bestimmen den konkreten Aktivitätsrahmen sowie die Stoßrichtung des unternehmerischen Handelns. »Für den Manager bedeutet Strategie die Orientierung an der langfristigen Verbesserung der **Erfolgspotenziale**, im Gegensatz zur kurzfristigen Erlangung von messbaren Vorteilen. Zur klaren Unterscheidung des strategischen Managements von anderen Formen der Führungsarbeit wird (in Anlehnung an *Drucker*) gesagt:
- Das Management des Tagesgeschäftes dient dazu, die **Dinge richtig** zu tun.
- Das strategische Management konzentriert sich darauf, die **richtigen Dinge** zu tun.

Das verlangt:
- Das **Infragestellen** der gegenwärtig bedienten Geschäftsfelder,
- das Im-Blick-Halten des jeweils **übernächsten Aktionsschrittes**,
- die Inkaufnahme **vorübergehender Nachteile** zur Erreichung der wirklich wesentlichen Zielsetzungen *(Hinterhuber)*.« (Biermann 2006: S. 31).

Planen in Optionen
Entwicklungen im sozioökonomischen, technologischen und politischen Umfeld lassen sich immer weniger eindeutig prognostizieren. Unternehmen und Organisationen, die in der Lage sind, flexibel und rasch auf Veränderungen in ihrem Umfeld zu reagieren, können aus der Not eine Tugend machen, indem sie die Fähigkeit erwerben, ihr strategisches Management mit dem Planen in Szenarien (Zukunftsbildern) zu ergänzen und dadurch ihren Unternehmenserfolg und ihre Leistungsfähigkeit in der Zukunft immer wieder abzusichern.

Strategischer Managementprozess
Die für das strategische Controlling verantwortlichen Zentralcontroller in großen Dienstleistungsunternehmen oder der Leiter Controlling im Mittelstand gestalten den Prozess des strategischen Managements. Strategisches Management bedeutet die Vorwegnahme der Zukunft durch Ziele und konzentriert sich auf den aktiven Ressourceneinsatz zur Erlangung von Wettbewerbsvorteilen.

Daraus resultieren Entscheidungen auf der obersten Führungsebene und neben der Zustimmung auch die Konkretisierung der operativ verantwortlichen Stellen im Unternehmen. Der Prozess des strategischen Managements ist ein Zielfindungs-, Zielabstimmungs- und Zielvereinbarungsprozess, an dem zentrale und dezentrale Einheiten beteiligt sind. Als Output resultiert ein verbindlicher betriebswirtschaftlicher »roter Faden« für alle Ebenen des Unternehmens, die Unternehmensplanung.

Beobachtbares Verhalten für strategisches Denken
Positiv:
- Geplante Maßnahmen werden durch frühzeitige Einbindung aller relevanten Personen abgesichert.
- Personelle und sachliche Beschränkungen werden berücksichtigt.
- Externe Informationen werden mit einbezogen.
- Aus den langfristigen Unternehmenszielen werden die kurz- und mittelfristigen Aufgaben erkennbar abgeleitet.

Negativ:
- Entscheidungen werden ohne ausreichende Analyse der Rahmenbedingungen getroffen.
- Man lässt sich vom Tagesgeschäft »auffressen«.
- Es wird ohne entsprechenden Plan bzw. entsprechende Struktur vorgegangen.
- Es werden zu wenig interne und externe Ressourcen genutzt.

3.4 Den strategischen Managementprozess moderieren

Anforderungen an Controller im Strategieprozess
»Controller gestalten und begleiten den Management-Prozess der Zielfindung, Planung und Steuerung und tragen damit Mitverantwortung für die Zielerreichung. Controller sorgen für Strategietransparenz (...) und tragen somit zu höherer Wirtschaftlichkeit bei. (...) Controller moderieren und gestalten den Management-Prozess der Zielfindung, Planung und Steuerung so, dass jeder Entscheidungsträger zielorientiert handeln kann. Controller leisten den dazu erforderlichen Service der betriebswirtschaftlichen Daten- und Informationsversorgung. (...)« (DIN SPEC 1086: S. 5).

Mit anderen Worten ist es auch die Aufgabe von (zentralen) Controllern, den strategischen Managementprozess zu moderieren. Controller müssen bei diesen Anforderungen zur Gestaltung strategischer Prozesse in der Lage sein, sehr viel Flexibilität an den Tag zu legen und kreativ und Grenzen sprengend, ganzheitlich zu denken. Dies unterscheidet sich fundamental von einem operativen Controller, bei dem es sehr stark auf exaktes, kleinteiliges Herangehen und Arbeiten im operativen Tagesgeschäft ankommt.

Ganzheitliches, strategisches Denken eines Controllers ist zum Beispiel auch daran zu erkennen, dass alle betroffenen Bereiche und Aspekte berücksichtigt werden, positive und negative Auswirkungen erkannt sowie Verbindungen zwischen scheinbar unzusammenhängenden Fakten und Ideen hergestellt werden.

Den Anpassungsbedarf der strategischen Ausrichtung ermitteln
Die Anlässe und Gründe für den Einstieg in die strategische Ausrichtung können unterschiedlich sein. In Branchen mit einem hohen Veränderungstempo und -druck wie zum Beispiel der Informationstechnologie wird die halbjährliche kritische Auseinandersetzung mit der strategischen Ausrichtung von Anfang an eingeplant. In anderen Branchen mit einem im Vergleich geringeren Anpassungsdruck könnten die Auslöser sein:
- Kennzahlenvergleiche oder Zielerreichungsgrade sind unbefriedigend;
- die Frage »Wo stehen wir eigentlich?« infolge eines Personalwechsels an der Unternehmensspitze;
- bekannte Probleme oder Kundenbeschwerden;
- Änderungen der Rahmenbedingungen: Rechtsformänderungen, Änderungen in den Besitzverhältnissen, Änderungen im relevanten gesetzlichen Rahmen oder Verordnungen etc.

Regelmäßig sollte die strategische Ausrichtung auf den Prüfstand gestellt werden. Der Druck ist allerdings abhängig von den Dienstleistungsbranchen, in denen das Unternehmen tätig ist. Für einen Versorger, der in einem hochgradig geregelten Markt agiert, ist der Anpassungsdruck vergleichsweise gering, wenn nicht gerade Gesetze zur Energieerzeugung und -versorgung oder Einspeisung von Energie in die Netze grundlegend geändert werden. Für einen Dienstleister der Informationstechnologie besteht allein durch die technologischen Entwicklungssprünge ein viel dringenderer, regelmäßiger Handlungs- und Anpassungsbedarf.

Der Prozess des strategischen Managements ist durch eine Vielzahl von Fragen gekennzeichnet, auf die die Geschäftsführung in Entscheidergremien oder auch für sich allein Antworten finden muss. Für den Einstieg in die strategische Arbeit empfehlen sich bewährte Fragenchecklisten.

Beispiel:

Fragen-Checkliste zum strategischen Management. Die Fragen sind zu diskutieren und abschließend mit »eher ja« oder »eher nein« zu beantworten. Die zentrale Frage lautet:
- Sollte unsere Strategie überdacht und neu definiert werden?

Im Detail sind folgende vertiefende Fragen zu besprechen:
- Sind wir mit unserer bisherigen strategischen Ausrichtung überdurchschnittlich erfolgreich?
- Können wir mit ihr auch in Zukunft erfolgreich sein?
- Können wir gravierende Veränderungen hinsichtlich Kundenbedürfnissen, Technologien, Markt oder Wettbewerbern, die uns zu einschneidenden Veränderungen zwingen könnten, ausschließen?
- Haben wir eine klare Antwort auf die Frage, wo wir in fünf Jahren stehen wollen?
- Wissen wir, welche Fähigkeiten aufzubauen sind, um dieses Ziel zu erreichen?
- Haben wir klare Schwerpunkte bezüglich unseres zukünftigen Angebotes definiert?
- Sind die Schwerpunkte bezüglich Zielgruppen, Markt-/Kundensegmenten klar definiert?
- Setzen wir die finanziellen und personellen Mittel gemäß diesen Schwerpunkten ein?
- Kommen wir ohne starke Abhängigkeit, z. B. von einer Hauptleistung, einem Hauptmarkt usw. aus?
- Steht unser Unternehmen auf mehr als einem Bein, sodass wir das Eintreten eines Großrisikos (Preis- oder Verdrängungskampf o. Ä.) überstehen können?
- Kennen die wesentlichen Schlüsselmitarbeiter die Strategie der Unternehmung, sodass sie ihren Beitrag dazu erbringen können?
(in Anlehnung an Strategische Analyse, SGMI 2003: S. 6)

Aus der Beantwortung der Fragen-Checkliste zum strategischen Management resultieren drei Optionen.

> **Beispiel:**
>
> Antworten-Checkliste zum strategischen Management. Die Antworten sind zu diskutieren und abschließend mit »eher ja« oder »eher nein« zu beantworten. Die zentralen Ausgangsfragen lauten:
> - Wie beurteilen wir unser strategisches Management?
> - Wie groß ist der Umfang des strategischen Anpassungsbedarfs?
>
> Im Detail sind folgende vertiefenden Antworten zu bewerten:
> - Unsere Strategie stimmt! Das Thema muss nicht vordringlich behandelt werden.
> - Unsere Strategie stimmt im Großen und Ganzen. Einige Kurskorrekturen sind jedoch nötig.
> - Wir sind unsicher, ob wir mit unserer heutigen Strategie auf Dauer erfolgreich sein können. Unsere Strategie sollte überdacht und neu definiert werden.
>
> (vgl. Strategische Analyse, SGMI 2003: S. 6)

Wenn im Dienstleistungsunternehmen eher zu Antworten Nr. 2 oder Nr. 3 tendiert wird, müssen Aufsichtsrat, Vorstand und Schlüsselmitarbeiter von der Notwendigkeit überzeugt sein, für die strategische Ausrichtung Kurskorrekturen vorzunehmen oder die Strategie vollständig zu überdenken und in gemeinsamer Arbeit griffig ausformuliert neu zu definieren.

3.5 Handlungsanleitung für den Strategieentwicklungsprozess

Die Suche nach dem roten Faden im Strategieentwicklungsprozess

Wer sich neu mit dem Thema Strategie beschäftigt, ist zunächst verwirrt und stellt dann fest: Den Strategieentwicklungsprozess, der immer geeignet ist, gibt es nicht. Denn jedes Dienstleistungsunternehmen braucht aufgrund der spezifischen Eigenheiten den für sich richtigen Prozessablauf bei der Entwicklung zukunftsweisender Strategien (vgl. Das Strategie-System, SGMI 2003: S. 11).

Erschwerend kommt hinzu, dass es in der Controllingtheorie noch keinen verbindlichen Strategieentwicklungsansatz für Dienstleistungsunternehmen gibt. Bekannte Vorgehensmodelle der Strategieentwicklung spiegeln vor allem die Anforderungen der produzierenden Wirtschaft wider (vgl.

Biermann 2007: S. 31 f). Wer sich schon etwas ausführlicher mit dem Thema Strategieentwicklung beschäftigt hat, der stellt schnell fest, dass es jedes Unternehmen anders macht. Sogar formal falsche Ansätze können zu erfolgreichen Prozessen führen.

> **Beispiel:**
>
> Der Aufbau eines strategischen Kennzahlensystems bei einem Energieversorger erfolgte ohne Erarbeitung bzw. dringend notwendiger Überarbeitung der Markt-/Wettbewerbsstrategien. Der Grund war banal: Man wollte nicht noch (geschätzt) ein weiteres Jahr verlieren. So lange hätte der bei diesem Thema uneinige Vorstand voraussichtlich benötigt, um sich auf eine gemeinsame strategische Ausrichtung zu einigen. Durch die Einführung des Kennzahlensystems wurde es trotzdem möglich, ein »Führen mit Zielen« im Unternehmen zu verankern und die Effizienz der Organisation deutlich zu verbessern.

Dennoch: Im Folgenden wird ein Musterschema für einen Strategieentwicklungsprozess beschrieben. Die Handlungsanleitung, die einzelnen Teilschritte und die gewählten Methoden sollen eine erste Orientierung geben. Sie dürfen allerdings nicht zu einer Zwangsjacke werden und sind bei Bedarf zu streichen, zu ergänzen oder zu verändern!

Alternative Strategieansätze

Die differenzierte Erarbeitung von Strategien kann aus unterschiedlichen Grundmustern erfolgen. Dabei spielen jeweils ganz unterschiedliche Fähigkeiten und Kompetenzen die entscheidende Rolle:
1. Visionäre Strategie
2. Fähigkeitsgetriebene Strategie
3. Chancenbasierte Strategie
   (vgl. Das Strategie-System, SGMI 2003: S. 8)

Visionärer Strategieansatz

Das visionäre Dienstleistungsunternehmen blickt weit in die Zukunft, akzeptiert Unsicherheit, Nichtwissen und Risiko. Es versucht, neue Trends so früh wie möglich zu erkennen. Viele Visionäre sind anfänglich belächelt worden, ihre Ideen wurden für Utopien gehalten, dies gilt z. B. für Ebay. Erfolgreich realisierte Visionen führen zu Umwälzungen von Marktanteilen, zu völlig neuen Spielregeln und zu einer veränderten Wettbewerbsstruktur. (vgl. Das Strategie-System, SGMI 2003: S. 8)

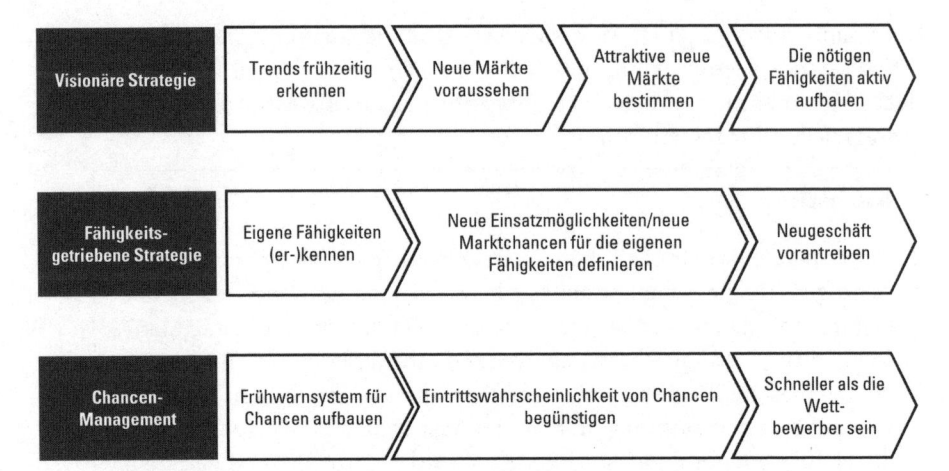

Visionäre Strategie	Trends frühzeitig erkennen	Neue Märkte voraussehen	Attraktive neue Märkte bestimmen	Die nötigen Fähigkeiten aktiv aufbauen
Fähigkeitsgetriebene Strategie	Eigene Fähigkeiten (er-)kennen	Neue Einsatzmöglichkeiten/neue Marktchancen für die eigenen Fähigkeiten definieren		Neugeschäft vorantreiben
Chancen-Management	Frühwarnsystem für Chancen aufbauen	Eintrittswahrscheinlichkeit von Chancen begünstigen		Schneller als die Wettbewerber sein

Abbildung 3.5: Drei situationsbasierte Strategieansätze
(vgl. Das Strategie-System, SGMI 2003: S. 10)

Fähigkeitsgetriebener Strategieansatz

Wer große Risiken scheut oder nicht die Mittel hat, hohe Investitionen in vermeintlich utopische Projekte zu stecken, der sollte einen fähigkeitsgetriebenen Strategieansatz wählen. Hier gilt es für das Dienstleistungsunternehmen herauszufinden, über welche Kernkompetenzen und einzigartigen Fähigkeiten das eigene Unternehmen verfügt. Diese Kernkompetenzen müssen identifiziert werden. Die Logik einer fähigkeitsgetriebenen Struktur besteht darin, für die eigenen Kernkompetenzen neue Einsatzmöglichkeiten zu finden und damit neue Marktchancen durch diese Fähigkeiten zu eröffnen. Die Dienstleistung mag dann neu sein, die dahinterstehende Kompetenz ist allerdings bekannt. (vgl. Das Strategie-System, SGMI 2003: S. 8 f)

Chancenbasierter Strategieansatz

Gerade wenn die Muster für strategischen Erfolg nicht planbar scheinen, ist es umso wichtiger, die eigenen Chancen aktiv zu managen. Wo alles unplanbar scheint, ergeben sich kurzfristig auftretende Chancen. Diese kleinen Zeitfenster gilt es zu nutzen, z.B. die Einführung des Euro, die Jahr-2000-Umstellung, Gesetzesänderungen oder Ähnliches. Dazu sind ein gutes Management-Informationssystem, ein funktionierendes Frühwarnsystem, das schwache Signale auffängt, und die Fähigkeit, kurzfristig auftretende Chancen als Erster zu ergreifen, notwendig. Oder anders ausgedrückt: Erfolg ist machbar, wenn Zufall auf Bereitschaft und Mut trifft (vgl. Das Strategie-System, SGMI 2003: S. 9).

Musterschema für eine Strategieentwicklung von Grund auf

Ein schematisches Vorgehen für die Strategieentwicklung hat immer den Charakter eines Kochrezeptes. Wer nicht gerade zu den erfahrenen Köchen zählt, ist gut beraten, sich bei den ersten Kochversuchen eines Menüs strikt an das Kochrezept zu halten. Wer das Menü schon mehrfach zubereitet hat, wird früher oder später anfangen, Zutaten, Mengen und Arbeitsschritte nach dem eigenen Geschmack abzuwandeln. Etwas Raffiniertes ist immer das Ergebnis von individueller Kombination bekannter Zutaten, einer Änderung von Zubereitungsprozess oder -dauer, der Beilagen, der Dekoration etc.

Der im Folgenden vorgestellte Ansatz zur Strategieentwicklung hat einen mittleren Komplexitätsgrad und greift von allen drei oben kurz vorgestellten strategischen Ansätzen jeweils einzelne Elemente auf: das visionäre Element mit der Szenarioanalyse, das fähigkeitsgetriebene Element mit der Kompetenzanalyse und das chancenbasierte Element mit der Analyse von Frühwarnfaktoren. Die meisten der im Folgenden vorgestellten Instrumente sind auch aus Produktionsunternehmen bekannt. An zentralen Stellen sind sie mit Ansätzen, die besonders für den Dienstleistungssektor geeignet sind, kombiniert.

Ziele, Strategien und Realisierung

Die Entwicklung von Zielen und Strategien bis hin zu deren Umsetzung vollzieht sich in drei Ebenen, fünf Phasen und zehn Schritten.

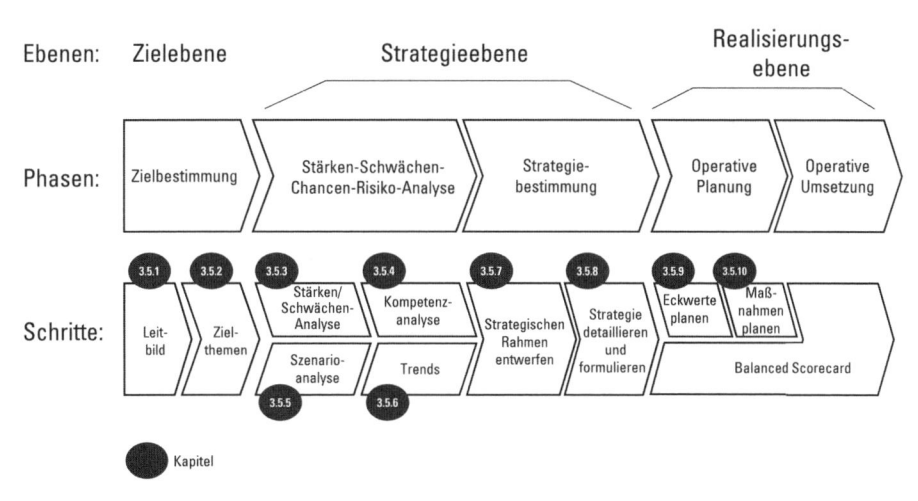

Abbildung 3.6: Die drei Ebenen, fünf Phasen und zehn Schritte des strategischen Managementprozesses

Erste Ebene

In der ersten Phase der strategischen Arbeit auf der Zielebene im Dienstleistungsunternehmen sind ein Leitbild zu erarbeiten sowie strategische Zielthemen zu definieren. Das mündet in die Formulierung der Vision und Mission, die in kompakten Aussagen definieren, warum das Dienstleistungsunternehmen eine langfristige Existenzberechtigung hat.

Zweite Ebene

Daran schließt sich die Arbeit auf der Strategieebene mit den Phasen der Stärken-Schwächen-Chancen-Risiko-Analyse, der sogenannten SWOT-Analyse (SWOT steht hierbei für die englischen Begriffe Strenghts, Weaknesses, Opportunities und Threats), und der Strategiebestimmung an. Bei der Arbeit auf dieser zweiten Ebene werden mögliche Zukunftsbilder mit den Trends der Zukunft, Stärken, Schwächen und den daraus resultierenden Kernkompetenzen des Unternehmens erarbeitet und abgeglichen. Daraus entsteht ein strategisches Spielfeld typischer strategischer Optionen eines Dienstleistungsunternehmens, von dem strategische Stoßrichtungen abgeleitet werden. Die Definition von strategischen Projekten und Maßnahmen schließt diese zweite Ebene ab.

Dritte Ebene

Auf dieser Realisierungsebene beginnt zunächst die Phase der operativen Planung, gefolgt von der Phase der operativen Umsetzung von Projekten und Maßnahmen sowie deren Umsetzungscontrolling.

Zehn Schritte

Auf den drei Ebenen der strategischen Arbeit mit den fünf Phasen sind zehn zum Teil parallele Schritte für die erfolgreiche Definition und Umsetzung einer Dienstleistungsstrategie zu gehen. Die Balanced Scorecard zählt dabei nicht als eigenständiger Schritt. Sie dokumentiert auf eine sehr spezielle und gelungene Weise die letzten der zehn Schritte.

Der Fokus der strategischen Arbeit sollte während der zehn Schritte durchgehend auf den Schlüsselthemen des strategischen Managements liegen, die immer wieder durchzuarbeiten sind.

> **Beispiel:**
>
> Fragen-Checkliste zu den Schlüsselthemen des strategischen Managements:
> 1. »Welche zukünftigen Umfeld-, Markt- und Wettbewerbsentwicklungen mit welchen Chancen und Risiken erwartet das Management? Wie lassen sich diese erfolgswirksam nutzen?
> 2. Welche strategische Grundausrichtung sollen das Unternehmen, die Geschäftsfelder und die Bereiche verfolgen?
> 3. Wie sollte sich das Unternehmen im Wettbewerbsumfeld positionieren?
> 4. Wie sollte das Leistungsangebot für welche Kundenzielgruppen auf welchen nationalen und internationalen Märkten über welche Vertriebskanäle strategiegerecht gestaltet werden?
> 5. Auf welche Geschäfte und Geschäftsfelder sollte sich das Unternehmen konzentrieren? Wie können die Leistungs-, Markt-, Kunden- und Kompetenzportfolios optimiert werden, ein Chancen-Risiko-Ausgleich geschaffen und Wettbewerbsvorteile aufgebaut werden? Auf welche Geschäfte wird verzichtet?
> 6. Wie können die Kernkompetenzen, die erfolgskritischen Kernprozesse und die Wertschöpfung unter Einbeziehung und Vernetzung mit den Kunden und Geschäftspartnern nachhaltig verbessert werden?
> 7. Wie kann das Geschäftsmodell strategiegerecht gestaltet werden?
> 8. Wie können die Treiber und Ziele einer Strategie bestimmt, gemessen und umsetzungsnah verfolgt werden?« (ICV 2005, S. 3 f).

3.5.1 Leitbild aufstellen

Basis der Strategiearbeit

Das Leitbild des Dienstleistungsunternehmens bildet die Basis für die Strategiearbeit. Um eine einheitliche und konsistente Strategie zu entwickeln, sind grundlegende Werte und strategische Ziele in Form eines Leitbildes zu vereinbaren. Daraus werden wiederum weitere strategische Maßnahmen und Optionen abgeleitet und bewertet. So entsteht in einem transparenten Prozess ein schlüssiges Strategiekonzept, das durch klare Ziel- und Wertorientierung von Führungskräften und Mitarbeitern wahrgenommen wird. Die Mitarbeiter werden mit dem Leitbild zur gemeinsamen Zielerreichung und zum zielorientierten Handeln motiviert.

Das Leitbild ist eine Kurzbeschreibung der Entwicklung von Ansichten und Vorstellungen von Führungskräften und Schlüsselmitarbeitern über die Zukunft. Dabei werden deren Ansichten und Vorstellungen über die Zukunft vereinheitlicht, um sich auf eine gemeinsame Vision für die nächsten fünf Jahre zu einigen. Zusätzlich dient das Leitbild als unternehmensinternes und -externes Kommunikationsinstrument, mit dem Orientierung gegeben und motiviert wird. Es beinhaltet die Vision und die Mission (vgl. Kerth/Pütmann 2008: S. 217).

Vision

»Die Vision beschreibt die Vorstellung davon, wie das Unternehmen in Zukunft aussehen soll. Dabei gibt sie langfristige Ziele vor und geht zeitlich und quantitativ über das Tagesgeschäft hinaus.« (Kerth/Pütmann 2008: S. 217).

Mission

Die Mission beschreibt die grundsätzlich vom Dienstleistungsunternehmen zu verfolgenden Aufgaben. Sie definiert, warum das Unternehmen überhaupt existiert, und erläutert den damit verbundenen Beitrag zur Gesellschaft. Sie ist in einfachen Worten formuliert und spiegelt die Identität des Dienstleistungsunternehmens wider. Viele Unternehmen bringen ihre Mission in einem knappen Slogan oder sogenannten Mission Statement in wenigen Worten auf den Punkt (vgl. Kerth/Pütmann 2008: S. 218).

> **Beispiele:**
>
> Eine Reihe namhafter Dienstleistungsunternehmen hat (Stand: 2013) dem eigenen Handeln eine Mission in Form eines knappen Slogans zu Grunde gelegt:
> Berliner Stadtreinigung BSR: »So orange ist nur Berlin!«
> Deutsche Bank: »Leistung aus Leidenschaft!«
> Dussmann: »Global Business. Local Service!«
> Giesecke & Devrient: »Creating confidence!«
> Huk-Coburg: »Aus Tradition günstig!«
> RWE Energiedienstleistungen: »Effizienz braucht Innovationen!«
> Software AG: »Die Welt verändern – einen Prozess nach dem anderen!«

Vorgehen

Das Leitbild wird klassischerweise in Workshops von Führungskräften und Schlüsselmitarbeitern erarbeitet. Mit marketingähnlichen Aktionen werden die Ergebnisse zunächst innerhalb des Dienstleistungsunternehmens kommuniziert, damit alle Mitarbeiter das Leitbild und die damit verbundenen Ziele und Werte verinnerlichen können. Darauf aufbauend wird das Leitbild auch an externe Gruppen verbreitet, um Kunden, Investoren, Bewerber und sämtliche anderen Gruppen vom Unternehmen zu begeistern.

Die ausformulierte Vision eines Unternehmens ist häufig auf den Internetseiten zu finden. Der Slogan ergänzt als eine zentrale Kurzbotschaft jede Kommunikation des Unternehmens. Um die Mitarbeiter umfassend in die Leitbildentwicklung einzubeziehen, ist es empfehlenswert, einen Ideen- und Formulierungswettbewerb für den zentralen Slogan des Unternehmens mit attraktiven Prämien zu initiieren. Damit wird sichergestellt, dass sich die meisten Mitarbeiter mit den ausgearbeiteten Zielen und Werten intensiv beschäftigen (vgl. Kerth/Pütmann 2008: S. 218 ff).

3.5.2 Zielthemen benennen

Auf Basis des Leitbildes erfolgt die Definition von Zielthemen, die von den Analysemethoden in der Strategieebene wieder aufgegriffen werden. Dies kann nur durch die Geschäftsführung oder den Vorstand des Dienstleistungsunternehmens erfolgen.

Für die Bestimmung von strategischen Zielthemen kann eine Reihe von Themen in Frage kommen:
- Umsatzwachstum mit bestimmten Zielgruppen
- Marktanteile und neue Märkte
- Eigenkapitalbildung und Finanzierung
- Unternehmensentwicklung
- Virtualisierung
- E-Business
- Unternehmenskooperationen und strategische Allianzen
- Zukauf und Verkauf von Geschäftsfeldern etc.

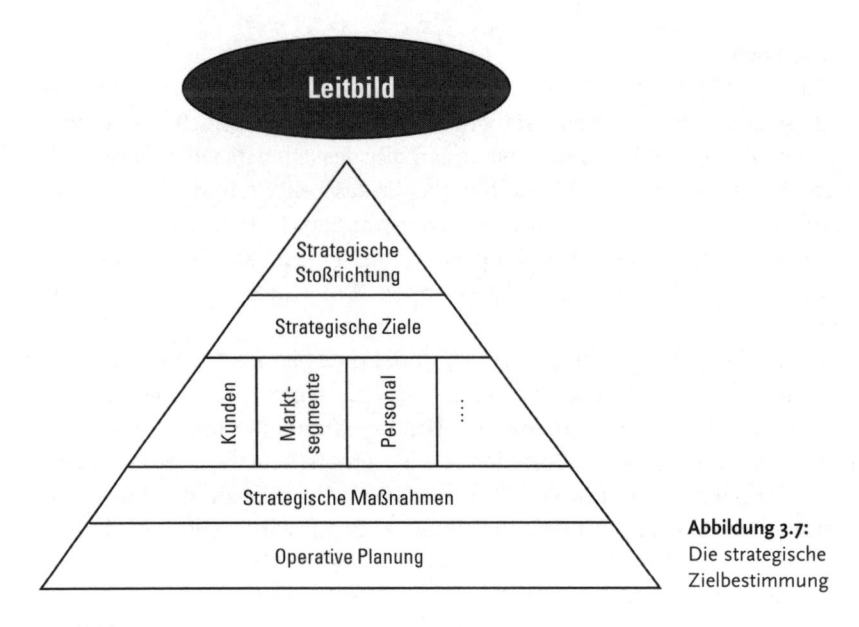

Abbildung 3.7:
Die strategische Zielbestimmung

Ziele

Ein Ziel ist ein definierter angestrebter Zustand, der durch die Erfüllung von Arbeitsaufgaben erreicht werden soll. Es ist also das anzustrebende Ergebnis der Arbeit. Ein Ziel ist die gedankliche Vorwegnahme eines real möglichen Zustandes, der nach heutiger Wertung als wünschenswert angesehen wird. Dieses Ergebnis der Arbeit in der Zukunft ist ein gewollter, angestrebter und möglichst genau beschriebener Zustand, der sich vom gegenwärtigen Zustand unterscheidet. Ein Ziel ist die Grundlage der Planung.

Ziele aktivieren, organisieren und lenken Tätigkeiten auf das erwartete Ergebnis hin. Sie vermeiden Reibungsverluste und Doppelarbeit. Sie haben eine Steuerungs- und Koordinierungsfunktion.

Eine konkrete Zielfestlegung scheitert im Unternehmen häufig schon daran, dass das Ergebnis des Handelns entweder nicht einheitlich definiert ist oder nur unzureichend gemessen werden kann. Genau hier setzt das Controlling an. Für das ganze Unternehmen können Ziele systematisch definiert, präzise formuliert und konsistent über die gesamte Organisation hinweg heruntergebrochen und verfolgt werden.

Exkurs: Übergeordnete Ziele des Controllings

Im Fokus des Controllings liegen die originären Controllingziele der Effektivität und Effizienz, d.h. der Sicherstellung einer hohen Zielerreichung und Wirtschaftlichkeit der Organisationstätigkeit (vgl. Blanke 2005, S. 1).

Wenn alle die Ziele kennen, stimmt die Richtung

Effektivität

Unter Effektivität versteht man das Verhältnis der tatsächlich erreichten Ergebnisse zu den geplanten Zielen (Zielerreichung/Zielvorgabe). Die Effektivität ist also eine Kennzahl des Zielerreichungsgrads und sagt aus, in welchem Ausmaß ein vorgegebenes Ziel verwirklicht wurde.

Effizienz

Unter Effizienz versteht man das Verhältnis erreichter Leistung zu den eingesetzten Ressourcen (Output/Input). Effizienz beantwortet die Frage nach der Wirtschaftlichkeit, d.h. ob die Leistungen kostengünstig erstellt wurden. Diese (wirtschaftliche) Beurteilung hat selbstverständlich unter Beachtung der aus der Sicht der Effektivität einzuschlagenden Wege einer Zielerreichung zu erfolgen (vgl. Blanke 2005, S. 4).

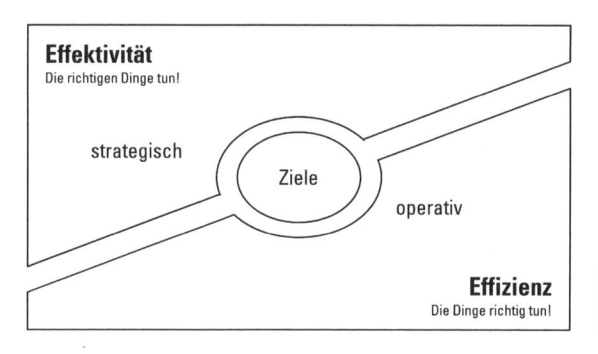

Abbildung 3.8: Zusammenhang zwischen Effektivität und Effizienz

3.5.3 Stärken und Schwächen analysieren

Kurzbeschreibung bzw. Definition dieses Schrittes

Die Stärken-Schwächen-Chancen-Risiko-Analyse, die sogenannte SWOT-Analyse, verfolgt die Idee, zunächst eigene Stärken des Dienstleistungsunternehmens zu identifizieren und aus den eigenen Stärken Kernkompetenzen abzuleiten. Die werden dann später mit den Zukunftstrends und -chancen kombiniert. Die SWOT-Analyse gibt die Antwort auf die zentrale Frage: »Was ist unser Geschäftsmodell heute und morgen?«

> **Beispiel:**
>
> Fragen-Checkliste typischer Detailfragen in diesem Zusammenhang:
> - Was ist heute unser Geschäftsmodell?
> - In welchem Markt sind wir tätig?
> - Welche Kundenbedürfnisse oder Kundenprobleme liegen unserem heutigen Geschäft zugrunde?
> - Wie können diese Bedürfnisse in Zukunft aus Kundensicht besser oder billiger durch alternative Dienstleistungen gedeckt werden?
> - Wo eröffnen sich dank unserer Fähigkeiten und unseres Wissens chancenreiche Nischen oder Innovationsfelder?
> - Welchen Nutzen erbringen wir dem Markt heute und in Zukunft?
> (vgl. Strategische Analyse, SGMI 2003: S. 10).

Nutzen des Schrittes

Bei der SWOT-Analyse geht es darum, Wesentliches rasch zu erkennen und sich nicht in Unwesentlichem zu verlieren. Die SWOT-Analyse fordert im Rahmen des strategischen Managementprozesses zu einer geistigen Auseinandersetzung auf. Zunächst geht es bei Stärken, Schwächen und Kernkompetenzen darum:
- »Kenne dich selbst!« Erarbeiten der eigenen Unternehmensposition und Kernkompetenzen.
- »Kenne deine Konkurrenten!« Entwickeln von Wettbewerbsstrategien.

Später kommt die Chancen-Risiken-Komponente dazu:
- »Kenne dein Umfeld!« Beobachtung von Marktentwicklungen und Beurteilen der Chancen und Risiken.
- »Kenne deine Kunden!« Entwickeln von marktbezogenen Dienstleistungsstrategien mit höchstem Anspruch an Qualität und Problemlösung.

Einzelergebnisse des Schrittes

Die Stärken-/Schwächen-Analyse als Teilbereich der SWOT-Analyse liefert verschiedene Zwischenergebnisse:
1. Aufteilen des Gesamtmarktes in Marktsegmente.
2. Bestimmen der relativen segmentspezifischen Wettbewerbsposition anhand der Stärken und Schwächen.
3. Gesamtbewertung der Stärken und Schwächen im Vergleich zum Wettbewerb.

Erläuterung der Aktivitäten und eingesetzten Methoden
1. Ergebnis: Marktsegmentierung und Bildung von Geschäftsbereichen
Unter Marktsegmentierung wird die Aufteilung eines Gesamtmarktes in heterogene Marktsegmente verstanden. Zweck der Marktsegmentierung bei Dienstleistungen ist es, Unterschiede zwischen den Kunden offenzulegen und daraus Schlussfolgerungen im Hinblick auf eine differenzierte Marktbearbeitung zu ziehen. (vgl. Meffert/Bruhn 2006: S. 153).

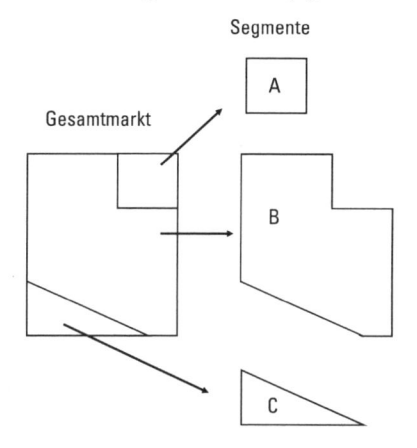

Abbildung 3.9: Marktsegmentierung zur Bildung von Geschäftsbereichen

Ein Unternehmen bildet Geschäftsbereiche, Sparten oder Business Divisions, indem es eines oder mehrere dieser Marktsegmente bearbeitet.

Segmentierungskriterien
Um Geschäftsbereiche zu bilden, die unterschiedliche Marktsegmente bearbeiten, müssen die Kriterien zur Differenzierung bestimmte Anforderungen erfüllen:
- Messbarkeit: Die Marktsegmentierungskriterien müssen mit vorhandenen Marktforschungsmethoden messbar sein.
- Kaufverhaltensrelevanz: Die Kriterien müssen geeignete Indikatoren für das zukünftige Käuferverhalten der Konsumenten sein. Es muss sich um Eigenschaften und Verhaltensweisen handeln, die eine Voraussetzung zum Kauf einer bestimmten Dienstleistung darstellen.
- Erreichbarkeit: Die Segmentierungskriterien sind so zu wählen, dass sie die gezielte Ansprache der mit ihrer Hilfe abgegrenzten Segmente gewährleisten.
- Zeitliche Stabilität: Die Informationen, die mittels der Kriterien erhoben werden, müssen über den Planungszeitraum hinweg weitgehend stabil sein (vgl. Meffert/Bruhn 2006: S. 153f).

2. Ergebnis: Relative Wettbewerbsposition

Dieses Ergebnis zeigt die eigenen Stärken und Schwächen des Dienstleistungsunternehmens im Vergleich zu den wichtigsten Wettbewerbern. Diese Analyse wird zunächst segmentspezifisch durchgeführt, bevor die Erkenntnisse dann im nächsten Ergebnis zusammengeführt werden. Als Vergleichskriterien werden die Anforderungen der Kunden an den Dienstleister und seine Dienstleistungsprodukte definiert. Hierbei entsteht eine Liste der strategischen Erfolgsfaktoren. Die strategischen Erfolgsfaktoren werden dann aus drei Sichten beurteilt, nämlich aus:

- Kundensicht;
- Expertensicht;
- eigener Sicht.

Um eine eindeutige Messbarkeit zu erreichen, kann die Erfüllung der strategischen Erfolgsfaktoren beim eigenen Unternehmen wie bei den wichtigsten Wettbewerbern auf einer Skala von 1 bis 10 bewertet werden. Dort, wo die Werte z. B. im Vergleich um mehr als 2 Punkte über denen der wichtigsten Wettbewerber liegen, hat das eigene Unternehmen eine Stärke. Wo die Werte um mehr als 2 Punkte unterhalb des Wettbewerbs sind, liegt eine Schwäche vor.

Einzelbewertungen zur Wettbewerbsposition

Gesamtbewertung zur Wettbewerbsposition

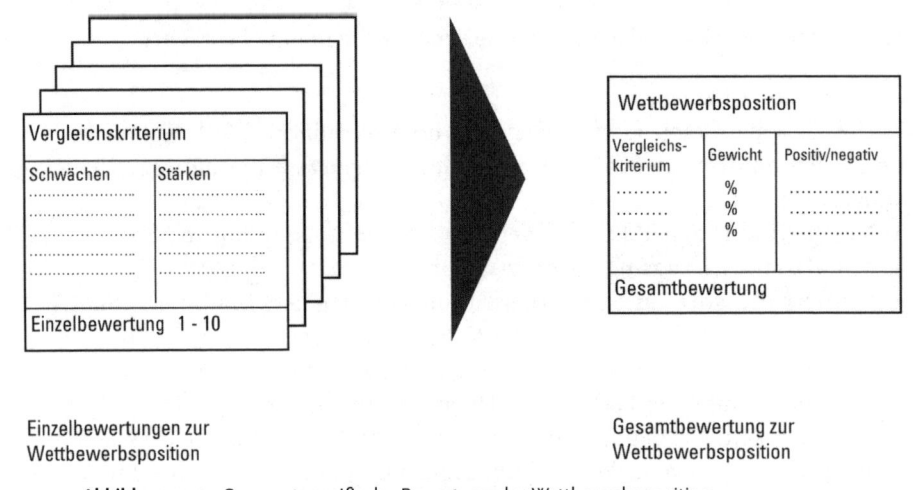

Abbildung 3.10: Segmentspezifische Bewertung der Wettbewerbsposition

3. Ergebnis: Gesamtbewertung der Stärken und Schwächen
Dieses Ergebnis führt die segmentspezifischen Einzelbewertungen, die sich aus der Analyse von Stärken und Schwächen der Vergleichskriterien ergeben, zusammen. Die Gesamtbewertung der relativen Wettbewerbsposition dokumentiert die gegenwärtige Marktstellung auf Basis einer Stärken-Schwächen-Analyse. Es handelt sich um eine Unternehmenskomponente, da jedes Dienstleistungsunternehmen aktiv auf die relative Wettbewerbsposition einwirken kann.

3.5.4 Kernkompetenzen analysieren

Kurzbeschreibung bzw. Definition dieses Schrittes
Mit den Zwischenergebnissen der Stärken-/Schwächen-Analyse wird im vierten Schritt weitergearbeitet, um die Kernkompetenzen des Dienstleistungsunternehmens zu erarbeiten.

Kernkompetenzen stellen ein Bündel von Fähigkeiten und Technologien dar, die einen besonderen Kundennutzen ermöglichen und den Zugang zu weiteren Märkten eröffnen. Kernkompetenzen haben die nachstehenden Kriterien zu erfüllen, um als Kernkompetenzen zu gelten:
- Wertvoll (d.h. man verfügt über einen strategischen Wettbewerbsvorteil)
- Selten
- Nicht imitierbar (z.B. durch Barrieren gegenüber Konkurrenten)
- Nicht (bzw. nur schwer) substituierbar

In Dienstleistungsbranchen erfüllen besonders genutzte Technologien, Know-how, Erfahrung, Markenwert, besonderes Prozesswissen oder Unternehmenskultur diese Kriterien.

Eine Kernkompetenzanalyse legt dabei offen, mit welchen Stärken das Unternehmen in der Vergangenheit erfolgreich war und welche davon in der Zukunft von Bedeutung sein könnten. Der Kernkompetenzansatz erklärt den Erfolg eines Unternehmens mit Hilfe des Anteils an eigenen Stärken, die bei der Erbringung des aktuellen Dienstleistungsangebots eingesetzt werden (vgl. Kerth/Pütmann 2008: S. 50 ff).

Nutzen des Schrittes
Die Analyse von Kernkompetenzen ermöglicht es einem Dienstleistungsunternehmen, die besonderen Fähigkeiten zu identifizieren, die den eigenen Unternehmenserfolg ausmachen. So wird das Fehlen bestimmter Fähigkeiten erkannt, die in Zukunft zu Problemen führen, oder in der Zukunft

neue Handlungspotenziale eröffnen können. Durch das bewusste Wahrnehmen, Entwickeln und Nutzen der Kernkompetenzen kann ein Unternehmen seine Wettbewerbsposition effizient ausbauen, indem Dienstleistungen angeboten werden, die auf einzigartige Weise Kundenbedürfnisse befriedigen (vgl. Kerth/Pütmann 2008: S. 50).

Einzelergebnisse des Schrittes

Am Ende des Schrittes werden anhand der verschiedenen Zwischenergebnisse folgende Aktivitäten möglich:
1. Die Stärken mit den Kriterien für Kernkompetenzen abgleichen und eine Kernkompetenzliste erstellen
2. Anwendung und Nutzung von Kernkompetenzen im vorhandenen Dienstleistungsportfolio feststellen
3. Analyseergebnis der Wichtigkeit von Kernkompetenzen darstellen

Erläuterung der Aktivitäten und eingesetzten Methoden
1. Ergebnis: Kernkompetenzliste
Die Kompetenz-Analyse liefert eine Bestandsaufnahme aller im Hause vorhandenen Fähigkeiten – egal ob sie genutzt oder nicht genutzt werden. Welche Kompetenzfelder sinnvollerweise zu berücksichtigen sind, hängt von der Art des Unternehmens und der Wettbewerbsumgebung ab. Für alle Unternehmen sind relevant:
- Finanzkompetenz
- Kostenkompetenz
- Führungskompetenz

Im Wettbewerb wird auf die Marketingkompetenz Wert zu legen sein. Eine zusätzliche Qualifikation hinsichtlich der Dienstleistungsfähigkeit und -bereitschaft wird an Bedeutung gewinnen: die Fähigkeit, Kundenprobleme zu erkennen und zu lösen (vgl. Biermann 2007: S. 33).

2. Ergebnis: Genutzte Kernkompetenzen im vorhandenen Dienstleistungsportfolio
Dieses Ergebnis analysiert die Erfolge des Dienstleistungsunternehmens in der Vergangenheit. Die oben identifizierten Kernkompetenzen werden in einer Übersicht systematisch aufgelistet. Danach wird ermittelt, wie oft diese Kompetenzen miteinander kombiniert werden, um Dienstleistungen zu erbringen (vgl. Kerth/Pütmann 2008: S. 52).

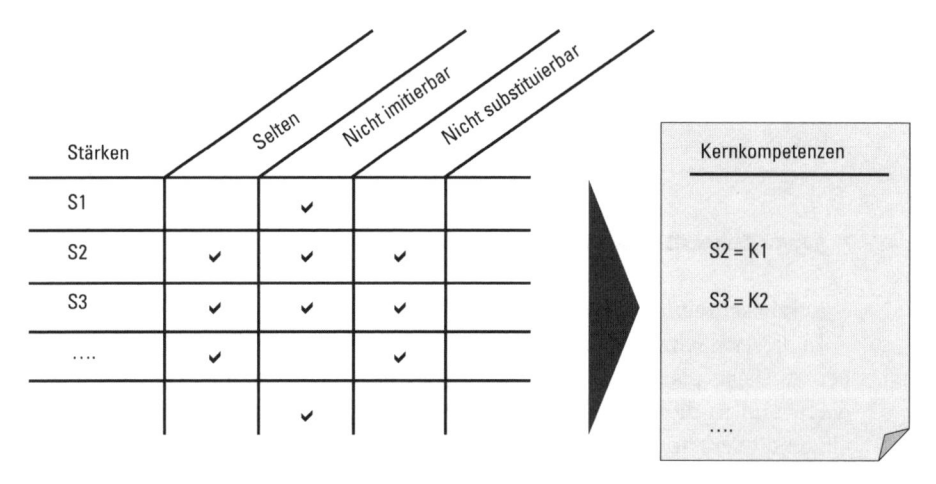

Abbildung 3.11: Liste der Kernkompetenzen erstellen

3. Ergebnis: Analyseergebnis

Die Abbildung veranschaulicht, welche Kernkompetenz in welche Dienstleistungen einfließt. So kann gut festgestellt werden, wie häufig Kernkompetenzen kombiniert werden, um die Leistungen des Dienstleistungsunternehmens zu erbringen.

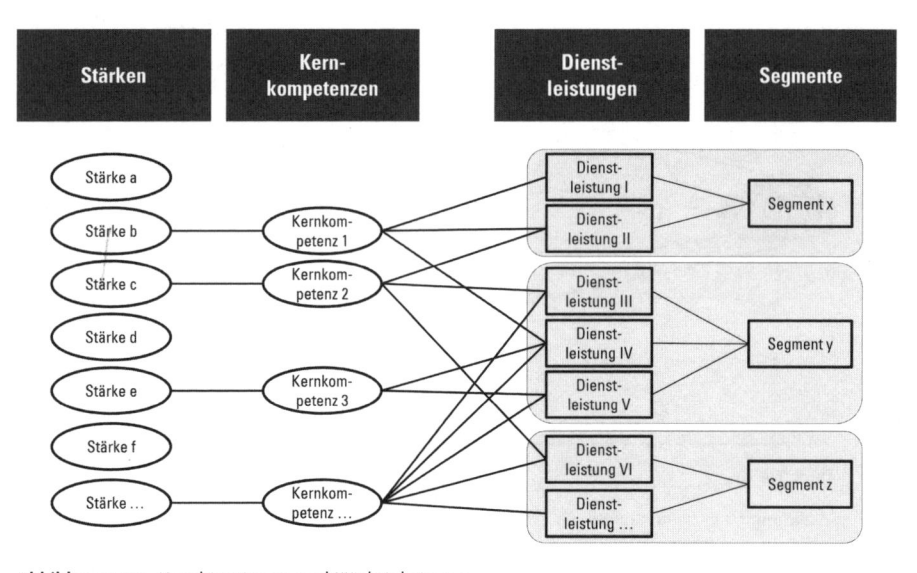

Abbildung 3.12: Kombinationen und Wichtigkeit von Kernkompetenzen ermitteln

Diese Kernkompetenzen sind von besonderer Relevanz für den Dienstleister. Sie sind auch in der nächsten Phase beim Entwurf des strategischen Rahmens von besonderer Bedeutung (in Anlehnung an Kerth/Pütmann 2008: S. 52).

3.5.5 Zukunft analysieren

Kurzbeschreibung bzw. Definition dieses Schrittes

In diesem Schritt wird ein Szenario oder werden mehrere Szenarien erarbeitet. Diese plausiblen und begründbaren Zukunftsbilder werden vorgedacht und in die Strategieentwicklung eingebunden. Ein Szenario ist eine allgemeinverständliche Beschreibung einer möglichen Situation in der Zukunft, die auf einem komplexen Netz von Einflussfaktoren beruht. Die Szenario-Technik ist eine Methode des strategischen Managements, die das Denken in Optionen, das Denken in Möglichkeitsräumen, fördert. Szenario-Management bedeutet die Integration von Szenarien in den strategischen Managementprozess. Das Szenario-Management umfasst also die systematische Nutzung und Integration von alternativen Zukunftsbildern in die Entscheidungsfindung.

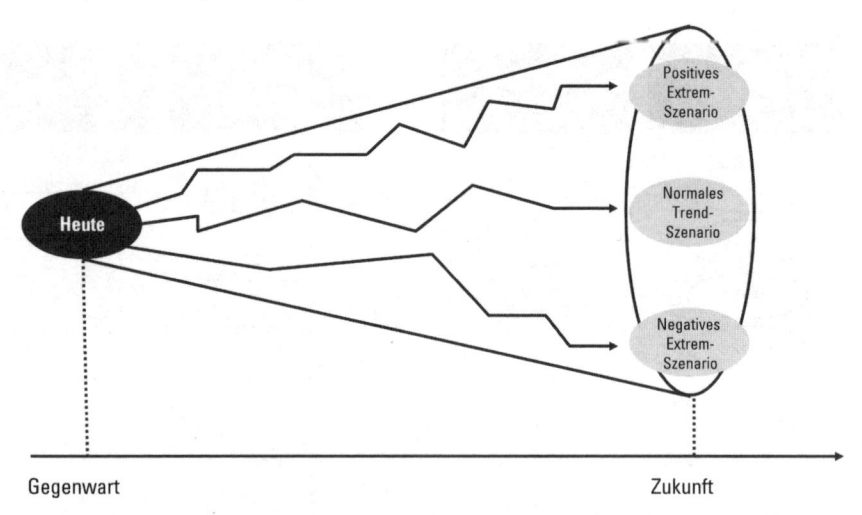

Abbildung 3.13: Vereinfachtes Denkmodell für Szenarien

Die Grundfigur der Szenario-Technik bildet ein sich zur Zukunft hin öffnender Trichter. Er entsteht durch den abnehmenden Einfluss bestimmender Größen der Gegenwart in die Zukunft. Auf der ovalen Schnittfläche des Trichters befinden sich alternative Projektionen der Zukunft, die Szenarien. Das Trichtermodell ermöglicht dem Topmanagement, verschiedene denkbare Zukunftsbilder durchzuspielen, um sich schließlich auf ein gemeinsames Bild der Zukunft für das Dienstleistungsunternehmen zu einigen.

Das Trichtermodell verdeutlicht, was unter Szenarien zu verstehen ist: Die Gegenwart ist durch bestehende Grenzen, Bauten, Infrastruktureinrichtungen, Normen, Gesetze, Kenntnisse und Verhaltensmuster geprägt, die sich kurzfristig nicht ändern. Die Entwicklung der nahen Zukunft (zwei bis drei Jahre) ist durch diese Strukturen der Gegenwart weitgehend festgelegt. Versucht man aus dem Heute heraus die fernere Zukunft zu prognostizieren, dann nimmt der Einfluss der Gegenwartsstrukturen ab und das Möglichkeitsspektrum öffnet sich wie ein Trichter. Dieser Trichter weitet sich exponentiell, je weiter man in die Zukunft blickt. In der ganz fernen Zukunft ist nahezu alles möglich.

Nutzen des Szenario-Managements

Die Szenario-Technik unterstützt bei der Erkennung von Chancen und Risiken in der Zukunft, indem sich der Anwender dieser Technik heute schon Gedanken über die Ressourcen von morgen macht. Sie ermöglicht besonders gut die Berücksichtigung von qualitativen Informationen und Expertenmeinungen in der Strategieentwicklung und zeichnet sich gerade bei der durch Software unterstützten Variante, die mathematisch-statistische Instrumente integriert, durch eine hohe Modellqualität aus. Sie unterstützt das Denken in Optionen; das wiederum sichert die Handlungsfähigkeit im Tagesgeschäft. Sie ist mit Hilfe der Identifikation schwacher Signale die Grundlage für den Aufbau von Frühwarnsystemen.

Einzelergebnisse des Schrittes

Folgende Zwischenergebnisse liegen am Ende dieses Schrittes vor:
1. Eingegrenzte Aufgabenstellung
2. Liste der Einflussfaktoren
3. Vernetzungsmatrix der strategischen Einflussfaktoren
4. Liste mit bestimmenden Faktoren, den Deskriptoren
5. Marktattraktivität mit positiven und negativen Aspekten (Ist-Zustand)
    a) Drei Szenarien intuitiv und überwiegend qualitativ erarbeitet und ein abgeleitetes Rohszenario oder
    b) mit modell- bzw. softwaregestützter mathematisch-statistischer Logik erarbeitete diverse Zukunftsbilder und zwei bis drei für die weitere Bearbeitung daraus ausgewählte Rohszenarien

Erläuterung der Aktivitäten und eingesetzten Methoden

1. Ergebnis: Aufgabenstellung

In dieser ersten Aktivität werden die Aufgabenstellung und die Zielsetzung eingegrenzt. Als Erstes muss eine genaue Beschreibung der Aufgabenstellung und des mit der Szenario-Technik zu bearbeitenden Untersuchungsfeldes definiert werden. Je präziser das Untersuchungsfeld eingegrenzt werden kann, desto aussagekräftiger sind später die resultierenden Szenarien. Die Leitung bzw. das (Top-)Management definiert das Themenfeld, das wiederum aus den Zielthemen des zweiten Schrittes abgeleitet wird. Danach werden z. B. für die Gesamtorganisation, einen Geschäftsbereich, eine potenziell einzusetzende Technologie oder ein anderes Bezugs- bzw. Zielthema Szenarien entwickelt.

Alle an den Szenario-Workshops beteiligten Führungskräfte und Schlüsselmitarbeiter gewinnen abschließende Klarheit über das Untersuchungsfeld:
- Gemeinsames Problemverständnis
- Abgrenzung des Untersuchungsfeldes
- Nacharbeiten in den Problembereichen

Als Ergebnis liegt ein definiertes Untersuchungsfeld mit diversen Zielthemengebieten in einer ausformulierten Fragestellung vor.

2. Ergebnis: Einflussfaktoren

Das Untersuchungsfeld ist mit einer eingeschränkten Aufgabenstellung abgegrenzt worden. Nun werden die Einflüsse des Umfeldes, die für die Fragestellung von Bedeutung sind, identifiziert. Die wichtigsten Einflussfaktoren der Branche, der direkt einflussnehmenden Umwelt sowie die Rahmenbedingungen setzende Umwelt müssen strukturiert und gruppiert werden. Sie fungieren als übergeordnetes Denkraster. Mit ihnen wird das Untersuchungsfeld untergliedert. Alle identifizierten Einflussfaktoren werden nach ihrer Wichtigkeit für die Aufgabenstellung und der Gewissheit über ihre zukünftige Entwicklung bewertet.

Einflussfaktoren, die sehr wichtig sind und deren Zukunft sehr gewiss erscheint, haben den Charakter von Prämissen. Sie sind unkritisch, da eine eindeutige Entwicklung in der Zukunft vorhersehbar erscheint.

Mit den Einflussfaktoren, die sehr wichtig sind und deren zukünftige Entwicklung sehr ungewiss erscheint, wird im Folgenden weitergearbeitet. Für sie sind mehrere mögliche Entwicklungen in der Zukunft denkbar.

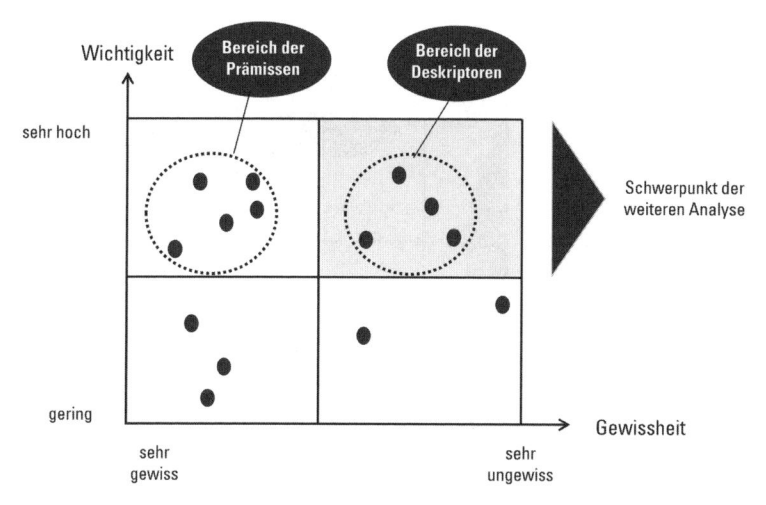

Abbildung 3.14: Einflussfaktoren in Prämissen und potenzielle Deskriptoren unterscheiden

Relevante Einflussfaktoren

3. Ergebnis: Vernetzungsmatrix

Für die sehr wichtigen und sehr ungewissen Einflussfaktoren des Untersuchungsfeldes werden die Wirkungszusammenhänge abgeschätzt. Die daraus entstehende Vernetzungsmatrix wird nun zur Analyse und Auswahl strategischer Schlüsselfaktoren der Wirkungszusammenhänge genutzt. Sie verdeutlicht die Verknüpfung der Umfelder und vermittelt dadurch einen Einblick in die Zusammenhänge. In einer Spalten-/Zeilen-Matrix werden die Einflussfaktoren hinsichtlich ihrer gegenseitigen Einflussstärke mit einer variablen Bewertungsskala von null (= kein Einfluss) bis maximal zehn (= starker Einfluss) eingetragen. Die Addition der Zeilenwerte ergibt die Aktivsumme, die aufzeigt, wie stark ein einzelnes Element direkt auf alle anderen einwirkt. Die Passivsumme resultiert aus der Spaltensumme, die für jedes Element angibt, wie stark es direkt von allen anderen beeinflusst wird.

Die Einflussfaktoren werden nun in einer Einflussmatrix miteinander verglichen, um sogenannte Schlüsselfaktoren zu generieren. Schlüsselfaktoren sind wichtige, externe Einflussfaktoren mit hoher Aktivität und Intensität. Als Ergebnis der Vernetzungsmatrix sollte eine Konzentration auf Aktivgrößen, d.h. Einflussfaktoren mit höchster Verstärkung bzw. Wechselwirkung, stattfinden und deren weitere Entwicklung genau verfolgt werden. Denn Elemente mit hoher Aktivsumme haben eine große Hebelwirkung

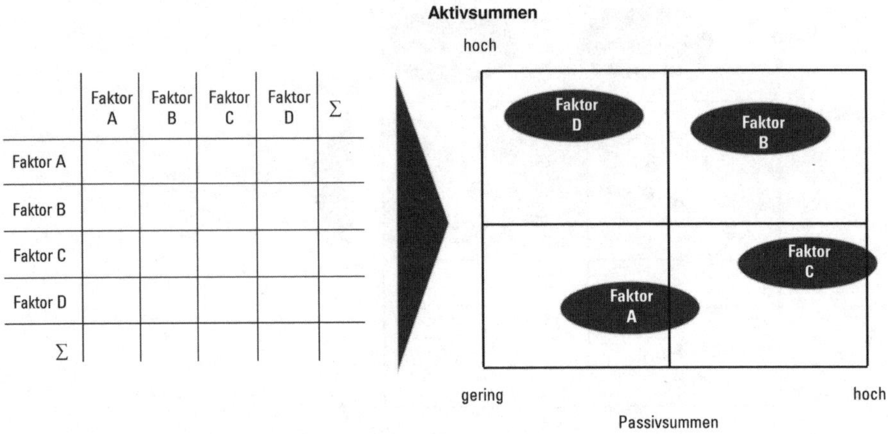

Abbildung 3.15: Schlüsselfaktoren mit der Vernetzungsmatrix auswählen

auf die anderen Elemente. Kann die Organisation diese treibenden Kräfte aktiv beeinflussen, ist es ihr möglich auf ihr Umfeld Einfluss zu nehmen. Mit Hilfe der Vernetzungsmatrix wird eine große Anzahl von Einflussfaktoren auf eine handhabbare Anzahl von Schlüsselfaktoren reduziert.

4. Ergebnis: Deskriptorenliste mit Ausprägungen

Für die ermittelten Schlüsselfaktoren werden beschreibende Faktoren, sogenannte Deskriptoren abgeleitet. Diese Deskriptoren machen die Schlüsselfaktoren mit beschreibenden Kennzahlen messbar. Die Liste der Deskriptoren mit den nach Wahrscheinlichkeit bewerteten Ausprägungen ist das Herzstück der Szenario-Analyse!

Die Deskriptoren sollten mindestens alle nach der Bewertung als wichtig erkannten Schlüsselfaktoren abdecken und dürfen sich inhaltlich nicht überschneiden. Durch die Deskriptoren sollen quantifizierbare Entwicklungen erfasst werden. Der größere Teil der Schlüsselfaktoren ist oft qualitativer Art. Es empfiehlt sich sowohl die Verwendung von Deskriptoren mit quantitativen Ausprägungen (= quantitative Deskriptoren, z. B. Cashflow, Inflationsrate), als auch die Einbindung nicht quantifizierbarer, auf qualitativen Einflüssen basierender Größen (= qualitative Deskriptoren, z. B. Image, Arbeitsplatzzufriedenheit). Die abgeleiteten Deskriptoren und ihre Entwicklung in der Zukunft sind die tragenden Elemente der Szenario-Technik. Dementsprechend ist die Ausarbeitung mit großer Sorgfalt vorzunehmen.

Anforderungen an Deskriptoren:
- neutrale Formulierung
- quantitative Messbarkeit oder qualitative Beschreibbarkeit
- Rückbesinnung auf das Untersuchungsfeld (wie wirkt der Einflussfaktor/Deskriptor auf das Thema?)

Eine hohe Anzahl an Deskriptoren mit starken oder sogar sehr starken Auswirkungen auf das Untersuchungsfeld zeigt dessen Komplexität. Wenn sehr viele Deskriptoren mit starken Auswirkungen vorliegen, sollten diese übergreifend zu Meta-Deskriptoren verdichtet werden, um so eine handhabbare Basis für das Gesamt-Szenario zu schaffen.

Ausarbeiten der Deskriptoren-Ausprägungen

Sind die Schlüsselfaktoren und die Deskriptoren identifiziert, werden die zukünftigen Entwicklungen bzw. Deskriptor-Ausprägungen diskutiert. Ausprägungen beschreiben die möglichen Zustände eines Deskriptors in der Zukunft. Mit ihnen werden alternative Ereignisse beschrieben. Je Deskriptor sind charakteristische Entwicklungen mit einem Zeithorizont von 5, 10 bis 20 Jahren aufzulisten – abhängig von der Wahl der Zeitspanne. Diese Projektionen werden für die zu bestimmenden Zukunfts-Szenarien benötigt. Für alle Deskriptoren ist zunächst der Ist-Zustand zu kennzeichnen. Darauf aufbauend werden Projektionen für das Szenario-Zieljahr aufgestellt.

Es ist sinnvoll, auf bekannte Prognosen und auf Expertenwissen zurückzugreifen. Auch die Analyseergebnisse der Instrumente des strategischen Managements helfen dabei. Die möglichen unterschiedlichen Entwicklungsverläufe der Deskriptoren sind als alternative Ausprägungen festzuschreiben.

Es sollten nicht mehr als drei alternative Ausprägungen für einen Deskriptor aufgestellt werden, um einerseits zu deutlich unterschiedlichen Projektionen zu gelangen und andererseits die Komplexität der Bearbeitung in Grenzen zu halten. Sowohl für die eindeutigen Projektionen als auch für die alternativen Annahmen sind fundierte, plausible Begründungen anzugeben.

Wahrscheinlichkeiten für Deskriptoren-Ausprägungen schätzen

Die Wahrscheinlichkeiten für das Eintreten der einzelnen Ausprägungen können ggf. abgeschätzt werden. Hierbei darf die Summe der Einschätzungen für Alternativprojektionen eines Deskriptors 100% nicht überschreiten. Die Summe oder die Einschätzung eines eindeutigen Deskriptors kann aber auch < 100% sein (z. B. 90%). Dies gibt einen Hinweis darauf, dass eine weitere, aber relativ unwahrscheinliche Entwicklung denkbar ist.

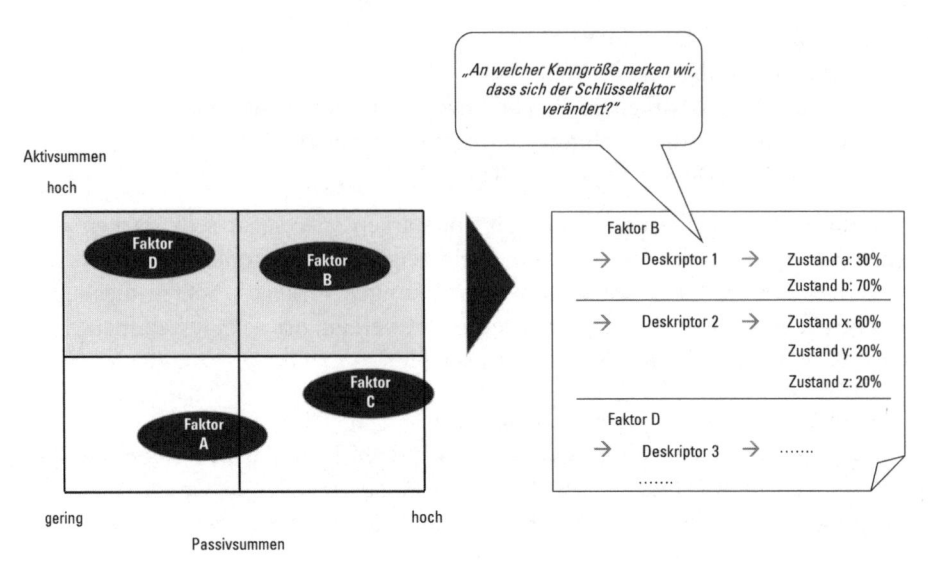

Abbildung 3.16: Liste der Deskriptoren mit Ausprägungen und Wahrscheinlichkeiten

5. Ergebnis: Marktattraktivität

Für jeden einzelnen Deskriptor wurden in der vorherigen Aktivität zunächst die Ist-Situation der möglichen Ausprägungen und dann die projizierten Zielwerte für das Zieljahr inklusive einer Begründung erarbeitet. Anschließend wurde für jede Projektion noch die Eintrittswahrscheinlich-

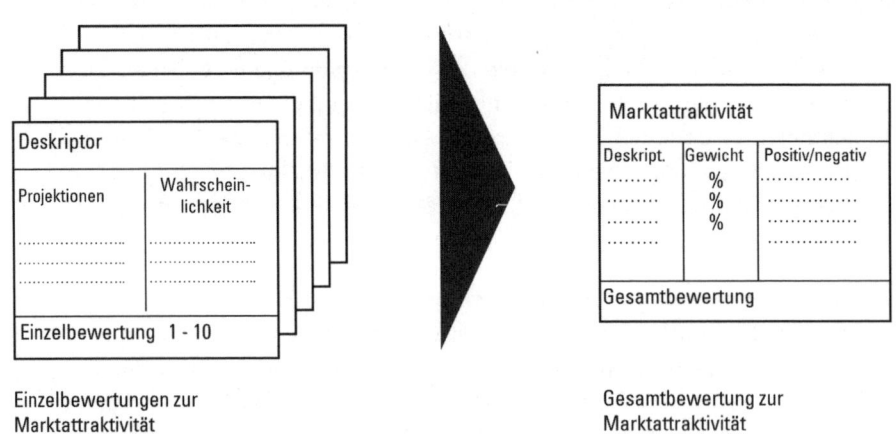

Abbildung 3.17: Mit den Deskriptoren wird die Marktattraktivität segmentspezfisch bewertet

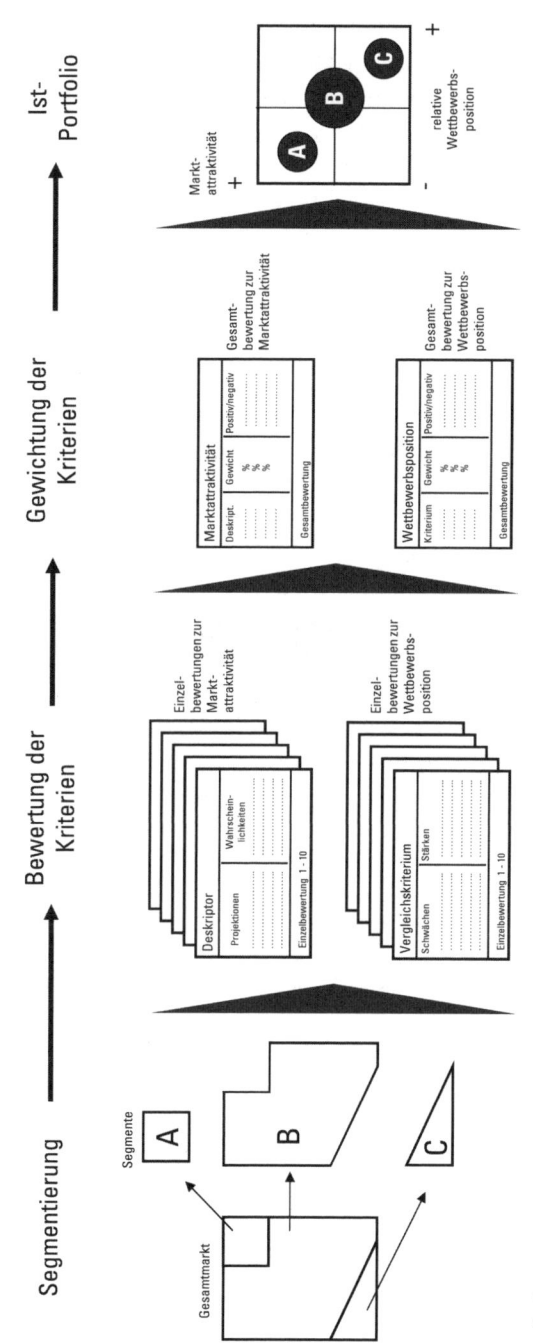

Abbildung 3.18: Ergebnisse der Ist-Analyse SWOT im Überblick

keit abgeschätzt. Die durch die Deskriptoren beschriebenen Schlüsselfaktoren des Umfeldes dokumentieren die Attraktivität der vom Dienstleistungsunternehmen bearbeiteten Märkte. Damit können die positiven und negativen Aspekte der Marktattraktivität kompakt dargestellt werden.

Dieses Ergebnis führt die segmentspezifischen Gesamtbewertungen, die sich aus der Analyse von Schlüsselfaktoren und beschreibenden Deskriptoren mit ihren Projektionen und deren Wahrscheinlichkeiten ergeben, zusammen. Die Gesamtbewertung der Marktattraktivität dokumentiert das aktuelle Niveau der bearbeiteten Märkte. Es handelt sich um eine Umweltkomponente, da die dahinterliegenden Schlüsselfaktoren vom Dienstleistungsunternehmen nur indirekt oder gar nicht beeinflusst werden können.

5a. Ergebnis: Roh-Szenarien

Aus der Deskriptorenliste mit den Projektionen und deren Wahrscheinlichkeiten sind drei Szenarien zu entwickeln:
- ein optimistisches Extremszenario,
- ein pessimistisches Extremszenario und
- eines unter der Annahme, dass alles normal weiterlaufen wird.

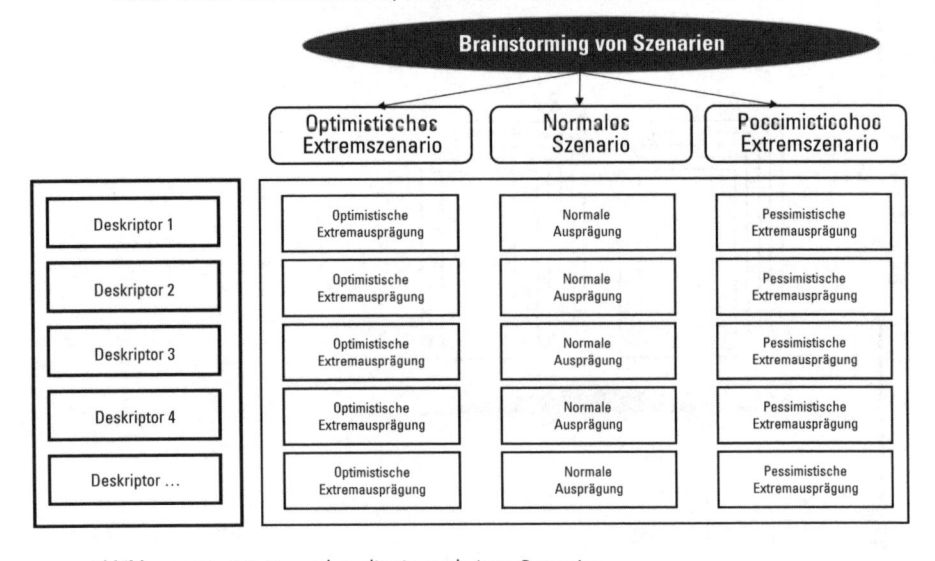

Abbildung 3.19: Intuitiv und qualitativ erarbeitete Szenarien

Die dabei entstehenden drei Zukunftsbilder sollen den zukünftigen Möglichkeitsraum abdecken. Die Projektion eines jeden Schlüsselfaktors mit den zugeordneten Deskriptoren in die Zukunft ist für das Zieljahr abzuschätzen.

Zur Ermittlung der einschlägigen Zustände in der Zukunft bieten sich an:
- Bestehende Entwicklungen fortzuschreiben
- Bestehende Verläufe bewusst zu überzeichnen, um extreme Ausprägungen zu erhalten
- Beschleunigung oder Verlangsamung des aktuellen Verlaufs anzunehmen

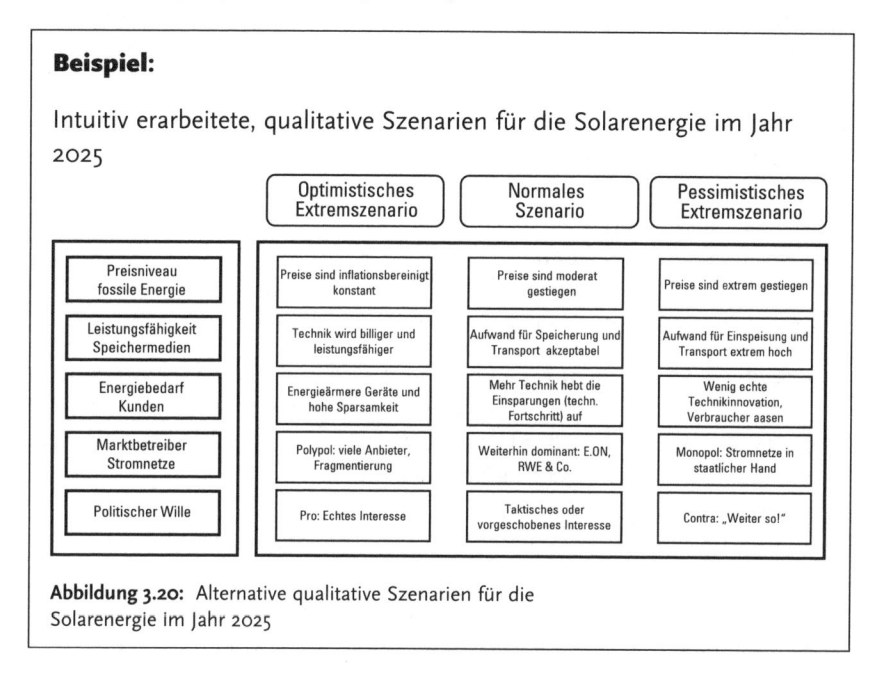

Beispiel:

Intuitiv erarbeitete, qualitative Szenarien für die Solarenergie im Jahr 2025

	Optimistisches Extremszenario	Normales Szenario	Pessimistisches Extremszenario
Preisniveau fossile Energie	Preise sind inflationsbereinigt konstant	Preise sind moderat gestiegen	Preise sind extrem gestiegen
Leistungsfähigkeit Speichermedien	Technik wird billiger und leistungsfähiger	Aufwand für Speicherung und Transport akzeptabel	Aufwand für Einspeisung und Transport extrem hoch
Energiebedarf Kunden	Energieärmere Geräte und hohe Sparsamkeit	Mehr Technik hebt die Einsparungen (techn. Fortschritt) auf	Wenig echte Technikinnovation, Verbraucher aasen
Marktbetreiber Stromnetze	Polypol: viele Anbieter, Fragmentierung	Weiterhin dominant: E.ON, RWE & Co.	Monopol: Stromnetze in staatlicher Hand
Politischer Wille	Pro: Echtes Interesse	Taktisches oder vorgeschobenes Interesse	Contra: „Weiter so!"

Abbildung 3.20: Alternative qualitative Szenarien für die Solarenergie im Jahr 2025

Wenn im Dienstleistungsunternehmen schon viel Erfahrung mit strategischer Planung und der Auseinandersetzung mit der Zukunft vorliegt, ist diese intuitive Methode der Szenariotechnik geeignet, weil sie flexibel ist und viele Gestaltungsmöglichkeiten bietet.

Wenn die teilnehmenden Fach- und Führungskräfte neu sind oder wenig Erfahrung mit strategischer Arbeit haben, ist ein software-gestütztes, modellbasiertes Vorgehen vorzuziehen. Das Vorgehen ist dezidierter und das Ausfüllen von Tabellen hilft bei Unkenntnis und Unsicherheit.

5b. Ergebnis alternativ: softwaregestützte Roh-Szenarien

Alternativ können die Zukunftsszenarien auch mit einem softwaregestützten, modell-basierten Vorgehen erarbeitet werden. Hierbei kommen höhere mathematisch-statistische Verfahren zum Einsatz, z. B. die Wechselwirkungs-, die Konsistenz- oder die Clusteranalyse. Die Wechselwirkungsanalyse (im englischen Cross-Impact-Analyse) ist eine Methode zur Grobanalyse von wechselwirkenden sozialen, politischen, technologischen, ökologischen und ökonomischen Ereignissen. Die Cross-Impact-Analyse ist der Oberbegriff für eine Verfahrensgruppe, mit der versucht wird, Interdependenzen zwischen den Eintrittswahrscheinlichkeiten möglicher zukünftiger Entwicklungen auszuwerten. Es handelt sich um einen systemanalytischen Ansatz, die Abhängigkeiten der wichtigsten Systemgrößen paarweise schätzen zu lassen, wodurch eine Cross-Impact-Matrix als Systemformulierung entsteht.

Als Eingangsdaten für die Cross-Impact-Analyse werden hierbei – wie zuvor auch – ein
- Satz von Deskriptoren,
- deren mögliche Projektionen,
- die Wahrscheinlichkeiten für deren Eintritt oder Nichteintritt und
- Aussagen der Beziehungen zwischen diesen Projektionen

benötigt. In einer Zeilen-/Spalten-Matrix wird in diesem Zusammenhang zu jedem Deskriptor-Paar ein Schätzwert eingetragen, der angibt, welche Projektionen sich gegenseitig verstärken, welche neutral bzw. unabhängig voneinander sind und welche sich ausschließen.

Die zentrale Frage dabei lautet:
»Inwieweit verändert das Ereignis X die Eintrittswahrscheinlichkeit des Ereignisses Y?«

Die Beziehungen zwischen den Ausprägungen je zweier Deskriptoren werden auf einer Skala von +3 bis –3 mit folgenden Bedeutungen erfasst.

Die Antwortmöglichkeiten bedeuten:
+3 gehört zwingend zusammen, bedingt sich gegenseitig;
+2 unterstützt sich gegenseitig;
+1 passt ins gleiche fördernde Klima;
0 kein Zusammenhang (beziehungslos, Koexistenz möglich);
–1 passt schlecht zusammen;
–2 widersprüchlich;
–3 schließt sich zwingend gegenseitig aus.

Beispiel:

Ergebnisse einer softwaregestützten Cross-Impact-Matrix

		Durchschnittsalter		Lärmschutz		Verzehrmenge pro Gast		Besucher pro Tag	
		steigt	bleibt gleich	verschärft	bleibt gleich	steigt	stagniert oder sinkt	steigt	stagniert und sinkt
Durchschnittsalter	steigt	.	.	3	2	-1	3	1	-1
	bleibt gleich	.	.	1	2	0	0	-1	1
Lärmschutz	verschärft	1	0	.	.	1	-1	-1	-1
	bleibt gleich	0	0	.	.	0	0	0	0
Verzehrmenge pro Gast	steigt	0	0	0	0	.	.	0	0
	stagniert oder sinkt	0	0	0	0	.	.	0	0
Besucher pro Tag	steigt	1	-1	2	-3	0	0	.	.
	stagniert und sinkt	0	0	-3	2	0	0	.	.
Festcharakter	intern. Volksfest	-1	1	-1	2	1	-1	3	-2
	lokales Seniorenfest	2	-3	1	-1	0	0	-2	3
Sicherheitsvorkommnisse	steigt	-3	2	0	0	-3	3	-3	3
	stagniert oder sinkt	3	-2	0	0	1	-1	3	-3

Abbildung 3.21: Beispiel softwaregestützte Cross-Impact-Matrix

Grundprinzip des Cross-Impact-Algorithmus

Bei dem Cross-Impact-Algorithmus wird der Zusammenhang der unterschiedlichen Deskriptor-Ausprägungen in einer Cross-Impact-Matrix beschrieben.

Im weiteren Verlauf wird nun jede Deskriptor-Ausprägung als Ausgangspunkt für eine Szenariobestimmung gewählt. D.h. eine Projektion tritt mit der Wahrscheinlichkeit 1 auf, was dazu führt, dass alle anderen Eintrittswahrscheinlichkeiten der Projektion dieses Deskriptors auf »0« gesetzt werden. In Abhängigkeit von dieser Deskriptor-Projektion wird nun geprüft, inwieweit die Eintrittswahrscheinlichkeiten der Projektionen anderer Deskriptoren verändert werden. Die Werte werden dabei aus der Cross-Impact-Matrix gelesen. Z.B. bewirkt der Wert −2 eine Verringerung der Eintrittswahrscheinlichkeit einer Projektion des anderen Deskriptors. Da danach natürlich eine Projektion eines Deskriptors eintreten muss, wird im nächsten Schritt die mit der höchsten berechneten Eintrittswahrscheinlichkeit gewählt und das Ereignis mit der Wahrscheinlichkeit 1 versehen. Diese Vorgehensweise erfolgt iterativ für einen Ausgangspunkt bei allen Deskriptoren, sodass letztlich als Ergebnis eine Kombination bestimmter Projektionen (jeweils eine pro Deskriptor) entsteht. Man erhält also pro Ausgangspunkt ein Szenario.

Insgesamt benötigt ein Cross-Impact-Algorithmus genau doppelt so viele Berechnungen, wie Deskriptor-Projektionen in der Matrix definiert worden sind. Es werden also 2 x n Szenarien, die auch identisch sein können, bei n Ausprägungen erzeugt. Diese Szenarien (Zukunftsbilder) werden anschließend nach ihrer Häufigkeit des Eintritts sortiert.

Beurteilung der Cross-Impact-Analyse

Kritisch betrachtet zeigt die Cross-Impact-Analyse auch einige Schwächen:
- Die Auswahl und Beurteilung der Schlüsselfaktoren, Deskriptoren und deren Projektionen sowie der Eintrittswahrscheinlichkeiten sind subjektiv.
- Die Analyse baut auf Datenpaaren auf – in der realen Welt können aber mehrere Entwicklungen ein Ereignis gleichzeitig beeinflussen.
- Das Sammeln und Auswerten der Daten kann sehr zeitaufwendig sein.

Trotzdem ist aber gerade diese ausführliche Beschäftigung mit verschiedenen Einflussfaktoren und deren Projektionen in die Zukunft einer der größten Vorteile der Cross-Impact-Analyse. Sie kann entscheidende Denkanstöße für alternative Vorgehensweisen geben oder neue Wege zeigen.

Beispiel:

Softwaregestützt entwickelte Szenarien für ein Volksfest inklusive Auswahl des ersten von mehreren Rohszenarien

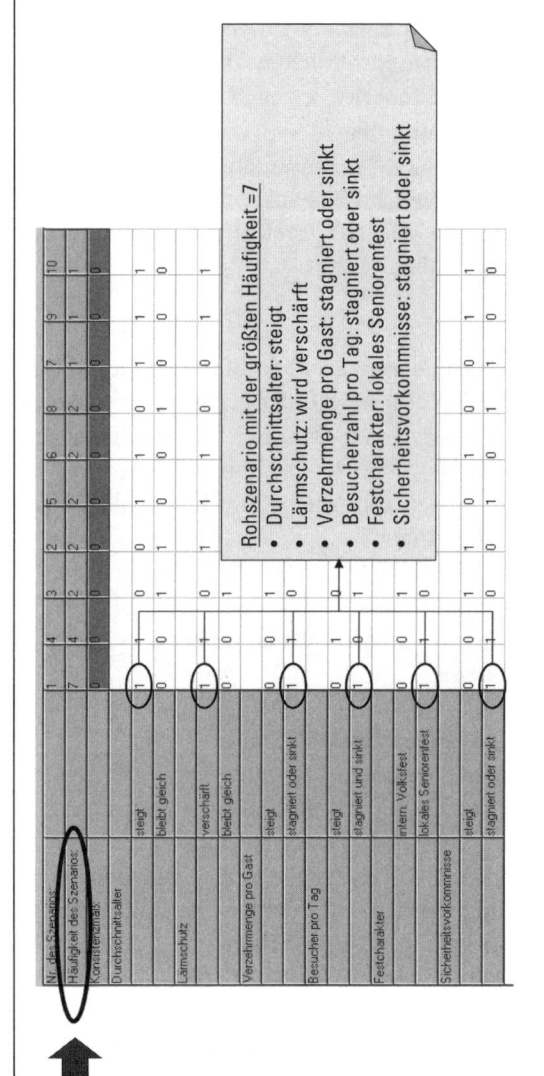

Rohszenario mit der größten Häufigkeit =7
- Durchschnittsalter: steigt
- Lärmschutz: wird verschärft
- Verzehrmenge pro Gast: stagniert oder sinkt
- Besucherzahl pro Tag: stagniert oder sinkt
- Festcharakter: lokales Seniorenfest
- Sicherheitsvorkommnisse: stagniert oder sinkt

Abbildung 3.22: Softwaregestützt entwickelte Szenarien für ein Volksfest

3.5.6 Trends ableiten

Kurzbeschreibung bzw. Definition dieses Schrittes

Aus den Rohszenarien werden die Zukunftsszenarien abgeleitet (wenn sie intuitiv und überwiegend qualitativ ohne Software-Unterstützung erarbeitet sind) bzw. ausgewählt (wenn mit Software-Unterstützung erarbeitet) und zu einem anschaulichen Zukunftsbild verdichtet. Die Zukunftsszenarien werden sowohl auf Basis der Rohszenarien als auch unter Berücksichtigung der Prämissen ausführlich dokumentiert.

Ausgehend von der Ist-Situation werden in mehreren Zeitstufen von z. B. fünf Jahren die Entwicklungen skizziert, bis das anvisierte und ausführlich dokumentierte Zukunftsszenario im Zieljahr erreicht ist: Damit werden mögliche Trends in der Zukunft deutlich!

Nutzen des Schrittes

Aus den wahrscheinlichsten Projektionen der Zukunft und deren Abhängigkeiten werden über die Definition eines Zukunftsszenarios Trends extrahiert. Damit wird ein Vergleich des eigenen Dienstleistungsportfolios mit den prognostizierten (Markt-)Trends möglich. Die Einschätzung von zukünftigen Entwicklungen wird besser und die Wahrscheinlichkeit, dass Trends »verschlafen« werden, ist geringer.

Einzelergebnisse des Schrittes
1. Zukunftsszenarien ausarbeiten und die Trends abschätzen
2. Aus den Trends Chancen ableiten

Erläuterung der Aktivitäten und eingesetzten Methoden
1. Ergebnis: Zukunftsszenarien und Trends

Bei der softwaregestützten Erarbeitung von Rohszenarien wird das Zukunftsszenario automatisch auf Basis des in der Cross-Impact-Matrix hinterlegten Wissens generiert. Man wählt das Rohszenario aus, das die höchste Wahrscheinlichkeit aufweist, und arbeitet es zu einem Zukunftsszenario aus. Danach schätzt man die Trends in 5-Jahresschritten ab. Diese letzten beiden Teilaktivitäten werden ohne spezielle methodische Unterstützung durchgeführt.

Bei der Variante ohne Software-Unterstützung werden bei dieser Aktivität alle Projektionen der drei Szenarien nach der geschätzten Eintrittswahrscheinlichkeit beurteilt. Eine einfache Skala ist ausreichend:

- hoch
- mittel
- niedrig

Jetzt werden die Projektionen mit den höchsten Eintrittswahrscheinlichkeiten neu und sauber für alle sichtbar aufgeschrieben. Das ist das Zukunftsszenario. Wie beim softwaregestützten Vorgehen werden das Zukunftsszenario ausformuliert und die Trends in 5-Jahresschritten abgeschätzt.

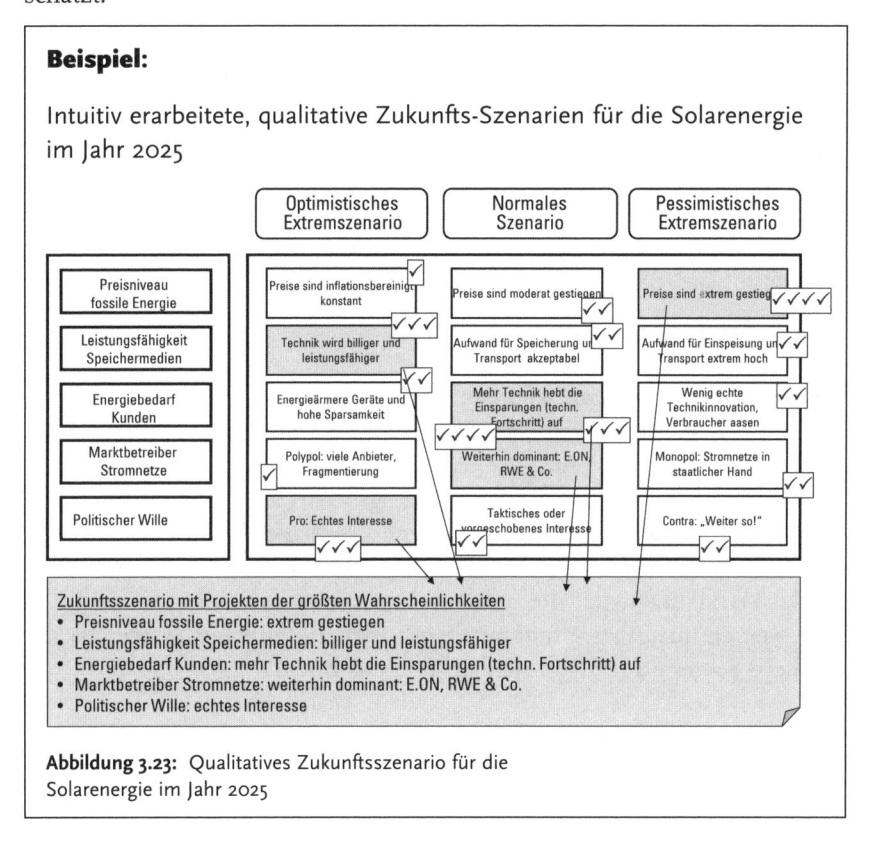

Beispiel:

Intuitiv erarbeitete, qualitative Zukunfts-Szenarien für die Solarenergie im Jahr 2025

	Optimistisches Extremszenario	Normales Szenario	Pessimistisches Extremszenario
Preisniveau fossile Energie	Preise sind inflationsbereinigt konstant ✓	Preise sind moderat gestiegen ✓	Preise sind extrem gestiegen ✓✓✓✓
Leistungsfähigkeit Speichermedien	Technik wird billiger und leistungsfähiger ✓✓✓	Aufwand für Speicherung und Transport akzeptabel ✓	Aufwand für Einspeisung und Transport extrem hoch ✓✓
Energiebedarf Kunden	Energieärmere Geräte und hohe Sparsamkeit ✓✓✓✓	Mehr Technik hebt die Einsparungen (techn. Fortschritt) auf ✓✓	Wenig echte Technikinnovation, Verbraucher aasen ✓
Marktbetreiber Stromnetze	Polypol: viele Anbieter, Fragmentierung ✓	Weiterhin dominant: E.ON, RWE & Co. ✓✓	Monopol: Stromnetze in staatlicher Hand ✓
Politischer Wille	Pro: Echtes Interesse ✓✓✓	Taktisches oder vorgeschobenes Interesse	Contra: „Weiter so!" ✓

Zukunftsszenario mit Projekten der größten Wahrscheinlichkeiten
- Preisniveau fossile Energie: extrem gestiegen
- Leistungsfähigkeit Speichermedien: billiger und leistungsfähiger
- Energiebedarf Kunden: mehr Technik hebt die Einsparungen (techn. Fortschritt) auf
- Marktbetreiber Stromnetze: weiterhin dominant: E.ON, RWE & Co.
- Politischer Wille: echtes Interesse

Abbildung 3.23: Qualitatives Zukunftsszenario für die Solarenergie im Jahr 2025

2. Ergebnis: Chancenliste

Aus dem Zukunftsszenario und den dazu führenden Trends werden in dieser Aktivität Chancen für das Dienstleistungsunternehmen abgeleitet. Dabei arbeitet man wie vorher auch schon Fragenkataloge ab.

> **Beispiel:**
>
> Fragen-Checkliste für das Erkennen von Chancen
> - Welche Überschrift geben Sie Ihrem Zukunftsszenario?
> - Welche Chancen stecken in diesem Zukunftsszenario und den dazu gehörenden Trends?
> - Welche Risiken und Herausforderungen stecken in diesem Zukunftsszenario und den dazu gehörenden Trends? Welche Gefahren beinhaltet es?
> - Wer sind die Gewinner in diesem Zukunftsszenario?
> - Wer sind die Verlierer in diesem Zukunftsszenario?
> - etc.

Als Resultat dieser Aktivität wird eine Ergebnisliste mit Chancen des Zukunftsszenarios und der bewerteten Trends erstellt.

3.5.7 Strategischen Rahmen entwerfen

Kurzbeschreibung bzw. Definition dieses Schrittes

Der Einstieg in die eigentliche Strategiebestimmung ist der Entwurf des strategischen Rahmens. Ausgehend vom Leitbild werden strategische Stoßrichtungen festgelegt und der Entwicklungsbedarf zum Ausbau der Kernkompetenzen definiert. Aus den Chancen des Marktes und der geplanten Entwicklung der Kernkompetenzen wird ein Ziel-Portfolio mit den Matrixachsen Marktattraktivität und relative Wettbewerbsposition entwickelt. Danach werden quantitative und qualitative Ziele mithilfe der Systematik der Balanced Scorecard (BSC) vereinbart und dokumentiert.

Nutzen des Schrittes

Dieser vorbereitende Schritt vor der eigentlichen Strategiedetaillierung und -formulierung stellt sicher, dass Führungskräfte und Schlüsselmitarbeiter nicht zu schnell in die Problemlösung einsteigen.

Einzelergebnisse des Schrittes
1. Strategische Stoßrichtung je Segment
2. Zielprofil für Marktattraktivität und Kernkompetenzen
3. Quantitative und qualitative strategische Ziele in der BSC-Systematik ableiten

Erläuterung der Aktivitäten und eingesetzten Methoden

1. Ergebnis: Strategische Stoßrichtung

Die strategische Stoßrichtung legt die Zielrichtung für das jeweilige Marktsegment fest. Dabei werden sechs grundlegende strategische Stoßrichtungen unterschieden.

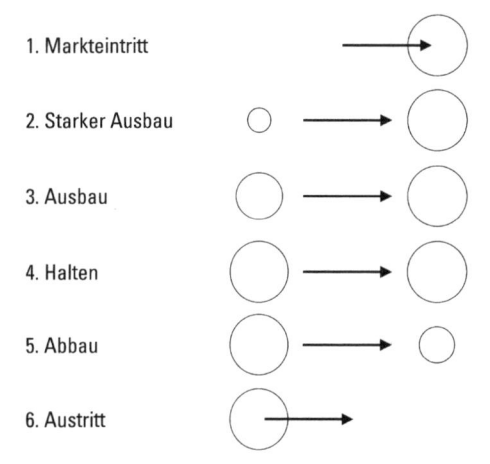

1. Markteintritt

2. Starker Ausbau

3. Ausbau

4. Halten

5. Abbau

6. Austritt

Abbildung 3.24: Mögliche Ausprägungen strategischer Stoßrichtungen

2. Ergebnis: Ziel-Portfolio

Die Trends bzw. Zukunftschancen für das Dienstleistungsunternehmen prägen die Marktattraktivität der Zukunft. Aus den Trends und Zukunftschancen sind Aussagen zur Marktattraktivität abzuleiten. Grundsätzlich kommen für die Bewertung der segmentspezifischen Marktattraktivität der Zukunft verschiedene Kriterien in Frage.

Der Ausbau der Kernkompetenzen wiederum beeinflusst die Wettbewerbsposition. Kernkompetenzen können in langjährigen Lernprozessen oder in einem bahnbrechenden Sprung erarbeitet werden, sodass sie von Wettbewerbern nicht oder nur mit unverhältnismäßig hohem Aufwand kopiert werden können. Für einen strategischen Kompetenzaufbau sind prinzipiell vier Vorgehenspfade möglich:

1. Weiterbildung eigener Mitarbeiter: So kann zielgerichtet auf spezifische Bedürfnisse des Unternehmens eingegangen werden. Aufgebautes Wissen verbleibt langfristig im Unternehmen.
2. Einstellung qualifizierter Mitarbeiter von außen: Von Wettbewerbern oder Beratungsunternehmen werden Spezialisten abgeworben. Sie liefern sofort den gewünschten Know-how-Zuwachs.

> **Beispiel:**
>
> Kriterien-Checkliste zur Marktattraktivität:
> - Marktvolumen
> - Marktwachstum (Sättigung)
> - Ertragspotenzial im Markt
> - Ertragskraft der Branche
> - Wettbewerbsstruktur
> - Abnehmerstruktur
> - Preispolitischer Spielraum
> - Eintrittsbarrieren für neue Anbieter
> - Abhängigkeit von der Gesetzgebung
> - Abhängigkeit von konjunkturellen Einflüssen
> - usw.

3. Zukauf von externen Kapazitäten: Nutzung von Beratern oder Auslagerung von Arbeitsaufgaben bilden eine schnelle und transparente Alternative.
4. Kooperation: Erfahrungskreise auf Fach- oder Führungsebene, gegenseitiger Austausch von Mitarbeitern für einige Monate, gemeinsame Projekte sind im Rahmen strategischer Allianzen mit Kooperationspartnern denkbar (vgl. Biermann 2007: S. 34).

Beide Teilaktivitäten münden im Ziel-Portfolio.

Das Zielportfolio zeigt die Gesamtbeurteilung jedes Marktsegmentes bezüglich seiner Marktattraktivität und relativen Wettbewerbsposition. Die grafische Darstellung dient der Übersicht über das Portfolio von Segmenten und ermöglicht eine vergleichende Aussage. Für jedes Marktsegment ergibt sich eine Einschätzung des Entwicklungspotenzials.

3. Ergebnis: Strategische Ziele

Auf Basis des Ziel-Portfolios und unter Berücksichtigung der strategischen Stoßrichtungen sind nun langfristige, quantitative und qualitative Ziele zu vereinbaren. Dabei empfiehlt es sich, die spezielle Systematik der Balanced Scorecard (BSC) zu nutzen.

Balanced Scorecard

Die Definition übergeordneter langfristiger Ziele ist ein sehr bedeutender Schritt im strategischen Managementprozess. In der Praxis stellt sich immer wieder das Problem der operativen Umsetzung. Häufig entsteht eine Umsetzungslücke, der durch eine inhaltliche Konkretisierung der überge-

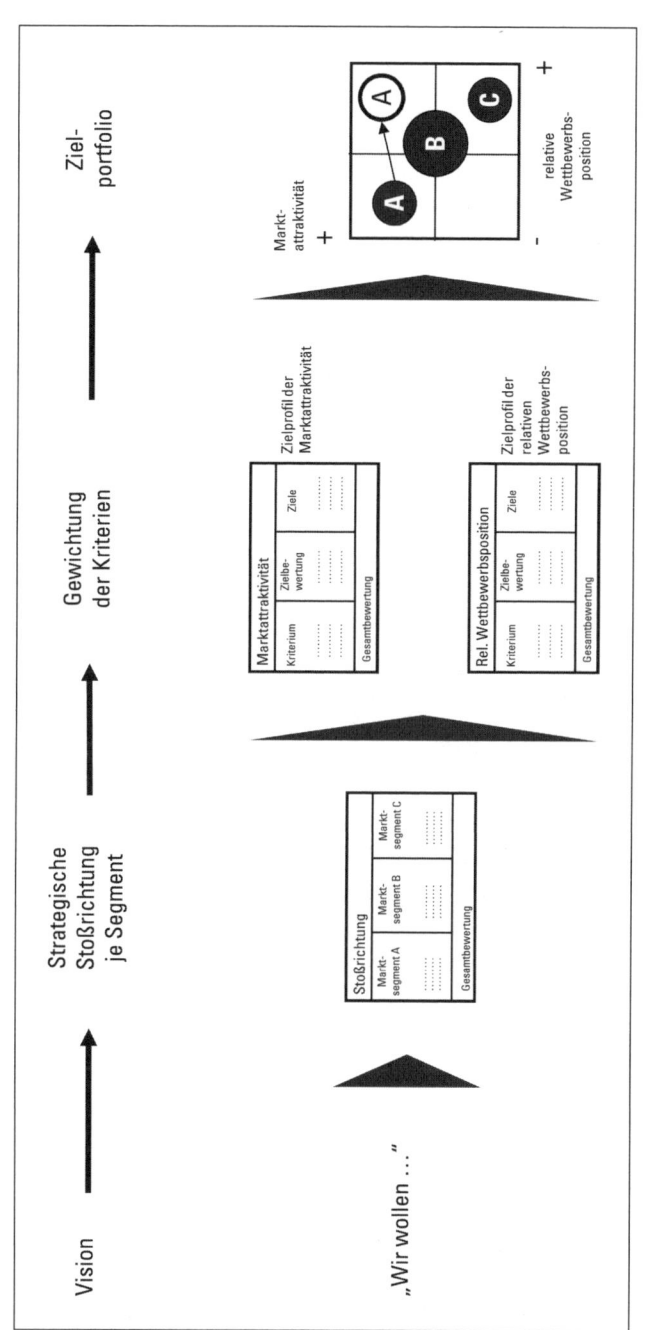

Abbildung 3.25:
Ergebnis Zielportfolio der SWOT-Analyse

ordneten Ziele begegnet werden muss. Die Balanced Scorecard (BSC, engl.: ausgewogener Berichtsbogen) ist ein geeignetes Instrument, das die Strategieumsetzung unterstützt.

Die BSC ist ein Planungs- und Steuerungsansatz, der unterschiedliche, aber gleichberechtigte Zieldimensionen ganzheitlich erfasst und aufeinander abstimmt. Die BSC dokumentiert die langfristigen Unternehmensziele des Dienstleistungsunternehmens über vier verschiedene Perspektiven, nämlich aus Sicht
- der Finanzen
- der Kunden
- der internen Prozesse und
- der Mitarbeiter (Lern- und Entwicklungsperspektive)

BSC

Finanzielle Perspektive
Wie wollen wir unseren finanziellen Erfolg zu erhöhen?

Kundenperspektive
Wie wollen wir gegenüber unseren Kunden auftreten?

Vision, Mission und Strategie

Interne Prozessperspektive
In welchen Geschäftsprozessen müssen wir die Besten sein?

Lern- und Entwicklungsperspektive
Wie können wir intern Veränderungen fördern?

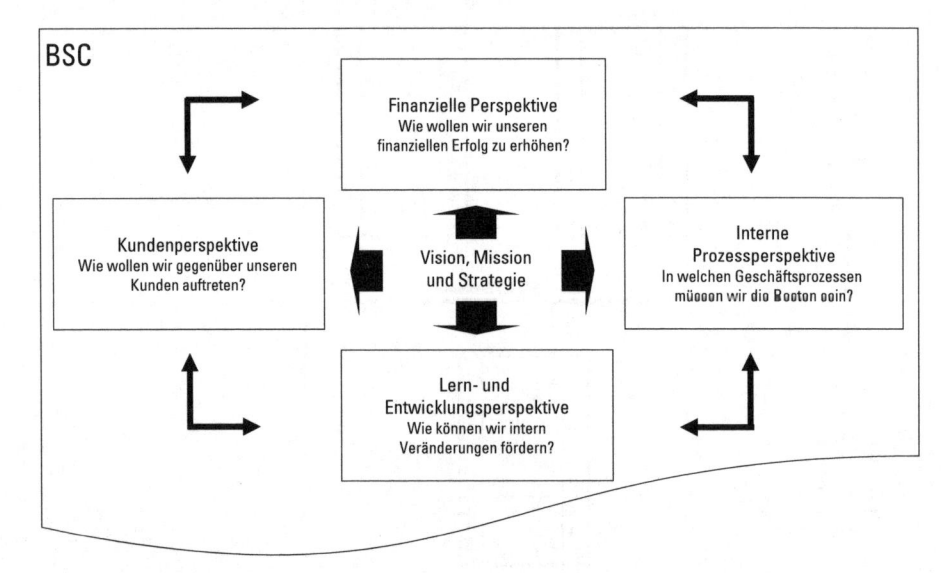

Abbildung 3.26: Gesamtstrategie mit Perspektiven-Kennzahlen verbinden

Das Grundkonzept sieht vier Blickwinkel der BSC vor. Bei Bedarf können jedoch weitere Perspektiven definiert werden.
- **Finanzwirtschaftliche Perspektive:** Strategische Ziele in der finanzwirtschaftlichen Perspektive sind z. B. die Verbesserung der Kapitalrentabilität, des Umsatzwachstums und des wertorientierten Wachstums. Diese Seite dient als Richtgröße für die anderen Scorecard-Perspektiven in dem Sinne, dass jede ausgewählte Kennzahl Teil einer Ursache-Wir-

kungs-Kette sein sollte, was letztlich zur Steigerung der finanziellen Leistung beiträgt.
- **Kundenperspektive:** Wie sieht der Kunde das Unternehmen? Abgebildet werden Kenngrößen wie Marktanteil, Kundentreue, Kundenzufriedenheit, Kundenrentabilität etc. Ermittelt wird der Wert des Angebotes an den Kunden. Das setzt sich zusammen aus den drei Kategorien:
  – Dienstleistungseigenschaften,
  – Image und Reputation sowie
  – Kundenbeziehungen.
- **Interne Prozessperspektive:** Hier geht es um die Identifikation derjenigen kritischen Prozesse, Verfahren und Methoden, die entscheidend für die Erreichung der strategischen Ziele sind. Es empfiehlt sich, diejenigen Prozesse auszuwählen, die den größten Einfluss auf die Kundenzufriedenheit haben. Kennzahlen der internen Prozessperspektive sind z. B. Zeit bis zur Marktreife neuer Dienstleistungsangebote, Qualitätsniveau oder Reaktionszeiten.
- **Lern- und Entwicklungsperspektive:** Diese Seite betrachtet die Innovations- und Leistungsfähigkeit der Mitarbeiter, denn diese Fähigkeiten bilden die Basis für den wirtschaftlichen Erfolg des Unternehmens. Sie bestimmen darüber, ob die kritischen Prozesse bedarfsgerecht an die sich ständig wandelnden Bedürfnisse der Kunden angepasst werden. Folglich müssen Programme und Investitionen Berücksichtigung finden, die die Mitarbeiter fördern. Abgebildete Kennzahlen sind z. B. die Mitarbeiterqualifikation, -produktivität, -zufriedenheit oder Teamfähigkeit.

Beispiel:

Ableitung eines strategischen Zielsystems in einer mittelständischen Steuerberaterkanzlei.
Ausgangssituation: Der Gründer startete in den 1980er Jahren und baute in 20 Jahren die Kanzlei, zwei zusätzliche Standorte und das Geschäft stetig auf und aus. Heute führt er mit einer weiteren Partnerin als akquirierender Gesellschafter die Geschäfte und besitzt 50 Prozent der GmbH-Anteile. Die restlichen Anteile halten seine 5 Partnerinnen zu gleichen Teilen. Mit den angestellten Fach- und Bürokräften hat die Kanzlei an den drei Standorten zusammen 22 Mitarbeiter.
Dienstleistungsportfolio:

- Steuerliche Gestaltungsberatung im unternehmerischen und privaten Bereich
- Steuererklärung, Buchführung und Jahresabschluss
- Steuerrechtsdurchsetzung
- Gesetzliche und freiwillige Prüfungen
- Wirtschafts- und Vermögensplanung
- Insolvenzberatung

Der Anteil am klassischen Kerngeschäft der Steuerberater liegt bei 70 Prozent. Von den verbleibenden 30 Prozent ist die Hälfte softwaregestützte Vermögensplanung und -beratung von Ärzten und Apothekern.
Branchenkenntnisse: Man versteht sich als betriebswirtschaftlicher Berater für alle Branchen. Allerdings setzt sich die Mandantschaft zu 75 Prozent aus Unternehmen, Unternehmern, Freiberuflern und Privatpersonen, die im Gesundheitswesen aktiv sind, zusammen.
Kooperationspartner: Mit jeweils einem Rechtsanwalt an jedem Standort arbeitet die Kanzlei seit vielen Jahren vertrauensvoll und erfolgreich zusammen. Von Zeit zu Zeit wird mit allgemein ausgerichteten Unternehmensberatern kooperiert.
Umsatz-/Ergebnissituation: Die Umsätze sind bei sinkender Gewinnmarge zuletzt gestiegen. Der hohe Fixkostenblock für Gehälter, Mieten und sonstigen Aufwand (Leasing Firmenfahrzeuge, Abschreibungen etc.) ist proportional zum Umsatz gestiegen.
Festlegen der strategischen Stoßrichtungen:
- Bekenntnis zu einer Doppelstrategie: regionaler Marktführer bei kleinen und mittleren Mandanten im Gesundheitswesen mit entsprechenden Referenzen und Renommee in der Branche bei gleichzeitiger Risikostreuung sowohl in der Mandantenstruktur als auch im umgesetzten Leistungsportfolio.
- In der Akquisition breit aufgestellt sein und Abhängigkeiten vermeiden.
- Die Kanzlei soll mit ihren Mitarbeitern wachsen – nicht auf deren Kosten.
- Vergrößerung und Professionalisierung eines loyalen, hochmotivierten und fachlich exzellenten Mitarbeiterteams.
- Kostenoffensive bei Standardmandanten und -leistungen.

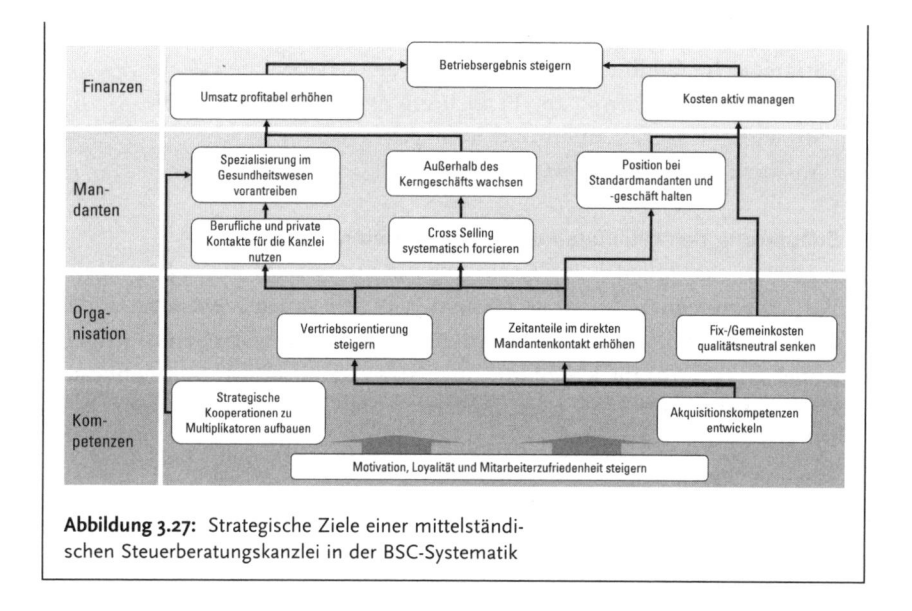

Abbildung 3.27: Strategische Ziele einer mittelständischen Steuerberatungskanzlei in der BSC-Systematik

3.5.8 Strategie detaillieren und formulieren

Kurzbeschreibung bzw. Definition dieses Schrittes

Auf Basis der strategischen Ziele werden strategische Optionen für Dienstleistungsbranchen überprüft und die Veränderungen von Geschäftsmodellen diskutiert. Danach werden zum Erreichen der strategischen Ziele Maßnahmenkataloge, zum Teil Funktionsstrategien und Strategieprojekte abgeleitet. Alles wird in einer Dienstleistungsstrategie kompakt formuliert.

Nutzen des Schrittes

Dies ist ein Zitat von Robert Kaplan, dem Entwickler des Konzepts der Balanced Scorecard: »Die Formulierung einer Strategie ist eine Kunst, und das wird immer so bleiben. Die Beschreibung einer Strategie dagegen sollte keine Kunst sein. Wenn es uns gelingt, Strategien in disziplinierter Weise zu beschreiben, erhöhen wir die Wahrscheinlichkeit erfolgreicher Strategierealisierung.«

Einzelergebnisse des Schrittes
1. Strategische Optionen zur Erreichung der strategischen Ziele
2. Geschäftsmodellierung zur Erreichung der strategischen Ziele
3. Strategische Maßnahmen und Strategieprojekte
4. Ausformulierte Dienstleistungsstrategie

Erläuterung der Aktivitäten und eingesetzten Methoden
1. Strategische Optionen zur Erreichung der strategischen Ziele überprüfen
Für die Erreichung der strategischen Ziele sollten zunächst verschiedene strategische Optionen diskutiert werden. Eine Erfolg versprechende Strategie zeichnet sich durch eine klare Linie hinsichtlich der Zielmarktsegmente aus.

Optionen aus Sicht einer Dienstleistungs- oder Brancheninnovation sind:
- Erfinde es!
- Mach es anders!
- Mach es gar nicht!
- Mach es besser!

Optionen aus Sicht einer Eigenständigkeit im Markt:
- Unabhängigkeit
- Kooperation/Allianz
- Akquisition

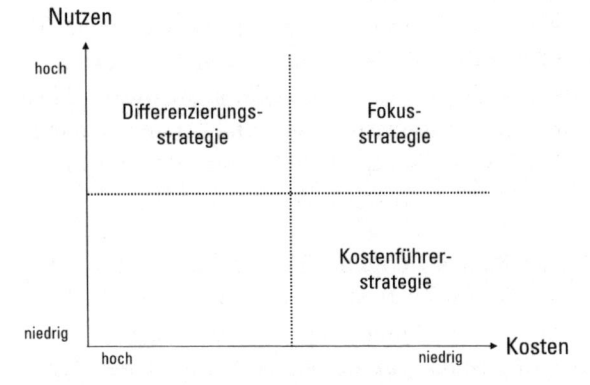

Abbildung 3.28: Aus den Dimensionen Kosten und Nutzen abgeleitete Strategieoptionen (vgl. Biermann 2007: S. 46)

Das Porter-Modell der Strategieentwicklung eignet sich als Ausgangspunkt für Strategieoptionen. Es grenzt zwei Basisstrategien gegeneinander ab:

- Kostensenkung, um über günstige Preise neue Käuferpotenziale zu erschließen und
- Nutzensteigerung für die eigenen Kunden, um ein höheres Preisniveau am Markt durchsetzen zu können.

Dadurch eröffnen sich drei Strategieoptionen:
1. Kostenführerstrategie: Grundbedürfnisse der Kunden durch standardisierte Massenleistungen zu niedrigen Preisen erfüllen
2. Fokusstrategie: Kunden über die Einzigartigkeit der eigenen Dienstleistung oder die Neuartigkeit der Problemlösung einen hohem Nutzen zu niedrigen Preisen vermitteln
3. Differenzierungsstrategie: Hohen Kundennutzen durch hochwertige Leistungen zu hohen Preisen vermitteln (vgl. Biermann 2007: S. 45 f)

Darüber hinaus bestehen für Dienstleistungsunternehmen weitere Optionen der Positionierung, wenn mittlere Bereiche in Marktsegmenten besetzt werden und Seitwärtsbewegungen zwischen Extremoptionen mit einbezogen werden:

- Gehobene Märkte: Gehobene Marktsegmente lassen sich durch Qualität und Komfort erobern. Der Preis spielt nur eine untergeordnete Rolle. In den gehobenen Märkten dominieren Traditionsanbieter und frühe Pioniere. Es winken hohe Margen und gute Kundenbindung bei begrenztem Geschäftsvolumen.
- Nischenmärkte: Nur ein Teil der Kundenzielgruppe wird bearbeitet. Diese kompakte Kundenteilzielgruppe ist leicht erreichbar, allerdings auch begrenzt. Bei stark wachsenden Nischen droht immer die Gefahr, dass Großanbieter in die Marktnische eintreten und eine Verdrängung des Nischenpioniers beginnt.
- Mittlere Märkte: Auf diesen Preis-/Leistungsmärkten werden solide Dienstleistungen angeboten, die für eine breite Kundenzielgruppe preislich akzeptabel sind Im mittleren Segment sind Massenanbieter zu Hause. Attraktive Gewinnpotenziale können über ein großes Marktvolumen gehoben werden. Allerdings leiden Preis-/Leistungs-Anbieter unter mangelnder Profilschärfe gegenüber den direkten Wettbewerbern. Sie werden als austauschbar wahrgenommen und Preiskämpfe sind die Folge.
- Einfach Märkte: Auf diesen Massenmärkten wird über niedrige Preise ein hohes Absatzvolumen erreicht. Aggressive Neuanbieter versuchen mit unkonventionellen Methoden der Leistungserbringung oder des Vertriebs bei eigenen niedrigen Kosten ein neues einfaches Marktfeld zu bedienen. (vgl. Biermann 2007: S. 46 f).

Beim Neuanbieten von Dienstleistungen entstehen über die Variationen von Marktkomplexität weitere strategische Optionen. Die eigene neue Dienstleistung kann deutlich einfacher, ganz anders oder deutlich anspruchsvoller als der bisher bestehende Marktstandard sein:
1. Vereinfachen
2. Verschieben
3. Verfeinern (vgl. Biermann 2007: S. 47)

		Vereinfachen	Verschieben	Verfeinern
Markt-segment	Gehobenes	Beschleunigen	Individualisieren	Kombinieren
	Nische	Spezialisieren	Fokussieren	Separieren
	Mittleres	Kooperieren	Modularisieren	Differenzieren
	Einfaches	Reduzieren	Standardisieren	Automatisieren

Komplexität des Markets

Abbildung 3.29: Aus den Dimensionen Marktpositionierung und Komplexität abgeleitete weitere strategische Optionen (vgl. Biermann 2007: S. 48)

Während des Strategieprozesses setzen sich Führungskräfte und Schlüsselmitarbeiter im Rahmen der Kompetenzanalyse intensiv mit den Kernkompetenzen heute und morgen auseinander. Die Ausprägungen von Kernkompetenzen bei gleichzeitiger Berücksichtigung von Kundenbedarf und der Eigenständigkeit am Markt können ebenfalls Auswirkungen auf strategische Optionen haben.

2. Geschäftsmodellierung zur Erreichung der strategischen Ziele

Voraussetzung und Grundlage eines Geschäftsmodells ist die klare Vorstellung der zu modellierenden Dienstleistungsprodukt-/Marktkombinationen und deren angestrebten wettbewerbsstrategischen Besonderheiten. Bei der Geschäftsmodellierung geht es um die Frage, wie die Wertschöpfung des Dienstleistungsunternehmens in Gewinn umgesetzt wird. Das Geschäftsmodell zeigt nicht nur auf, wie das Dienstleistungsunternehmen Umsatz und Ertrag generiert, indem es genau darlegt, wo man in der Wertschöpfungskette steht. Es beschreibt ebenso die dafür benötigten Differen-

	Verbundstrategie	Netzwerkstrategie	Vollsortimenterstrategie
Ausgangslage	• Dienstleister verfügt über herausragende Kernkompetenzen für die Lösung von potenziellen Kundenproblemen • Potenzielle Kunden haben Bedarf noch nicht explizit geäußert	• Dienstleister verfügt noch nicht über entsprechende Kernkompetenzen, was zu Qualitätsmängeln führen kann • Auf der Marktseite ist ein expliziter Kundenbedarf vorhanden	• Dienstleister verfügt über herausragende Kernkompetenzen • Auf der Marktseite existiert der entsprechende Kundenbedarf
Anwendungs-empfehlung	**Umpositionierung**, um Kundenbedarf zu wecken: • Bündelung der Dienstleistung mit anderen Leistungen als Paket • Kopplung mit einer bestehenden Leistung kann latente Kundenbedürfnisse wecken	**Kooperation**, da für einen langfristigen Wettbewerbsvorteil die notwendigen Kernkompetenzen erworben werden müssen: • Kompetenzaufbau • Externer Zukauf • Netzwerknutzung	**Stabilisierung** der vorhandenen Wettbewerbsvorteile, um langfristig nachhaltige Erfolgspotenziale zu sichern: • Teildienstleistungen zu komplexen Leistungspaketen bündeln • Übergeordnete Bedürfnisse identifizieren • Darstellung als ganzheitlicher Problemlöser

Abbildung 3.30: Aus den Dimensionen Kernkompetenzen, Kundenbedarf und Eigenständigkeit abgeleitete weitere strategische Optionen (vgl. Schoen 2006: 30)

zierungsmerkmale und kritischen Erfolgsfaktoren. Ein Geschäftsmodell ist eine modellhafte Beschreibung eines Geschäftes.

Das Geschäftsmodell beschreibt auf einem hohen Abstraktionsmodell die grundsätzlichen Geschäftsprozesse und bildet damit die Grundlage für die spätere Planung der finanziellen Eckwerte. Das Geschäftsmodell beschreibt, welchen Nutzen Kunden aus der Verbindung mit dem Dienstleistungsunternehmen ziehen können.

Ein Geschäftsmodell ist gleichzeitig eine Architektur der Wertschöpfung, d. h., wie der Nutzen für die Kunden generiert wird. Diese Architektur beinhaltet eine Beschreibung der verschiedenen Stufen der Wertschöpfung und der verschiedenen daran beteiligten Partner und ihrer Rollen.

Neben dem Was und dem Wie beschreibt das Geschäftsmodell auch, welche Einnahmen das Unternehmen für ein Produkt oder eine Lösung aus welchen Quellen generiert.

Durch eine geschickte Architektur der Wertschöpfung unter Ausnutzung oder Veränderung der dominierenden Geschäftslogik kann das Dienstleistungsunternehmen für eine attraktive Gestaltung der Wertschöpfung sorgen. Ausgangspunkt für die alternativen Konfigurationsmöglichkeiten ist die Veränderung der Wertschöpfung des eigenen Unternehmens oder die Veränderung der Branchenwertschöpfung (vgl. Müller-Stewens/Fontin 2003: S. 1 ff).

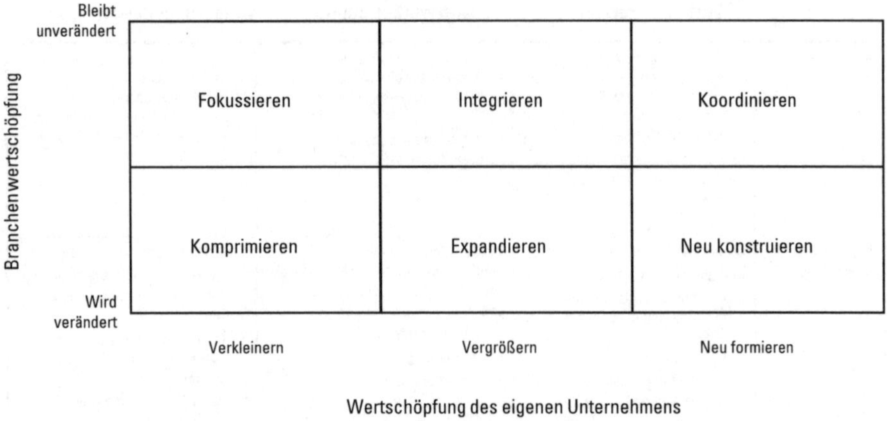

	Verkleinern	Vergrößern	Neu formieren
Bleibt unverändert	Fokussieren	Integrieren	Koordinieren
Wird verändert	Komprimieren	Expandieren	Neu konstruieren

(y-Achse: Branchenwertschöpfung; x-Achse: Wertschöpfung des eigenen Unternehmens)

Abbildung 3.31: Geschäftsmodellierung durch Systematisierung der Wertschöpfung (vgl. Müller-Stewens/Fontin 2003: S. 2)

Gerade für die Informationstechnologie ist die Konfiguration der Wertschöpfung hochinteressant. Denn der Einsatz von Informationstechnologie macht es vergleichsweise einfach möglich, die Branchenwertschöpfung zu verändern. Und damit können Märkte im eigenen Sinne beeinflusst oder gestaltet werden.

Vier Typen von Geschäftsmodellen sind in der Praxis häufig anzutreffen:

1. **Das Makler-Modell:** Makler bringen Verkäufer und Käufer zusammen und erleichtern Transaktionen. Ein Makler verdient an jeder von ihm vermittelten Transaktion eine Gebühr.
2. **Das Werbe-Modell:** Der Anbieter eines Web-Werbe-Modells bietet Inhalte und Leistungen wie E-Mail, Chat und Foren zusammen mit Werbebotschaften in Form von Banner-Anzeigen an. Diese Angebote sind zu Beginn häufig kostenlos und werden später zunehmend kostenpflichtig. Die Banner-Anzeigen können die einzige oder wichtigste Umsatzquelle für den Anbieter sein.
3. **Das Händler-Modell:** Unternehmen auf Basis des Händler-Modells sind Wiederverkäufer beziehungsweise Einzelhändler von Gütern oder Dienstleistungen. Der Verkauf kann auf Listenpreisen basieren oder über eine Auktion stattfinden.
4. **Das Abonnement-Modell:** Beim Abonnement-Modell bezahlen die Nutzer für den Zugang zur Website. Inhalte mit hohem Mehrwert sind hier entscheidend (vgl. Böckmann 2005: S. 1 ff).

3. Strategische Maßnahmen und Strategieprojekte definieren

Die strategischen Ziele werden bis zu den operativen Maßnahmen und Strategieprojekten konkretisiert. Sie stellen die Festlegung der für die Messung der Zielerreichung erforderlichen Messgrößen und Zielvorgaben sicher. Da die BSC konkrete Maßnahmen in den Planungsprozess einsteuert, schafft sie die Verbindung zum operativen Tagesgeschäft.

Beispiel:

Strategische Aktions- und Maßnahmenplanung einer mittelständischen Steuerberaterkanzlei

Perspektive	Strategische Ziele	Messgrößen/ Kennzahlen	Aktion/Maßnahme
Finanzen	• Betriebsergebnis steigern • Umsatz profitabel erhöhen • Kosten aktiv managen	• Betriebsergebnis • Umsatzrendite in % • Gesamtkosten	• BSC aufbauen und systematisch weiterentwickeln • Strategiemeeting pro Quartal
Mandanten	• Spezialisierung und Akquisition im Gesundheitswesen vorantreiben • Außerhalb des Kerngeschäfts wachsen • Position bei Standards halten • Berufliche und private Kontakte für die Kanzlei nutzen • Cross Selling systematisch forcieren	• Σ Beiträge in Fachpresse • Σ Beratungsaufträge • Σ Insolvenzaufträge • Umsatz absolut • Σ neuer Mandate über MA-Kontakte • Produktquote	• Überarbeitung Marketingunterlagen, Internetauftritt und sonstige Kommunikation • Zukunfts-Workshop mit Kooperationspartnern und Mitarbeitern • Optimierung Mandant-Berater-Zuordnung • Networking-Workshop: Wie spreche ich Lieferanten, Vereinskollegen etc. an? • Über Kundenevents und aktive Ansprache
Organisation	• Vertriebsorientierung steigern • Zeitanteile im direkten A- und B-Mandantenkontakt erhöhen • Fix-/Gemeinkosten qualitätsneutral senken	• Vertriebsstunden pro Woche • Σ Mandantenbesuche pro Jahr • Aufwand für Miete in EUR	• Aufgaben umorganisieren und zeitliche Freiräume schaffen • Mandantenstruktur quartalsweise überprüfen sowie Besuchsplanung optimieren • Umzug mit den Büros und niedriges Mietniveau nutzen
Kompetenzen	• Strategische Kooperationen zu Multiplikatoren aufbauen • Akquisitionskompetenz entwickeln • Motivation, Loyalität und Mitarbeiterzufriedenheit steigern	• Σ vermittelte Mandate von Multiplikatoren • Entwicklungsbericht • Freiwillige Teilnahme an MA-Veranstalt.	• Fachmessen besuchen und über einschlägige Fachpresse recherchieren • Vertriebs- und Beratungstrainings für Partnerinnen • Regelmäßig Mitarbeiter-Events organisieren • Formale Mitarbeitergespräche und Feedback

Abbildung 3.32: Strategische Aktions-/Maßnahmenplanung einer mittelständischen Steuerberaterkanzlei

4. Ausformulierte Dienstleistungsstrategie

Ausformulierte Strategien leiden in der Praxis häufig an einem Mangel an Präzision. Es ist einfach, die Frage »Was wollen wir sein?« in einem 50-seitigen Konzept so zu beschreiben, dass hinterher niemand ganz genau weiß, was eigentlich von wem getan werden muss. Dasselbe Thema jedoch auf einem einzigen Blatt Papier oder auf wenigen Seiten in absolut präziser, nachvollziehbarer Form mit konkreten Zielen, Mitteln, Maßnahmen, Terminen und Verantwortlichen zu versehen und zu realisieren, ist enorm anspruchsvoll. Viel Zeit und Engagement muss daher dafür verwendet werden, präzise Strategien zu formulieren und diese kritisch zu hinterfragen und auf ihre Plausibilität zu überprüfen (vgl. Das Strategie-System, SGMI 2003: S. 3).

3.5.9 Eckwerte planen

Kurzbeschreibung bzw. Definition dieses Schrittes
Für die operative Umsetzung folgen nun die Definition von Eckwerten und später eine Maßnahmenfeinplanung. Die finanziellen Eckwerte sind das Ergebnis einer ersten mittelfristen Geschäftsplanung. Dabei werden die Ergebnisse der Leistungsplanung, der Finanzplanung und der Erfolgsplanung über z. B. fünf Jahre vereinbart.

Nutzen des Schrittes
Mit der Planung der Eckwerte wird ein zukunftsgerichtetes unternehmensweites System der Steuerung aufgebaut. Sie koordiniert die unterschiedlichen Abteilungen und Funktionen des Unternehmens. Sie soll es ermöglichen, die im Hinblick auf die strategischen Unternehmensziele optimalen Entscheidungen zu treffen. Die Eckwerte werden damit auch eine Vermittlungsinstanz zwischen den Unternehmenszielen und den Entscheidungen auf der untersten Ebene (vgl. Preißner 2010: S. 23 ff). Damit wird der Entwicklungspfad des Unternehmens für einen Zeitraum von z. B. fünf Jahren aufgezeigt (vgl. ICV: S. 3).

Einzelergebnis des Schrittes
In diesem Schritt wird eine Mehrjahresplanung inklusive der Leistungs-, Finanz- und Ertragsplanung erstellt.

Erläuterung der Aktivitäten und eingesetzten Methoden
Der Ablauf der Mehrjahresplanung könnte vereinfacht dargestellt folgendermaßen sein:

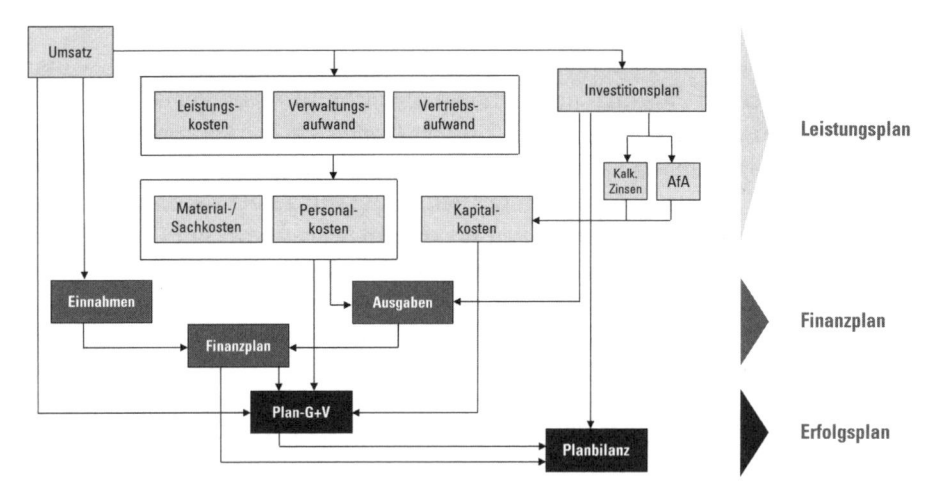

Abbildung 3.33: Einfaches Modell einer Geschäftsplanung

Die Bestimmung der finanziellen Eckwerte verbindet die Dienstleistungsstrategie im Detail und die Maßnahmenfeinplanung.

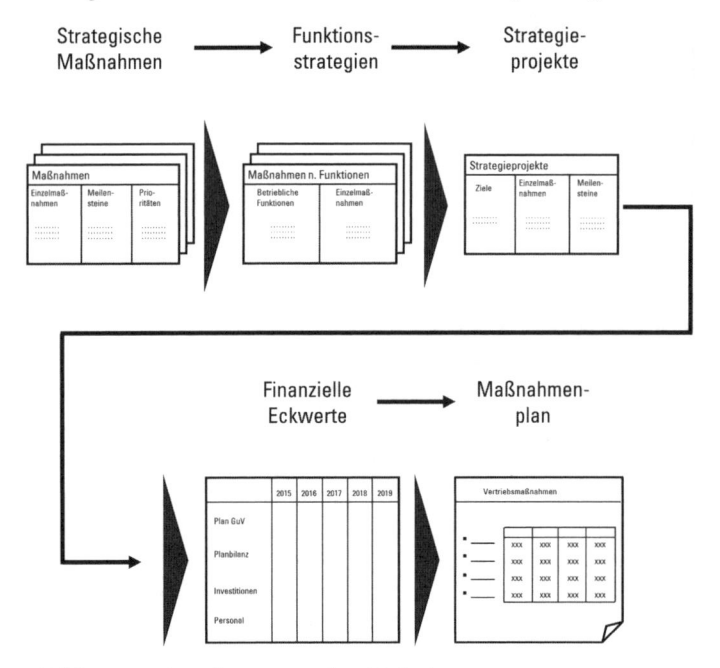

Abbildung 3.34: Von den strategischen Maßnahmen zur Maßnahmenfeinplanung

Korridorplanung
Mit einer Korridorplanung der Eckwerte werden Unsicherheiten bewusst berücksichtigt. Maximal und minimal mögliche Werte bilden den Korridor. Durch das Berücksichtigen von Unsicherheiten bei der Leistungs-, Finanz- und Erfolgsplanung kann die Gesamtsituation fundierter quantifiziert werden. Man bewegt sich weg von der Schätzung von Einzelwerten und hin zu einer Schätzung im Rahmen von Korridoren. Damit wird mit Unsicherheiten in der Planung professionell umgegangen. Führungskräfte und Schlüsselmitarbeiter erliegen nicht der Illusion, die Zukunft lasse sich in einem einzigen Wert zum Ausdruck bringen. Zukunft wird in Form von Bandbreiten antizipiert (vgl. PwC 2012: S. 1).

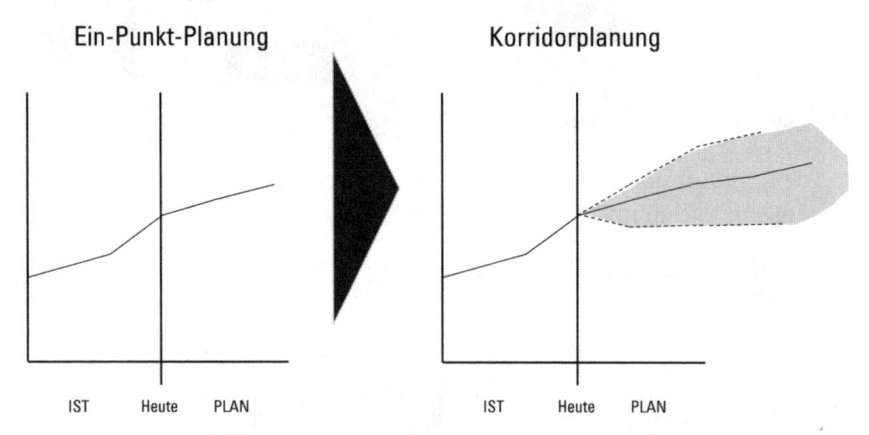

Abbildung 3.35: Korridorplanung (vgl. PwC 2012: S. 2)

3.5.10 Detailmaßnahmen planen

Kurzbeschreibung bzw. Definition dieses Schrittes
Der Detailmaßnahmenplan definiert die »nächsten Schritte« der Umsetzung. Ziel des Maßnahmenplans ist es, einerseits die Dienstleistungsstrategie auszuführen, aber auch andererseits Bedingungen festzulegen, die sich aus der Situation heraus (z. B. Betriebsrat einbinden bei mitbestimmungspflichtigen Maßnahmen) ergeben.

Wichtige Rahmenbedingungen (z. B. Zeitdruck, mangelnde Unterstützung o. Ä.) sind zu erkennen und zu berücksichtigen.

Bei wenig umsetzungsrelevanten Informationen muss der strategische Controller »kreativ« sein.

Nutzen des Schrittes
Die möglichst effektive Umsetzung der Strategie wird sichergestellt.

Einzelergebnisse des Schrittes
Planung der weiteren Unternehmensentwicklung mit den Schwerpunkten
- Vertriebsplanung,
- kundenorientierte Prozesse und Strukturen,
- Unternehmenskultur sowie
- Motivation und Qualifikation der Mitarbeiter etc.

Erläuterung der Aktivitäten und eingesetzten Methoden
Ein guter Maßnahmenplan zeichnet sich durch fünf Merkmale aus:
1. Ziele: Wohin?
2. Inhalte: Was? Warum?
3. Maßnahmen: Was?
4. Fristigkeit: Bis wann?
5. Risiken bzw. mögliche Probleme: Warum?

Auch im Rahmen dieser Aktivität sollten sich die Planer zentrale Fragen stellen:

> **Beispiel:**
>
> Leitfragen-Checkliste für die Maßnahmenfeinplanung
> - Welche Konsequenzen hätte die Umsetzung der neuen Strategie auf unsere Organisation?
> - Welche Maßnahmen müssen wir realisieren, um uns auf das Zukunftsszenario optimal einzustellen?
> - Was müssen wir dafür aufgeben?
> - Zu welchem Thema müssen wir noch weitere Informationen einholen?
> - etc.

Das schrittweise Eintreten des beabsichtigten Nutzens bzw. das Erreichen des vereinbarten Ziels sollte mit einschlägigen Kennzahlen überwacht werden. Der Umsetzungserfolg z.B. von Prozessoptimierungen sollte überwacht werden.

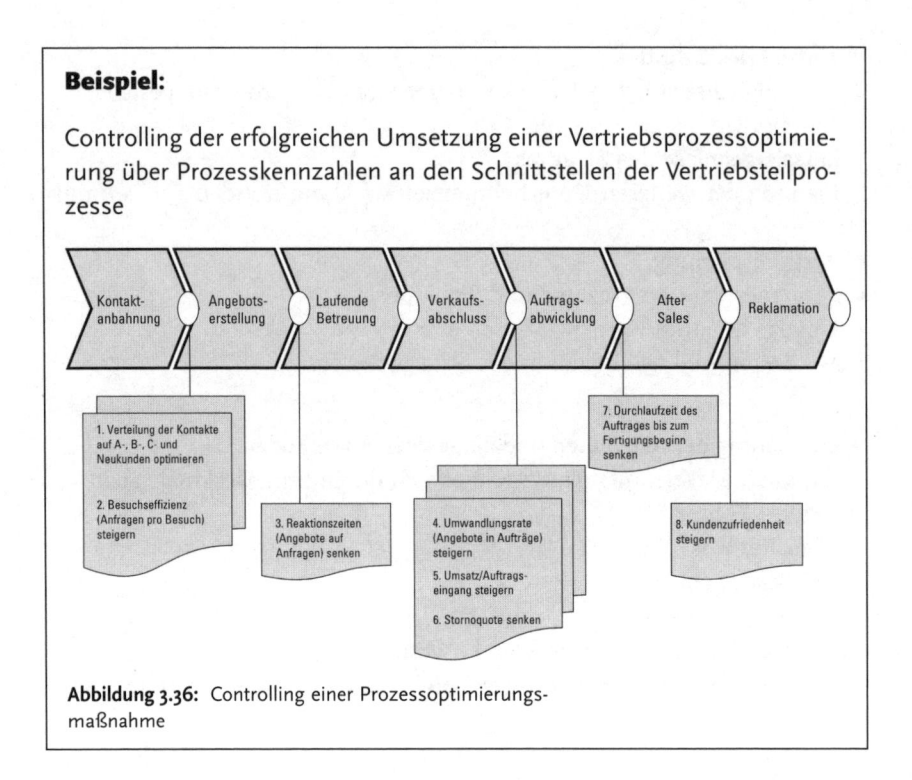

> **Beispiel:**
>
> Controlling der erfolgreichen Umsetzung einer Vertriebsprozessoptimierung über Prozesskennzahlen an den Schnittstellen der Vertriebsteilprozesse
>
> Kontaktanbahnung → Angebotserstellung → Laufende Betreuung → Verkaufsabschluss → Auftragsabwicklung → After Sales → Reklamation
>
> 1. Verteilung der Kontakte auf A-, B-, C- und Neukunden optimieren
> 2. Besuchseffizienz (Anfragen pro Besuch) steigern
> 3. Reaktionszeiten (Angebote auf Anfragen) senken
> 4. Umwandlungsrate (Angebote in Aufträge) steigern
> 5. Umsatz/Auftragseingang steigern
> 6. Stornoquote senken
> 7. Durchlaufzeit des Auftrages bis zum Fertigungsbeginn senken
> 8. Kundenzufriedenheit steigern
>
> **Abbildung 3.36:** Controlling einer Prozessoptimierungsmaßnahme

3.6 Controller-Wörterbuch Deutsch – Englisch

Algorithmus	Algorithm
Ausgewogener Berichtsbogen	Balanced scorecard Bsc
Ausprägung	Expression
Chance	Opportunity
Deskriptor	Descriptor
Dienstleistungsportfolio	Service portfolio
Eckwerte	Basic parameter
Effektivität	Efficacy/effectiveness
Effizienz	Efficiency
Einflussfaktor	Influence
Eintrittswahrscheinlichkeit	Likelihood of occurrence
Erfolgspotenzial	Success factor
Existenzberechtigung	Justification
Finanzperspektive	Financial perspective
Frühwarnsystem	Early warning system
Geschäftsbereich	Business unit
Geschäftsmodell	Business model

Geschäftsplanung	Business planning
Gewissheit	Certainty
Handlungsanleitung	Instructions
Harmonisierung	Harmonization
Identität	Identity
Interner Dienstleister	Shared Service Center SSC / Internal provider
Kennzahl	Key performance indicator
Kennzahlensystem	Indicator system
Kernkompetenz	Core competence
Kompetenzanalyse	Compentence analysis
Konsistenz	Coherence
Korridorplanung	Corridor budgetting
Kundenperspektive	Customer perspective
Leitbild	Mission statement
Lern- und Entwicklungsperspektive	Learning perspective
Marktattraktivität	Market attractiveness
Marktbearbeitung	Market development
Marktposition	Market position
Marktsegment	Market segment
Maßnahmenplan	Action plan
Matrix	Matrix
Messbarkeit	Measurability
Mission	Mission
Mittelstand	Mid-sized company
Nachfrageorientierte Leistungsvereinbarung	Demand-oriented Service level agreement SLA
Nutzen	Benefits
Operative Planung	Operational planning
Operative Umsetzung	Operations
Option	Option
Paradigmenwechsel	Paradigm shift
Portfolio	Portfolio
Produktbegleitende Dienstleistungen	Product-related services
Projektion	Projection
Prozessperspektive	Procedural perspective
Realisierungsebene	Operational level
Relative Wettbewerbsposition	Relative competitive position
Relative Wettbewerbsstärke	Relative competitiveness
Risiko	Risk
Rohszenario	Draft scenario
Schlüsselfaktor	Key factor
Schwache Signale	Weak signals
Schwächen	Weaknesses
Segmentierungskriterium	Segmentation criterion
Spielregeln	Rules
Stärken	Strengths
Stärken-Schwächen-Chancen-Risiko-Analyse	Strength-Weaknesses-Opportunities-Threats (SWOT)

Strategiebestimmung	Strategy definition
Strategieebene	Strategic level
Strategieentwicklungsprozess	Strategy design process
Strategischer Managementprozess	Strategic management process
Strategischer Rahmen	Strategic framework
Strategisches Denken	Strategic thinking
Trend	Trend
Vernetzungsmatrix	Networking matrix
Vision	Vision
Wahrscheinlichkeit	Probability
Wechselwirkungsanalyse	Interaction analysis
Wertbeitrag	Value contribution
Wertschöpfung	Value creation
Wettbewerbsfähigkeit	Competitiveness
Wettbewerbsposition	Competitive position
Wettbewerbsstruktur	Structure of the competition
Wettbewerbsvorteil	Competitive advantage
Wichtigkeit	Importance
Zentralcontroller	Central Controller
Ziel	Target
Zielfindung	Target definition
Zielebene	Target level
Zielgruppe	Target group
Zielthemen	Target topics
Zukunftsbild	Future vision
Zukunftsszenario	Future scenario

4
Den Gesamtüberblick behalten

4.1 Was Sie in diesem Kapitel erwartet

Im vorherigen Kapitel haben Sie die Bedeutung von strategischer Ausrichtung und Zielen für das gesamte Dienstleistungscontrolling verstanden. Nach Durcharbeiten dieses Kapitels wissen Sie,

- welches zentrale längerfristige und kurzfristige Steuerungsinformationen für Kapitalgeber, Banken und Aktionäre sind,
- welche typischen Steuerungsinstrumente für das Gesamtunternehmen nach steuerrechtlichen, betriebswirtschaftlichen und finanziellen Gesichtspunkten gestaltet sind,
- wie quantitative und qualitative Kennzahlen zur Gesamtsteuerung beitragen und wie beide Informationsarten vernetzt werden sowie
- welche zentralen Informationen Sie aus dem Finanzbericht mit Bilanz, Gewinn- und Verlustrechnung sowie Kapitalflussrechnung ziehen können.

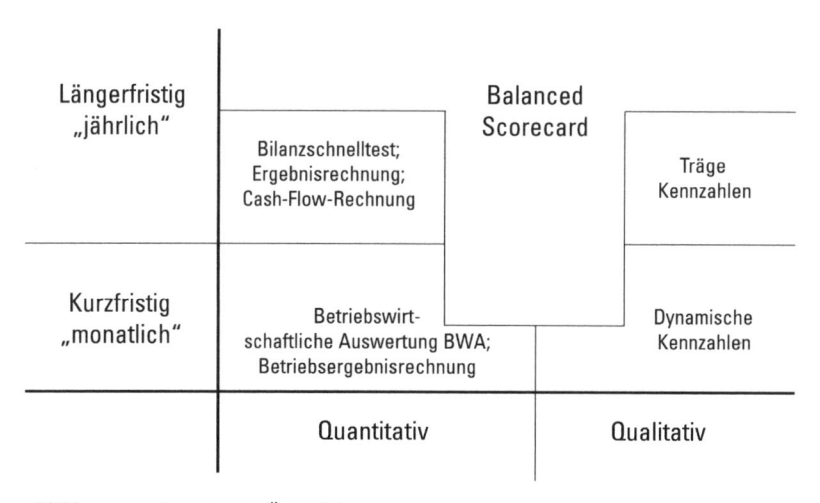

	Quantitativ	Qualitativ
Längerfristig „jährlich"	Bilanzschnelltest; Ergebnisrechnung; Cash-Flow-Rechnung	Träge Kennzahlen
	Balanced Scorecard	
Kurzfristig „monatlich"	Betriebswirtschaftliche Auswertung BWA; Betriebsergebnisrechnung	Dynamische Kennzahlen

Abbildung 4.1: Kapitel 4 im Überblick

Dienstleistungscontrolling in der Praxis Matthias Siebold
Copyright © 2014 WILEY-VCH Verlag GmbH & Co. KGaA, Weinheim

4.2 Probleme mit dem Gesamtüberblick

Im Blindflug unterwegs

Ein Problem vieler Dienstleistungsunternehmen ist, dass sie über keine aussagekräftigen, regelmäßig analysierten Informationen zur externen Steuerung auf Märkten und im Wettbewerb und zur internen Steuerung von Qualität und Produktivität verfügen. Andere Dienstleister haben das Problem von existierenden Kennzahlen zur Steuerung, die diese Bezeichnung nicht verdienen. Denn die Steuerungssysteme dieser Dienstleistungsunternehmen geben keine Informationen über die treibenden beziehungsweise verursachenden Faktoren von Erfolg und Misserfolg.

Viele Puzzleteile – aber kein ganzes Bild

Studien, Projektberichten und Aussagen von Entscheidern ist zu entnehmen, dass Kennzahlen und Kennzahlensysteme sehr wohl auch in Dienstleistungsunternehmen vorhanden sind. Oder vielmehr: Viele Dienstleister »ertrinken« in Steuerungsinformationen. Aber den Führungskräften ist gar nicht klar, welche dieser Kennzahlen die wirklich wichtigen, die strategischen sind. Notwendig ist hier eher eine Reduktion der Steuerungs- und Kennzahlenvielfalt auf ein akzeptables Maß. Und dann dürfen natürlich nur die wirklich Wichtigen übrig bleiben. Voraussetzung für strategische Steuerungsinstrumente ist eine Vorstellung darüber, wo das Dienstleistungsunternehmen langfristig strategisch hinwill. Das Defizit ist hier eher in der Klarheit der strategischen Ausrichtung als in den Steuerungsinstrumenten zu suchen.

Der Widerspruch hängt oft vom Prozesstyp ab

Gerade in kleinen und mittelständischen Dienstleistungsunternehmen hängt es einerseits immer von den Persönlichkeiten, Erfahrungen und individuellen Einstellungen der Inhaber und Führungskräfte ab, ob ein Zuwenig oder ein Zuviel an Steuerungsinstrumenten im Haus vorhanden ist. Andererseits geben die unterschiedlichen Prozesstypen der angebotenen Dienstleistungen dieser Unternehmen deutliche Hinweise darauf, ob das Vorhandensein aussagekräftiger Steuerungsinformationen eher wahrscheinlich oder eher unwahrscheinlich ist.

> **Prozesstyp A**
> - <u>Geringe</u> Wissensdefizite des Managements
> - Leistungserstellung wird weitgehend beherrscht
> - Beispielsweise standardisierte Dienstleistungen bzw. standardisierte Geschäftsmodelle

> **Prozesstyp B**
> - <u>Hohe</u> Wissensdefizite des Managements
> - Leistungserstellung weist erhebliche Freiheitsgrade und große Unsicherheit auf
> - Beispielsweise kreativ-schöpferische Dienstleistungen, maßgeschneidert-individuelle Dienstleistungen

Abbildung 4.2: Informationsprobleme abhängig vom Prozesstyp des Dienstleistungsunternehmens (vgl. Reckenfelderbäumer 2005: S. 40f)

Dienstleistungen mit standardisierten Prozessen und standardisiertem Output

Bei diesen Dienstleistungsunternehmen sind die Prozesse und die Geschäftsmodelle der Leistungserbringung vielfach standardisiert und die Ergebnisse der Dienstleistungen sind vor Beginn der Leistungserbringung bekannt. Die Leistungserstellung wird weitgehend beherrscht und die Führungskräfte und ihre operativ tätigen Mitarbeiter haben sehr umfassende Vorstellungen und Informationen, wie der Leistungserstellungsprozess abzulaufen hat. In diesen Dienstleistungsunternehmen haben Führungskräfte erfahrungsgemäß eher ein Zuviel als ein Zuwenig an Kennzahlen. Die Aufgabe des Dienstleistungscontrollings besteht darin, den Steuerungsinstrumenten mehr Struktur und Systematik zu geben.

> **Beispiel:**
>
> Der Prokurist einer mittelständischen Steuerberaterkanzlei mit 20 Steuerberatern, den sogenannten Berufsträgern, berichtete den geschäftsführenden Inhabern monatlich sehr umfangreich auf Basis von Dutzenden von Kennzahlen. Welches die wirklich wichtigen sind, war allen Beteiligten gar nicht klar.

> Bei weiteren Dienstleistern dieses Prozesstyps handelt es sich zum Beispiel um Informationstechnologie-/Telekommunikationsdienstleister, Versorgungsunternehmen, Banken und Versicherungen, Callcenter, Reparaturwerkstätten oder ähnliche Unternehmen.

Dienstleistungen mit nicht-standardisierten Prozessen und nicht-standardisiertem Output

Diese Dienstleister erbringen kreativ-schöpferische, auf die Bedürfnisse des Kunden individuell angepasste Dienstleistungen. Die Prozesse zur Erbringung dieser Leistungen sind oftmals wenig bis gar nicht standardisiert und das Ergebnis der Leistungserbringung ist vor Aufnahme der Arbeiten nicht umfänglich bekannt und weicht von Auftrag zu Auftrag – von Projekt zu Projekt – ab. Hauptaufgabe des Dienstleistungscontrollings ist in diesem Fall der Einstieg in die Definition aussagekräftiger Kennzahlen zur Steuerung des Geschäftes.

> **Beispiel:**
>
> Bei Dienstleistungsunternehmen dieses Prozesstyps kann es sich um spezielle Beratungsunternehmen, die in einem nicht-regulierten Umfeld tätig sind, wie Werbeagenturen oder Strategieberater, handeln. Die Erbringung ärztlicher Leistungen unterscheidet sich in sofern, dass der Untersuchungsprozess zwar standardisiert ist, sich die Diagnose als Ergebnis der Untersuchung immer von Patient zu Patient unterscheidet.

Die Suche nach der allumfassenden, generellen Kennzahl

Ein weiteres großes Problem, das es zu lösen gilt, ist die grundsätzliche Ausrichtung von Steuerungsinstrumenten in Dienstleistungsunternehmen. Hier gibt es verschiedene Möglichkeiten:
- Sollten Dienstleistungsunternehmen Ertragsgrößen nutzen, die eher auf handels- bzw. steuerrechtlichen Rechnungslegungsstandards aufsetzen, die einen finanziellen Erfolg in Form eines echten finanziellen Kassenzuflusses dokumentieren, oder ist die Darstellung des betriebswirtschaftlichen Ergebnisses des operativen Kerngeschäfts die geeignete Dokumentationsform?

- Sollen diese Ertragsgrößen als Betriebsergebnis, gewöhnliches Ergebnis, bereinigtes Ergebnis oder operativer Cashflow ausgewiesen werden?
- Sind Ertragsgrößen vor oder nach Steuern wichtiger?

Hier kommt es immer auf den individuellen Informationsbedarf von Entscheidern und Inhabern an. Abhängig von der individuellen Geschichte eines Dienstleistungsunternehmens bzw. seiner geschäftsführenden Personen oder der aktuellen Situation kann mal die eine, mal die andere Sichtweise wichtiger oder weniger wichtig sein.

Beispiele:

Große, der Publizitätspflicht unterliegende Dienstleistungsunternehmen haben in der Regel einen anderen Informationsbedarf als kleine Dienstleister.

Für den geschäftsführenden Inhaber eines Personaldienstleisters, der mit seinem Unternehmen in der Vergangenheit schon einmal am Rand einer Insolvenz stand, ist das finanzielle Ergebnis mit dem operativen Cashflow als zentrale Kennzahl wichtiger als für einen Entscheider, der seit Jahren höchst erfolgreich Informationstechnologie-/Telekommunikations-Dienstleistungen anbietet und vor allem daran interessiert ist, ob sein Unternehmen auf den verschiedenen Geschäftsfeldern in Summe auch »profitabel wächst«. Hier ist die Ergebnisrechnung der Kosten- und Leistungsrechnung zentrales Informationsversorgungsinstrument.

Für den Vorstand eines Versorgers in der Rechtsform Anstalt des öffentlichen Rechtes AöR war hingegen das Ergebnis der Gewinn- und Verlustrechnung zentral, weil der Jahresüberschuss bzw. das Jahresdefizit nach Steuern für das politisch besetzte Kontrollorgan die entscheidende Beurteilungsgröße darstellte.

Viele einzelne Kennzahlen ergeben noch kein Gesamtbild!

Wenn Kennzahlen im Dienstleistungsunternehmen vorhanden sind, können sie zu gegenteiligen Aussagen kommen. Problematisch ist hier, wie diese Widersprüche gelöst werden sollen und wie die gegensätzlichen Informationen zu einem Gesamturteil verdichtet werden können.

Für die Festlegung von Sollwerten für Kennzahlen, Kompositkennzahlen oder Spitzenwerten von Kennzahlensystemen fehlt eine anerkannte betriebswirtschaftliche Theorie, wie hoch diese Werte bei gesunden Dienstleistungsunternehmen sein sollten. Es gibt keine objektiven Vergleichsmaßstäbe. Kompositkennzahlen führen eine Vielzahl von gewichteten Einzelaspekten zu einem Gesamtwert zusammen (vgl. Biermann 2007: S. 194).

Erschwerend kommt hinzu, dass viele Kennzahlen im Grunde dasselbe aussagen. So liefert im Handel ein Vergleich der Lagerdauer in Tagen keine andere Aussage als der Vergleich von Lagerumschlagshäufigkeiten.

Als Konsequenz bleibt festzuhalten, dass bei der Steuerung von Dienstleistungsunternehmen möglichst wenige und bewährte Kennzahlen eingesetzt werden sollten. Dabei ist für jede Kennzahl nachzuweisen, dass sie für eine Analyse wirklich bedeutsame Aussagen liefert.

4.3 Nutzen einer ganzheitlichen, übergeordneten Steuerung

Anforderungen der Controlling-Interessenvertreter

Gemäß dem Leitbild der International Group of Controlling haben Controller für Ergebnis- und Finanztransparenz zu sorgen, um damit einen Beitrag zu einer höheren Wirtschaftlichkeit im Dienstleistungsunternehmen zu sorgen. Weiterhin haben sie ein unternehmensübergreifendes, zukunftsorientiertes Berichtswesen zu organisieren (vgl. DIN SPEC 1086: S. 5).

Aus dem »Helikopter« blicken

Aus den Anforderungen des oben genannten Leitbildes und der Umsetzung in Form von verdichteten Informationen zur Gesamtsteuerung lassen sich verschiedene Nutzenfaktoren ableiten:
- Dem Informationsbedarf der Geschäftsführung/des Vorstandes wird entsprochen.
- Den Entscheidern ist die Finanz- und Ertragslage unternehmensübergreifend bekannt.
- Das »Große und Ganze« wird nicht aus den Augen verloren.
- Die Gefahr, sich in einzelnen Leistungs-, Kunden-, Geschäftsfeld- oder Niederlassungsauswertungen zu verzetteln, entfällt.
- Notwendige Informationen für zielorientierte Entscheidungen sind vorhanden.

Empfängerorientierte Informationen

Um Fach- und Führungskräfte im Dienstleistungsunternehmen mit den Informationen zu versorgen, die sie bezogen auf ihre Tätigkeiten und ihren Verantwortungsbereich auch brauchen, ist der Informationsbedarf dieser

Berichtsempfänger genau zu ermitteln. Folgende Rahmenbedingungen sind zu berücksichtigen:
- Erstellung einer Reportingmatrix nach Berichtskategorien und Managementebenen.
- Definition von relevanten Kennzahlen sowie deren Berechnungsmethode, damit die Empfänger ihre Erfolge und Defizite erkennen.
- Detaillierungsgrad der Berichte je Managementebene und Bestimmung der Berichtszeiträume (vgl. Schrott/Hellebrandt 2009: S. 24).

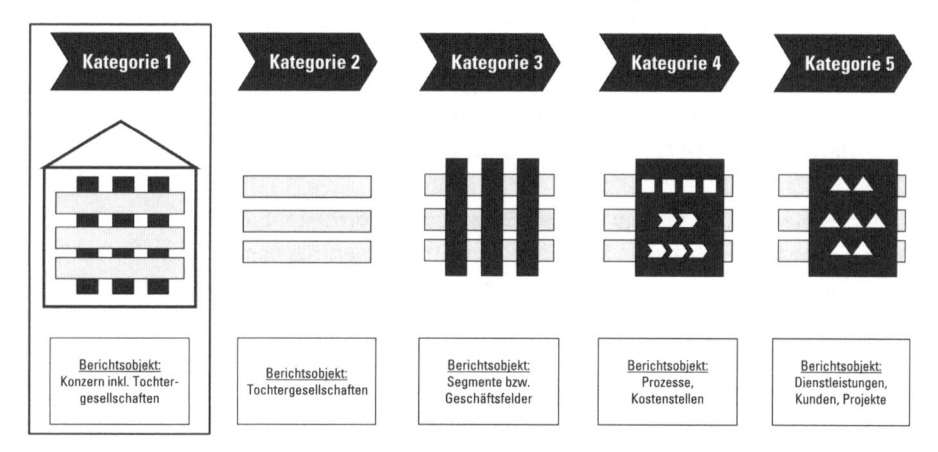

Abbildung 4.3: Kategorie 1 der Berichtsmatrix sichert einen Gesamtüberblick (in Anlehnung an Schrott/Hellebrandt 2009: S. 25)

Die Anforderungen des Managements an die Ausgestaltung des Berichtswesens sind dabei:
- Das Wichtigste – gut verdichtet und schnell erfassbar – als Standardberichte.
- Ansonsten: Alle planungs- und entscheidungsrelevanten Informationen sollten flexibel nach Bedarf zur Verfügung stehen.
- Die Informationen und Berichte sollten orts- und weitestgehend medienunabhängig sein.
- Das Berichtswesen soll sowohl die Ist-Situation abbilden als auch die Zukunft mit Trendextrapolationen und guten Schätzungen.
- Die Zahlen/Daten/Fakten sollen jederzeit disaggregierbar, am besten bis auf den »Urheber« sein.
- Zahlen/Daten/Fakten sollen stabil und verlässlich sein.
- Die Informationen stehen am besten in Echtzeitqualität zur Verfügung.

4.4 Methoden der jährlichen, quantitativen Gesamtsteuerung

Definition und Notwendigkeit einer Gesamtsteuerung

Für eine zielgerichtete Gesamtsteuerung des Unternehmens oder Konzerns sind die über Tochtergesellschaften, Niederlassungen und/oder Geschäftsbereiche aggregierten Resultate der Kategorie 1 der Berichtsmatrix zu ermitteln. Die Ergebnisse der Gesamtsteuerung informieren sowohl über die finanzielle Stabilität als auch über die Ertragskraft des Dienstleistungsunternehmens, allerdings ohne vertiefte Auskunft über den Geschäftsverlauf zu geben. Diese Form der Ergebnisdokumentation für das gesamte Unternehmen bzw. den Konzern ist zur Rechenschaftslegung gesetzlich erforderlich. Weitere Gründe werden unten erläutert.

Quantitative und qualitative Steuerungsinformationen

Bei Kennzahlen als Steuerungsinformationen für das gesamte Unternehmen sind sogenannte quantitative, monetäre und qualitative, nicht monetäre Kennzahlen zu unterscheiden.

Gründe für einen jährlichen Berichtszeitraum

Gesetzliche Anforderungen an ein jährlich oder quartalsweise aufgebautes Berichtswesen sind der Ausgangspunkt für eine Gesamtsteuerung. Daneben gibt es eine Reihe weiterer guter Gründe, die für einen jährlichen Zyklus sprechen:

- Bei einer Betrachtung über zwölf Monate spielen saisonale oder andere Schwankungen keine Rolle. Die Ergebnisse sind bereinigt.
- Bei längerfristigen Projekten oder Aufträgen entfallen die unterjährigen Abgrenzungen zwischen Monaten oder Quartalen.
- Von Jahr zu Jahr können die Veränderungen zentraler Kostenarten bzw. der Kostenstruktur und der Erlössituation dokumentiert werden.
- Außerdem können die jährlichen Planzahlen der Budgetierung bzw. Geschäftsplanung mit den jährlichen Ist-Zahlen abgeglichen werden.

4.4.1 Mit quantitativen Kennzahlen arbeiten

Bedeutung von Kennzahlen verstehen

Kennzahlen informieren in präziser und konzentrierter Form über wichtige, zahlenmäßig erfassbare Tatbestände und Entwicklungen. Sie liefern aufbereitete, verdichtete und aussagekräftige Informationen zur Entscheidung und Steuerung. Die absolute Höhe allein sagt noch nicht viel aus. Es kommt vielmehr darauf an, wie die Kennzahl im Vergleich zum Ziel bzw. zum geplanten Wert ausfällt. Im Weiteren sollten Kennzahlen Vergleiche zum Beispiel durch einen einheitlich definierten Kennzahlenkatalog zulassen und durch ihre Aussagekraft Handlungsanreize auslösen. Hauptaufgabe ist es, strategische Ziele ins operative Tagesgeschäft zu übersetzen.

Kennzahlen erfüllen eine Vielzahl von Funktionen im Unternehmen, wie die folgende Auflistung verdeutlicht:
- Informationsverdichtung
- Normierung
- Vorgabe und Kontrolle
- Auslöser für Steuerungsmaßnahmen

Gerade der Aspekt der Normierung wird leicht unterschätzt: So mögen zwar bei den Bezeichnungen »Personalkosten« oder »Gewinn« innerhalb eines Unternehmens alle Beteiligten über die jeweiligen Inhalte informiert sein, aber zumindest bei einem unternehmensübergreifenden Informationsaustausch ist es notwendig, verwendete Kennzahlen eindeutig zu definieren. Dann ist zu klären, ob zum Beispiel bei den Personalkosten die Kosten der Altersvorsorge, Kosten der Personalentwicklung oder soziale Kosten wie Kantinenzuschuss beinhaltet sind. Oder ob mit Gewinn das Betriebsergebnis, der Jahresüberschuss, ein Deckungsbeitrag oder eine andere Größe gemeint ist.

Arten von Kennzahlen
Kennzahlen können in unterschiedlicher Form erstellt und verwendet werden, nämlich als:
- Absolute Werte wie zum Beispiel Jahresüberschuss, Anzahl Mitarbeiter, laufende Projekte.
- Verhältniszahlen wie Gliederungszahlen, also das Verhältnis eines Teils zum Ganzen, zum Beispiel die Eigenkapitalquote als Verhältnis von Eigen- zu Fremdkapital oder die Anlagenintensität als Verhältnis von Anlagevermögen zu Gesamtkapital.
- Beziehungszahlen, also das Verhältnis zweier unterschiedlicher Merkmale zueinander, zum Beispiel die Gesamtkapitalrentabilität als Beziehung von Betriebsergebnis (engl. EBIT) zum Gesamtkapital oder die Produktivität als Verhältnis von Output zu Input.

- Indexzahlen als das Verhältnis zweier gleichartiger Merkmale, wobei eine Größe mit 100 gleichgesetzt wird, zum Beispiel die Entwicklung von Lohnnebenkosten.

Bedeutung von Kennzahlensystemen verstehen

Unter einem Kennzahlensystem versteht man eine Zusammenstellung von quantitativen Größen, wobei die einzelnen Kennzahlen in einer sachlich sinnvollen Beziehung zueinander stehen und insgesamt auf ein gemeinsames übergeordnetes Ziel ausgerichtet sind.

Quantitative Steuerungsinstrumente

Quantitative Kennzahlen werden originär in Euro bzw. anderen Währungen oder als Prozentsatz von Währungseinheiten ausgewiesen. Es handelt sich um typische Spätindikatoren, das heißt, die zu Grunde liegenden Daten kommen aus der Finanzbuchhaltung und dokumentieren Geschäftsvorfälle. Qualitative Kennzahlen werden hingegen über Indikatoren in andere Dimensionen umgerechnet. Quantitative Kennzahlen sind deswegen von so enormer Bedeutung, weil jedes erwerbswirtschaftliche Dienstleistungsunternehmen abschließend an den quantitativen Finanzkennzahlen gemessen wird.

4.4.2 Bilanzcontrolling als Schnelltest

Die Leistungsfähigkeit von Unternehmen beurteilen

Vor allem in großen Dienstleistungsunternehmen ist es üblich, den Jahresabschluss (bzw. den Quartalsabschluss) mit einer Bilanzanalyse zu untersuchen. Hierbei wird ein jährlicher (oder unterjähriger) Gesamtüberblick im Dienstleistungsunternehmen erzeugt, um einen umfassenden Überblick über die finanzielle Stabilität und die Ertragslage zu erhalten. Eine Bilanzanalyse ist ein Bestandteil der Jahresabschlussanalyse. Mit ihr wird bezweckt, einen umfassenden und gleichzeitig wohl strukturierten Einblick in die Vermögens-, Finanz- und Ertragslage des untersuchten Dienstleistungsunternehmens auf Basis von steuerrechtlichen Gesichtspunkten zu gewinnen. Dazu wird die Bilanz, Gewinn- und Verlustrechnung sowie Kapitalflussrechnung zerlegt und gegliedert, dann werden einzelne Positionen zusammengezogen und zu Kennzahlen verdichtet. Eine differenzierte Analyse des Abschlusses hat für große Dienstleistungsunternehmen folgenden Nutzen:

- Erreichung der finanziellen Ziele überprüfen;
- Attraktivität für Anleger bzw. Gesellschafter darstellen;
- Fremdkapitalgebern Sicherheit geben und die Bonität des Dienstleistungsunternehmens nachweisen;
- Grundlagen für die langfristige Existenzsicherung gewährleisten.

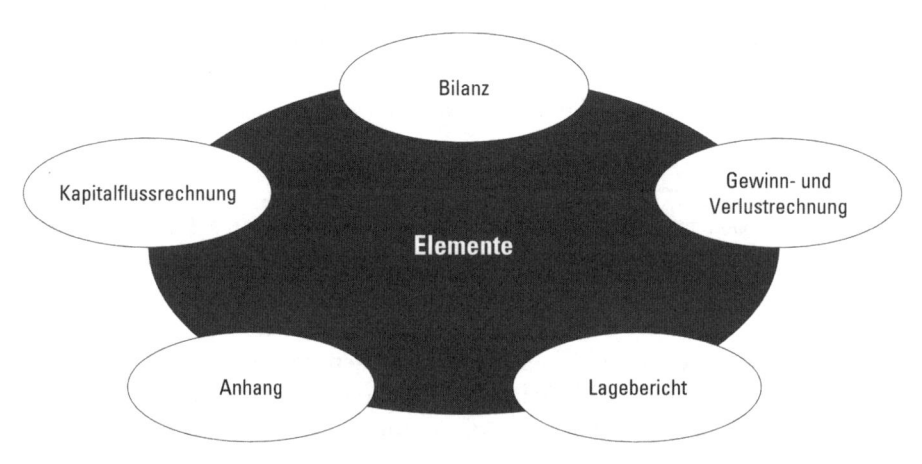

Abbildung 4.4: Zentrale Elemente von Jahresabschlüssen

Der zuvor beschriebene Gesamtüberblick kann auch als Bilanzcontrolling bezeichnet werden. Dieses Bilanzcontrolling nutzt die Daten des externen Rechnungswesens und ist bei Unternehmen, die nach dem Handelsgesetzbuch HGB bilanzieren, auf eine jährliche Berichtsperiode ausgerichtet. Dienstleistungsunternehmen, die international nach den International Financial Reporting Standards IFRS bilanzieren, erstellen ihre Berichte nicht nur jährlich, sondern auch quartalsweise (vgl. Preißner 2010: S. 235).

Bilanzcontrolling
Beim Bilanzcontrolling handelt es sich um die Planung, Steuerung und Kontrolle der Leistungsfähigkeit mit Hilfe einer Bilanzanalyse. Ansatz und Ziele eines Bilanzcontrollings geben Antworten auf folgende Fragen:
- Warum? Bildung eines Urteils über die zukünftige Rentabilitäts- und Liquiditätsentwicklung.
- Womit? Vergleich der eigenen Jahres-/Vorjahresabschlüsse des untersuchten Dienstleistungsunternehmens mit denen von Wettbewerbern bzw. Unternehmen der eigenen Branche.
- Wie? Mit Hilfe eines strukturierten Systems von Bilanzkennzahlen.

Ohne die Kennzahlen des Bilanzcontrollings ergeben sich für das große Dienstleistungsunternehmen erhebliche Probleme:
- Ohne qualifizierte Auswertung von Kennzahlen kann das Wesentliche nicht vom Unwesentlichen unterschieden werden.
- Es wird zu viel in Euro und Cent und zu wenig in Relationen gedacht.
- Kausale Zusammenhänge werden nicht erkannt: Ursache und Wirkungen und das Wechselspiel positiver und negativer Faktoren sind nicht bekannt.
- Die eigene Position, die Stärken und Schwächen im Vergleich zum Wettbewerber sind unbekannt.

Für aussagekräftige Informationen darüber, ob die strategische Ausrichtung im Unternehmen stimmt, ob die Ertragsstärke und finanzielle Stabilität den Erwartungen entspricht, wird der Finanzbericht unter anderem mit speziellen Bilanzkennzahlen analysiert.

Leistungsnachweis mit wenigen, stabilen Kennzahlen

Geschäftsführer und Vorstände wünschen sich einfache und trotzdem aussagekräftige Führungsinstrumente, um zielorientiert denken und handeln zu können. Für die Analyse der Gesamtsituation eines Unternehmens muss das Bilanzcontrolling daher verdichtete Aussagen zur finanziellen Lage und Ertragskraft ermöglichen. Diese Bilanzanalyse kann als Bilanz-Schnelltest konzipiert werden. In diesem Schnelltest werden lediglich vier Kennzahlen zur Gesamtbeurteilung herangezogen. Trotzdem ist die Aussage über die Leistungsfähigkeit grundsätzlich richtig. Die Verwendung von mehr Kennzahlen hat allerdings den Vorteil, dass Fehlerquellen oder Ursachen für besonders günstige Bedingungen rascher erkannt werden (vgl. Kralicek 2003: 52).

Finanzielle Stabilität sicherstellen

Um die finanzielle Stabilität zu sichern, sind Finanzierung und Liquidität zu analysieren.

Analyse der Finanzierung mit der Eigenkapitalquote

Die Eigenkapitalquote gibt Auskunft über die Finanzierung im Unternehmen. Sie ist ein guter Indikator für die Kapitalkraft, die Haftungsfunktion, die Kreditwürdigkeit, den Gläubigerschutz und die finanzielle Unabhängigkeit.

Analyse der Liquidität mit der Schuldentilgungsdauer

Liquidität bedeutet Zahlungsfähigkeit, synonym auch Solvenz. Die Wahrscheinlichkeit, seinen Zahlungsverpflichtungen jederzeit in vollem Umfang nachkommen zu können, deutet auf eine hohe Kreditwürdigkeit, also auf Bonität hin. Kennzahlensysteme zur Systematisierung und Einstufung der Bonität heißen Rating.

Die Schuldentilgungsdauer misst die Liquidität. Grundsätzlich sollte die Zeitdauer des Rückflusses des Fremdkapitals immer in einem guten Verhältnis zur Restnutzungsdauer der zu Grunde liegenden Anlagen, der Tragfähigkeit des Geschäftsmodells oder der Restdauer des Dienstleistungslebenszyklus liegen.

Ertragskraft sicherstellen

Um die Ertragskraft im Konzern zu sichern, sind die Rentabilität und die Aufwandsstruktur zu analysieren.

Analyse der Ertragskraft mit der Gesamtkapitalrentabilität

Rentabilität bedeutet Verzinsung, synonym auch Rendite und Profitabilität. Die Kennzahl Return on Investment (ROI) ist eine generelle Kennzahl zur Messung der Rentabilität. Die grundsätzliche Formel dafür lautet:

$$Return\ on\ Investment = \frac{Gewinn \times 100}{eingesetztes\ Kapital}$$

Abhängig davon, welche Daten aus Bilanz und Gewinn- und Verlustrechnung im Zähler und Nenner der Formel eingesetzt werden, kann diese generelle Rentabilitätskennzahl Return on Investment (ROI) zu Gesamtkapitalrentabilität, Umsatzrentabilität oder Eigenkapitalrentabilität ausgestaltet werden. Im Bilanzschnelltest wird die Gesamtkapitalrentabilität als Indikator für die grundsätzliche Ertragskraft des Unternehmens genommen. Sie gibt die Effizienz des Kapitaleinsatzes an.

Aufwandsstruktur mit der Cashflow-Marge überwachen

Kennzahlen der Aufwandsstruktur analysieren das Verhältnis von Umsatzerlösen zu Kosten. Die Cashflow-Marge misst den Erfolg des Dienstleistungsunternehmens. Sie gibt eine Antwort auf die Frage: Wie viel Cent verbleiben bei jedem umgesetzten Euro im Dienstleistungsunternehmen? Sie ist ein guter Indikator für die Marktstellung bzw. für die Wettbewerbsintensität.

Pro-Forma-Kennzahlen

Bei großen, international tätigen Dienstleistungsunternehmen, die als Kapitalgesellschaft der Publizitätspflicht unterliegen und nach dem Umsatzkostenverfahren der International Financial Reporting Standards (IFRS) bilanzieren, sollten zusätzlich die sogenannten Pro-Forma-Kennzahlen als Gewinngrößen der internationalen Rechnungslegung ausgewiesen werden:

- EBITDA und
- EBIT.

Sie geben als absolute und relative Ertragskennzahlen Auskunft über die Performance des Vorstandes bzw. im Konzern.

Gewinn- und Verlustrechnung (nach Umsatzkostenverfahren inkl. Pro-Forma-Kennzahlen)	
1.	Umsatzerlöse
2.	− Herstellkosten der zur Erzielung der Umsatzerlöse erbrachten Leistungen
3.	**= Gross Profit (Bruttoergebnis vom Umsatz)**
4.	− Vertriebskosten
5.	− allgemeine Verwaltungskosten
6.	+ sonstige betriebliche Erträge
7.	− sonstige betriebliche Aufwendungen
8.	**= EBITDA** *(earnings before interest, tax, depreciation and amortization)*
9.	− Abschreibungen auf Anlagevermögen
10.	− Abschreibungen auf immaterielles Vermögen (Goodwill)
11.	**= EBIT (Betriebsergebnis)** *(earnings before interest and taxes)*
12.	± Finanzergebnis
13.	**= EBT (Ergebnis der gewöhnlichen Geschäftstätigkeit)**
14.	− Steuern vom Einkommen und vom Ertrag
15.	**= Jahresüberschuss/-fehlbetrag (Ergebnis)**

Abbildung 4.5: Internationale Gewinn- und Verlustrechnung nach dem Umsatzkostenverfahren inklusive Pro-Forma-Kennzahlen

International übliche Steuerungsgröße EBIT

Beim EBIT handelt es sich um eine absolute Ertragskennzahl. Sie bedeutet Earnings before Interest and Taxes oder: Gewinn vor Abzug von Zinsen und Steuern. Sie entspricht im Wesentlichen dem Betriebsergebnis und ermöglicht Aussagen zur Leistungsfähigkeit des gesamten Unternehmens und damit zum Management. Als Abzugspositionen verbleiben nur noch das Beteiligungsergebnis, das Finanzergebnis bzw. die Fremdkapitalzinsen und die Ertragssteuern, um den Gewinn oder Verlust für eine Periode zu erhalten. Das EBIT ermöglicht einen guten Vergleich der operativen Ertragskraft eines Dienstleistungsunternehmens unabhängig von individueller Kapitalstruktur und nationaler Steuergesetzgebung.

Bei der EBIT-Marge handelt es sich um eine relative Ertragskennzahl – ähnlich einer Umsatzrentabilität. Diese EBIT-Umsatzrendite als operative Unternehmenskennzahl gibt eine Antwort auf die Frage: »Wie viel Cent EBIT verdienen wir an jedem umgesetzten Euro?« Es ist eine gute Steuerungsgröße, um die EBIT-Ertragskraft verschiedener Gesellschaften miteinander zu vergleichen.

International übliche Steuerungsgröße EBITDA

EBITDA ist aufbauend auf dem EBIT auch eine absolute Ertragskennzahl. Sie bedeutet Earnings before Interest, Taxes, Depreciation and Amortization oder: Gewinn vor Abzug von Zinsen, Steuern, Abschreibungen von Sachanlagen und Abschreibungen von immateriellen Anlagen. Die Kennzahl EBITDA ergibt sich durch den Abzug der Betriebsaufwendungen (ohne Abschreibungen) von den Erlösen des Kerngeschäftes. Sie ermöglicht Aussagen zur Leistungsfähigkeit des operativen Geschäfts. Dadurch, dass die Wertverluste für das Sachanlage- und immaterielle Vermögen in Form von Abschreibungen noch nicht abgezogen werden dürfen, gibt es keine Möglichkeiten der bilanzpolitischen Einflussnahme. Mit dieser Zwischengewinngröße EBITDA kann ein guter Vergleich der operativen Ertragskraft eines Unternehmens unabhängig von Kapitalstruktur, Steuergesetzgebung und Abschreibungsrichtlinien vorgenommen werden.

Die bereinigte Kennzahl EBITDA dokumentiert die Steuerung des operativen Geschäfts; Beurteilung der Geschäftsentwicklung über mehrere Berichtsperioden unabhängig davon, welche Zu- und Verkäufe in den vergangenen Jahren vorgenommen wurden.

Auch die EBITDA-Umsatzrendite ist eine relative Ertragskennzahl. Diese operative Steuerungsgröße gibt eine Antwort auf die Frage: »Wie viel Cent EBITDA verdienen wir an jedem umgesetzten Euro?« Es handelt sich um eine gute Größe, um die finanzielle EBITDA-Ertragskraft verschiedener Gesellschaften miteinander zu vergleichen.

Handlungsanweisung für einen Bilanzschnelltest

Folgendes Vorgehen in sieben Schritten bietet sich für die Ausgestaltung und Durchführung eines zweistufigen Bilanzschnelltests an:

1. Definition der Chef-Kennzahlen der 1. Stufe
2. Festlegen eines Beurteilungsschemas (Notenskala)
3. Noten, Mittelwerte und Streuungsmaße für die Chef-Kennzahlen der 1. Stufe ermitteln und analysieren
4. Definition der Ursachenkennzahlen der 2. Stufe
5. Ursachenkennzahlen der 2. Stufe ermitteln und beurteilen
6. Maßnahmen zur Optimierung erarbeiten und umsetzen
7. Frühwarnsystem entwickeln

Schritt 1	Chef-Kennzahlen definieren
Schritt 2	Notenskala festlegen
Schritt 3	Chef-Kennzahlen ermitteln
Schritt 4	Ursachen-Kennzahlen definieren
Schritt 5	Ursachen-Kennzahlen ermitteln
Schritt 6	Optimierungsmaßnahmen ableiten
Schritt 7	Frühwarnsystem entwickeln

Abbildung 4.6: Handlungsanleitung für Bilanzschnelltests

1. Schritt: Definition der Chef-Kennzahlen der 1. Stufe

Diese Schnelltestkennzahlen der 1. Stufe dokumentieren die Geschäftsführerebene der Analyse. Die Schwerpunkte des Schnelltests sind festzulegen. Hier stellt sich die Frage, ob die Ertragsstärke oder die finanzielle Stabilität zur Dokumentation einer möglichen Insolvenzgefahr stärker in der Analyse zu berücksichtigen sind oder beide Untersuchungsbereiche gleich stark gewichtet in die Analyse eingehen sollen. Im Folgenden wird das Konzept eines zwischen finanzieller Stabilität und Ertragsstärke ausgewogenen Schnelltests vorgestellt.

Je weniger Kennzahlen verwendet werden, umso weniger störanfällig sollten sie sein:
- Die Eigenkapitalquote und Schuldentilgungsdauer zeigen eindeutig auf, ob das Unternehmen gemessen an der Bilanzsumme bzw. dem Cashflow zuviel Fremdkapital hat oder nicht.

- Die Cashflow-Marge ist durch Eliminieren der Abschreibungen weniger störanfällig als die Umsatzrendite. Abschreibungen aufgrund steuer- oder finanztaktischer Maßnahmen verzerren hier nicht das Ergebnis (vgl. Kralicek 2003: S. 52 ff).

Ansatz für die GF-Ebene	Analyse-bereiche	Üblicherweise genutzte Schnelltest-Kennzahlen sind	Anforderung
Es werden nur sehr wenige Kennzahlen herangezogen, trotzdem ist die Aussage grundsätzlich richtig!	Finanzierung	Eigenkapitalquote	Je weniger Kennzahlen verwendet werden, desto weniger störanfällig müssen sie sein!
	Liquidität	Schuldentilgungsdauer	
	Rentabilität	Gesamtkapitalrentabilität	
	Aufwand-struktur/Erfolg	Cashflow-Marge	

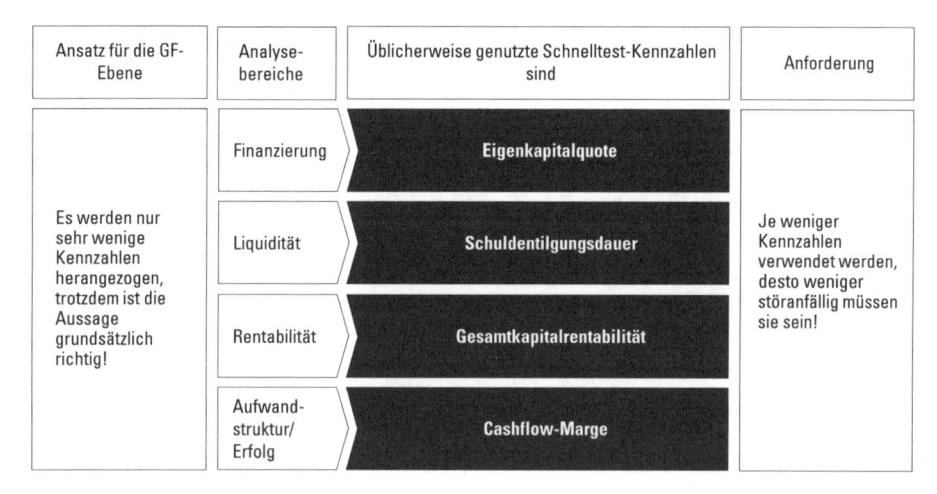

Abbildung 4.7: Konzept des Bilanzschnelltests
(vgl. Kralicek 2003: S. 52 ff).

Geschäftsführer und Vorstände benötigen eine kompakte Information über die finanzielle Stabilität des Dienstleistungsunternehmens sowie über die Ertragskraft. Die dafür üblicherweise genutzten Bilanzschnelltest-Kennzahlen sind:
- Finanzielle Stabilität
  - Für den Analyseteilbereich Finanzierung: Eigenkapitalquote
  - Für den Analyseteilbereich Liquidität: Schuldentilgungsdauer
- Ertragskraft
  - Für den Analyseteilbereich Rentabilität: Gesamtkapitalrentabilität
  - Für den Analyseteilbereich Aufwandsstruktur/Erfolg: Cashflow-Marge.

Definition Eigenkapitalquote zur Analyse der Kapitalkraft:

$$Eigenkapitalquote = \frac{Eigenkapital \times 100}{Gesamtkapital}$$

Definition Schuldentilgungsdauer zur Analyse der Verschuldung:

$$Schuldentilgungsdauer = \frac{Fremdkapital - flüssige\ Mittel}{Operativer\ Cashflow/Jahr}$$

Definition Gesamtkapitalrentabilität zum Vergleich mit der Alternativinvestition bzw. -anlage:

$$Gesamtkapitalrentabilität = \frac{Betriebsergebnis/EBIT \times 100}{Gesamtkapital}$$

Definition Cashflow-Marge zur Analyse der finanziellen Leistungsfähigkeit:

$$Cashflow\text{-}Marge = \frac{Operativer\ Cashflow \times 100}{Betriebs\text{-}\ bzw.\ Gesamtleistung}$$

(vgl. Kralicek 2003: S. 53).

Die vier Schnelltest-Kennzahlen decken aus bilanzanalytischer Sicht das Informationsbedürfnis von Management und Eigentümer gleichermaßen.

2. Schritt: Festlegen eines Beurteilungsschemas

Für eine treffsichere Beurteilung sollte eine Beurteilungsskala aufgebaut werden, deren Notenskala sich an Branchendurchschnittswerten bzw. -spitzenwerten orientiert.

Wichtiger Hinweis: Notenvorgaben sind branchenspezifisch anzupassen!

Analysebereiche	Chef-Kennzahlen der 1. Stufe	1 (sehr gut)	2 (gut)	3 (o.k.)	4 (dürftig)	5 (schlecht)
Finanzierung	Eigenkapitalquote	> 30%	20-30%	10-20%	< 10%	negativ
Liquidität	Schuldentilgungsdauer	< 3 Jahre	3-5 Jahre	5-12 Jahre	12-30 Jahre	> 30 Jahre
Rentabilität	Gesamtkapitalrentabilität	> 15%	12-15%	8-12%	< 8%	negativ
Aufwandstruktur	Cashflow-Leistungsrate	> 10%	8-10%	5-8%	<5%	negativ
Gesamtbewertung		....				

Abbildung 4.8: Beurteilungsschema für den Bilanzschnelltest (vgl. Kralicek 2003, S. 54)

Dabei gibt es eine Vielzahl von Möglichkeiten, so ein Beurteilungsschema auszugestalten. Für drei alternative Ansätze werden die wesentlichen Vorteile genannt:

- Ein Schulnotensystem von Note 1 bis 5 besticht durch seine Einfachheit. Dieses Beurteilungsschema wird im Folgenden vorgestellt.

- Mit einem Kennzahlensystem von 1 bis 15 bzw. 1 bis 30, wie es in Banken und Sparkassen üblicherweise vorgenommen wird, können sehr differenzierte Aussagen getroffen werden.
- Ein Beurteilungssystem analog zu den amerikanischen Ratingsystemen von Moody's, Standard & Poor's und Fitch von AAA+++ bis D ist international bekannt.

Entscheidend ist neben dem Konzept und dem Grad der Differenzierung die Frage der Vorgabe von Ergebniswerten bzw. die Frage der Zuweisung von potenziellen Ergebnissen zu den Notenstufen. Einige Erläuterungen zu den Notenstufen:

- Eigenkapitalquote: Diese Kennzahl dokumentiert den Teilbereich Finanzierung. Ein Ergebnis von 30 Prozent über alle Branchen und Unternehmensgrößen gilt in Deutschland als exzellent. Eine Quote von 15 Prozent sollte mindestens angestrebt werden. Sie bedeutet, dass das Dienstleistungsunternehmen über ausreichend Kapitalkraft, eine solide Haftungsfunktion, Kreditwürdigkeit und Gläubigerschutz verfügt. Sie dokumentiert den Grad der finanziellen Unabhängigkeit gegenüber Dritten.
- Schuldentilgungsdauer: Diese Kennzahl bewertet den Teilbereich Liquidität. Die Schuldentilgungsdauer sollte zeitlich maximal 50 Prozent bezogen auf die durchschnittliche bzw. erwartete Restnutzungsdauer der Infrastruktur, des Geschäftsmodelles oder von das Dienstleistungsgeschäft bestimmenden Verträgen betragen. Bei Dienstleistern mit kleinem bis mittlerem Anlagevermögen mit betrieblich genutzten Vermögenswerten, die zum Beispiel im Durchschnitt noch eine Restnutzungsdauer von sechs Jahren haben, sollte eine exzellente Kennzahl kleiner als drei Jahre sein. Bei sehr großen und anlagenintensiven Dienstleistungsunternehmen wie Fluglinien und Eisenbahngesellschaften kann die Rückzahlungsdauer entsprechend länger sein. Diese Kennzahl bedeutet, dass ein gesundes und akzeptables Verschuldungsniveau vorliegt. Diese Kennzahl dokumentiert allerdings ein theoretisch und so niemals in der Praxis angewendetes Verhalten. Sie legt zu Grunde, dass der operative Cashflow grundsätzlich und vollständig zur Tilgung von Krediten eingesetzt wird. Damit bliebe vor allem für Investitionen und Dividendenzahlung kein finanzieller Spielraum mehr.
- Gesamtkapitalrentabilität: Diese Kennzahl dokumentiert den Teilbereich Rentabilität. Exzellente Ergebnisse sind immer branchenabhängig und können bei mehr als 15 Prozent liegen. Es bedeutet, dass eine gute Verzinsung des gesamten eingesetzten Kapitals vorliegt. Einerseits doku-

mentiert die Gesamtkapitalrentabilität die Verzinsung bezogen auf den Anteil des Fremdkapitals über den zu zahlenden Fremdkapitalzinssatz hinaus. Andererseits zeigt sie an, wie sich das eingesetzte Eigenkapital verzinst hat.
- Cashflow-Marge: Diese Kennzahl dokumentiert den Teilbereich Aufwandsstruktur und Erfolg. Exzellente Ergebnisse liegen bei mehr als 10 Prozent. Es ist einerseits ein guter Indikator für die Struktur des Dienstleistungsmarktes mit seiner Wettbewerbsintensität. Je stärker der Wettbewerb über den Preis von Dienstleistungen ausgetragen wird, desto kleiner ist die Cashflow-Marge. Andererseits ist diese Steuerungsgröße ein sehr guter Faktor, um die eigene Marktstellung zu überprüfen. Verfügt der Dienstleister über Alleinstellungsmerkmale, die zu einer Preisunempfindlichkeit der Kunden führen, sind hohe Margen möglich.

Beispiele:

Der intensive Wettbewerb im Einzelhandel und bei Reisebüros bei in der Regel gleichzeitigem Fehlen von Alleinstellungsmerkmalen lässt die Cashflow-Marge in diesen Branchen um 1 Prozent herum schwanken. Bei Anbietern von Dienstleistungen in der Informationstechnologie und Telekommunikation können die Cashflow-Margen bei über 10 Prozent liegen.

Beurteilung im internationalen Kontext

Große, international tätige Dienstleistungsunternehmen vergleichen die operative Ertragskraft des eigenen Unternehmens – unabhängig von individueller Kapitalstruktur und nationaler Steuergesetzgebung – mit der EBIT-Marge, einer Art EBIT-Umsatzrendite als relative Ertragskennzahl. Sie wird genutzt, um die Ertragskraft auf EBIT-Basis verschiedener Gesellschaften miteinander zu vergleichen.

$$EBIT\text{-}Marge = \frac{EBIT \times 100}{Umsatzerlöse}$$

Die EBITDA-Marge, eine Art EBITDA-Umsatzrendite, wird als relative Ertragskennzahl genutzt, um die Ertragskraft auf EBITDA-Basis verschiedener Gesellschaften miteinander zu vergleichen. Diese vergleicht die operative Ertragskraft mit anderen Unternehmen – unabhängig von Kapitalstruktur, Steuergesetzgebung und Abschreibungsrichtlinien.

$$EBITDA\text{-}Marge = \frac{EBIDTA \times 100}{Umsatzerlöse}$$

Da die Rahmenbedingungen von Branche zu Branche unterschiedlich sind, macht hier nur der brancheninterne Vergleich Sinn!

> **Beispiele:**
>
> Exzellente Ergebnisse erzielen Dienstleistungsunternehmen der Informationstechnologie und Telekommunikation mit einer EBIT-Marge über 25 Prozent sowie einer EBITDA-Marge von mehr als 35 Prozent. Erfolgreiche Energieversorgungsunternehmen mit ihren noch monopolartigen Strukturen erreichen EBIT-Margen bis zu 15 Prozent sowie EBITDA-Margen bis zu 20 Prozent.

3. Schritt: Noten, Mittelwerte und Streuungsmaße für die Chef-Kennzahlen der 1. Stufe ermitteln und analysieren

Nachdem die Schnelltestkennzahlen berechnet worden sind, ist eine Interpretation und Analyse der Ergebnisse vorzunehmen: Zunächst sollten Sprünge und signifikante Abweichungen hinterfragt werden. Einmalige Faktoren wie Großaufträge und hoher Einsatz von Handelsware ist zu analysieren, sowie unregelmäßiger Ausweis von aktivierten Eigenleistungen ist zu berücksichtigen. Neutrale Aufwendungen und Erträge verzerren ebenfalls das Gesamtbild.

Beim Vergleich der Schnelltestkennzahlen mit den Ergebnissen aus den Vorjahren ist weiterhin festzustellen, ob Veränderungen in den Rahmenbedingungen vorliegen:

- Veränderungen im Konsolidierungskreis können die Aussagekraft der Ergebnisse verfälschen, genauso wie
- Wechselkurse,
- Änderungen in der Bilanzpolitik,
- die Einführung neuer Standards oder
- außergewöhnliche, seltene oder einmalige Ereignisse oder Transaktionen.

Danach sind die ermittelten Werte der Kennzahlen statistisch zu bewerten. Bei einem Betriebs- oder Branchenvergleich sind die Ergebnisse auf ihre Aussagekraft zu überprüfen.

Mittelwerte der Lage

Der Modus beschreibt den häufigsten oder dichtesten Wert. Der Modus der Häufigkeitsverteilung ist der Merkmalswert in einer Häufigkeitsverteilung, der dort am häufigsten vorkommt.

- Vorteile des Modus: Dieser Mittelwert ist nur durch die Position festgelegt und von Extremwerten, die von geringer Bedeutung sind, nicht beeinflusst.
- Nachteile des Modus: Die Aussagekraft dieses Mittelwertes ist eingeschränkt, wenn in der Häufigkeitsverteilung eine große Gleichverteilung vorliegt. Hat die Verteilung zwei deutliche Maxima (die noch nicht einmal gleich groß zu sein brauchen), so kann der Modus nicht mehr eindeutig bestimmt werden.

Der Median oder Zentralwert ist der Merkmalswert, der in einer der Größe nach geordneten Reihe (mit dem kleinsten beginnend) genau in der Mitte liegt. Der Median teilt eine Reihe von Merkmalswerten genau in zwei Hälften auf, nimmt somit die mittlere Position ein. Links vom Median liegen 50 Prozent der Merkmalswerte, deren Beträge kleiner als der Median sind. Rechts vom Median liegen 50 Prozent der Merkmalswerte, deren Beträge größer als der Median sind.

Rechnerische Mittelwerte

Wenn im kaufmännischen Bereich und auch im Alltagsleben die Bezeichnung »im Durchschnitt« vorkommt, so versteht man fast ausschließlich darunter das arithmetische Mittel. Es ist der gebräuchlichste Mittelwert.

Um zu beurteilen, ob die Merkmalswerte eng beieinander liegen oder stark voneinander abweichen und wie charakteristisch die Aussage von Mittelwerten für eine Anzahl von Elementen ist, helfen Streuungsmaße bei der Beurteilung.

Anders ausgedrückt: Streuungsmaße dienen dazu, eine Vorstellung vom Ausmaß der Abweichung der Merkmalswerte zu verschaffen und die Aussagefähigkeit der Mittelwerte zu beurteilen.

- Spannweite
  - Streuungsmaß der Lage
  - Die Spannweite ist die Differenz zwischen dem größten und dem kleinsten Merkmalswert einer Reihe.
  - Anwendung: Grobe und überschlägige Ermittlung, ob die Mittelwerte stark abweichen und man unter Umständen ein anderes, genaueres Streuungsmaß berechnen sollte.

- Standardabweichung
  - Rechnerisches Streuungsmaß
  - Auch durchschnittliche Abweichung genannt
  - Misst die Streuung, indem die Abweichungen jedes Merkmalswertes zum Mittelwert bestimmt werden, wobei die Summe dieser Abweichungen durch die Anzahl der Elemente dividiert wird.
- Quadratische Streuung – Varianz
  - Rechnerisches Streuungsmaß
  - Der Grundaufbau der Varianz entspricht dem der linearen Streuung. Die Varianz ist ebenso wie die lineare Streuung mathematisch gesehen ein arithmetisches Mittel, nämlich das der Abweichungen vom Mittelwert.

> **Beispiele:**
>
> Die durchschnittliche Gesamtkapitalrentabilität von 4,4 Prozent bei einem Betriebsvergleich großer Unternehmen der Immobilien- und Wohnungswirtschaft hatte bei einem Median von 3,95 Prozent, Maximal- und Minimalwerten von 10,4 Prozent bzw. 1,8 Prozent sowie einer Standardabweichung von 1,7 Prozent eine hohe Aussagekraft.
> Im selben Betriebsvergleich war die durchschnittliche Cashflow-Marge von 28,9 Prozent mit größter Vorsicht zu genießen. Warum? Dieses arithmetische Mittel hatte aufgrund eines Medians von 22,9 Prozent, Maximal- und Minimalwerten von 110,5 Prozent bzw. 1,5 Prozent sowie einer Standardabweichung von 22,1 Prozent eine äußerst fragwürdige Validität.

4. Schritt: Definition der Ursachenkennzahlen der 2. Stufe

Für die anhand der Chef-Kennzahlen der 1. Stufe gemessene Leistungsfähigkeit sind die Gründe zu ermitteln. Zur vertieften Analyse der Ergebnisse aus dem Schnelltest sollten weitere Kennzahlen herangezogen werden. Diese nachgeordneten Größen begründen im Detail, warum die Leistungsfähigkeit gut bzw. verbesserungsbedürftig ist.

Die Kennzahlen dieser 2. Stufe könnten als Kennzahlen der Finanzchef-Ebene bezeichnet werden. Ihre Aufgabe ist es, die vier Kennzahlen der Chef- bzw. Geschäftsführerebene ursächlich zu untermauern und zu erklären. Diese nachgeordneten Kennzahlen sind ebenfalls in ein strukturiertes Gesamtsystem gegliedert.

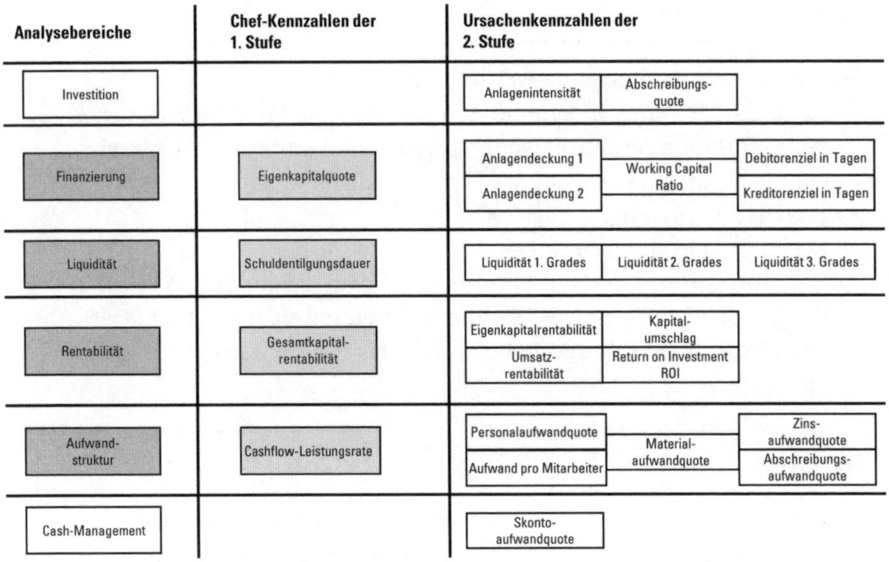

Analysebereiche	Chef-Kennzahlen der 1. Stufe	Ursachenkennzahlen der 2. Stufe			
Investition		Anlagenintensität	Abschreibungsquote		
Finanzierung	Eigenkapitalquote	Anlagendeckung 1	Working Capital Ratio	Debitorenziel in Tagen	
		Anlagendeckung 2		Kreditorenziel in Tagen	
Liquidität	Schuldentilgungsdauer	Liquidität 1. Grades	Liquidität 2. Grades	Liquidität 3. Grades	
Rentabilität	Gesamtkapitalrentabilität	Eigenkapitalrentabilität	Kapitalumschlag		
		Umsatzrentabilität	Return on Investment ROI		
Aufwandstruktur	Cashflow-Leistungsrate	Personalaufwandquote	Materialaufwandquote	Zinsaufwandquote	
		Aufwand pro Mitarbeiter		Abschreibungsaufwandquote	
Cash-Management		Skontoaufwandquote			

Abbildung 4.9: Nachgeordnete Kennzahlen zur Ursachenanalyse (vgl. Kralicek 2003, S. 57)

5. Schritt: Ursachenkennzahlen der 2. Stufe ermitteln und beurteilen

Auch für die Ursachenkennzahlen der 2. Stufe sind unter Berücksichtigung von Bewertungsvorgaben die Ergebnisse des eigenen Unternehmens zu analysieren.

In einem vereinfachten Beurteilungssystem wird zwischen den drei Bewertungen gut/mittel/schlecht unterschieden. Auch die Dienstleistungsbranche ist vielschichtig. Unterschiedliche Ausgangssituationen, konjunkturelle Entwicklungen, Rahmenbedingungen, regionale Unterschiede und vieles mehr sind zu berücksichtigen. Insofern sind auch die folgenden groben Bewertungsvorschläge mit großer Vorsicht zu handhaben.

Mögliche Notenskala der Kennzahlen der Ursachenanalyse

Kennzahl	Analyse-bereich	Rechenregel	Ein-heit	Aussage über ...	Gut	Mittel	Schlecht
Anlagenintensität	Vermögens-struktur	$\frac{AV \times 100}{GV}$	%	Abhängig von Branche; Flexibilität, Sicherheiten und Modernität; Problem von Leerkosten bei Unter-beschäftigung; Leasing	Je geringer, desto besser		
Abschreibungsquote		$\frac{AfA \times 100}{AV}$	%		Je geringer, desto besser		
Anlagendeckung I (Goldene Bilanzregel)		$\frac{(EK + SoPo + lfr. Rückst. + lfr. FK) \times 100}{AV}$	%	Fristengleichheit; Finanzierungsverhalten; Indikator für finanzielle Stabilität	> 130%	100-130%	< 100%
Anlagendeckung II (Goldene Bankregel)		$\frac{EK \times 100}{AV}$	%		> 60%	10-60%	< 60%
Debitorenziel	Finanzierung	$\frac{Ford. \times 365}{Umsatz}$	Tage	Zahlungsverhalten von Kunden; kalkulatorische Zinsverluste	< 30 Tage	30-80 Tage	> 80 Tage
Kreditorenziel		$\frac{Verb. \times 365}{Waren-/Materialeinsatz + Fremdleistungen}$	Tage	Eigenes Zahlungsverhalten; kalkulatorische Zinserträge	< 40 Tage	40-100 Tage	> 100 Tage
Lagerdauer		$\frac{Vorräte \times 365}{Waren-/Materialeinsatz}$	Tage	Gebundenes Kapital; kalkulatorische Zinsverluste	< 50 Tage	50-100 Tage	> 100 Tage

Abbildung 4.10: Kennzahlen der Ursachenanalyse – 1 – (in Anlehnung an Kralicek 2003, S. 59)

Methoden der jähr-lichen, quantitativen Gesamtsteuerung

Kennzahl	Analyse-bereich	Rechenregel	Einheit	Aussage über ...	Gut	Mittel	Schlecht
Liquidität 1. Grades (Barliquidität)	Liquidität	$\frac{\text{Fl. Mittel} \times 100}{\text{kfr. FK}}$	%	Jederzeit zahlungsfähig?; Zielkonflikt Liquidität versus Rentabilität; Fristengleichheit; Finanzierungsverhalten; Indikator für Insolvenzrisiko		Je höher, desto besser	
Liquidität 2. Grades (einzugsbedingte L.)		$\frac{(\text{Fl.Mittel} + \text{Ford}) \times 100}{\text{kfr. FK}}$	%		> 100 %	60-100%	< 60 %
Liquidität 3. Grades (umsatzbedingte L.)		$\frac{\text{Kfr. UV} \times 100}{\text{kfr. FK}}$	%		> 150 %	120-150%	< 120%
Eigenkapitalrentabilität	Rentabilität	$\frac{\text{EGT} \times 100}{\text{EK}}$	%	Wirtschaftlichen Erfolg unter Berücksichtigung von Hebelwirkungen	> 30%	10-30%	< 10%
Umsatzrendite		$\frac{\text{EGT} \times 100}{\text{Betriebsleistg.}}$	%	Marktstellung: Je besser die Alleinstellung, desto größer die Umsatzrendite	> 5 %	1-5 %	< 1 %
Kapitalumschlag	Kapital-produktivität	$\frac{\text{Umsatz}}{\text{GK}}$	Dezimal	Umschlagsdynamik: Je höher, desto potenziell ertragreicher	> 2	1 - 2	< 1
Umsatz je Mitarbeiter	Mitarbeiter-produktivität	$\frac{\text{Umsatz}}{\varnothing \text{ P-Bestand}}$	EUR/MA	Leistungsfähigkeit der ganzen Belegschaft		Je höher, desto besser	

Abbildung 4.11: Kennzahlen der Ursachenanalyse – 2 – (in Anlehnung an Kralicek 2003, S. 65)

Kennzahl	Analysebereich	Rechenregel	Einheit	Aussage über ...	Gut	Mittel	Schlecht
Personalintensität		$\frac{PK \times 100}{Gesamtkosten}$	%	Lohn- und Gehaltsniveau, Alters-, Qualifikations- und Gehaltsstruktur sowie Betriebsorganisation; Indikator für Wertschöpfungstiefe	Geschäfts-/Branchenabhängig		
Aufwand pro Mitarbeiter		$\frac{PK}{\varnothing\ P\text{-Bestand}}$	EUR/MA		Geschäfts-/Branchenabhängig		
Materialintensität	Aufwandstruktur	$\frac{MK \times 100}{Gesamtkosten}$	%	Beschaffung und Umgang mit Ressourcen; Einkaufsvorteile; Indikator für Outsourcing-Niveau	Geschäfts-/Branchenabhängig		
FK-Zinsen in % von Betriebsleistung		$\frac{FK\text{-Zins} \times 100}{Betriebsleistg.}$	%	Kredithöhe und -konditionen; Indikator, günstigere Finanzierungsinstrumente zu prüfen	< 2 %	2 - 4 %	> 4 %
Abschreibungen in % von Betriebsleistung		$\frac{AfA \times 100}{Betriebsleistg.}$	%	Investitionsschwäche, wenn kontinuierlich steigend; steuer- oder finanztaktische Maßnahmen; Leasingengagement	< 3%	3 - 5 %	> 5 %
Skontoaufwand in % vom Umsatz	Cash-Management	$\frac{Skonto \times 100}{Umsatz}$	%	Wichtiges Cash-Reservepotenzial	Je geringer, desto besser		

Abbildung 4.12: Kennzahlen der Ursachenanalyse – 3 –
(in Anlehnung an Kralicek 2003, S. 73)

Abkürzungen zu den Kennzahlen der Ursachenanalyse:

GV	Gesamtvermögen
AfA	Abschreibungen (Absetzung für Abnutzung)
AV	Anlagevermögen
EK	Eigenkapital
SoPo	Sonderposten aus Investitionszuschüssen
Lfr. Rückst.	langfristige Rückstellungen
Lfr. FK	langfristiges Fremdkapital
Fl. Mittel	flüssige Mittel (Kasse, Bank)
Kfr. FK	Kurzfristiges Fremdkapital
Kfr. Ford.	Kurzfristige Forderungen
Kfr. UV	kurzfristiges Umlaufvermögen
EGT	Ergebnis der gewöhnlichen Geschäftstätigkeit
Betriebsl.	Betriebsleistung (Umsätze + sonstige Erträge)
PK.	Personalkosten
Ø P-Bestand	durchschnittlicher Personalbestand
MK.	Materialkosten
FK-Zins	Fremdkapitalzinsen

6. Schritt: *Maßnahmen zur Optimierung erarbeiten und umsetzen*
Umgang mit Abweichungen
Bei schlechten und/oder mittleren Bewertungen der Ergebnisse oder bei Abweichungen zu den vereinbarten Zielwerten sind Maßnahmen zur positiven Beeinflussung der Gesamtsituation zu erarbeiten. Abweichungen sind Plan-Ist-Vergleiche und entstehen dadurch, dass die in der Planung ermittelten Zielvorgaben den realisierten Ergebnissen gegenübergestellt werden.
Ziele der Abweichungsanalyse
Eine Abweichungsanalyse erfolgt in zwei Schritten:
1. In einem ersten Schritt:
   a) Muster, Trends oder Systematik in den Daten erkennen
   b) markante Informationen erkennen
   c) wesentliche Merkmale erkennen
   d) diese Informationen und Merkmale effizienter verfolgen können
2. In einem zweiten Schritt:
   a) Maßnahmen ableiten
   b) Ursache-Wirkungszusammenhänge überprüfen
   c) Maßnahmen vereinbaren

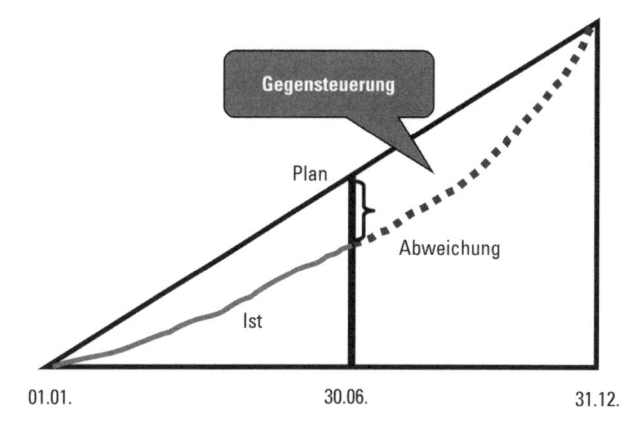

Abbildung 4.13: Prinzip der Abweichungsanalyse

7. Schritt: Frühwarnung
Kritik am Bilanzcontrolling
Die Steuerungsgrößen des Bilanzcontrollings sind immer vergangenheitsorientiert, und es ist daher auch immer fraglich, ob eine gute oder schlechte Leistungsfähigkeit in die Zukunft fortgeschrieben werden kann.
Frühwarnsysteme auf Basis des Bilanzcontrollings
Frühwarnsysteme werden aufgebaut, um in der Gegenwart schon erste Hinweise darauf zu erhalten, dass die Zukunft möglicherweise problematisch werden könnte oder Chancen birgt. Damit gewinnen Führungskräfte Zeit, um auf Risiken und Chancen besser reagieren zu können. Ein Frühwarnsystem für das gesamte Unternehmen besteht häufig darin, Bilanz, Gewinn- und Verlustrechnung sowie Kapitalflussrechnung der letzten Jahre zu analysieren. Dabei wird ermittelt:
- Trends über die letzten Jahre
- Abweichungen der Ist-Zahlen zu Plan-Bilanz und Plan-Gewinn- und Verlustrechnung

Zusätzlich dazu sollten auf Basis des Bilanzcontrollings Frühindikatoren entwickelt werden, um qualifizierte Aussagen für die Zukunft aufstellen zu können.
Frühindikatoren für Bilanzpositionen
Die Identifikation und konsequente Nutzung aussagefähiger Frühindikatoren für wichtige Bilanzpositionen bildet eine wesentliche Basis für eine erfolgreiche Unternehmenssteuerung. Voraussetzung dafür ist, dass Ursache-Wirkungsbeziehungen identifiziert und möglichst quantifiziert wurden.

Frühwarnindikatoren außerhalb der Bilanz sind beispielsweise:
- Reklamationsquote
- Termintreue
- Angebotserfolgsquote
- Auslastungsgrad
- Auftragsbestand
- und Ähnliches

Der Vereinnahmung von Umsätzen und der Ermittlung von Erträgen gehen aus der Prozesssicht heraus bestimmte Phasen oder Teilprozesse voraus, die für die Definition von Frühindikatoren bestens geeignet sind.

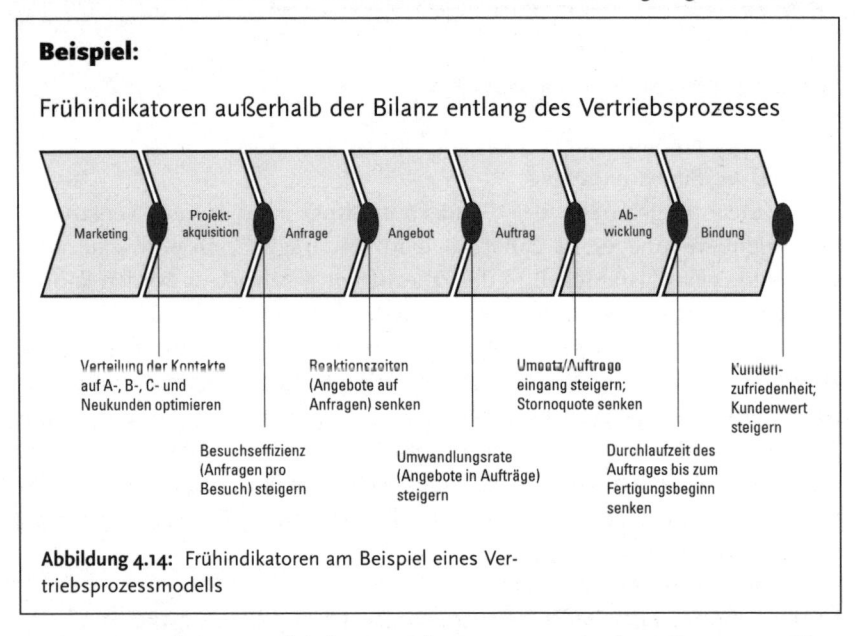

Beispiel:

Frühindikatoren außerhalb der Bilanz entlang des Vertriebsprozesses

Marketing → Projektakquisition → Anfrage → Angebot → Auftrag → Abwicklung → Bindung

- Verteilung der Kontakte auf A-, B-, C- und Neukunden optimieren
- Besuchseffizienz (Anfragen pro Besuch) steigern
- Reaktionszeiten (Angebote auf Anfragen) senken
- Umwandlungsrate (Angebote in Aufträge) steigern
- Umsatz-/Auftragseingang steigern; Stornoquote senken
- Durchlaufzeit des Auftrages bis zum Fertigungsbeginn senken
- Kundenzufriedenheit; Kundenwert steigern

Abbildung 4.14: Frühindikatoren am Beispiel eines Vertriebsprozessmodells

Umsatz und Erträge, die als zentrale Operatoren in das Bilanzcontrolling einfließen, stehen in aller Regel erst am Ende des Vertriebsprozesses oder, wenn die Dienstleistungsverträge längere Zahlungsziele beinhalten, sogar noch wesentlich später als Erfolgsmaßstab zur Verfügung. Der Umsatz ist also eine längerfristige Folge des aktuellen operativen Vertriebsaufwandes. In der Projektakquisition bietet es sich daher an, den Vertriebsprozess in Phasen oder Teilprozesse einzuteilen und für die Schnittstellen zwischen den einzelnen Phasen oder Teilprozessen Frühindikatoren inklusive Vorgaben festzulegen. Beim laufenden Controlling erhält der Dienstleistungscontroller heute schon Informationen darüber, wie die Umsätze und Erträge morgen und übermorgen sowie die daraus abgeleiteten Steuerungsgrößen des Bilanzcontrollings sich entwickeln werden.

> **Beispiel:**
>
> Geht zum Beispiel die Besuchseffizienz zurück oder die Reaktionszeiten auf Anfragen erhöhen sich, kann das Dienstleistungsunternehmen diese Hinweise dazu nutzen, gezielt gegenzusteuern oder sich auf einen Umsatzrückgang in der Zukunft einstellen.

4.4.3 Jährliche Ergebnisrechnung

Auswertungsbasis

Das jährliche Ergebnis der Gewinn- und Verlustrechnung kann zur Auswertungsbasis herangezogen werden. Sie ist gesetzlich vorgeschrieben. Auf Basis des Jahresüberschusses werden sowohl die Gewinnausschüttungen bestimmt als auch die Ertragsteuern veranlagt. Gerade für kleine Dienstleistungsunternehmen ist dieses Instrument zentral, obwohl die einfließenden Zahlen für betriebswirtschaftliche Auswertungen oder zur Liquiditätssteuerung ungeeignet sind. Aus dem jährlichen steuerlichen Ergebnis können für Betriebsvergleiche einige Gewinngrößen abgeleitet werden:
- Umsatzerlöse bzw. Betriebsleistung
- Betriebliches Rohergebnis
- Betriebsergebnis/EBIT
- Finanz- und Beteiligungsergebnis
- Ergebnis der gewöhnlichen Geschäftstätigkeit
- Außerordentliches Ergebnis
- Jahresüberschuss nach Steuern

Im Vergleich mit Mitanbietern oder Branchenkennzahlen kann lediglich allgemein die eigene Position eingeordnet werden ohne Berücksichtigung des Geschäftsverlaufs im Detail.

4.4.4 Cashflow-Analyse

Finanzielle Gesichtspunkte

Was die jährliche Ergebnisrechnung als das übliche jährliche »Standard-Ergebnis« jedoch keinesfalls liefert, sind maßgebliche Informationen für

die finanzwirtschaftliche Unternehmenssteuerung. Die Cashflow-Analyse dient der Liquiditätsüberwachung:
- Liquiditätsstand und -entwicklung (Darlehen, Kontokorrente, Eigenkapitalentwicklung)
- Zukunftsdaten (zum Gewinn, zur Zahlungsfähigkeit)

Wer diese Informationen erhalten möchte, wird mehr als nur die Zahlen der klassischen Finanzbuchhaltung ins Visier nehmen. Weitaus aussagekräftiger sind Vorschauberichte sowie Kennzahlen, die mit den Methoden des Finanzcontrollings ermittelt werden (vgl. Andresen-Zöphel, Controllingberatung; Quelle: Controlling-Portal.de vom 24.01.2013).

Cash ist Fakt – Gewinn ist Ansichtssache
Diese Meinung ist bei Kreditanalysten häufig anzutreffen. In der Auseinandersetzung mit den Jahresabschlüssen deutscher Unternehmen, die gemäß den Bilanzierungsvorschriften des HGB erstellt wurden, wird diese Einschätzung weiter untermauert, denn Zweifel an der Transparenz von HGB-Jahresabschlüssen sind durchaus verbreitet. Ausschlaggebend für diese Vorbehalte ist die Tatsache, dass die Bilanzierungsvorschriften, die ursprünglich vor allem dem Gläubigerschutz dienten, auch durch folgende Sachverhalte beeinflusst werden:
- Möglichkeiten, das Vorsichtsprinzip zu dehnen;
- Auswirkungen der Steuergesetze auf die Bilanzierungsvorschriften;
- Nutzung verschiedener Wahlrechte bei der Erfassung von Geschäftsvorfällen, erheblicher Ermessensspielraum und ggf. fehlende Bestimmungen im HGB;
- zu geringe Beachtung des Grundsatzes der Bilanzkontinuität (vgl. Standard & Poor's 2002: S. 1).

In Deutschland dient der Einzelabschluss auch zur Vorlage bei den Steuerbehörden und bildet die Bemessungsgrundlage für die Steuerschuld. Daher dürfte vielen Geschäftsführern und Vorständen eher daran gelegen sein, die aktuelle Steuerschuld zu reduzieren und damit auf spätere Jahre zu verschieben, als ein den tatsächlichen wirtschaftlichen Verhältnissen entsprechendes Bild des Dienstleistungsunternehmens zu vermitteln.

Bei der Analyse des Jahresabschlusses ist es daher nicht nur wichtig zu wissen, ob bei der Behandlung und beim Wertansatz von Geschäftsvorfällen konservativ oder liberal vorgegangen wurde. Wichtig ist auch, ob es im Zusammenhang mit diesen Geschäftsvorfällen zu zahlungswirksamen Zu- oder Abflüssen gekommen ist.

```
┌─────────────────────────────────────────────────────┐
│              Kapitalflussrechnung                   │
│              (Aufbau in Staffelform)                │
├─────────────────────────────────────────────────────┤
│  1. Jahresüberschuss/Jahresfehlbetrag (aus G+V)    │
│  + Aufwand, der keine Auszahlungen nach sich zieht │
│  – Erträge, die keine Einzahlungen nach sich ziehen│
│  ± liquiditätswirksame Veränderung des Working Capitals │
│  = operativer Cashflow (aus laufender Geschäftstätigkeit) │
└─────────────────────────────────────────────────────┘
```

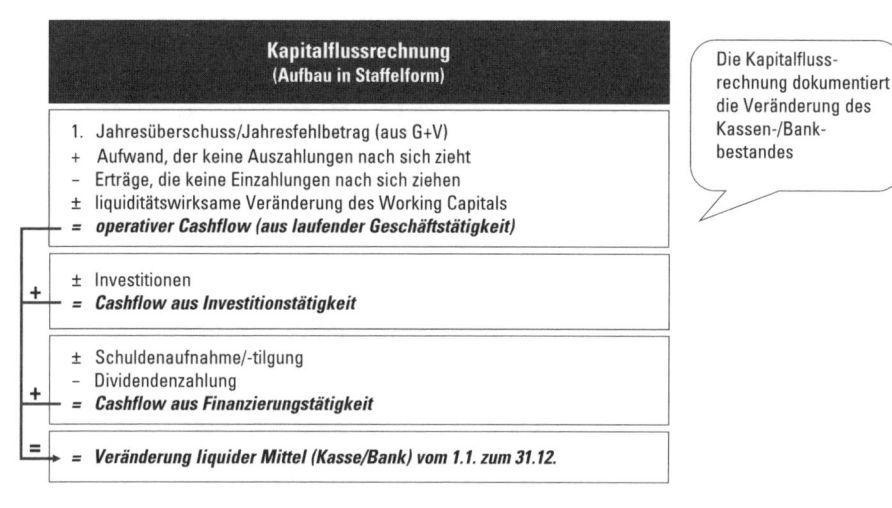

Die Kapitalflussrechnung dokumentiert die Veränderung des Kassen-/Bankbestandes

```
  ± Investitionen
+ = Cashflow aus Investitionstätigkeit

  ± Schuldenaufnahme/-tilgung
  – Dividendenzahlung
+ = Cashflow aus Finanzierungstätigkeit

= = Veränderung liquider Mittel (Kasse/Bank) vom 1.1. zum 31.12.
```

Abbildung 4.15: Aufbau einer Kapitalflussrechnung

Die Kapitalflussrechnung ist die verwendete Grundlage zur finanzwirtschaftlichen Beurteilung eines Dienstleistungsunternehmens. Hierbei liegt der Schwerpunkt auf Barmitteln, Liquidität und Verschuldung sowie auf der Erwirtschaftung und Verwendung des Cashflows. Das bedeutet, dass aus der Kapitalflussrechnung ein den tatsächlichen Verhältnissen entsprechendes Bild der Liquidität eines Dienstleistungsunternehmens hervorgeht, da sie deutlich weniger von unterschiedlichen Bilanzansätzen und Bewertungen verzerrt ist. Dies erhöht die nationale und internationale Vergleichbarkeit mit Wettbewerbern und gibt klare Hinweise auf die Fähigkeit zur Zahlung der anstehenden Verbindlichkeiten (vgl. Standard & Poor's 2002, S. 2 ff).

4.5 Methoden der monatlichen, quantitativen Gesamtsteuerung

4.5.1 Betriebswirtschaftliche Auswertung (BWA)

Auswertungsbasis bei kleinen Dienstleistungsunternehmen

Für eine laufende Kontrolle des Erfolgs sowie die kurzfristige Einleitung von Gegensteuerungsmaßnahmen sind die Zeiträume eines Bilanzcontrollings, der jährlichen Ergebnisrechnung und der Cashflow-Analyse zu lang. Daher sollte die monatliche Gewinn- und Verlustrechnung zur regelmäßigen Auswertungsbasis gemacht werden. Auch wenn die Rechenwerke, auf denen diese Auswertungen basieren, von Regelungen dominiert sind, die primär anderen Zielen als der Unterstützung betrieblicher Entscheidungen dienen (vgl. Preißner 2010: S. 235).

Gewinn- und Verlustrechnung als monatliche Auswertungsbasis

Auch wenn mit zunehmender Unternehmensgröße der Blick auf das Ergebnis vor Steuern und Zinsen (EBIT), in einigen Fällen gar vor Abschreibungen (EBITDA) überwiegt, so ist bei kleinen und mittleren Unternehmen der Blick auf das Ergebnis nach Steuern wichtiger. In der Regel verfügen kleine und mittlere Unternehmen über vergleichsweise geringe Kreditlinien. Neben dem häufig sehr geringen Wert des Anlagevermögens bei Dienstleistungsunternehmen wird es wenig geben, was eine Bank bereit wäre, als Sicherheit höher zu beleihen. Sollten also beispielsweise größere Zahlungen wie zum Beispiel Steuernachzahlungen auf Vorjahresergebnisse drohen, ist es für den Bestand des Unternehmens überlebenswichtig, die Auswirkungen dieser Nachzahlungen auf die laufende Ergebnisentwicklung zu berücksichtigen. Ist die Liquidität der Vorjahre voll abgeschöpft, wird diese Betrachtung noch wichtiger (vgl. Brandt 2002: S. 28).

Monatliche Auswertung als BWA

Die Betriebswirtschaftliche Auswertung (BWA) basiert auf den laufenden Daten der Finanzbuchhaltung. Sie gibt dem Unternehmer während des laufenden Geschäftsjahres Auskunft über seine Kosten- und Erlössituation und damit über die Ertragslage. Im Gegensatz zur Bilanz, die meist erst mit einigen Monaten Zeitverzögerung erstellt wird, liefert die BWA Zahlen zur aktuellen Lage des Unternehmens.

Die Aussage- und Auswertungsfähigkeit einer BWA steigt, wenn sie rechtsformenneutral gestaltet, größenordnungsneutral abgebildet und mit einem Branchenvergleich kompatibel ist.

Probleme mit der BWA

Die Betriebswirtschaftliche Auswertung ist unter den mittelständischen Dienstleistungsunternehmen in Deutschland die am meisten verbreitete Auswertungsform des monatlichen Finanzbuchhaltungsabschlusses. Obwohl sie von vielen Finanzbuchhaltungsprogrammen automatisch mitgeliefert und auch von Banken und sonstigen Gläubigern häufig verlangt wird, ist sie weder notwendiger Bestandteil der Finanzbuchhaltung, noch liefert sie automatisch aussagekräftige Ergebnisse.

Tatsächlich sind die Resultate einer standardisierten Betriebswirtschaftlichen Auswertung (Standard-BWA) nur sehr bedingt aussagekräftig. Auch dann, wenn immer ordnungsgemäß gebucht wird. Die Finanzbuchhaltung folgt grundsätzlich nicht betriebswirtschaftlichen Gesichtspunkten, sondern den rechtlichen Erfordernissen für die ordnungsgemäße Rechnungslegung nach Steuer- und Handelsrecht. Aus betriebswirtschaftlicher Sicht ist sie oft unvollständig und ohne Aussagekraft.

In der monatlichen Finanzbuchhaltung werden schwerpunktmäßig alle umsatz- und lohnsteuerpflichtigen sowie sozialversicherungsrelevanten Vorgänge erfasst. Ziel ist es, den gesetzlichen Anforderungen an eine ordnungsgemäße Buchführung sowie an die sach- und termingerechte Steuerzahlung zu genügen.

Bezeichnung	Jan/201x	Feb/201x	Mrz/201x	Apr/201x	Jan/201x-Apr/201x
Saldo Kl. 4/Erlöse					
Mat./Wareneinkauf					
Zwischensaldo 1					
Kostenarten:					
Personalkosten					
Raumkosten					
Steuern/Vers./Beiträge					
Besondere Kosten					
Fahrzeugkosten					
Werbe-/Reisekosten					
Kosten Warenabgabe					
Insth./Werkzeuge					
Abschreibungen					
Sonstige Kosten					
Gesamtkosten					
Zwischensaldo 2					
Neutraler Aufwand					
Neutraler Ertrag					
Kostengruppe 83-84					
Kostengruppe 85-89					
Sonstige Erlöse					
Zw.Saldo 3/vorl. Erg.					

Abbildung 4.16: Aufbau einer standardisierten Betriebswirtschaftlichen Auswertung

Wenn in Handelsunternehmen saisonal bedingt Wareneinkäufe erfolgen und in den Folgemonaten der Abverkauf, dann erhält man Verluste in Einkaufsmonaten und Gewinne in Verkaufsmonaten. In keinem Monat erfolgt allerdings ein zutreffender Ausweis zum Wareneinsatz – erst zum Ende einer Saison gleichen sich Wareneinsatz und -verkauf wieder aus.

> **Beispiel:**
>
> Eine Insolvenzgefahr kann mit dem Ergebnis der Finanzbuchhaltung nicht klar identifiziert werden. Ein Dienstleistungsunternehmen der Informationstechnologie oder Telekommunikation, das auch mit Hardware und Software handelt, weist in der Betriebswirtschaftlichen Auswertung im Juni einen kumulierten Monatsüberschuss von 200 000 Euro aus. Das ist in Relation zum Umsatz ein exzellentes Ergebnis. Zahlungsausfälle bei Kunden hatte es in der Vergangenheit nicht gegeben. Auf den ersten Blick sieht kurzfristig also alles gut aus.
> Wenige Monate später musste der Dienstleister aufgrund von Zahlungsunfähigkeit Insolvenz anmelden. Der Grund dafür war in der BWA nicht ersichtlich.
> Zu Jahresbeginn verfügte das Unternehmen noch über Vorräte an Hard- und Software im Wert von 300 000 Euro. Bis Juni war allerdings die Ware fast vollständig verkauft. Die Bestände wurden also um rund 300 000 Euro reduziert, was in dem kumulierten Juni-Ergebnis weder erfasst noch verbucht worden war. Der vermeintliche kumulierte Überschuss von 200 000 Euro, den die Standard-BWA auswies, war tatsächlich ein kumulierter Verlust von 100 000 Euro.

Anforderungen an eine aussagefähige BWA

Wichtig ist daher, dass Aufwendungen und Erlöse mit maßgeblicher Ergebnisauswirkung in der Finanzbuchhaltung zeitnah und unterjährig berücksichtigt werden. Je nach Dienstleistungsbranche und Geschäftsmodell können das unterschiedliche Positionen sein:

- In Dienstleistungsunternehmen, die größere Aufträge in Projektform abwickeln, kommt den Beständen an unfertigen und fertigen Arbeiten große Bedeutung zu. Bei Handelsunternehmen müssen die Warenbestandsveränderungen in der monatlichen Finanzbuchhaltung berücksichtigt werden.
- Abschreibungen und andere fixe Kosten wie Versicherungsbeiträge oder Ähnliches, die jährlich zu zahlen sind, sind monatlich abzugrenzen. Ebenso sollte mit erwarteten größeren Aufwandspositionen wie zum Beispiel Ertragssteuern verfahren werden.
- Jahresbonifikationen an Kunden oder erhaltene Bonifikationen von Lieferanten haben in Handelsunternehmen häufig erhebliche Größenordnungen und Ergebnisauswirkungen.

- Darlehen sind monatlich und nicht erst im Jahresabschluss zu buchen. Dabei sind Kreditannuitäten in einen Zins- und Tilgungsteil aufzuteilen.
- Geleistete und erhaltene Anzahlungen und Rechnungsabgrenzungsposten sind monatlich und nicht erst zum Geschäftsjahresende richtig zu berücksichtigen (vgl. Andresen-Zöphel 2009).

4.5.2 Betriebsergebnisrechnung

Erfolgsinformationen für kurzfristige Entscheidungen

Das externe Rechnungswesen von Dienstleistungsunternehmen, die nach den deutschen Rechnungslegungsstandards des HGB bilanzieren, ist auf eine jährliche Berichtsperiode ausgerichtet. Börsennotierte Dienstleister in der Rechtsform einer Kapitalgesellschaft, die nach den International Financial Reporting Standards (IFRS) bilanzieren, orientieren sich an einem vierteljährlichen Zyklus. Für die laufende Kontrolle des Erfolgs und eine kurzfristige Einleitung von Korrekturmaßnahmen sind beide Zeiträume zu lang. Beide Rechenwerke basieren damit auf Regelungen, die nicht der Unterstützung betriebswirtschaftlich sinnvoller Entscheidungen dienen.

```
Monatliche Umsatzerlöse
- Umsatzkosten

= Bruttoergebnis / Rohertrag
- Vertriebskosten
- Verwaltungskosten
- sonstige Kosten

Monatliches Betriebsergebnis
```

Abbildung 4.17: Betriebsergebnisrechnung nach dem Umsatzkostenverfahren

Um Informationen über den Erfolg des Dienstleistungsunternehmens und für kurzfristige, betriebswirtschaftlich basierte Entscheidungen bereitzustellen, wird neben der Gewinn- und Verlustrechnung sowie der Betriebswirtschaftlichen Auswertung meist auch eine Betriebsergebnisrechnung durchgeführt, die sich weniger an den handels- und steuerrechtlichen Erfordernissen orientiert, als an den jeweiligen Kontrollzwecken. Ihr Ziel ist es, nur die betrieblichen Aufwendungen und Erträge, also Kosten und Leistungen, zu erfassen und schnellstmöglich auf Ursachen für Veränderungen aufmerksam zu machen. Die Betriebsergebnisrechnung wird auch kurzfristige Erfolgsrechnung genannt (in Anlehnung an Preißner 2010: S. 235).

Die Betriebsergebnisrechnung stellt monatlich die Erlöse und Kosten gegenüber und weist das monatliche Betriebsergebnis aus. Ziel ist die permanente Überwachung des Erfolgs. Monatliche Abrechnungszeiträume werden gewählt, um Abweichungen bzw. negative Entwicklungen frühzeitig aufdecken und Korrekturmaßnahmen einleiten zu können (vgl. Steinle 2007, S. 437 ff).

Unterschiede zwischen Betriebsergebnis-, Gewinn- und Verlustrechnung sowie Betriebswirtschaftlicher Auswertung

Die Betriebsergebnisrechnung wird unterjährig, in der Regel monatlich geführt. Die Gewinn- und Verlustrechnung quartalsweise oder jährlich. In der Betriebsergebnisrechnung werden gegenüber der Gewinn- und Verlustrechnung kalkulatorische Elemente berücksichtigt, aber neutrale Aufwendungen und Erträge vernachlässigt.

Die Betriebsergebnisrechnung ist im Gegensatz zur Betriebswirtschaftlichen Auswertung unabhängig von der Finanzbuchhaltung bzw. von handels- und steuerrechtlichen Bewertungen (vgl. Steinle 2007: S. 438).

Dilemma der kurzfristigen Steuerungsinformationen

Bei der Betriebsergebnisrechnung mit ihren monatlichen Intervallen ist ein grundlegendes Dilemma zu beachten: Einerseits ist eine möglichst kurzfristige Erfolgskontrolle wünschenswert, um schnell korrigieren zu können. Andererseits entsteht damit das Problem, die Daten genau auf die einzelnen Perioden und Dienstleistungsprodukte, Aufträge, Projekte usw. zu beziehen. So schlagen sich beispielsweise saisonale Schwankungen in Monatsauswertungen stark nieder, haben aber oft keine Aussagekraft für Erfolgsveränderungen. Schließlich gibt es eine Reihe zufälliger Ereignisse, die die Erbringung von Dienstleistungen beeinflussen und auch als solche erkannt werden müssen. Hier kommt es zu einer erheblichen Zahl von Ungenauigkeiten, weil Kosten und Leistungen mit Hilfe von Schätzungen periodisiert werden müssen (in Anlehnung an Preißner 2010: S. 235).

Verfahren der kurzfristigen Erfolgsrechnung

Die Verfahren der kurzfristigen Erfolgsrechnung lassen sich prinzipiell nach zwei Kategorien unterscheiden:

1. Zum einen sind es die steuer- bzw. handelsrechtlich und finanzwirtschaftlich ausgerichteten Ergebnisrechnungen, die mit Daten der Finanzbuchhaltung arbeiten und sich an der Gewinn- und Verlustrechnung oder an Cashflow-Rechnungen orientieren. Sie sind darauf ausgerichtet, Geschäftsleitung und Kapitalgeber über die Ertragslage zu informieren und Grundlagen für Ausschüttungen bereitzustellen. Sie beziehen sich auf das gesamte Unternehmen und verwenden die Grundsätze der Bewertung, die auch für die Bilanzierung maßgebend sind. Insofern sind sie nicht geeignet, kurzfristige Entscheidungen zu unterstützen oder Ursachen zu ermitteln (vgl. Preißner 2010: S. 236).
2. Zum anderen sind es die betriebswirtschaftlich, kostenrechnerisch ausgerichteten Erfolgsrechnungen, die sich nach den Erfordernissen des Controllings richten. Sie orientieren sich an dem Ziel der Ursachenanalyse und können vielfältig ausgestaltet werden. Am häufigsten verbreitet sind Erfolgsrechnungen nach Kostenträgern, die über den Erfolg von Dienstleistungsprodukten, Aufträgen oder Projekten Auskunft geben, und nach Kostenstellen, die die Effizienz in den Organisationseinheiten des Dienstleistungsunternehmens nachweisen. Vor allem die Kostenstellenrechnung ist ein wesentliches Instrument zur Zuweisung von Teilverantwortung für das Gesamtergebnis an eine Abteilung bzw. Kostenstelle.

Es stellt sich also heraus, dass Betriebsergebnisrechnungen nach einer ganzen Reihe von Kriterien und Schemata aufgebaut werden können. Zusätzlich wird die Zeitdimension berücksichtigt. Kurzfristige Erfolgsrechnungen können sowohl auf Ist- als auch auf Plan-Basis erstellt werden. Vor allem als Kostenträgererfolgsrechnung sind mehrfache Detailaufgliederungen denkbar (vgl. Preißner 2010: S. 237 f).

Abstimmbrücke oder Abgrenzungsrechnung

Zwischen den Aufwands- und Ertragskonten aus dem Rechnungskreis der Finanzbuchhaltung und der Betriebsergebnisrechnung aus dem Rechnungskreis der Kosten- und Leistungsrechnung bestehen rechnerische Unterschiede, die sich in den nicht-betrieblichen, sogenannten neutralen Aufwendungen und Erträgen niederschlagen. Aus den Finanzbuchhaltungsdaten lässt sich also die Betriebsergebnisrechnung erstellen, indem neutrale Positionen eliminiert werden. Dieses Verbindungselement wird als Abstimmbrücke oder Abgrenzungsrechnung bezeichnet.

Gesamtergebnisrechnung

Aufwand	Erträge
inkl. neutraler Aufwand; inkl. steuerrechtlicher Abschreibungen	inkl. neutrale Erträge

→ Neutrale Erträge
→ Neutraler Aufwand
→ Abschreibungen

Betriebsergebnisrechnung

betriebliche Kosten	betriebliche Leistungen
inkl. kalkulatorischer Abschreibungen	

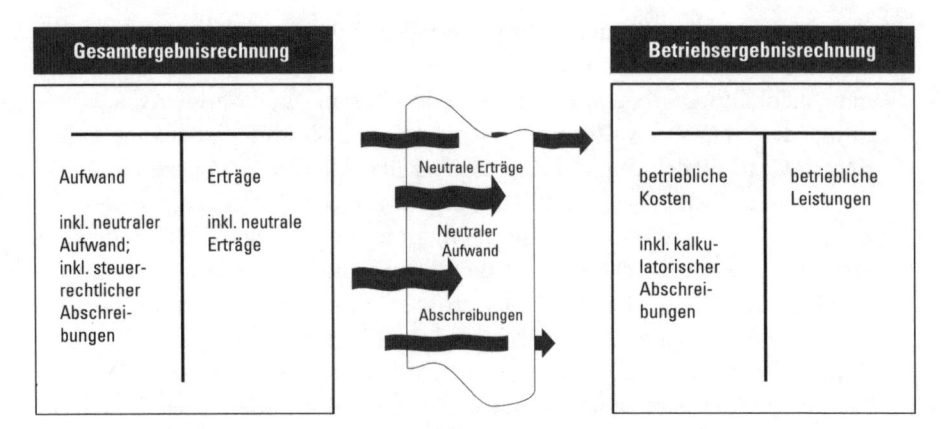

Abbildung 4.18: Abgrenzung zwischen Gesamt- und Betriebsergebnisrechnung

Die Abgrenzungsrechnung enthält unter anderem Erträge, die nicht mit dem Betriebszweck zusammenhängen, Erträge oder Aufwendungen aus der Veränderung von Rückstellungen, Zinserträge und -aufwendungen, Korrekturen bei den Abschreibungsbeträgen, außerordentliche Aufwendungen zum Beispiel aufgrund von Havarien oder Unwetter (vgl. Preißner 2010: S. 238).

Beispiel:

Die Darstellung des kurzfristigen Erfolgs unter Berücksichtigung sowohl handels-/steuerrechtlicher als auch betriebswirtschaftlicher Gesichtspunkte kann in einer Rechnung dargestellt werden. Das bedeutet, dass diese eine Rechnung Gesamt-, Betriebsergebnis- und die Abgrenzungsrechnung beinhaltet.

Bei einem Energieversorger sieht das vereinfacht so aus:
Erlöse
   + sonstige betriebliche Erträge
= Betriebsleistung
   – Kosten der Energiebeschaffung
   – Kosten für Netznutzungsentgelte
   = Direkte Einzelkosten
= Bruttoergebnis
   – Materialkosten und Fremdleistungen
   – Personalkosten

```
  − Kalkulatorische Abschreibungen
  − Sonstige Kosten
  = Direkte Gemeinkosten
  = Direkte Kosten
  − Verwaltungskosten
  − Kalkulatorische Kapitalkosten
  = Gesamtkosten
= Betriebsergebnis
  ± Anpassung an handelsrechtliche Abschreibung
  ± Anpassung an handelsrechtliche Kapitalkosten
  ± Sonstiger neutraler Ertrag
  ± Sonstiger neutraler Aufwand
  = Neutrales Ergebnis
= EBIT
  ± Zinsergebnis
  ± Außerordentliches Ergebnis
= Ergebnis vor Einkommens- und Ertragssteuern
```

4.6 Träge Kennzahlen der qualitativen Gesamtsteuerung

4.6.1 Bedeutung qualitativer Steuerungsinformationen

Nur ein begrenzter Anteil von Zielen lässt sich durch finanzielle Größen oder prozentuale Kennzahlen, die auf finanziellen Größen basieren, darstellen. Viele Ziele sind nicht finanzieller Natur wie zum Beispiel Kundentreue, Verbesserung des Images, Aufbau einer Qualitätsführerschaft, Zuverlässigkeit der Dienstleistungen usw. Diese qualitativen, nicht-finanziellen Kennzahlen eignen sich daher häufig eher zur Zielvorgabe, Motivation und Steuerung der Zielerreichung im Dienstleistungsunternehmen.

Finanzielle Kennzahlen bilden lediglich die Symptome ursprünglich wirkender Ursachen ab. Wichtig für das korrigierende Eingreifen von Führungskräften sind jedoch die Ursachen. Viele Sachverhalte werden durch finanzielle Kennzahlen zu spät, zu aggregiert oder gar nicht erfasst. Als Fazit ist festzuhalten, dass nur das systematische Zusammenspiel von finanziellen und qualitativen, nicht-finanziellen Steuerungsgrößen für eine zielgerichtete und ausgewogene Gesamtsteuerung sorgt.

4.6.2 Längerfristig ausgerichtete qualitative Kennzahlen

Qualitative Kennzahlensysteme stellen ein auf ein übergeordnetes Ziel ausgerichtetes System von Kennzahlen dar, das die wesentlichen Entscheidungsbereiche des Unternehmens umfasst und die wechselseitigen Auswirkungen erkennen lässt. Es handelt sich daher nicht um ein mathematisches, sondern um ein systematisches Kennzahlensystem. Systematische Kennzahlensysteme zur Unterstützung der Gesamtsteuerung zeichnen aus:
- Sie sind auf ein übergeordnetes Ziel ausgerichtet.
- Sie umfassen wesentliche Entscheidungsbereiche des Dienstleistungsunternehmens und lassen wechselseitige Auswirkungen erkennen.
- Sie bilden Kennzahlen in unterschiedlichen Perspektiven zum Beispiel der Finanz-, Kunden-, internen Prozess- und Mitarbeiterperspektive ab und zeigen deren gegenseitige Beeinflussung auf.

Beispiel:

In der Immobilien- und Wohnungswirtschaft mit ihren überwiegend fixen Kostenstrukturen ist das Kapazitätsmanagement von zentraler Bedeutung. Neben der strategischen Ausrichtung des Gesamtportfolios an Immobilien und der Beantwortung der Frage, in welchem Verhältnis eigene und fremde Immobilien verwaltet werden, sind für die erfolgrei-

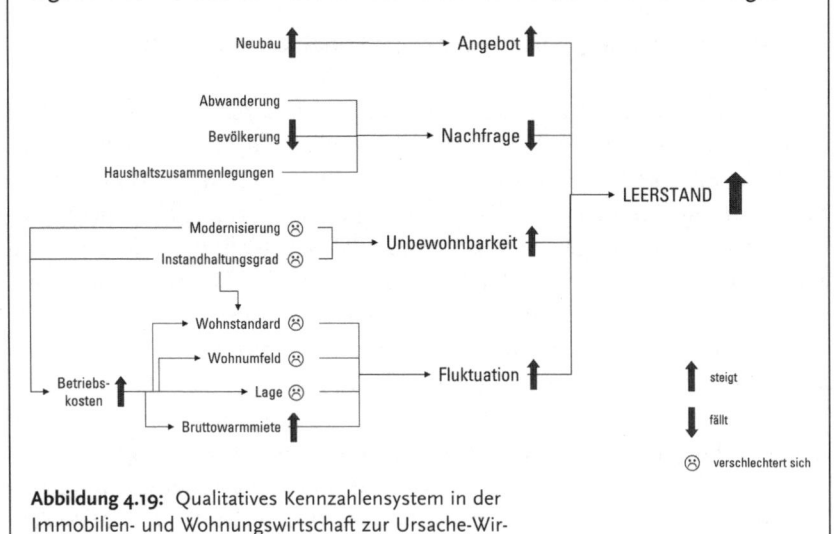

Abbildung 4.19: Qualitatives Kennzahlensystem in der Immobilien- und Wohnungswirtschaft zur Ursache-Wirkungsanalyse von »Leerstand«

che, operative Tätigkeit die Mieterfluktuation und der Leerstand von Verwaltungseinheiten von überragender Bedeutung. Diese Kennzahlen sind eher träge, ändern sich häufig nicht von Monat zu Monat, geben aber bei der Analyse über längere Zeiträume frühzeitige Hinweise auf den Erfolg in der Zukunft.

4.7 Dynamische Kennzahlen der qualitativen Gesamtsteuerung

4.7.1 Mit dynamischen Kennzahlen arbeiten

Die Anforderungen an ein wirksames Controlling sind geprägt durch die Arbeit mit Kennzahlen. Führungskräfte benötigen frühzeitig aktuelle und aussagekräftige Informationen, um in einer dynamischen Umwelt die richtigen Entscheidungen treffen zu können.

Mit dynamischen Kennzahlen sind Größen gemeint, die sich kurzfristig zum Beispiel nicht nur von Monat zu Monat, sondern auch innerhalb eines Tages verändern können, wichtige Eigenschaften des Dienstleistungsunternehmens dokumentieren und deshalb permanent überwacht werden, damit bei einer Abweichung sehr schnell korrigierend eingegriffen werden kann.

Neben den quantitativen Wirtschaftlichkeitskennzahlen in Dienstleistungsunternehmen, die Plan- und Ist-Kosten miteinander vergleichen, sollten qualitative Kennzahlen zur Messung von Produktivität und Qualität permanent überwacht werden.

4.7.2 Kurzfristig ausgerichtete qualitative Kennzahlen

Für die Entwicklung dynamischer, qualitativer Steuerungssysteme sind in einem Dienstleistungsunternehmen folgende Betrachtungsobjekte relevant:
- Kundenbezogene qualitative Steuerung
- Mitarbeiterbezogene qualitative Steuerung
- Prozessbezogene qualitative Steuerung
- Risikobezogene qualitative Steuerung

> **Beispiel:**
>
> In einem Versicherungsunternehmen umfasst ein dynamisches Kennzahlensystem neben dem quantitativen Bereich der Wirtschaftlichkeit die Steuerung der Gesamtorganisation über die qualitativen Bereiche Produktivität und Qualität.
> Die Steuerung der Produktivität umfasst Kennzahlen wie
> - Vertragsbearbeitung pro Zeiteinheit
> - Schadenbearbeitung pro Zeiteinheit
> - Anteil der maschinellen Policierung
> - Krankenquote und Ähnliches,
>
> die mindestens wöchentlich ausgewertet werden und bei denen die Führungskräfte bei Abweichungen gegensteuern.
> Die Steuerung der Qualität erfolgt über Kennzahlen wie
> - telefonische Erreichbarkeit
> - Durchlaufzeiten von Vertragsbearbeitungen
> - Durchlaufzeiten von Schadenklärungen
> - Fehlerquote und Ähnliches
>
> Mit der Kennzahl telefonische Erreichbarkeit war ein täglich zu erreichendes Qualitätsziel verbunden. Das hat die Konsequenz, dass die Kennzahl in einem 30-Minutenintervall den Führungskräften berichtet wird, um gegebenenfalls korrigierend einzugreifen. In Abhängigkeit der technischen Leistungsfähigkeit der Telefonanlage wäre ein Controllingzyklus in Echtzeit theoretisch denkbar.

4.8 Ganzheitlicher Gesamtüberblick mit der Balanced Scorecard

Gerade die Balanced Scorecard ist aufgrund der unzulänglichen Gesamtsteuerung von Unternehmen mit überwiegend finanziellen Kennzahlen entwickelt worden. Sie verknüpft qualitative und quantitative, kurz- und langfristige Kennzahlen, Früh- und Spätindikatoren zu einem intelligenten Kennzahlensystem der ganzheitlichen Gesamtsteuerung.

Über die vier Perspektiven der Balanced Scorecard dokumentieren die Kennzahlen zur Feststellung des Zielerreichungsgrades alle in diesem Kapitel behandelten Methoden der Gesamtsteuerung:

- Finanzkennzahlen stellen ein Extrem dar: Hierbei handelt es sich in der Regel um finanzielle, also quantitative Spätindikatoren, deren jährliche Zielerreichung überwacht wird.
- Kennzahlen der Lern- und Entwicklungsperspektive stellen die andere Extremseite dar: Auf dieser Ebene finden sich Kennzahlen zur strategischen Zielerreichung, die einen qualitativ trägen Charakter von Frühindikatoren haben.
- Sowohl aus der internen Prozessperspektive als auch aus der Kundenperspektive mischen sich die beiden Extremeigenschaften von Finanz- und Lern- und Entwicklungsperspektive.

Beispiel:

Genutzte Kennzahlen in der BSC-Systematik einer mittelständischen Steuerberaterkanzlei

Perspektive	Strategische Ziele	Kennzahlen
Finanzen	• Betriebsergebnis steigern • Umsatz profitabel erhöhen • Kosten aktiv managen	• Betriebsergebnis • Umsatzrendite in % • Gesamtkosten
Mandanten	• Spezialisierung und Akquisition im Gesundheitswesen vorantreiben • Außerhalb des Kerngeschäfts wachsen • Position bei Standards halten • Berufliche und private Kontakte für die Kanzlei nutzen • Cross Selling systematisch forcieren	• ∑ Beiträge in Fachpresse • ∑ Beratungsaufträge, ∑ Insolvenzaufträge • Umsatz absolut • ∑ neuer Mandate über Kontakte Mitarbeiter • Produktquote
Organisation	• Vertriebsorientierung steigern • Zeitanteile im direkten A- und B-Mandantenkontakt erhöhen • Fix-/Gemeinkosten qualitätsneutral senken	• Vertriebsstunden pro Woche • ∑ Mandantenbesuche pro Jahr • Aufwand für Miete in EUR
Kompetenzen	• Strategische Kooperationen zu Multiplikatoren aufbauen • Akquisitionskompetenz entwickeln • Motivation, Loyalität und Mitarbeiterzufriedenheit steigern	• ∑ vermittelte Mandate von Multiplikatoren • Entwicklungsbericht • Freiwillige Teilnahme an Mitarbeiter-Events

Abbildung 4.20: Beispiel für Kennzahlen in der BSC-Systematik einer mittelständischen Steuerberaterkanzlei

4.9 Beteiligungscontrolling

Gesamtüberblick in Konzernen

Um den Gesamtüberblick in einem Dienstleistungskonzern zu behalten, ist die konsolidierte Konzernbilanz zu analysieren. Die Analyse von Bilanzen der Konzernunternehmen bzw. Tochterunternehmen entspricht der Kategorie 2 der Berichtsmatrix. Vor allem Anteilseigner, Gläubiger, Mitarbeiter und andere Interessengruppen sind an Transparenz über die finanzielle Lage und die Ertragskraft sowohl des Konzerns als auch der Tochterunternehmen interessiert.

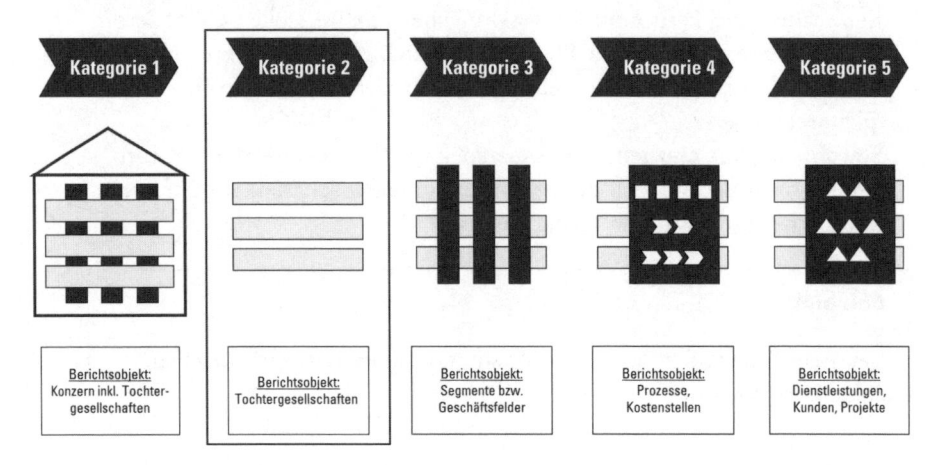

Abbildung 4.21: Kategorie 2 der Berichtsmatrix umreißt das Beteiligungscontrolling (in Anlehnung an Schrott/Hellebrandt 2009: S. 25)

Konzern

Sind ein herrschendes und ein oder mehrere abhängige Unternehmen unter der einheitlichen Leitung des herrschenden Unternehmens zusammengefasst, so bilden sie einen Konzern. Die einzelnen Unternehmen sind Konzernunternehmen. Jedes Unternehmen hat eine eigene Bilanz- und Erfolgsrechnung zu erstellen. Dafür geben die einzelnen Unternehmen ihre wirtschaftliche und finanzielle Unabhängigkeit auf. Rechtlich bleiben die Unternehmen selbstständig (vgl. Gabler Wirtschaftslexikon 2012 »Konzern«).

Konzernabschluss

Ein Konzernabschluss gibt einen umfassenden Einblick in die Vermögens-, Finanz- und Ertragslage des Konzerns, während der Jahresabschluss die Lage des Mutterunternehmens darstellt. Im Konzernabschluss werden alle einbezogenen Unternehmen so dargestellt, als ob der Konzern ein Unternehmen wäre. Dafür werden die Bilanzen und Gewinn- und Verlustrechnungen der Tochtergesellschaften und des Mutterunternehmens addiert, und dabei die konzerninternen Beziehungen wie zum Beispiel Kapitalbeteiligungen, Forderungen, Verbindlichkeiten, Umsatzerlöse und Zwischengewinne herausgerechnet. Im Jahresabschluss des Mutterunternehmens werden neben anderen Positionen die Anteile an verbundenen Unternehmen und die von den Tochtergesellschaften gezahlten Dividenden und Zinserträge ausgewiesen (vgl. KPMG 2004: S. 6).

Beteiligungsmanagement

Unter Beteiligungsmanagement versteht man generell die Zusammenfassung von allen operativen und verwaltenden Aufgaben eines Konzerns im direkten Umfeld seiner Unternehmensbeteiligungen. Neben der Erfüllung von rechtlichen Pflichten ist ein wichtiger Aspekt eines zielgerichteten Beteiligungsmanagements die wertorientierte Steuerung des Beteiligungsportfolios. Eine Teilaufgabe des Beteiligungsmanagements ist die Steuerung des verwaltungsorientierten Beteiligungsmanagements, das Beteiligungscontrolling.

Beteiligungscontrolling

Beteiligungscontrolling ist das Controlling von Tochtergesellschaften in einem Konzern als Unterstützungsfunktion einer Konzernobergesellschaft hinsichtlich Planung, Steuerung und Kontrolle der dezentralen Führungen der Töchter (vgl. Gabler Wirtschaftslexikon 2012 »Beteiligungsmanagement«).

Anforderungen an das Dienstleistungscontrolling

Beteiligungscontrolling bedeutet in der Umsetzung, dass das Konzept des Bilanzcontrollings bzw. der Bilanzanalyse für den Jahresabschluss des Dienstleistungskonzerns auch auf die Einzelabschlüsse der Konzernunternehmen angewendet werden sollte. Damit wird deutlich, wie hoch der Beitrag einzelner Tochtergesellschaften am Gesamtergebnis des Mutterkonzerns ist.

Was bedeutet die Berichtskategorie 2 für kleine und mittlere Dienstleistungsunternehmen ohne Tochtergesellschaften? Nichts! Die Unternehmen lassen diese Berichtskategorie einfach weg.

4.10 Controller-Wörterbuch Deutsch – Englisch

Abgrenzungsrechnung	Accrual accounting
Abschreibungen	Depreciation
Abweichung	Deviation
Abweichungsanalyse	Budget Variance Report
Anhang	Notes
Aufwandsstruktur	Expense structure
Auswertungsbasis	Evaluation basis
Berichtsmatrix	Reporting matrix
Berichtszeitraum	Reporting period
Beteiligungscontrolling	Investment controlling
Beteiligungsmanagement	Investment management
Betrieblich	Operational
Betriebsergebnis	EBIT
Betriebsergebnis vor AfA	EBITDA
Betriebswirtschaftliche Auswertung (BWA)	Management accounting report
Beurteilungsschema	Evaluation model
Bilanzcontrolling	Balance controlling
Bilanzposition	Balance sheet item
Buchhaltung	Bookkeeping
Cashflow-Umsatzrendite	Cashflow margin
Dynamische Kennzahlen	Dynamic indicators
EBIT-Umsatzrendite	EBIT margin
EBITDA-Umsatzrendite	EBITDA margin
Eigenkapitalquote	Equity ratio
Ergebnisrechnung	Earnings account
Ertragsstärke	Profit strength
Europäische Rechnungslegung	International Financial Reporting Standards IFRS
Finanzielle Stabilität	Financial stability
Finanzierung	Financing
Finanzmittelüberschuss/-defizit	Financial surplus / deficit
Finanzwirtschaftlich	Financial
Frühindikator	Early indicator
Frühwarnsystem	Early warning system
Gesamtbild	Complete picture
Gesamtkapitalrentabilität	Return on investment
Gesamtsteuerung	Overall controlling
Gesamtüberblick	Overview
Geschäftsmodell	Business model
Handelsrechtlich	Commerce legal
Jahresabschluss	Annual statement
Kapitalfluss	Cashflow
Kapitalfluss-/Cashflow-Marge	Cashflow margin
Kapitalflussrechnung	Cashflow statement
Konzern	Corporation

Konzernabschluss	Corporate accounts
Kurzfristig	Short-term
Lagebericht	Management's discussion and analysis
Langfristig	Long-term
Liquidität	Liquidity
Muttergesellschaft	Parent company
Pro Forma-Kennzahlen	EBIT and EBITDA
Prozesstyp	Process type
Rechnungslegung nach HGB	German GAAP
Rechnungswesen	Accounting
Qualitative Kennzahlen	Qualitative indicators
Quantitative Kennzahlen	Quantitative indicators
Rentabilität	Profitability
Schnelltest	Rapid test
Schuldentilgungsdauer	Amortization period
Spätindikator	Late indicator
Stabile Kennzahlen	Stable indicators
Standardisierte Prozesse	Standard processes
Steuerrechtlich	Tax legal
Tochtergesellschaft	Subsidiary
Träge Kennzahlen	Stable indicators
Ursachenanalyse	Causal analysis

Positionen im Finanzbericht Deutsch – Englisch

Bilanz	Balance sheet
Aktiva	Assets
Anlagevermögen	Non-current assets
Sachanlagevermögen	Property, plant, and equipment / Tangible assets
Finanzanlagevermögen	Financial assets
Umlaufvermögen	Current assets
Nicht monetäres Umlaufvermögen	Non-monetary current assets
Monetäres Umlaufvermögen	Current liquid assets
Passiva	Capital
Eigenkapital	Shareholder's equity
Rücklagen	Reserves
Bilanzgewinn	Retained earnings
Bilanzverlust	Accumulated deficit
Verlustvortrag	Losses carried forward
Langfristige Verbindlichkeiten	Long-term liabilities
Nicht ausgeschüttete Gewinne	Revenue reserve
Kredite	Loans
Schulden/Fremdkapital	Debt
Verbindlichkeiten	Liabilities
Rückstellungen	Provisions
Pensionsrückstellungen	Pension provisions
Steuerrückstellungen	Provisions for taxes

Gewährleistungsrückstellungen	Warranty provisions
Sonstige Verbindlichkeiten	Other liabilities
Gewinn- und Verlustrechnung	Profit and loss statement
Erträge	Income
Erträge aus gewöhnlicher Geschäftstätigkeit	Income from customary business activities
Umsatzerlöse	Sales revenue
Bestandsveränderungen	Change in stock on hands, finished goods
Außerordentliche Erträge	Extraordinary income
Zinserträge	Interest income
Pachten, Mieteinnahmen	Leases, rental income
Aufwendungen	Expenses
Umsatzkosten	Cost of goods sold COGS
Vertriebskosten	Cost of sales
Verwaltungskosten	General & administration costs
Personalaufwand	Personnel expenses
Materialaufwand	Material expenses
Abschreibungen auf Sachanlagen	Depreciation
Abschreibungen auf Immaterielles	Amortization
Steuern	Taxes
Fremdkapitalzinsen	Interest on borrowed capital
außerordentliche Aufwendungen	Extraordinary expenses

5
Wertschöpfung unternehmensintern verrechnen

5.1 Was Sie in diesem Kapitel erwartet

Im vorherigen Kapitel haben Sie erfahren, mit welchen Steuerungsinstrumenten Sie ein Dienstleistungsunternehmen bzw. einen Dienstleistungskonzern im Gesamtüberblick und im Griff behalten, wie entsprechende Kennzahlen zur Gesamtsteuerung zu entwickeln sind und wie mit ihnen zu arbeiten ist.

In diesem Kapitel wird Ihnen vermittelt,
- wie ein interner Markt aufgebaut werden kann, wie Ihre internen Kunden-Lieferantenbeziehungen zu dokumentieren und zu analysieren sind und wie die unternehmensinterne Wertschöpfung im Blick bleibt;
- für jede Organisationseinheit im Unternehmen eine plausible Wahl der wirtschaftlichen Struktur zwischen Cost-, Service-, Profit- und Investmentcenter zu treffen und welchen Informationsbedarf die Leiter dieser Organisationseinheiten haben;
- ein unternehmensinternes Verrechnungssystem für interne Dienstleistungen aufzubauen;
- mit welchen Argumenten Fachbereichsleiter und Nicht-Controller, die sich über die »Ungerechtigkeiten« der innerbetrieblichen Leistungsverrechnung aufregen, von diesen unternehmensinternen Leistungsverrechnungssystemen überzeugt werden können sowie
- welche zentralen Parameter bei unternehmensübergreifenden, konzerninternen Leistungsverrechnungssystemen zu berücksichtigen sind und wie länder- und steuersystemübergreifende Verrechnungspreise kalkuliert werden.

Dienstleistungscontrolling in der Praxis Matthias Siebold
Copyright © 2014 WILEY-VCH Verlag GmbH & Co. KGaA, Weinheim

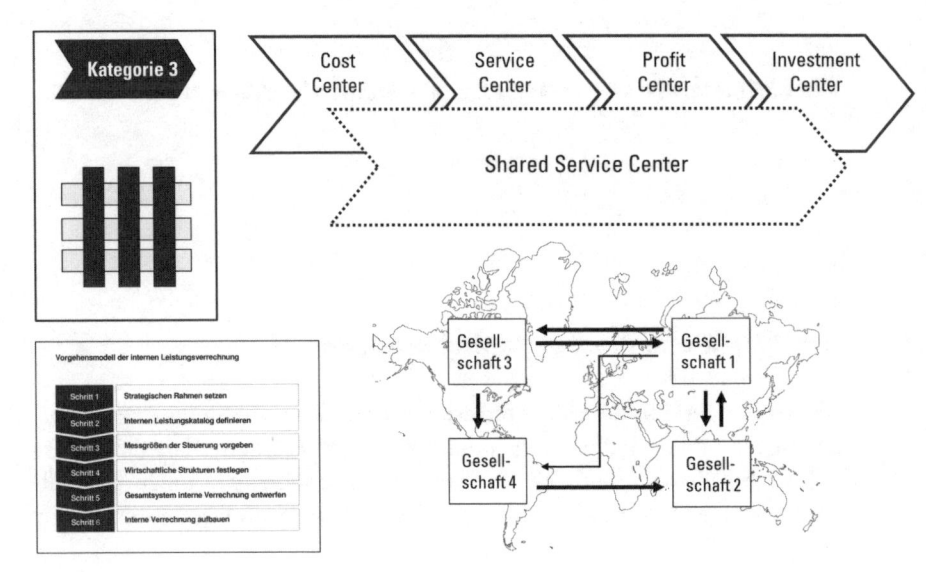

Abbildung 5.1: Kapitel 5 im Überblick

5.2 Probleme bei der Verrechnung interner Dienstleistungen

Schwierige Koordination

Aktuelle Anforderungen an die Unternehmensführung und die Erfolgssteuerung rücken verstärkt die Verrechnung interner Dienstleistungen zwischen Tochtergesellschaften und selbstständigen Geschäftseinheiten, die in unterschiedlichen Marktsegmenten tätig sind, und deren Zusammenarbeit in den Mittelpunkt. Das Problem der Steuerung eines unübersichtlich gewordenen Dienstleistungsunternehmens mit einem ausgeweiteten Dienstleistungsportfolio unter Berücksichtigung rechtlicher Anforderungen an konzerninterne Verrechnungspreisrichtlinien über Ländergrenzen hinweg konfrontiert die Unternehmensleitungen mit immer schwerer zu lösenden Aufgaben der Koordination (in Anlehnung an Preißner 2010: S. 363).

Gegenseitige Vorbehalte von internen Kunden und Lieferanten

Die Kunden unternehmensintern erbrachter Dienstleistungen und deren Lieferanten haben häufig erhebliche Vorbehalte gegenüber dem jeweils anderen internen Geschäftspartner.

Aus Sicht der internen Kunden dominieren folgende Probleme mit den internen Dienstleistungen:
- Die innerbetrieblichen Dienstleistungen sind zu teuer im Vergleich zum externen Markt.
- Die Qualität ist im Vergleich ebenfalls schlechter. Leistungen werden unvollständig abgewickelt oder notwendige Leistungen werden teilweise gar nicht erbracht.
- Die Durchlaufzeit von der internen Bestellung bis zur fertigen Leistungserbringung ist im Vergleich zum externen Markt deutlich zu lang.
- Bei wiederholter Beauftragung interner Dienstleistungen im Zeitablauf schwankt immer wieder das Niveau von Kosten bzw. Preis, Qualität und Durchlaufzeit.

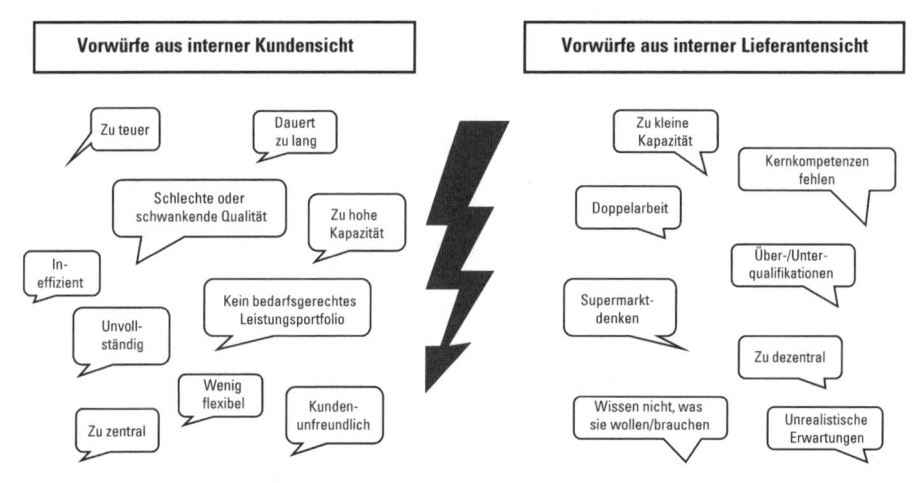

Vorwürfe aus interner Kundensicht
- Zu teuer
- Dauert zu lang
- Schlechte oder schwankende Qualität
- Zu hohe Kapazität
- Ineffizient
- Unvollständig
- Kein bedarfsgerechtes Leistungsportfolio
- Wenig flexibel
- Kundenunfreundlich
- Zu zentral

Vorwürfe aus interner Lieferantensicht
- Zu kleine Kapazität
- Kernkompetenzen fehlen
- Doppelarbeit
- Über-/Unterqualifikationen
- Supermarktdenken
- Zu dezentral
- Wissen nicht, was sie wollen/brauchen
- Unrealistische Erwartungen

Abbildung 5.2: Gegenseitige Vorbehalte in der internen Kunden-Lieferantenbeziehung

Die internen Dienstleister hadern aufgrund folgender Probleme mit ihren internen Kunden oder ihrer zugedachten Rolle:
- Eigene Kapazitäten und interner Kundenbedarf passen nicht zusammen: Entweder ist die Kapazität zu gering, sodass die internen Kunden nicht wunschentsprechend bedient werden können, oder die Kapazität ist zu hoch, sodass die internen Kosten in einem schlechten Verhältnis zu den erbrachten Leistungen stehen.
- Für die Erbringung der innerbetrieblichen Dienstleistungen fehlt es gelegentlich an notwendigen Kernkompetenzen.

- Die Strukturen des unternehmensinternen Leistungsverrechnungssystems sind ungeeignet, sodass es zu Doppelarbeit und Verschwendung von Ressourcen kommt.
- Die internen Personalkapazitäten sind unflexibel.
- Bei manchen internen Kunden herrscht immer noch ein Verhalten wie im Supermarkt vor: Vieles, was der interne Kunden wünscht, wird auch erbracht. Unabhängig davon, ob es sinnvoll bzw. wirtschaftlich ist.

5.3 Nutzen eines sinnvollen Niveaus der internen Verrechnung

Ziele einer innerbetrieblichen Dienstleistungseinheit

Ein kurzfristiges Hauptziel bei der Steuerung interner Dienstleister ist es einerseits, höhere Effizienz in der innerbetrieblichen Leistungserbringung und deren Verrechnung sicherzustellen. Andererseits ist es ein mittelfristiges Ziel, ein Umdenken im Unternehmen zu erreichen: ein »Abkehren von der »Supermarktmentalität« beim Konsumieren interner Dienstleistungen hin zu mehr Kostenbewusstsein, sowohl auf Abnehmer- als auch auf Anbieterseite« (Hoffmann/Reinhard 2012: S. 62). Es ist sicherzustellen, dass dies dauerhaft so gelebt wird.

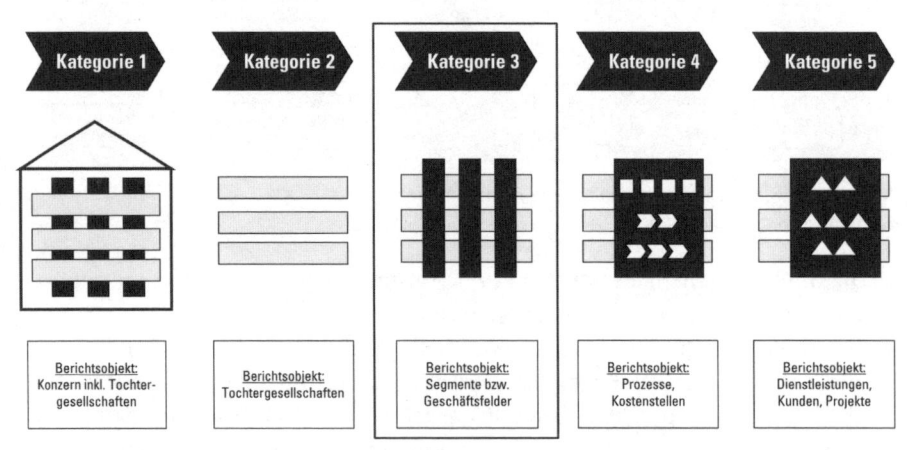

Abbildung 5.3: Kategorie 3 der Berichtsmatrix setzt den Rahmen für die interne Verrechnung (in Anlehnung an Schrott/Hellebrandt 2009: S. 25)

Ein sinnvolles Niveau finden

Die Verrechnung der internen Dienstleistungen soll sinnvoll sein. Mit sinnvoll ist die Anforderung an eine interne Verrechnung gemeint, die nur Wertschöpfendes verrechnet.

Wertschöpfendes verrechnen

Wertschöpfung beschreibt die Wertgröße, um die der Output den Input übersteigt. Bei wertschöpfenden Tätigkeiten handelt es sich immer um Transformationen von externen und internen Marktleistungen. Typische dienstleistungsorientierte Funktionen und Prozesse, die unternehmensübergreifend erforderlich sind und bei denen eine Standardisierung und Harmonisierung vorteilhaft ist, sollten intern verrechnet werden, zum Beispiel:

- Finanzbuchhaltung
- Anlagenbuchhaltung
- Kostenrechnung
- Reporting
- Reisemanagement
- Personalverwaltung
- Lohn- und Gehaltsabrechnung
- Einkaufsabwicklung
- Liegenschaftsverwaltung
- Informationstechnologie IT (Rechenzentren und IT-Support)
- Callcenter und Help Desks
- etc.

Die Funktionen und Prozesse müssen also Aufgaben beinhalten, die gebündelt werden können, die das Kerngeschäft im Unternehmen unterstützen und bei denen es sich um gleichartige Mehrfachaufgaben handelt, die in mehreren Fachbereichen parallel und dezentral benötigt werden, so dass sich eine Konzentration lohnt.

Strategische Funktionen, die unmittelbar zur Ausübung der Lenkung des Gesamtunternehmens oder Konzerns erforderlich sind, sollten dagegen eher über Umlagen verrechnet werden:

- Vorstandsbüro
- Konzerncontrolling
- Beteiligungsmanagement
- Revision
- Strategischer Einkauf

- Steuererklärung
- Unternehmenskommunikation
- etc.

Zentrale Fragen		Organisatorische Struktur
Ist diese Funktion für die Unternehmensführung unmittelbar notwendig?	Ja! →	Zentralfunktion
↓ Nein!		
Unterstützt diese Funktion mit ihrer internen Dienstleistung alle oder mehrere operativen Einheiten und ist eine Standardisierung und Harmonisierung vorteilhaft?	Ja! →	Interne Dienstleistungseinheit
↓ Nein!		
Unterstützt diese Funktion mit ihrer internen Dienstleistung nur eine operative Einheit?	Ja! →	Zuordnung zur operativen Einheit
↓ Nein!		
Ist diese Funktion zukünftig für die operative oder strategische Unterstützung nicht mehr notwendig?	Ja! →	Funktion kann wegfallen

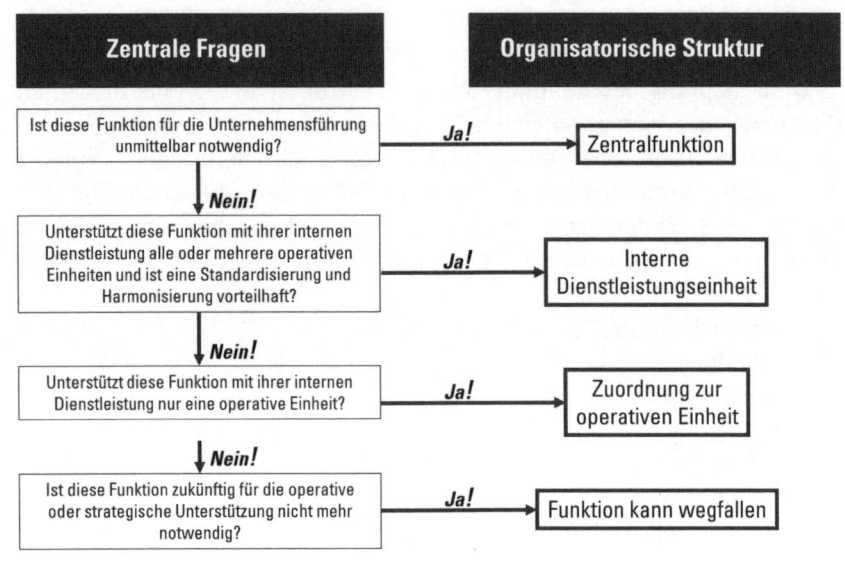

Abbildung 5.4: Kriterien der internen Verrechnung
(in Anlehnung an Schimank/Strobl 2002: S. 14)

Nutzen der innerbetrieblichen Leistungsverrechnung

Dezentralisierung ist ein wichtiger Entstehungsgrund für die Entwicklung von innerbetrieblichen Dienstleistungseinheiten. Um erfolgreich zu sein, wurden dezentrale Einheiten zum Teil ausgestattet wie Einzelunternehmen. Viele Unternehmen können oder wollen sich diese Strukturen nicht mehr leisten. Denn den Vorteilen der Dezentralisierung stehen eklatante Nachteile gegenüber, vor allem:

- Höhere Kosten
- Unzureichende Standardisierung und Harmonisierung
- Redundante Aufgabenwahrnehmung (vgl. Schimank/Strobl 2002: S. 7)

Dadurch gewinnt die Zentralisierung von wiederkehrenden innerbetrieblichen Dienstleistungen an Attraktivität.

Gründe und Ziele interner Dienstleistungseinheiten
Die Zentralisierung interner Dienstleistungserbringung beinhaltet wichtige quantitative Vorteile:
- Kostensenkungspotenziale bis zu 30 %: durch Synergie- und Skaleneffekte, höhere Effizienz der Leistungserbringung, Wegfall nicht mehr benötigter interner Dienstleistungen, höheres Kostenbewusstsein durch Verrechnungspreise für die internen Kunden, Ergebnisverantwortung für die Leiter der internen Dienstleistungen, verbesserte Nutzung der eigenen Ressourcen und optimalen Technologieeinsatz und Variabilisierung der Fixkosten.

Zu den qualitativen Gründen gehören:
- Konzentration auf das Kerngeschäft in den Fachbereichen;
- Spezialisierung: Standardisierung und Harmonisierung von Prozessen sichert Erfahrungszuwachs, Aufbau von Fachwissen, Qualitätssteigerung in der Leistungserstellung und eine Reduzierung der Durchlaufzeiten;
- Transparenz: Standardisierung von Prozessen ermöglicht eine höhere Transparenz bei der Leistungserbringung;
- Kundenorientierung: Angebot eines marktgerechten Services, um wettbewerbsfähig zu bleiben;
- Unabhängigkeit: von externen Dienstleistern;
- Kundenorientierung gewährleisten;
- Interne Bedarfe steuern bzw. bündeln.

Weiterhin kann die Komplexität der innerbetrieblichen Leistungserbringung und deren Verrechnung reduziert werden durch
- eine erhebliche Reduzierung der Anzahl intern erbrachter Dienstleistungen,
- eine erhebliche Reduzierung der Zahl der internen Leistungsbeziehungen,
- die Definition eines internen Verrechnungssystems mit vereinheitlichten Verrechnungsschlüsseln und -mechanismen sowie
- die Einhaltung von unternehmensweit geltenden Grundregeln der internen Leistungsverrechnung.

Die wichtigsten Nachteile, die durch die Bildung von internen Dienstleistungseinheiten entstehen können, sind
- Fluktuation: erhöhter Wechsel des Personals und damit einhergehend Wissensverlust;

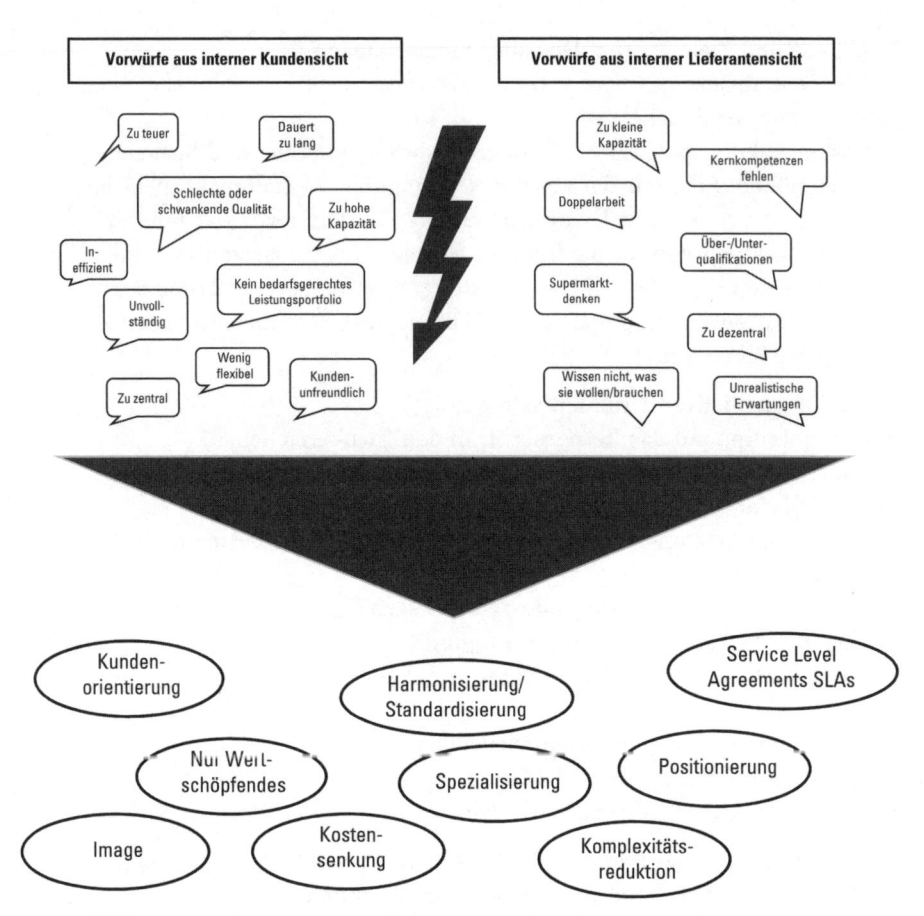

Abbildung 5.5: Ziele von Konzepten für interne Kunden-Lieferantenbeziehungen

- Kommunikationsprobleme: der persönliche Kontakt beim Wechsel von Kontakten auf Arbeitsebene in eine Kunden-Lieferantenbeziehung (vgl. Becker 2008, S. 22 ff).

Genauigkeit der Kosten- und Leistungsrechnung (KLR) sicherstellen

Trotz der Komplexitätsreduktion ist die Präzision und die Steuerungswirkung der Kosten- und Leistungsrechnung (KLR) sicherzustellen bzw. zu verbessern. Das bedeutet, dass die Belastung von Kostenstellen mit steuerungsrelevanten Leistungsverrechnungen und nicht beeinflussbaren Umlagen transparent in den unterschiedlichen Instrumenten einer dienstleistungsorientierten Kosten- und Leistungsverrechnung dokumentiert werden muss.

5.4 Handlungsanleitung für die interne Leistungsverrechnung

Folgendes Vorgehen in sechs Schritten bietet sich für den Aufbau bzw. die Optimierung interner Leistungsverrechnungssysteme an:
1. Strategischen Rahmen und strategische Ziele für die Unternehmens- bzw. Konzernsteuerung setzen
2. Internen Leistungskatalog definieren
3. Messgrößen und Kennzahlen für die interne Steuerung vorgeben
4. Wirtschaftliche Struktur für jede interne Dienstleistungseinheit festlegen
5. Gesamtsystem der internen Verrechnung entwerfen
6. Interne Verrechnung aufbauen

Schritt 1	Strategischen Rahmen setzen
Schritt 2	Internen Leistungskatalog definieren
Schritt 3	Messgrößen der Steuerung vorgeben
Schritt 4	Wirtschaftliche Strukturen festlegen
Schritt 5	Gesamtsystem interne Verrechnung entwerfen
Schritt 6	Interne Verrechnung aufbauen

Abbildung 5.6: Handlungsanleitung für die interne Leistungsverrechnung

5.4.1 Schritt 1: Strategischen Rahmen setzen

Strategischer Managementprozess für interne Dienstleistungseinheiten
»Der Controller definiert die Anforderungen an das Controlling-Instrumentarium, um den Prozess der Zielfindung, Planung und Steuerung des Unternehmens effektiv und effizient zu gestalten. Im Rahmen seiner Richtlinien-Kompetenz legt er interne Regeln und Prozess-Abläufe fest, welche zur Umsetzung des ganzheitlichen Controlling-Prozesses erforderlich sind.

Dazu gehören vor allem folgende Positionen: (...)
1. Erarbeitung von Prinzipien der innerbetrieblichen Leistungsverrechnung,
2. Definition von Verrechnungspreisrichtlinien zwischen Konzerngesellschaften, (...)« (DIN Spec 1086: S. 8).

Die Prinzipien der innerbetrieblichen Leistungsverrechnung bzw. die strategische Ausrichtung der internen Dienstleistungseinheiten muss zur Steuerung im Gesamtunternehmen passen. Das bedeutet, dass für die interne Zusammenarbeit zwischen den internen Dienstleistungseinheiten und ihren internen Kunden, den übrigen Abteilungen im Unternehmen bzw. Fachbereichen, Regeln festzulegen sind, um Konflikte zu vermeiden. Die folgenden drei Grundsätze sollten so oder ähnlich für die interne Zusammenarbeit definiert sein:
1. Die Unternehmensführung steuert alle Fachbereiche und interne Dienstleistungseinheiten über strategische Richtlinien.
2. Kundenwünsche der Fachbereiche stehen im Mittelpunkt des Handelns, sodass die Kundenorientierung der internen Dienstleistungseinheiten gewährleistet ist.
3. Der Bedarf an internen Dienstleistungen ist mit den Fachbereichen zu planen, die getroffenen Vereinbarungen sind vertraglich zu fixieren und von beiden Seiten verbindlich einzuhalten.

Für interne Dienstleistungseinheiten sollten Leitbilder mit Vision und Mission aufgestellt werden, die sowohl die langfristigen Zielsetzungen als auch ein grundsätzliches Werteverständnis als zukünftige interne Dienstleister zum Ausdruck bringen. Der Prozess des strategischen Managements wird dann nicht nur im Gesamtunternehmen, sondern auch bei internen Dienstleistern durchlaufen. Weiterhin sollten strategische Entwicklungspfade grob skizziert werden.

Marktfähigkeit interner Dienstleistungseinheiten

Viele Unternehmen stellen ihre internen Dienstleistungseinheiten auf die Probe, indem sie sie ausgliedern. So versuchen sie, Transparenz in die Leistungserstellung zu bekommen. Hier stellt sich die Frage, wie man diese Dienstleister optimal steuern kann. Oftmals wird vor allem die rechtliche Ausgliederung als ausreichende Maßnahme gesehen, um eine Effizienzsteigerung zu erreichen. Man hofft darauf, dass die »Kräfte des Marktes« greifen bzw. die Separierung der Einheiten allein für die notwendige Transparenz sorgt.

> **Beispiel:**
>
> Fragen-Checkliste für mögliche Entwicklungspfade interner Dienstleistungseinheiten:
> 1. Welche Bedeutung und welchen grundsätzlichen Umfang soll die innerbetriebliche Leistungsverrechnung haben?
> 2. Welche Kernkompetenzen sollen die internen Dienstleistungseinheiten aufbauen?
> 3. Sollen die innerbetrieblichen Dienstleistungseinheiten zukünftig vollständig im Eigentum des Unternehmens bleiben?
> 4. Für welche internen Dienstleistungseinheiten könnten Kooperationen oder ähnliche Formen der Zusammenarbeit sinnvoll sein?
> 5. Wie können Kostenposition und Qualität der internen Dienstleistungen verbessert werden?
> 6. Werden Abnahmeverpflichtungen für die internen Kunden vorgegeben oder dürfen Leistungen auf dem externen Markt zugekauft werden?
> 7. etc.

Dieser Ansatz greift in der Regel zu kurz, da es sich bei internen Dienstleistungseinheiten im Allgemeinen nicht um Organisationseinheiten handelt, die unmittelbar marktfähig sind – und es oftmals auch gar nicht sein sollen. Vielmehr sind die spezifischen Rahmenbedingungen unternehmensinterner Dienstleister sinnvoll in ein umfassendes Controllingkonzept zu integrieren (vgl. Hoffmann/Reinhard 2012: S. 62).

Grundsätze für die interne Leistungsverrechnung

Die Beantwortung der Fragen zu den strategischen Entwicklungspfaden interner Dienstleistungseinheiten mündet in Grundsatzentscheidungen zur innerbetrieblichen Leistungsverrechnung.

5.4.2 Schritt 2: Internen Leistungskatalog definieren

Interne Dienstleistungshierarchie aufbauen

Interne Dienstleistungen müssen für die Steuerung der Wirtschaftlichkeit sinnvoll und geeignet sein. Eine interne Dienstleistung ist eine eigenständig vermarktete und von einer internen Organisationseinheit erbrachte Leistung oder eine Kombination aus mehreren einzelnen Teilleistungen. Der Zweck der Definition interner Dienstleistungen ist die Sicherstellung einer unternehmensinternen Koordination und Transparenz. Bezogen auf alle internen Dienstleistungen müssen Plan-Ist-Vergleiche angestellt werden können.

> **Beispiel:**
>
> Auszug von Grundsätzen für die interne Leistungsverrechnung bei einem Versorgungsunternehmen:
> - Die interne Verrechnung erfolgt über eine übersichtliche Anzahl an Dienstleistungen bzw. über so wenige Dienstleistungen wie möglich.
> - Die interne Leistungsverrechnung erfolgt zu Plan-Vollkosten oder zu Marktpreisen.
> - Zwischen Cost Centers, die über Budgeteinhaltung gesteuert werden, finden so wenige interne Verrechnungen wie möglich statt.
> - Für die Umlage von Funktionen zur Unternehmensführung werden möglichst wenige Gemeinkostensammler mit einfachen Verrechnungsschlüsseln wie zum Beispiel Anzahl von Mitarbeitern, Anzahl von Computerarbeitsplätzen, genutzte Fläche in Quadratmetern oder Ähnliches eingesetzt.
> - Interne Leistungsverrechnungen sind immer vom Empfänger beeinflussbar und fließen daher in die beeinflussbaren Kosten oder das beeinflussbare Ergebnis ein.
> - etc.

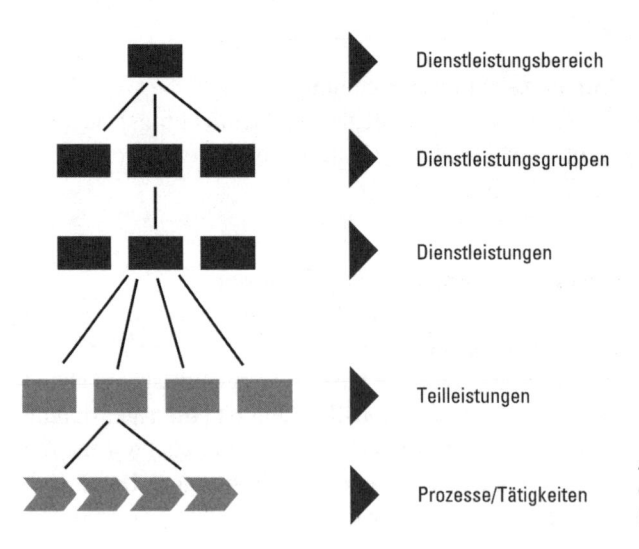

Abbildung 5.7: Aufbau einer internen Dienstleistungshierarchie

- Dienstleistungsbereich
- Dienstleistungsgruppen
- Dienstleistungen
- Teilleistungen
- Prozesse/Tätigkeiten

In einem internen Dienstleistungsbereich werden aus Gründen der Systematik und Steuerung interne Dienstleistungen zu Gruppen zusammengefasst, sodass eine Dienstleistungshierarchie entsteht:
- *Dienstleistungsbereich*: höchste Aggregationsstufe in der internen Dienstleistungshierarchie
- *Dienstleistungsgruppe*: Zusammenfassung von Dienstleistungen, um den Steuerungsinteressen übergeordneter Ebenen zu genügen
- *Dienstleistungen*: übergeordnete Leistungen, die durch Sinnzusammenhang, Steuerungsorientierung und Verantwortlichkeit geprägt sind. Dienstleistungen müssen messbar sein, Abnehmer außerhalb der eigenen Organisationseinheit haben, und die verursachten Kosten müssen zurechenbar sein.
- *Teilleistungen*: abgeschlossenes Arbeitsergebnis, das durch diverse Prozesse und Tätigkeiten erbracht wird.
- *Prozesse/Tätigkeiten*: Umfassen einzelner Arbeitsschritte zur Erstellung einer Teilleistung.

Diese Dienstleistungshierarchie muss im Berichtswesen abgebildet werden.

Analyse der Ausgangssituation

Für alle internen administrativen und informationstechnischen innerbetrieblichen Dienstleistungen, Teilleistungen, Prozesse und Tätigkeiten ist eine Bestandsaufnahme durchzuführen. Mit Hilfe einer Prozessanalyse sind die notwendigen Informationen zu erheben. Dabei sollten strategische und operative Tätigkeiten und Aufgaben getrennt werden. Die späteren Leistungsempfänger inklusive des Nutzens der intern erbrachten Dienstleistungen für die internen Kunden sind zu dokumentieren, um Kundenorientierung von Anfang an zu gewährleisten.

Bei der Prozessanalyse ist auf einen angemessenen Detaillierungsgrad im Rahmen der Prozessmodellierung zu achten. Zu tief gegliederte Prozessmodelle bergen die Gefahr der Scheingenauigkeit und bringen hinsichtlich der geforderten Entscheidungsgrundlage nur wenige zusätzliche Erkenntnisse. Der Fokus der Modellierung sollte darin liegen, Dienstleistungen zu definieren.

Eine frühe Einbindung der späteren internen Kunden durch die späteren internen Dienstleistungseinheiten ist einerseits eine Voraussetzung für eine spätere kundenorientierte Leistungsverrechnung der Dienstleistungen und andererseits der Auftakt für eine Zusammenarbeit beider Beteiligten und die Festlegung der organisatorischen Rollenverteilung.

> **Beispiel:**
>
> In einer Versicherungsgesellschaft werden die internen Dienstleistungen von einer eigenen Organisationseinheit für alle Niederlassungen, die das operative Versicherungsgeschäft verantworten, erbracht. Die innerbetrieblichen Dienstleistungen sind in drei Dienstleistungsgruppen zusammengefasst:
> 1. Versicherungstechnische Dienstleistungen für Vertrag und Schaden
> 2. Administrative Dienstleistungen
> 3. Informationstechnische Dienstleistungen
>
> Zu 1: Die Dienstleistungen der Dienstleistungsgruppe Versicherungstechnik Vertrag und Schaden beinhalten:
> - Vertrag: Neugeschäft, Bestandsverwaltung und Beendigung
> - Schaden: Meldung und Anlage, Management, Regulierung und Schließung
>
> Zu 2: Die Dienstleistungsgruppe der administrativen Dienstleistungen beinhaltet:
> - Antragserfassung
> - elektronische Zustellung
> - Druck und Kuvertierung
> - Archivierung
>
> Zu 3: Dienstleistungen der Dienstleistungsgruppe Informationstechnik sind:
> - versicherungstechnische Anwendungen
> - Arbeitsplätze und Arbeitsplatzanwendungen
> - Projektleistungen

Merkmale von Dienstleistungsarten

Alle intern erbrachten Dienstleistungen müssen über Gemeinsamkeiten verfügen. Die zu erbringende Funktion oder der Unterstützungsprozess muss unabhängig von einer Organisationseinheit, einem Geschäftsbereich und einem bestimmten Standort sein. Es muss eine mengenbasierte Nachfrage aus deutlich mehr als einer Organisationseinheit vorliegen.

Mengenbasierte Dienstleistungen sind verwaltungs- und prozessorientierte Unterstützungsaufgaben, die ständig in einem hohen Volumen mit großem Ressourceneinsatz erbracht werden müssen. Diese Art von Dienstleistungen weist begrenzte Entscheidungsspielräume, geringe finanzielle und wirtschaftliche Risiken sowie einen hohen Standardisierungsgrad auf, sodass sich Kostensenkungspotenziale durch Skaleneffekte ergeben (vgl. Becker 2008: S. 12).

> **Beispiel:**
>
> In einer professionellen Dienstleistungshierarchie sind einige Erfolgsfaktoren zu berücksichtigen (Erfolgsfaktoren-Checkliste für die Bildung aussagekräftiger Dienstleistungen):
> - Kundenorientierung: Die Dienstleistungen werden für Dritte außerhalb der eigenen Organisationseinheit erbracht.
> - Steuerungsorientierung: Mit den Dienstleistungen können Abteilungen und Fachbereiche unternehmensintern gesteuert werden.
> - Zielorientierung: Die Dienstleistungen leisten einen Beitrag zur Zielerreichung der Abteilung bzw. des Fachbereiches.
> - Verantwortlichkeit: Für jede Dienstleistung muss es eine eindeutige Verantwortung geben. Der Verantwortliche muss Einfluss auf den Erstellungsprozess nehmen können.
> - Wiederholbarkeit: Die Dienstleistung wird im Zeitablauf immer wiederkehrend erstellt.
> - Monetär bewertbar: Der Dienstleistung müssen Kosten zugeordnet werden können.
> - Messbarkeit: Die Mengenangaben einer Dienstleistung müssen erfassbar, zählbar, planbar und buchbar sein.
> - Vergleichbarkeit: Dienstleistungen sollten so definiert sein, dass ein Vergleich mit anderen Anbietern außerhalb des Unternehmens möglich ist (in Anlehnung an NSI 2001: S. 50f).

Im Rahmen der Kosten- und Leistungsverrechnung (KLR) wird jede interne Dienstleistung als Kostenträger erfasst, um die Kosten der Erstellung und die erbrachten Mengen ermitteln zu können. Diese wert- und mengenmäßigen Informationen werden um Kennzahlen zur Qualität der Produkte ergänzt und bieten damit wesentliche Ansatzpunkte für eine Optimierung der Effizienz im Unternehmen (in Anlehnung an NSI 2001: S. 39).

Nutzenargumentation für die Kundenzufriedenheit

Der unmittelbare Nutzen einer administrativen oder informationstechnischen innerbetrieblichen Dienstleistung ist oft schwer darstellbar und wird daher häufig aufgrund mangelnder Faktenbasis kritisiert. Dem kann entgegengewirkt werden, indem die internen Dienstleistungen hinsichtlich der Merkmale Kosten bzw. Preis, Zeit, Qualität und Mengen beschrieben werden und in dieser Form auch nach erfolgter Leistungserbringung verrechnet werden. Dies stellt erhöhte Anforderungen an das Verrechnungssystem, das die Leistungsverrechnung am Wesen der Dienstleistung und am Kunden ausrichten muss. Komponenten einer derartigen Leistungsbeschreibung, die später als Basis für die interne Verrechnung dienen und auch Eingang in die Leistungsvereinbarungen finden sollten, sind:

- Namentliche Festlegung des Leistungserbringers in der internen Dienstleistungseinheit und des Leistungsempfängers des operativen Fachbereiches zur Sicherstellung der Verantwortlichkeiten;
- Beschreibung der Leistung anhand von Prozessen und dahinter liegenden Teilleistungen;
- Festlegung von Kosten-, Zeit- und Qualitätsparametern, die das Leistungsniveau definieren;
- Festlegung der vorgesehenen Abnahmemengen.

Aus den Komponenten Prozesskosten und Mengen lässt sich der Kostensatz bzw. Preis für die Leistung errechnen, der als eine Steuerungsgrundlage dient.

Dienstleistungsmenge, -umfang und -preis detailliert vereinbaren

Für jede Dienstleistung ist ein leicht messbarer Kostentreiber zu ermitteln. Außerdem sollte sich jede interne Dienstleistungseinheit auf wenige (je nach Größe der Dienstleister zwischen drei und 20) Dienstleistungen beschränken, um eine einfache Handhabbarkeit zu gewährleisten (vgl. Hoffmann/Reinhard 2012: S. 60).

Eine zentrale Funktion der Vereinbarungen zur Qualität der erbrachten innerbetrieblichen Dienstleistungen ist die Schaffung einer objektivierten, verhandelbaren Basis für den Leistungsumfang, der durch Outputgrößen, Zeit- und Qualitätsmerkmale definiert wird, sowie durch den Preis der Dienstleistung. Dies kann zwar gegenüber einer Preisfestlegung einen zeitraubenden Verhandlungsprozess initiieren, ist jedoch notwendige Voraussetzung für ein dauerhaft funktionierendes Kunden-Lieferantenverhältnis und eine gute Zusammenarbeit.

Damit wird die Dienstleistungsqualität bei entsprechender Gestaltung der Dienstleistungsvereinbarung auch für den Kunden erkennbar und vergleichbar. Als langfristiges Ziel sollte grundsätzlich ein Marktpreisniveau gesehen werden, das heißt, die Kosten der internen Dienstleistungserbringung sollen sich, bei vergleichbaren Dienstleistungen am externen Markt, am externen Marktpreis orientieren. Durch den regelmäßigen internen und externen Betriebsvergleich können Anhaltspunkte für Verbesserungen des Dienstleistungsniveaus bezüglich Kosten, Zeit und Qualität erarbeitet werden.

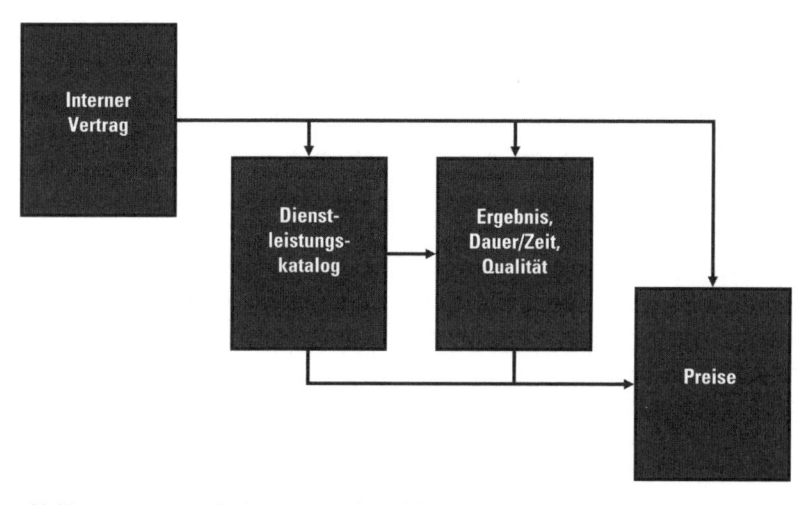

Abbildung 5.8: Bestandteile einer innerbetrieblichen Leistungsvereinbarung

Eckpunkte von innerbetrieblichen Leistungsvereinbarungen
Vereinbarungen zur Qualität der erbrachten Dienstleistungen sollten alle Vertragskomponenten, die langfristig Bestand haben, enthalten:
- eine detaillierte Beschreibung der Dienstleistungen, Teilleistungen und Prozesse und Tätigkeiten, die von der internen Dienstleistungseinheit erbracht werden;
- eine Quantifizierung der Dienstleistungen und Metriken zur Messung der Leistungen;
- eine Definition der Rollen und Verantwortlichkeiten beider Vertragspartner;
- eine Definition von Art, Umfang und Häufigkeit von Berichten an den Auftraggeber;
- Ziele, Kennzahlen und Messverfahren;
- Maßnahmen und Sanktionen bei Abweichungen und andere Merkmale sowie
- insbesondere auch die Kosten, die für die vereinbarten Dienstleistungen anfallen.

Nutzen von innerbetrieblichen Leistungsvereinbarungen

Aus Sicht des Controllings bieten interne Leistungsvereinbarungen das zentrale Instrumentarium zur Informationsversorgung aller Beteiligten:
- Steuerung der Kunden-Lieferantenbeziehung;
- Transparenz des internen Dienstleistungsniveaus;
- Planung der Dienstleistungsabnahme auf Basis von Mengen und geforderter Qualität;
- Steuerung eines nachhaltigen kontinuierlichen Verbesserungsprozesses zum Beispiel durch jährliche Überprüfung der getroffenen Leistungsvereinbarungen.

Darüber hinaus können die Leistungsvereinbarungen die Basis für Zielvereinbarungssysteme bilden, wenn entsprechende Zielwerte für definierte Ziele, Kennzahlen und Messgrößen je Vereinbarung festgelegt werden und als Vorgabe für die definierten Dienstleistungserbringer und Dienstleistungsempfänger gelten.

Der Kommunikations- und Abstimmungsaufwand steigt zwar stark an und die Entscheidungsfindung dauert länger, aber die Qualität der getroffenen Entscheidungen wird wesentlich besser, weil mehrere interdisziplinäre, organisatorische Einheiten in die Entscheidungsfindung einbezogen werden.

5.4.3 Schritt 3: Messgrößen vorgeben

Steuerung interner Dienstleistungseinheiten mit Kennzahlen

Die Ableitung von Messgrößen und Kennzahlen zur Steuerung innerbetrieblicher Dienstleistungen und den internen Dienstleistungseinheiten, denen sie zugewiesen worden sind und die sie erbringen, muss sich am strategischen Rahmen mit den strategischen Zielen, dem strategischen Entwicklungspfad der Leistungen und seiner Leistungserbringer sowie den definierten Grundsatzentscheidungen orientieren. Bei der Definition von Messgrößen und Kennzahlen für die Steuerung interner Dienstleistungen bzw. innerbetrieblicher Dienstleistungseinheiten sind folgende Aspekte zu beobachten:
- Die Messgröße Gewinn mit der Kennzahl Betriebsergebnis und der interne Markterfolg mit der Kennzahl Umsatz sind als ausschließliche, operative Kennzahlen ungeeignet, da interne Dienstleistungseinheiten Funktionen und Unterstützungsprozesse möglichst kostengünstig erbringen sollen und Effizienzgewinne an die internen Kunden in Form sinkender Preise weiterzugeben haben.

- Die internen Dienstleistungen sind oft marktnah, aber aufgrund historischer Gegebenheiten und Strukturen nicht vollkommen vergleichbar, sodass eine Steuerung auf Basis von Marktpreisen schwerfällt. Vor allem die Kostenposition interner Dienstleister ist oft nicht vergleichbar mit spezialisierten Dritten, die schlankere Strukturen und weniger Altlasten wie hohe Pensionsverpflichtungen, höhere Lohnniveaus aus anderen Tarifverträgen oder erhebliche Verwaltungsumlagen haben.
- Die Kostenbasis interner Dienstleistungseinheiten ist oft stark schwankend, da zur Anpassung der eigenen Kapazitäten externe Dienstleister herangezogen werden.

Hier ist es entscheidend, weder reine Erlösmaximierung noch reine Kostenreduktion zu vereinbaren (vgl. Hoffmann/Reinhard 2012: S. 58).

Qualitative Kennzahlen zur Steuerung nutzen

Die Herausforderung besteht also vor allem darin, zusätzlich nicht-finanzielle Steuerungsgrößen im Zusammenhang mit definierten Dienstleistungsvereinbarungen zu finden und sie als Grundlage für die Steuerung interner Dienstleistungseinheiten zu etablieren. Auch wenn die Messung von qualitativen Kennzahlen wie zum Beispiel von Produktivitätsfortschritten immer erklärungsbedürftig und häufig umstritten ist (vgl. Hoffmann/Reinhard 2012: S. 58).

Auch hier kann der pragmatische Ansatz der Balanced Scorecard für ein aus quantitativen und qualitativen Zielen bestehendes Steuerungskonzept genutzt werden.

> **Beispiel:**
>
> Das Steuerungskonzept der internen Dienstleistungseinheit einer Versicherungsgesellschaft umfasst die drei Dimensionen:
> 1. Wirtschaftlichkeit,
> 2. Produktivität und
> 3. Qualität.
>
> Während die 1. Dimension Wirtschaftlichkeit finanzielle Kennzahlen wie Kostenquote, Stückkosten etc. beinhaltet, gewährleisten die Dimensionen Produktivität und Qualität die qualitative Steuerung.
>
> Zu 2: Produktivität wird mit Kennzahlen wie Menge pro Mitarbeiter, Abwicklungsquote etc. operationalisiert.
>
> Zu 3: Qualität zum Beispiel mit den Kennzahlen telefonische Erreichbarkeit, Fehlerquote, Durchlaufzeiten etc.

Vorgaben für Zielvereinbarungssysteme

Die Steuerung über absolute oder relative Zielkosten kann ein Anreizsystem sein. Denn weder wird vom internen Dienstleister ein reines »Kostensenken« gefordert: Die Kosten können prinzipiell in jeder Höhe anfallen, sofern interne Abnehmer bereit sind für die Leistungen die internen Verrechnungspreise zu tragen. Noch wird er an Wachstum oder Umsatzsteigerungen gemessen, die ja aus interner Abnehmersicht kontraproduktiv wären (vgl. Hoffmann/Reinhard 2012: S. 62).

5.4.4 Schritt 4: Wirtschaftliche Strukturen festlegen

Center-Konzepte

Aus dem klar definierten Leistungskatalog und den quantitativen Zielvorgaben zu Gewinn und Umsatz leiten sich die wirtschaftlichen Strukturen, die sogenannten Center-Konzepte, der internen Dienstleistungseinheiten ab. In der Hierarchie des Gesamtunternehmens werden in den Centers Verantwortlichkeiten für die Organisationseinheit und für jeden Kostenträger »Dienstleistung« zusammengefasst.

Optionen:
- Cost-Center-Konzept — Ziel: Kostenminimierung
- Service-Center-Konzept — Ziel: ausgeglichenes Ergebnis
- Profit-Center-Konzept — Ziel: Ergebnismaximierung
- Investment-Center-Konzept — Ziel: Ergebnismaximierung

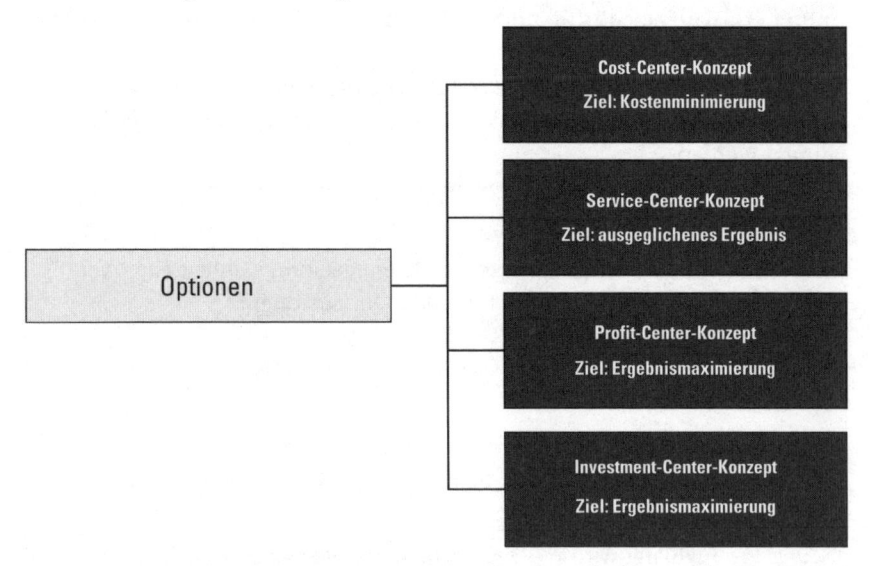

Abbildung 5.9: Mögliche Ausprägungen wirtschaftlicher Strukturen interner Dienstleistungseinheiten

Charakterisierung der optionalen Center-Konzepte

Die möglichen Ausprägungen der wirtschaftlichen Strukturen haben ganz unterschiedliche Konsequenzen für das operative Geschäft der innerbetrieblichen Dienstleistungseinheiten und die Kunden-Lieferantenbeziehung zum Fachbereich:

- Cost Centers sind in der Regel eigenständige Organisationseinheiten, denen Absatzmengen, die Dienstleistungsqualität, Servicegrade und Ähnliches vorgegeben sind. Im Rahmen dieser Vorgaben werden die verursachten Kosten dem Cost Center selbst zugerechnet, aber nicht dem internen Kunden weiterverrechnet. Die Zielerreichung eines Cost Centers und die Verantwortlichkeit des Leiters sind auf die Einhaltung einer bestimmten Gesamtkostengröße oder auf Kostenminimierung ausgerichtet. Typisch ist die Arbeit mit Kostenbudgets.
- Service Centers sind als spezielle Form des Cost Centers ebenfalls eigenständige Organisationseinheiten. Hier werden grundsätzlich marktfähige Leistungen erbracht, die einzeln pro Transaktion über interne Verrechnungspreise an den innerbetrieblichen Kunden weitergegeben werden. Beim Service Center führt die interne Verrechnung zu einer Entlastung des Budgets, einem internen Umsatz. Beim abnehmenden Fachbereich führt die interne Verrechnung zu einer Belastung des Budgets, diese internen Kosten sind Sekundärkosten. Ziel des Service Centers ist die Erreichung eines ausgeglichenen Ergebnisses bzw. Budgets.
- Profit Centers sind in der Regel nicht nur organisatorisch selbstständige, sondern häufig auch rechtlich selbstständige Organisationseinheiten bzw. Untergesellschaften, deren verursachte Erlöse und Kosten dem internen Dienstleister zurechenbar sind und von seinem Leiter beeinflusst werden können. Dienstleistungsgruppen und einzelne Dienstleistungen mit definierter Qualität, Servicegrad und Ähnlichem sind meistens vorgegeben. Ansonsten hat der Leiter eines Profit Centers volle Handlungsfreiheit. Die Zielerreichung der internen Dienstleistungseinheit ist auf das Erreichen einer vorgegebenen Gewinngröße oder Rentabilität als Deckungsbeitrag oder Deckungsbeitragsmarge ausgerichtet. Zur Steuerung knapper Investitionsmittel im Gesamtunternehmen müssen in einem Profit Center als Entscheidungsvorlage für strategische Projekte Wirtschaftlichkeitsbetrachtungen angestellt werden.
- Investment Centers werden wie Profit Centers geführt. Als entscheidender Unterschied trifft der Leiter eines Investment Centers im Rahmen zugewiesener Finanz- bzw. Investitionsmittel eigenständige Investitionsentscheidungen.

Profit-Center-Konzepte und Zentralisierung abgrenzen

Profit bzw. Investment Centers sind zwar eine moderne Form der Organisation und Führung, die Konzepte sind aber nicht neu. Die Begriffsbestimmung, was ein Profit- bzw. ein Investment-Center-Konzept eigentlich ist, hängt von der Betrachtung ab. Aus Sicht von Organisation und Führung handelt es sich um ein Anreizsystem, das in der Praxis als Führen mit Zielvereinbarungen gelebt wird. Aus der Sicht des Controllings handelt es sich um ein Konzept der Ergebnisrechnung nach Verantwortungsbereichen.

Bei beiden Sichtweisen ist noch die Marktnähe zu ergänzen. Sowohl die Festsetzung von Anreizen als auch die Ergebnisrechnung sollen marktorientiert erfolgen. Das trägt dazu bei, die Marktnähe des Unternehmens zu verbessern (vgl. Preißner 2010: S. 363).

Gegenüber der Zusammenfassung von Funktionen und Unterstützungsprozessen werden interne Dienstleistungseinheiten in der Form von Profit Centers weitergehend ausgestaltet:
- Es existiert eine klare Dienstleistungs- und Kundenorientierung.
- Es gibt keine Monopolstellung des internen Leistungsangebotes, sondern einen (in Entwicklungsschritten abgestuften) Wettbewerb.
- Es existieren nachfrageorientierte Leistungsvereinbarungen.
- Die Entscheidungskompetenz bezogen auf das Geschäftsmodell liegt bei der Leitung des Profit Centers.
- Es werden Gewinn- bzw. Wertbeitragsziele statt Kostendeckungsziele vorgegeben (in Anlehnung an Schimank/Strobl 2002: S. 4).

Vorgaben für die interne Steuerung bedingen das Center-Konzept

Aus der Definition von finanziellen Messgrößen und den Vorgaben der abgeleiteten Kennzahlen ergibt sich eine Fragen-Checkliste zur Auswahl der wirtschaftlichen Struktur der internen Dienstleistungseinheit.

Kernkompetenzen und Ausgestaltung des Geschäftsmodells

Die Kernkompetenzen der internen Dienstleistungseinheit beschreiben die Fähigkeiten, die dieses Center in der internen Wertschöpfungskette überdurchschnittlich beherrscht. Damit wird ein Profit Center in die Lage versetzt, auch am externen Markt erfolgreich zu sein.

Das Vorgehen bei der Ausgestaltung der Geschäftsmodelle interner Dienstleistungseinheiten ist vergleichbar mit dem bei externen Dienstleistern.

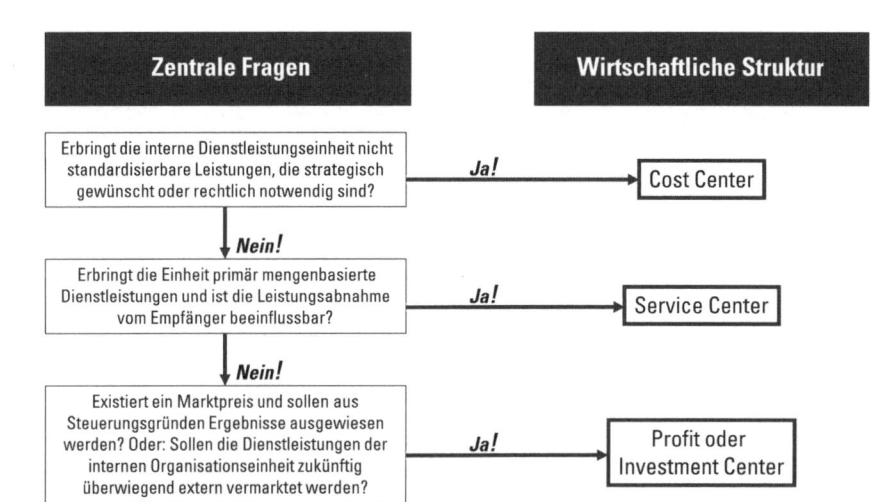

Zentrale Fragen	Wirtschaftliche Struktur
Erbringt die interne Dienstleistungseinheit nicht standardisierbare Leistungen, die strategisch gewünscht oder rechtlich notwendig sind? — *Ja!* →	Cost Center
↓ *Nein!* Erbringt die Einheit primär mengenbasierte Dienstleistungen und ist die Leistungsabnahme vom Empfänger beeinflussbar? — *Ja!* →	Service Center
↓ *Nein!* Existiert ein Marktpreis und sollen aus Steuerungsgründen Ergebnisse ausgewiesen werden? Oder: Sollen die Dienstleistungen der internen Organisationseinheit zukünftig überwiegend extern vermarktet werden? — *Ja!* →	Profit oder Investment Center

Abbildung 5.10: Kriterien zur Definition der Center-Ausprägungen

Folgende Anforderungen sind zu berücksichtigen:
- strategische Planung
- Planung eines wettbewerbsfähigen Dienstleistungsportfolios
- Definition von Vertriebskanälen, Präsentationsform und Angebotswesen wettbewerbsfähiger Dienstleistungen (Zeit, Kosten und Qualität)
- Kennzahlen zur Leistungsmessung
- laufende Betriebsvergleiche
- grundsätzliche Kunden- und Dienstleistungsorientierung
- Ergebnis- statt Aktivitätsorientierung (in Anlehnung an Schimank/ Strobl 2002: S. 6)

5.4.5 Schritt 5: Gesamtsystem entwerfen

Darstellung des Ist-Zustands

Bei der Optimierung des Dienstleistungsportfolios innerbetrieblicher Dienstleistungseinheiten sollten die bestehenden Leistungs- und Verrechnungsflüsse dargestellt werden. Je nach Detailvorgehen kann dies auch schon im 2. Schritt bei der Definition des Leistungskataloges hilfreich sein. Denn mit der Darstellung des Ist-Zustandes lässt sich in der Regel die Notwendigkeit von mehr Strukturierung, mehr Systematik und mehr Standardisierung und Harmonisierung des Dienstleistungsportfolios belegen und ebenso die Notwendigkeit einer Reduzierung des ausgeweiteten Dienstleistungsportfolios begründen.

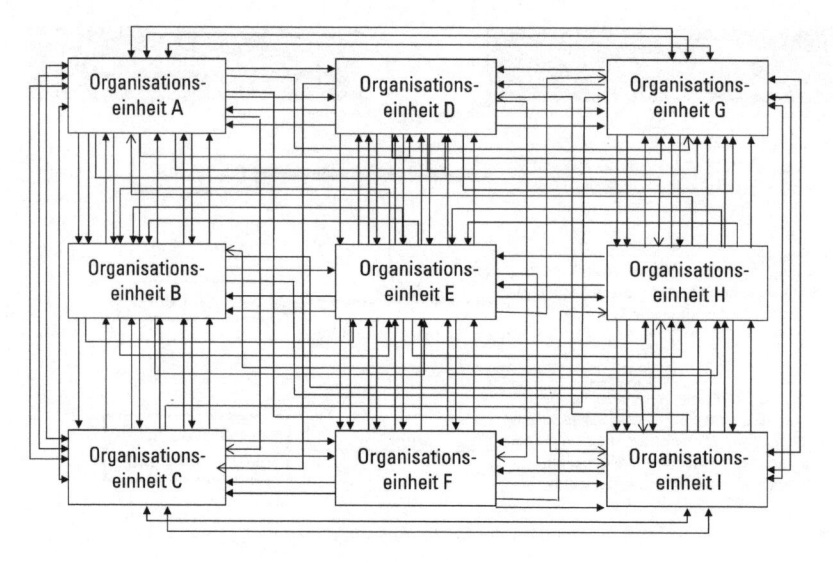

⟶ Interne Verrechnung von Dienstleistungen

Abbildung 5.11: Generische Darstellung des Ist-Zustandes interner Leistungs- und Verrechnungsflüsse

Die spätere Darstellung des Gesamtsystems als Soll-Konzept soll Klarheit und Eindeutigkeit der internen Leistungs- und Verrechnungsflüsse unterstützen. Dieses Gesamtmodell soll einen optischen Eindruck von der Funktion der internen Koordination liefern. Und sie soll immer wieder dazu anregen, sich kritisch mit den vorgehaltenen Kapazitäten der internen Dienstleistungseinheiten auseinanderzusetzen.

Empfehlungen für interne Verrechnungssysteme

Für den Entwurf eines Gesamtsystems sollte ein Modell entwickelt werden, das so differenziert wie möglich ist, aber die Komplexität so gering wie nötig hält. Das bedeutet in der Umsetzung:
- Konzentration auf möglichst wenige interne Dienstleistungen.
- Verzicht auf interne Dienstleistungen und deren Verrechnung von über Budgeteinhaltung gesteuerten Cost Centers. Verzicht auf wechselseitige Verrechnungen zwischen über Budgeteinhaltung gesteuerten Cost Centers. Das bedeutet, dass anstelle von transaktionsbasierten Verrechnungen mit Umlagen gearbeitet wird. Damit fällt der Aufwand für die Planung dieser Leistungsarten und deren Nachbewertung weg.

- Verrechnungsschlüssel vereinheitlichen und die Verrechnungsmechanismen vereinfachen. Das heißt, dass leicht und idealerweise automatisch erfassbare Bezugsgrößen für die Verrechnungen im Dienstleistungscontrolling genutzt werden und damit der Aufwand für die Schlüsselpflege reduziert wird.

Eine hohe Steuerungsrelevanz wird erreicht, wenn folgende Kriterien berücksichtigt sind:
- Klare Trennung zwischen beeinflussbaren und nicht-beeinflussbaren Kostenpositionen in den Ergebnisrechnungen der internen Dienstleistungseinheiten.
- Belastung von Fachbereichen mit steuerungsrelevanten Leistungsverrechnungen aufzeigen.
- Nicht-beeinflussbare Umlagen transparent in den unterschiedlichen Positionen der Erfolgsrechnung sowohl der Fachbereiche als auch der internen Dienstleistungseinheiten aufzeigen.

Die Empfehlungen zu Komplexität und Steuerungsrelevanz münden in einem Soll-Konzept für das Gesamtsystem. Diese Ableitung soll geeignet sein, innerbetriebliche Dienstleistungen professionell und transparent zu verrechnen.

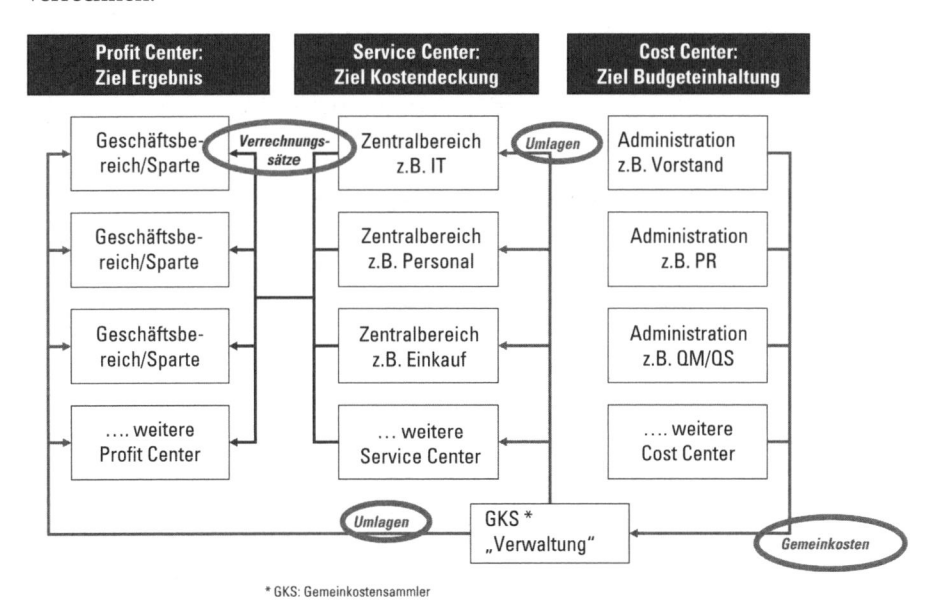

Abbildung 5.12: Soll-Konzept eines stark vereinfachten Verrechnungssystems

Beispiel:

Umsetzung eines internen Verrechnungskonzeptes in einem Unternehmen des öffentlichen Personennahverkehrs ÖPNV. Leistung abgebende Cost Centers sind zum Beispiel der Betriebshof oder die Leitstelle. Die Service Centers mit ihren sogenannten Produktkostenstellen erbringen das operative Geschäft und beinhalten Bus-, Straßenbahn- und/oder U-Bahnlinien. Leistung abnehmende Profit Centers sind daher auch Bus-, Straßenbahn- und U-Bahnbereich.

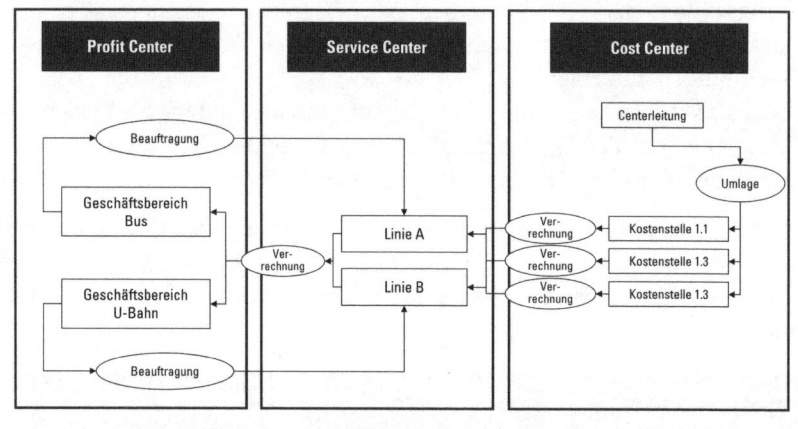

Abbildung 5.13: Auszug aus dem Verrechnungssystem eines Verkehrsunternehmens

5.4.6 Schritt 6: Interne Verrechnung aufbauen

Kostenerfassung und Verrechnungspreiskalkulation

In diesem Schritt sind für die Dienstleistungen des internen Leistungskataloges Verrechnungspreise unter Berücksichtigung der Selbstkosten pro Dienstleistung als Produkt- oder Stückkosten zu kalkulieren. Verrechnungspreise benötigen einheitliche Organisationsrichtlinien und sind Wertansätze für die interne Leistungserstellung. Sie fungieren als Koordinationsinstrumente zwischen internem Kunden und internem Dienstleister. Außerdem ermöglichen sie es, dass Organisationseinheiten im Unternehmen, Einzelgesellschaften und Geschäftsbereiche auf einem fiktiven Markt agieren. Daneben können sie der optimalen Zuweisung von Ressourcen dienen oder eine Kapitalverlagerung innerhalb des Unternehmens bewirken (vgl. Plaut 2009: 20).

Ist-Analyse der Selbstkosten pro Dienstleistung

Eine Herausforderung der internen Leistungsverrechnung ist die Bestimmung der Produktkosten. Die Frage stellt sich, wie Personal-, Sach- und Infrastrukturkosten, die in verschiedenen Kostenstellen anfallen, auf die einzelnen Dienstleistungen verrechnet werden. Die Ermittlung der Produktkosten funktioniert über den Zwischenschritt der Prozesskostenrechnung.

Nutzung der Prozesskostenrechnung als unterstützende Methode

Ausgangspunkt der Prozesskostenrechnung ist die Analyse und Bewertung einzelner Aktivitäten auf der Ebene von Centers, die über die Berücksichtigung von quer durch das Unternehmen gehenden Teil- und Hauptprozessen in die unterschiedlichen Dienstleistungen münden. Sie zerlegt die Erbringung von Dienstleistungen in Prozesse und Aktivitäten und bildet den Verbrauch der dazu benötigten Ressourcen an Personal, Sachmitteln und Nutzung der Infrastruktur ab. Die in den Dienstleistungseinheiten entstehenden Kosten werden über deren Aktivitäten den Teil- und Hauptprozessen zugerechnet. Daraus werden Prozesskostensätze ermittelt, die auf die einzelnen internen Dienstleistungen verrechnet werden. Die Kosten der Dienstleistungserbringung werden also in Abhängigkeit der genutzten Ressourcen auf die Dienstleistungen verteilt.

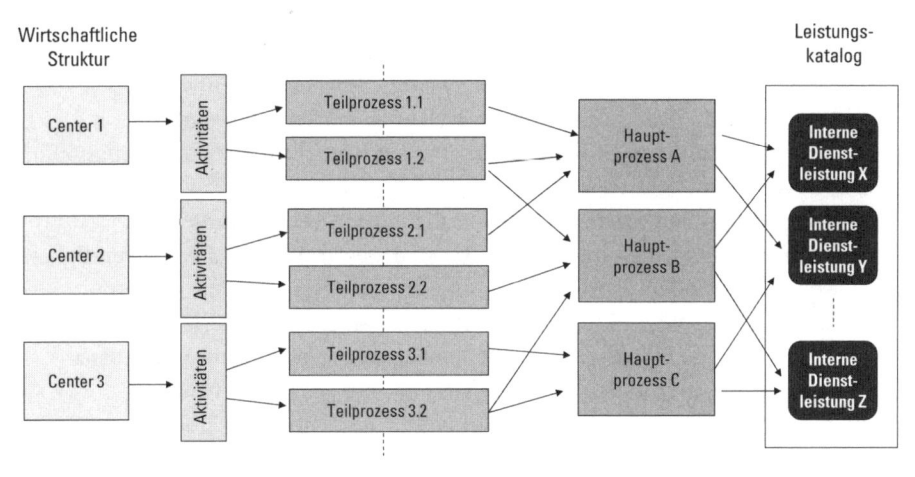

Abbildung 5.14: Ansatz der Prozesskostenrechnung in der internen Leistungsverrechnung

Wichtige Begriffe der Prozesskostenrechnung:
- Prozess: Abfolge von Aktivitäten, um eine Dienstleistung zu erbringen.
- Hauptprozess: Abfolge gleichartiger Aktivitäten, die demselben Kostentreiber unterliegt und von verschiedenen Organisationseinheiten erbracht wird.
- Teilprozess: Abfolge gleichartiger Aktivitäten, die einem oder mehreren Hauptprozessen zugeordnet ist und nur in einer Organisationseinheit erbracht wird.
- Kostentreiber: Beeinflussender Faktor auf den Anfall von Kosten in den verschiedenen Hauptprozessen.

Ermittlung der Selbstkosten

Die Unterstützung durch die Prozesskostenrechnung erfolgt in zwei Teilschritten:

1. Zunächst werden die Kosten für die einmalige Durchführung der verschiedenen Prozesse ermittelt. Folgende Fragen müssen im ersten Teilschritt beantwortet werden:
   a) Wie lange dauern die Prozesse?
   b) Welche Organisationseinheiten führen welche Prozesse aus?
   c) Was kostet die Arbeitszeit in den Organisationseinheiten?
   d) Welche Kapazität der Infrastruktur wird genutzt und was kostet diese?
2. Danach wird erfasst, welche Prozesse in welche Dienstleistungen fließen. Diese Fragen werden im zweiten Teilschritt beantwortet:
   a) Welche Prozesse fließen in welche Dienstleistung ein?
   b) Wie häufig wird welcher Prozess für welche Dienstleistung benötigt?

Ermittlung von Prozesskosten für die interne Verrechnung

Aus den Fragestellungen des 1. Teilschrittes ergibt sich die Notwendigkeit, weitere Methoden für die Ermittlung der Prozesskosten zu nutzen:

1. Zeiterfassung: Die Dauer der Prozesse wird mit Zeiterfassungsmethoden wie Selbstaufschreibung, Beobachtungen, Multimomentaufnahmen etc. erfasst.
2. Mitarbeiterstundensatzrechnung: Für die Ermittlung und Verrechnung der Personalkosten müssen interne Mitarbeiterstundensätze kalkuliert werden. Zu den Kostenarten zählen im Einzelnen:
   a) Lohn und Gehalt brutto
   b) Arbeitgeberanteile zur Sozialversicherung
   c) materielle Gehaltsbestandteile (PKW etc.)
   d) Kosten der Personalentwicklung

e) Vertretungskosten bei Urlaub und Krankheit
f) Umlage für Verwaltung, Personalmanagement oder Ähnliches

Beispiel:

Interne Kalkulation der Kosten eines Arbeitsplatzes

Position	Betrag (€)	Erläuterung	
Gehalt	60.000	brutto	
Arbeitgeberanteil SV	15.000	≈ 25 %	
Dienstwagen	10.000	davon 450 netto Finanzleasing/Monat	
Personalkosten I	**85.000**		
Weiterbildung Urlaubsvertretung	12.000	8 Tage inkl. Nebenkosten	
Krankheitsvertretung	14.400	≈ 15 von 30 Tagen à 960,-/Vertretungstag	
	4.800	≈ 5 von 10 Tagen à 960,-/Vertretungstag	
Personalkosten II	**116.200**		
Abschreibung Bürotechnik	7.500	Basis: Total Cost of Ownership (Studie Gartner)	**Jahresarbeitsstunden:**
Abschreibung Büromöbel	1.000	Basis: Anlagespiegel	365 Tage
Miete anteilig	6.000	20 qm à 25,-/M. brutto warm	- 104 Wo-Ende
Umlage Material	1.000	pauschal	- 10 Feiertage
Personalkosten III	**131.700**		- 30 Urlaub
Umlage Overhead	26.340	20 %	- 10 Krankheit
			- 8 Weiterbildung
Personalkosten IV	**158.040**		= 203 Tage
			x 8 h
	≈ 100 € / h	158.040 : 1.624 = 97,32	= 1.624 h/Jahr

Abbildung 5.15: Kalkulationsschema für die interne Stundensatzverrechnung

3. Maschinenstundensatzrechnung: Mit dieser Methode können interne Maschinenstundensätze ermittelt werden. Zur verursachungsgenauen Abbildung des Kostenanfalls werden mit der Maschinenstundensatzrechnung anteilig genutzte Kosten der Infrastruktur auf die Kostenträger »Dienstleistung« verrechnet. Die Verrechnungskalkulation kommt dann zum Einsatz, wenn unterschiedliche Dienstleistungen auf die Infrastruktur in Form von Maschinen, Arbeitsplätzen, Räumen, Laboren und Ähnlichem in unterschiedlichem Umfang zugreifen. Die infrastrukturabhängigen Gemeinkosten werden den jeweiligen Positionen der Infrastruktur aufgrund der genutzten Zeit zugerechnet. Zu den Kostenarten zählen
a) Raumkosten
b) (kalkulatorische) Abschreibungen und Zinsen
c) Energiekosten
d) Instandhaltungskosten
e) Werkzeugkosten

Die Lauf- oder Nutzungszeit der Infrastruktur bezogen auf einen Monat oder ein Jahr wird wie folgt ermittelt:
Gesamte Maschinen-/Infrastrukturzeit (Stunden pro Periode)
- Stillstandzeiten/nicht genutzte Zeit der Infrastruktur
- Instandhaltungszeit der Infrastruktur
= Maschinenlaufzeit/Infrastrukturnutzungszeit (Stunden pro Periode)

Die Kosten, die nicht direkt einer Maschine oder einem Objekt der Infrastruktur zugeordnet werden können, bleiben als Restgemeinkosten bestehen und werden anhand einer Umlage den Einzelkosten zugeschlagen (vgl. Steinle 2007: S. 437).

Eigene Kostenposition und Effizienzniveau vergleichen

Nach erfolgter Feststellung der Selbstkosten sollte zunächst ein Betriebsvergleich mit anderen internen Dienstleistungseinheiten von solchen Unternehmen durchgeführt werden, die eine vergleichbare Struktur, Rechtsform und Größe haben. Dieser Betriebsvergleich dient vor allem der eigenen Standortbestimmung. Neben der Kostenposition wird auch das Effizienzniveau der internen Dienstleistungseinheit mit Hilfe quantitativer und qualitativer Kennzahlen dokumentiert.

Die Ergebnisse des Betriebsvergleichs sind bei den Kostenvorgaben bzw. der Verrechnungspreiskalkulation zu berücksichtigen. Sonst besteht die Gefahr, dass sehr realitätsferne Zielvorgaben entwickelt werden, die den internen Dienstleister völlig überfordern, da das Zielniveau zu hoch liegt. Wenn dies vermieden wird, erhöht es die Akzeptanz in der Organisation für das Soll-Konzept (vgl. Hoffmann/Reinhard 2012: S. 59).

Festlegung des Zielkostenniveaus für Cost und Service Centers

Auf Basis der Ergebnisse des Betriebsvergleiches sind Zielkosten für die jeweiligen Dienstleister zu definieren. Diese Zielkosten sollten auf Sicht von zwei bis drei Jahren das Soll darstellen – bei unveränderten Rahmenbedingungen.

Die Umsetzung der Vorgabe für ein Cost Center erfordert nur die bloße Setzung eines Kostendeckels. Das ist klassische Budgetsteuerung. Bei einem Service Center werden die Kosten in Beziehung zur Leistungserbringung der jeweiligen Dienstleistungseinheit gesetzt.

Die definierten Dienstleistungen werden in einem nächsten Schritt ins Verhältnis zu der mit Externen verglichenen Kostenbasis und einer Zielkostenbasis gesetzt. Zusammen mit dem Ist-Mengenvolumen aus dem Jahr des Betriebsvergleiches und den erwarteten Mengenvolumina werden Leistungsstückkosten und Leistungszielkosten errechnet. Sowohl auf Gesamtkostenebene als auch auf Leistungsebene zeigt sich eine Effizienzlücke, die in der näheren Zukunft zu schließen ist (vgl. Hoffmann/Reinhard 2012: S. 60).

Optionen für die Ausgestaltung von Verrechnungspreisrichtlinien
Die Festlegung von markt- oder kostenorientierten Verrechnungspreisen muss auf die Steuerungslogik der jeweils ausgewählten Center-Konzepte abgestimmt sein und bietet folgende Optionen:
- Dienstleistungen von Cost Centers werden in der Regel auf der Grundlage von Voll- oder Teilkosten erfasst, aber nicht an die internen Kunden weiterverrechnet.
- Service Centers agieren auf der Basis marktorientierter Listenpreise und werden an die internen Kunden verrechnet.
- Profit Centers verrechnen in der ersten Ausbaustufe zusätzlich zu den Voll- oder Teilkosten Gewinnzuschläge: Soweit sie vollständig im Wettbewerb stehen, werden dann die Preise zwischen der Dienstleistungseinheit und den internen Kunden ausgehandelt.

Die drei Optionen beinhalten wie die zu Grunde liegenden Center-Konzepte auch jeweils unterschiedliche Vor- und Nachteile.

Es müssen Mechanismen vorhanden sein, die die Steuerungslogik unterstützen. Zum Beispiel müssen bei einem Profit-Center-Konzept mit Verantwortung des Leiters für das Ergebnis etablierte Prozesse vorliegen, um interne Preisverhandlungen zu führen, und diese müssen in den Planungsprozessen verankert sein (Hoffmann/Reinhard 2012: S. 60).

Ergebnisrechnung der Center-Konzepte
Die Ermittlung des Geschäftsergebnisses eines Centers, die sogenannte Centerrechnung, orientiert sich am organisatorischen Aufbau des Gesamtunternehmens sowie der wirtschaftlichen Strukturen der internen Dienstleistungseinheiten. Die Gemeinkosten des Centers und die leistungsbezogenen Einzelkosten- und Erlösinformationen werden zusammengefasst und können spezifisch ausgewertet werden.

Center-Ergebnisrechnung
Abhängig von der wirtschaftlichen Struktur weisen die Ergebnisse der Centerrechnungen unterschiedliche Erfolgsgrößen aus.
- Kostenstellenrechnung im Cost Center: Die zentrale Steuerungsgröße für das monatliche und jährliche Ergebnis sind die »Gesamtkosten« als

Plan-Ist-Vergleich. Die Summe der monatlichen Plankosten ergibt das jährliche Kostenbudget, das einzuhalten bzw. zu unterschreiten ist.

- Kostenstellenergebnisrechnung im Service Center: Zusätzlich zu den primären Kosten des Centers werden sekundäre Kosten über »Umlagen« und eine »Belastung Leistungsverrechnung« sowie unternehmensinterne Erlöse über eine »Entlastung Leistungsverrechnung« berücksichtigt. Ziel ist es, ein ausgeglichenes Ergebnis, die »schwarze Null« zu erreichen.
- Bereichserfolgsrechnung im Profit bzw. Investment Center: Die Bereichserfolgsrechnung bildet ein Profit Center als eigenständige Einheit ab. Die zentrale Steuerungsgröße ist der »Bereichserfolg II«, ein Deckungsbeitrag als Plan-Ist-Vergleich. Das bedeutet, dass die Bereichserfolgsrechnung eines Profit Centers eine Teilkostenrechnung ist. Die Teilkostenrechnung differenziert den Werteverzehr in beeinflussbare und nicht beeinflussbare Kosten. Der Bereichserfolg I ist vom Profit-Center-Leiter direkt beeinflussbar. Interne Erlöse werden zu Marktpreisniveau angeboten und beinhalten eine Gewinnmarge.

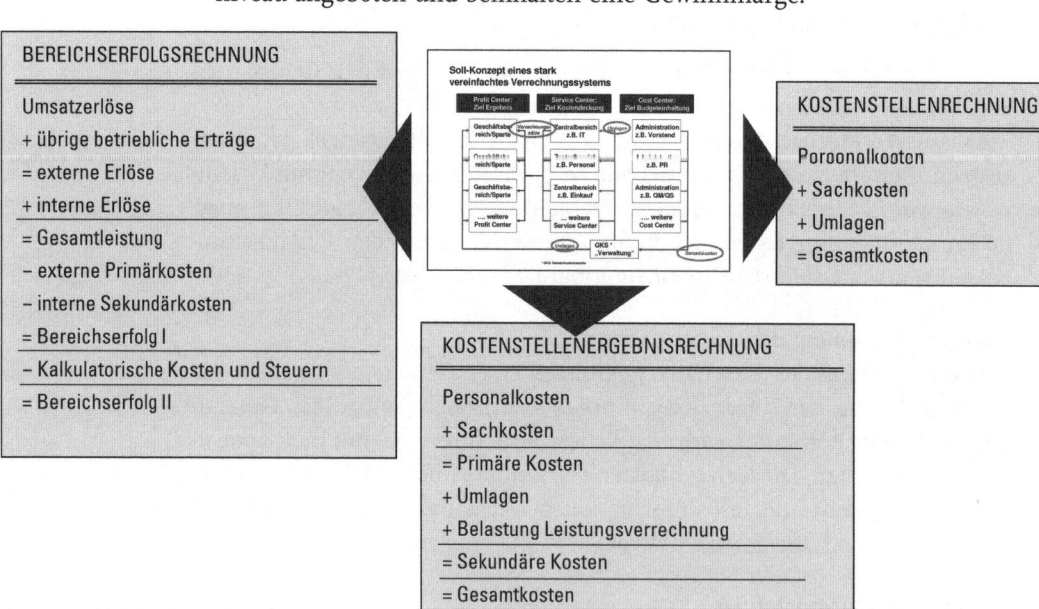

BEREICHSERFOLGSRECHNUNG

Umsatzerlöse
+ übrige betriebliche Erträge
= externe Erlöse
+ interne Erlöse
= Gesamtleistung
− externe Primärkosten
− interne Sekundärkosten
= Bereichserfolg I
− Kalkulatorische Kosten und Steuern
= Bereichserfolg II

KOSTENSTELLENRECHNUNG

Personalkosten
+ Sachkosten
+ Umlagen
= Gesamtkosten

KOSTENSTELLENERGEBNISRECHNUNG

Personalkosten
+ Sachkosten
= Primäre Kosten
+ Umlagen
+ Belastung Leistungsverrechnung
= Sekundäre Kosten
= Gesamtkosten
− Entlastung Leistungsverrechnung
= Kostenstellenergebnis

Abbildung 5.16: Varianten der Center-Ergebnisrechnung

Im Vergleich zur Erfolgsermittlung in der Gewinn- und Verlustrechnung (GuV) werden bei einer Bereichserfolgsrechnung sowohl interne Erlöse als auch interne Kosten berücksichtigt. Beide Positionen entstehen durch Verrechnung intern erbrachter Leistungen. In der externen Gewinn- und Verlustrechnung (GuV) werden diese Positionen eliminiert bzw. sind nicht Bestandteil der externen (Konzern-)Finanzberichte.

5.5 Verrechnungssysteme in Konzernen

Herangehensweise und Entwicklungstrends
Die Bündelung unterstützender interner Dienstleistungsfunktionen und -prozesse in zentralen Organisationseinheiten wird in den meisten Konzernen als sogenannte Shared Service Centers (SSC) organisiert und benannt. Diese konzerninternen Dienstleistungseinheiten sind oftmals rechtlich eigenständige Einheiten und wurden mit dem Ziel gegründet, eine optimale Dienstleistungsbereitstellung für interne Kunden im Konzern sicherzustellen (vgl. Hoffmann/Reinhard 2012: S. 58).

Dezentralisierte und in Geschäftsbereiche aufgeteilte Konzerne und Großunternehmen mit hohem Margendruck haben das Konzept schon lange umgesetzt. Erfolgreiche Implementierung gibt es schon reichlich, daher ist das Umsetzungsrisiko dieser Projekte auch gering. Die Ausbreitung der Idee von Shared Service Centers wird weiter fortschreiten. Denn auch bei international tätigen Mittelstandsunternehmen und im öffentlichen Bereich werden durch Kooperationen immer häufiger hocheffiziente Dienstleistungszentren etabliert und gemeinsame SSCs gebildet. Die zunehmende Automatisierung von administrativen Transaktionen führt dazu, dass hocheffiziente Dienstleistungsfabriken entstehen, die beachtliche Skalenvorteile aufweisen. Das Internet, die zunehmende Anzahl an E-commerce-Anwendungen und web-basierte Partnerschaften mit automatisierten Transaktionen zwischen Kunden und Lieferanten ermöglichen außerdem virtuelle SSCs (in Anlehnung an Schimank/Strobl 2002: S. 22).

5.5.1 Shared Service Centers (SSCs)

Entstehung
»Aus dem Spagat zwischen einer Erhöhung der Flexibilität durch Dezentralisierung und einer Gemeinkostenreduzierung durch Zentralisierung entstand das Konzept der Shared Services. Wurden Shared Service Centers

vor geraumer Zeit noch als neuartiges Phänomen in der Konzernlandschaft bezeichnet, so stellen die internen Dienstleistungseinheiten heute eine weit verbreitete Organisationsform in Konzernen dar.« (Becker 2008: S. 1)

Shared Services

»Shared Services bezeichnen die konsolidierten und zentralisierten Dienstleistungsprozesse in einem Unternehmen. Dabei werden gleichartige Prozesse aus verschiedenen Bereichen eines Unternehmens zusammengefasst und von einer zentralisierten Stelle oder Abteilung angeboten. Die anbietende Stelle wird in der Regel als Shared Service Center, kurz SSC, bezeichnet.

Die Abteilungen, welche die Dienstleistungen in Anspruch nehmen, stehen in einem Kunden-Lieferantenverhältnis zum SSC« (Kopp 2004: S. 3).

Shared Service Centers (SSCs)

Shared Service Centers übernehmen in Konzernen wichtige Querschnittsfunktionen und Unterstützungsprozesse, die von anderen Organisationseinheiten, Gesellschaften bzw. Fachbereichen des Konzerns dorthin ausgelagert werden. Die von den Shared Service Centers wahrgenommenen internen Dienstleistungen werden für mehrere Organisationseinheiten er-

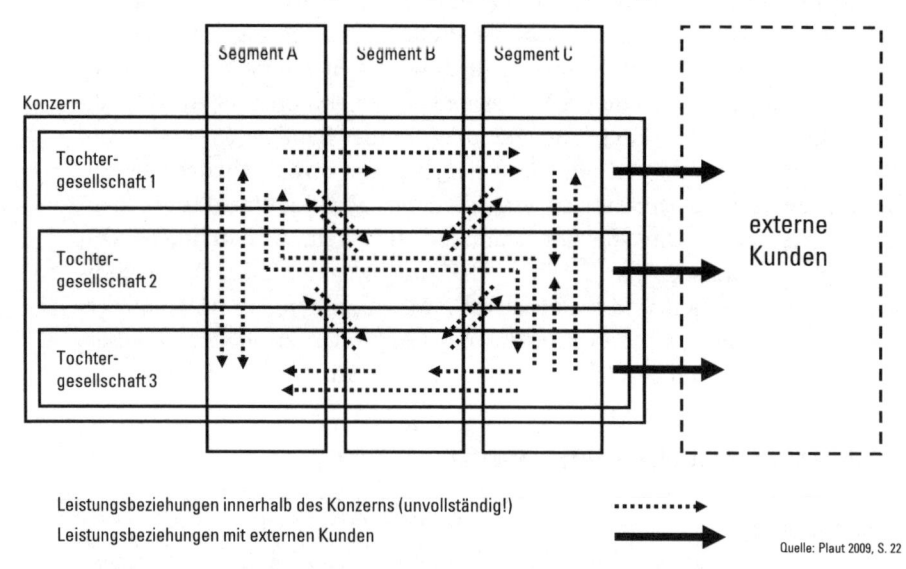

Abbildung 5.17: Funktionsweise des internen Marktes als Voraussetzung für Shared Service Centers (vgl. Schrott/Hellebrandt 2009: S. 22)

bracht, über Tochtergesellschaften, Geschäftsbereiche und geografische Grenzen hinweg. Shared Service Centers sind wirtschaftlich und meistens auch rechtlich selbstständig und verfügen über eine stark ausgeprägte Prozess-, Kunden- und Dienstleistungsorientierung. Sie erzielen Umsätze mit erbrachten Leistungen, und vereinbaren Art und Umfang der Leistungen, die sich in den meisten Fällen langfristig am Markt orientieren, mit ihren konzerninternen Kunden in Form von Service Level Agreements (SLAs) (vgl. Becker 2008: S. 7).

Service-Level-Agreements (SLAs) als Steuerungsinstrument

Service-Level-Agreements sind partnerschaftliche und schriftliche Vereinbarungen, die definieren, welche Leistungen und Kosten von Auftragnehmer und Auftraggeber erbracht werden müssen.

Das Service Level Agreement bildet die Hauptsäule des Steuerungssystems zwischen Shared Service Centers und den dienstleistungsnachfragenden operativen Einheiten (vgl. Kopp 2004: S. 6).

Zentralisierte Shared Service Centers versus Outsourcing

In der Praxis kommt es häufig zu Verwechslungen mit dem Auslagern von Funktionen, dem sogenannten Outsourcing, und der Bündelung von Kompetenzen, der Zentralisierung. Tatsächlich steht das Konzept des SSCs aber im Spannungsfeld zwischen Zentralisation, Dezentralisation und Outsourcing (vgl. Becker 2008: S. 8).

Das Shared-Service-Center-Konzept erzielt Kosteneinsparungen durch die Nutzung von Skaleneffekten, sogenannten Größendegressionseffekten, Outsourcing durch die Variabilisierung von Fix- bzw. Gemeinkosten. Shared Service Center fakturieren ihre Leistungen in der Regel über Verrechnungspreise, outgesourcte Einheiten über echte Marktpreise (vgl. Becker 2008: S. 9).

Gründe und Ziele von Shared Service Centers

Zusätzlich zu den Zielen und Vorteilen der Bildung interner Dienstleistungseinheiten kommt bei Shared Service Centers noch ein weiterer Vorteil dazu. Es ergeben sich zusätzliche Kostensenkungspotenziale durch eine Standortwahl in Regionen mit niedrigem Lohnniveau, die Steuervorteile und/oder Fördermaßnahmen bieten. Die Kostensenkungspotenziale sind dort besonders hoch, wo die örtlichen Arbeitskosten im internationalen Vergleich relativ niedrig sind, das Ausbildungsniveau der örtlichen Bevölkerung aber ausreicht, um die geforderte Arbeitsqualität für die konzerninternen Dienstleistungen zu erbringen.

Die wesentlichen Nachteile internationaler Shared Service Centers sind:
- Die Kundennähe verringert sich durch die Zentralisierung und Verlagerung ins Ausland tendenziell. Die konzerninternen Dienstleistungseinheiten sind stark distanziert vom Kerngeschäft.
- Die räumliche Distanz kann sich negativ auf die Leistungserbringung auswirken. Auf jeden Fall wird ein deutlich höherer Abstimmungsbedarf notwendig. Im Zweifel steigen Doppel- und Mehrarbeit deutlich an.
- Es entstehen vielfältige Kommunikationsprobleme aufgrund von kulturellen, sprachlichen und zeitzonenbedingten Problemen.
- Widerstände von Führungskräften beruhen häufig auf ungeklärten Machtfragen. Die Gründe für Widerstände seitens der Stammbelegschaft liegen in den häufig gemachten Erfahrungen mit Personalabbau in Folge der Einführung von Shared-Service-Center-Konzepten.

Nicht nur mengenbasierte, sondern auch wissensbasierte Dienstleistungen

Zusätzlich zu mengenbasierten innerbetrieblichen Dienstleistungen gibt es in einem Shared Service Center auch wissensbasierte Funktionen und Prozesse, deren Volumen vergleichsweise gering ist, sodass das Vorhalten von Ressourcen an mehreren Stellen eines Konzerns unwirtschaftlich ist. Es handelt sich um wissensorientierte Funktionen und Prozesse, deren Ausführung sehr hohe Anforderungen an die Fähigkeiten der Mitarbeiter stellt. Die Zusammenarbeit von diesen hochspezialisierten Fachkräften in einer Organisationseinheit führt zu einem Spezialisierungsvorteil. Aufgaben eines wissensbasierten Shared Service Centers sind zum Beispiel die Beratung oder aktive Unterstützung operativer Einheiten und das Bereitstellen integrierter Informationstechnologielösungen. Im Gegensatz zu den mengenbasierten zeichnet wissensbasierte Dienstleistungen eine übergeordnete, steuernde und unternehmenszielorientierte Sichtweise aus. Eine klare Trennung ist oftmals nicht möglich. In der Konzernpraxis erbringen Shared Service Centers häufig beide Arten von internen Dienstleistungen (vgl. Becker 2008, S. 12 ff).

Strategischer Entwicklungspfad für Shared Service Centers

Die Professionalisierung eines Shared Service Centers verläuft in der Regel in drei Phasen:
1. Aufbauphase
2. Marktorientierungsphase
3. Unabhängigkeitsphase

Zu 1. Aufbauphase: Beim Aufbau des Centers geht es um Themen wie Standardisierung und ggf. Kostenreduktion. Daraus ergibt sich die Notwendigkeit einer Cost-Center-Philosophie. Die Steuerung erfolgt über Leistungsmengen und Qualität, die Verrechnung der Leistung nach tatsächlicher Inanspruchnahme. Ziel ist die Deckung variabler und fixer Kosten, die Steuerung erfolgt über Budgetvorgaben.

Methoden der Aufbauphase: Die Balanced Scorecard spielt eine wichtige Rolle. Die Einrichtung des Shared Service Centers und die Verbindung der Ziele des Unternehmens mit strategischen Zielen des Shared Service Centers ist von Bedeutung. Zur laufenden Steuerung ist ein Kostenmanagement auf Basis der Prozesskostenrechnung notwendig.

Zu 2. Marktorientierungsphase: In dieser Phase sollte die Beratungsorientierung auf Kosten wenig wertschöpfender administrativer Aufgaben gestärkt werden. Die Dienstleistungsorientierung soll sich dauerhaft durchsetzen und am Markt auch erprobt werden können. Als Steuerungsgrundsatz dient die Service-Center-Philosophie. Externe Umsätze können Deckungsbeiträge liefern und so die interne Kostenposition dann verbessern, wenn die Effizienzsteigerungen genutzt werden, um am Markt verkauft zu werden. Ziel ist das Anbieten aller Leistungen zu Marktpreisen bei kontinuierlicher Qualitätsverbesserung bei Kostendeckung oder definierten Deckungsbeiträgen.

Methoden der Marktorientierungsphase: Produktkalkulation und Ergebnisrechnung zur Steuerung des Shared Service Centers gewinnen an Bedeutung. Das Konzept des Target Costing ist ebenfalls sehr gut geeignet, da Marktpreise in der Regel vom externen Dienstleistungsmarkt bekannt sind.

Abbildung 5.18: Strategischer Entwicklungspfad von Shared Service Centers

Aufbauphase → Cost Center
Marktorientierungsphase → Service Center
Unabhängigkeitsphase → Profit oder Investment Center

Zu 3. Unabhängigkeitsphase: Das Shared Service Center agiert wie ein externer Lieferant der Leistung und kann sich wie die operativen Geschäftseinheiten am Markt bewegen. Das Shared Service Center ist kein Kostenfaktor mehr, sondern liefert einen Wertbeitrag zum Unternehmen. Als Steuerungsphilosophie dient die Profit- oder Investment-Center-Struktur und somit die Steuerung über Ergebnis- und Gewinnziele.

Methoden der Unabhängigkeitsphase: In der weiteren Entwicklung mutiert das Shared Service Center zum eigenständigen Dienstleistungsunternehmen. Damit werden alle für Dienstleistungsunternehmen notwendigen Controllinginstrumente bedeutsam.

5.5.2 Konzerninterne Verrechnungssysteme

Bedeutung zwischenbetrieblicher Lieferungen und Leistungen

Die Festlegung von konzerninternen Verrechnungspreisen, auch Transferpreise genannt, ist für die Kosten- und Leistungsrechnung in einem Konzern von besonderer Bedeutung. Denn Verrechnungspreise haben Auswirkungen sowohl auf das interne Rechnungswesen mit der konzerninternen Kosten-, Leistungs- und Ergebnisrechnung als auch auf das externe Rechnungswesen mit der Konzernbilanz. Konzerninterne Verrechnungssysteme werden in global agierenden Unternehmen zu einem bestimmenden Teil der Unternehmenspolitik und zu einer bedeutenden Aufgabe der Steuerpolitik.

Zwischenbetriebliche Leistungen umfassen dabei einerseits Sachgüter wie Material, Teile und Baugruppen, Zwischen- und Fertigprodukte, und andererseits Leistungen wie Planungs-, Entwicklungs-, Finanzierungs- und sonstige Leistungen (vgl. Müller 1999, S. 400 f).

Die Aufgaben eines Verrechnungspreissystems

Die Bestimmung von Verrechnungspreisen erfüllt vier unterschiedliche Funktionen, die gegenläufige Ziele und Wirkungen haben können:
1. Lenkungs- und Planungsfunktion,
2. Gewinnverteilungsfunktion,
3. Kontrollfunktion und
4. Bilanzierungsfunktion.

Besonders die Lenkungs- und Planungsfunktion der konzerninternen Koordination und die Gewinnverteilungsfunktion, die internationale Verrechnungspreise und die innerbetriebliche Motivation in den Mittelpunkt stellt, sind hervorzuheben (in Anlehnung an Müller 1999: S. 401).

Kalkulation konzerninterner Preise im Profit Center

Bei der Erstellung von Gemeinschaftsleistungen werden konzerninterne Lieferungen und Leistungen aus Sicht der beteiligten internen Lieferanten den Geschäftseinheiten zu Selbstkosten zuzüglich eines Gewinnzuschlags kalkuliert, soweit es sich um Profit Center handelt. Wenn die konzerninterne Gemeinschaftsleistung über mehrere Wertschöpfungsstufen in unterschiedlichen Geschäftseinheiten läuft, werden aus Primärkosten des liefernden Centers Sekundärkosten des empfangenden Centers. Oder Gemeinkosten des liefernden Centers werden auf der nächsten Wertschöpfungsstufe Einzelkosten. Die Zwischen- und Endprodukte der Wertschöpfung haben untypisch hohe Einzelkosten und sind für die Kalkulation unbrauchbar, wenn nicht in der Konzernkalkulation über die einzelnen Wertschöpfungsstufen zwischen Einzel- und Gemeinkosten der beteiligten Centers differenziert wird (in Anlehnung an Müller 1999, S. 394 ff).

Es sind auch Konstellationen denkbar, in denen die letzte an den externen Kunden veräußernde Geschäftseinheit Verlustgeschäfte tätigt, obwohl in den Verrechnungspreisen auf den ersten Blick nicht erkennbare Gewinnanteile stecken. Auch Fehlinvestitionen könnten in einer nicht konsolidierten Konzernkalkulation untergehen.

Transparente Konzernkalkulation

Um die Möglichkeiten der Fehlinvestition und Intransparenz hinsichtlich der Wertschöpfung zu vermeiden, müssen die Kosten-, Erlös- und Gewinnstrukturen der konzerninternen Wertschöpfungskette im Kalkulationsche-

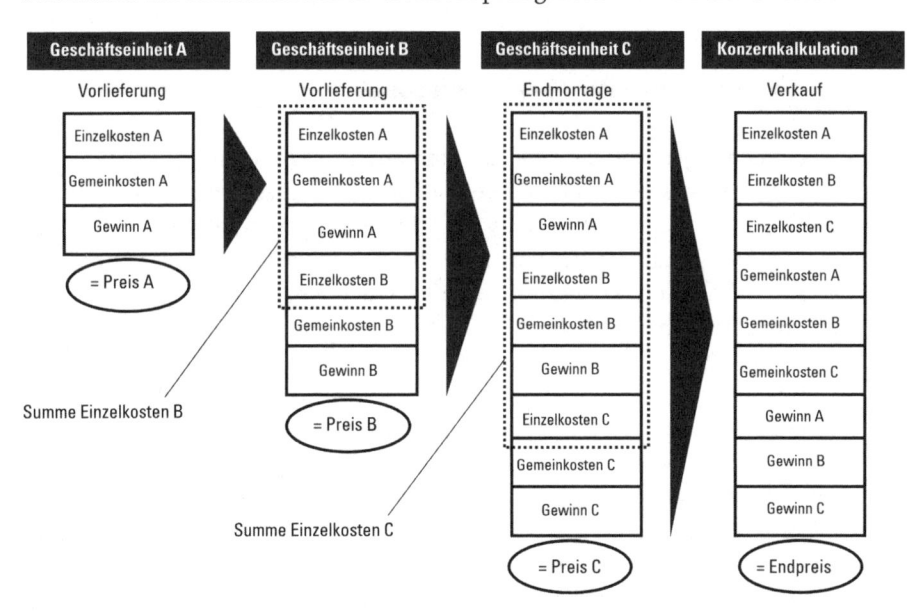

Geschäftseinheit A	Geschäftseinheit B	Geschäftseinheit C	Konzernkalkulation
Vorlieferung	Vorlieferung	Endmontage	Verkauf
Einzelkosten A	Einzelkosten A	Einzelkosten A	Einzelkosten A
Gemeinkosten A	Gemeinkosten A	Gemeinkosten A	Einzelkosten B
Gewinn A	Gewinn A	Gewinn A	Einzelkosten C
= Preis A	Einzelkosten B	Einzelkosten B	Gemeinkosten A
	Gemeinkosten B	Gemeinkosten B	Gemeinkosten B
	Gewinn B	Gewinn B	Gemeinkosten C
Summe Einzelkosten B	= Preis B	Einzelkosten C	Gewinn A
		Gemeinkosten C	Gewinn B
	Summe Einzelkosten C	Gewinn C	Gewinn C
		= Preis C	= Endpreis

Abbildung 5.19: Kosten- und Erlösdifferenzierung bei Gemeinschaftsleistungen als Konzernlieferung (in Anlehnung an Müller 1999: S. 395)

```
Einzelkosten
+ Kosten der Beschaffungsprozesse
+ Kosten der Leistungserstellungsprozesse
+ Kosten der internen Funktionen und Unterstützungsprozesse
+ Sondereinzelkosten der Leistungserstellung
= Herstellkosten
+ Kosten der Verwaltungsprozesse
+ Kosten der Vertriebsprozesse
+ Sondereinzelkosten des Vertriebs
= Selbstkosten
+ Konzernumlage
+ kalkulatorische Gewinne
= Verrechnungspreise
```

Abbildung 5.20: Kalkulationsschema für die Bildung von Verrechnungspreisen (vgl. Müller 1999, S. 403)

ma deutlich werden. Das bedeutet auch, dass kalkulatorische (geplante) Gewinne und statistisch ausgewiesene, kalkulatorisch ermittelte Gewinnsteuern einbezogen sind.

5.5.3 Internationale Verrechnungspreise

Verrechnungspreisrichtlinien für internationale Konzerne
In einem wirtschaftlichen Umfeld, in dem Unternehmen zunehmend außerhalb ihrer Heimatländer entweder direkt und unmittelbar oder indirekt über Tochtergesellschaften tätig sind, hat die Frage einer grenzüberschreitenden Gewinnabgrenzung und damit die Frage nach der Angemessenheit der konzernintern festgesetzten Verrechnungspreise für konzerninterne Leistungsbeziehungen eine hohe steuerliche Bedeutung erlangt.

Neben rein betriebswirtschaftlichen Überlegungen der korrekten Zurechnung für konzernintern erbrachte Leistungen ist eine weitere steuerrechtliche Funktion wichtig: Die Verrechnung von konzerninternen Gemeinschaftsleistungen soll nicht nur ein betriebswirtschaftliches, korrektes und die beteiligten Organisationseinheiten motivierendes Ergebnis ausweisen, sondern es soll zusätzlich auch steueroptimal gestaltet sein. Ein Verrechnungssystem muss dabei so gestaltet sein, dass die Finanzverwaltungen der betroffenen Länder es akzeptieren (vgl. Greinecker 2006: S. 3).

Es gibt zwei Gründe, warum Verrechnungspreise für Konzerne ein so wichtiges Thema sind: Einerseits kann durch die gezielte Gestaltung der konzerninternen Verrechnungspreise die Gesamtsteuerbelastung des Konzerns gesenkt werden. Andererseits steigt das Risiko, weil die bewusste Gestaltung von internationalen Verrechnungssystemen von den Finanzbehörden kritisch geprüft wird und überdies detaillierte Dokumentationsvorschriften zu beachten sind.

Vorschläge für internationale Verrechnungspreissysteme
Internationale Verrechnungspreissysteme folgen den Vorschlägen der Organization for Economic Cooperation and Development (OECD). Diese sieht vor, dass für den Ansatz von Verrechnungspreisen betriebswirtschaftliche Entscheidungskompetenzen bedeutsam sind. Das bedeutet mit anderen Worten, die Gestaltung von Verrechnungspreisen ist abhängig von der Übernahme und dem Management von unternehmerischen Risiken. Die Funktionen mit Entscheidungskompetenzen sind der Schlüssel zur Verteilung der Gewinne. Die Gewinnverteilung folgt dann der Risikoverteilung. Und die Risikoverteilung orientiert sich wiederum an der Funktionszuordnung. Die Funktionszuordnung wiederum hängt davon ab, wo sich die entscheidungsbefugten Mitarbeiter befinden bzw. wo Substanz vorzufinden ist. Die verwendeten Fachbegriffe werden nachfolgend definiert:
- Mit Funktion sind die betriebswirtschaftlichen Funktionen Forschung und Entwicklung, Einkauf, Leistungserstellung, Verkauf etc. gemeint.
- Substanz dokumentiert, wo sich entscheidungsbefugte Mitarbeiter befinden (in Anlehnung an Verhülsdonk 2009: S. 8 ff).

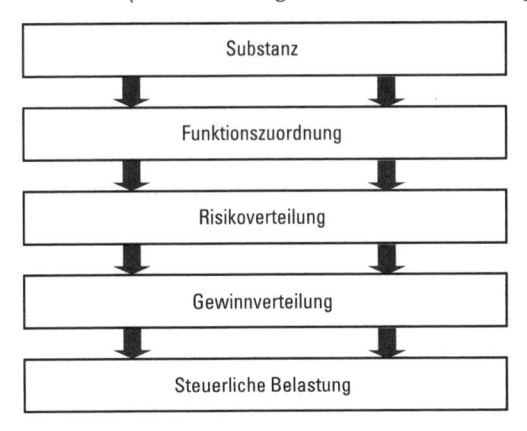

Abbildung 5.21: Unternehmensinterne Verrechnung über Länder- und Steuergrenzen

Die Vorschläge der OECD bedeuten aber auch, dass eine gewünschte Gewinnverlagerung steuerlich nicht anerkannt wird, wenn Risiken und Funktionen lediglich formal übertragen werden, ohne dass die dazugehörige Substanz transferiert wird (vgl. Greinecker 2006: S. 3).

Überblick über die Kalkulationsverfahren

Die Preisbestimmung der konzerninternen Leistungsverrechnung legt entscheidend die Höhe des steuerlichen Ergebnisses von Konzerngesellschaften in den Staaten fest, in denen die Unternehmen aktiv sind. Daher überrascht es nicht, dass sich die Finanzverwaltungen weltweit für die Festlegung der Verrechnungspreise innerhalb eines multinationalen Konzerns interessieren.

Die besondere Schwierigkeit in diesem Umfeld ergibt sich aus der Tatsache, dass Verrechnungspreise keine exakte Wissenschaft sind. Die Frage, was ein angemessener Verrechnungspreis ist, lässt sich nicht eindeutig beantworten und wird von den beteiligten Akteuren unterschiedlich jeweils zu eigenen Gunsten ausgelegt. Im schlechtesten Fall führen Streitigkeiten mit einer Finanzverwaltung zu einer Doppelbesteuerung.

Die OECD bevorzugt weiterhin die geschäftsfallbezogenen Standardmethoden wie die Vergleichspreis-, Wiederverkaufspreis- oder Kostenaufschlagsmethode. In der Praxis finden allerdings gewinnorientierte Methoden wie die geschäftsfallbezogene Nettomargen-Methode oder die globale Gewinnaufteilungsmethode immer mehr Verbreitung (vgl. Greinecker 2006: S. 4).

Die Methoden im Überblick:
- Preisvergleich: Der Verrechnungspreis wird aus Preisen, die bei vergleichbaren Geschäften am externen Markt vereinbart werden, abgeleitet.
- Wiederverkaufspreis: Bei der Kalkulation des Verrechnungspreises geht man von einem Wiederverkauf des Leistungsempfängers an einen externen Dritten aus. Dabei wird dieser Wiederverkaufspreis um einen marktüblichen Abschlag für eine Gewinnmarge vermindert.
- Kostenaufschlag: Die Summe der Selbstkosten des innerbetrieblichen Dienstleistungserbringers wird um einen betriebs- oder branchenüblichen Gewinnaufschlag erhöht.
- Geschäftsfallbezogen: Das Gesamtgeschäft wird in seine einzelnen Transaktionen auf den unterschiedlichen Wertschöpfungsstufen zerlegt. Der Gewinnzuschlag ist ausgerichtet an den Margen, die externe Dritte für die einzelnen Transaktionen erzielen würden. Dabei wird auf Datenbankanalysen zurückgegriffen.

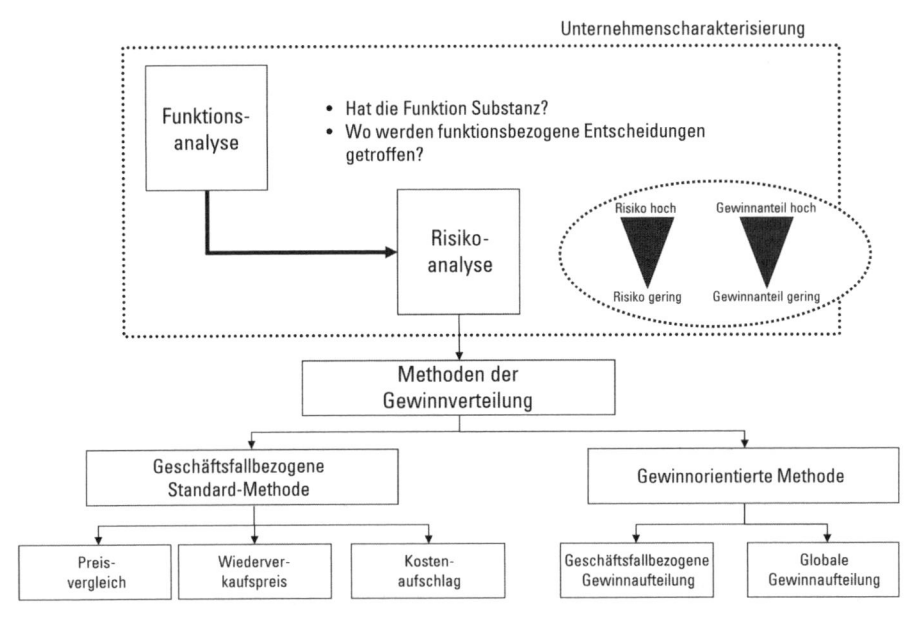

Abbildung 5.22: Methoden der Gewinnverteilung über Länder- und Steuergrenzen

- Globale Gewinnaufteilung: Der erwartete Gewinn aus dem Gesamtgeschäft wird auf die beteiligten Geschäftseinheiten global aufgeteilt (vgl. Verhülsdonk 2009: S. 9 ff).

International tätige Konzerne sind gut beraten, die Festlegung und insbesondere die Dokumentation ihrer Verrechnungspreise nicht als eine lästige Dokumentationspflicht zu verstehen, sondern sich immer bewusst zu sein, dass die steuerliche Angemessenheit konzerninterner Leistungsverrechnungen gegenüber der Finanzverwaltung zu begründen ist, und dass die Verwaltung naturgemäß eine völlig andere Interessenlage als das steuerpflichtige Unternehmen hat (vgl. Wehnert 2011: S. 4).

5.6 Controller-Wörterbuch Deutsch – Englisch

Abnahmeverpflichtung	Commitment to purchase
Bereichserfolgsrechnung	Unit earnings account
Betriebsvergleich	Benchmarking
Dezentralisierung	Decentralization
Dienstleistungshierarchie	Service hierarchy
Dienstleistungsportfolio	Service portfolio

Durchlaufzeit	Throughput speed
Effizienzniveau	Efficiency
Einzelkosten	Direct costs
Erfolgsrechnung	Earnings account
Ergebnisrechnung	Earnings account
Flexibilität	Flexibility
Führen mit Zielvereinbarungen	Management by objectives
Gemeinkosten	Overhead
Gemeinschaftsleistung	Collective output
Geschäftseinheit	Business unit
Harmonisierung	Harmonization
Innerbetriebliche Leistungsvereinbarung	Internal Service Level Agreement SLA
Interne Dienstleistung	Internal service
Interne Dienstleistungseinheit	Internal service unit
Interner Kunde	Internal client
Interner Markt	Internal market
Interner Vertrag	Internal contract
Investment Center	Investment Centre
Ist-Zustand	As-is / Actual state
Kalkulationsschema	Calculation pattern
Komplexitätsreduktion	Complexity reduction
Konzerninterne Verrechnung	Internal offsetting
Konzernlieferung	Internal delivery
Kostenposition	Cost item
Kostensenkung	Cost cutting
Kostenstelle	Cost Centre
Kostenstellenergebnisrechnung	Cost centre earnings account
Kostenstellenrechnung	Cost centre accounting
Kunden-Lieferantenbeziehung	Supplier-client relationship
Kundenorientierung	Customer focus
Kundenzufriedenheit	Customer satisfaction
Länder- und Steuergrenzen	National and fiscal boundaries
Leistungsfluss	Activity flow
Leistungskatalog	Service catalogue
Maschinenstundensatz	Machine-hour rate
Mitarbeiterstundensatz	Employee-hour rate
Personalkosten	Labour costs
Positionierung	Positioning
Primäre Kosten	Primary costs
Profit Center	Profit Centre
Prozessanalyse	Process analysis
Prozesskosten	Process costs
Prozesskostenrechnung	Activity-based costing
Prozessmodell	Process model
Sachkosten	Material costs
Sekundäre Kosten	Secondary costs
Service Center	Service Centre

Shared Service Center	Shared Service Centre
Skaleneffekte	Economies of scale
Soll-Konzept	Target concept
Spezialisierung	Specialization
Standardisierung	Standardization
Strategische Ausrichtung	Strategic direction
Synergieeffekte	Synergy (effects)
Transferpreis	Transfer price
Transparenz	Transparency
Verrechnungsfluss	Cost allocation flow
Verrechnungspreis	Transfer price
Verrechnungspreisrichtlinien	Transfer pricing principles
Verrechnungsschlüssel	Cost allocation key
Verrechnungssystem	Cost allocation system
Wertschöpfung	Value creation
Zentralisierung	Centralization
Zusammenarbeit	Collaboration
Zusammenschluss	Joint Venture

6
Kosten aktiv managen

6.1 Was Sie in diesem Kapitel erwartet

Das vorherige Kapitel hat Ihnen eine umfängliche Anleitung zum Aufbau eines internen Marktes im Unternehmen sowie für die innerbetriebliche Verrechnung von Dienstleistungen im Konzern über rechtliche, länderübergreifende und steuerliche Grenzen hinweg gegeben.

Dieses Kapitel bietet Ihnen sehr differenzierte Empfehlungen zum Vorgehen,

- wenn Sie Licht in das Dunkel Ihrer Kostenblöcke bringen wollen,
- um die Einflussfaktoren auf die Höhe, Struktur und Entwicklung Ihrer Kosten zu identifizieren,
- wie Sie Kostensenkungspotenziale erkennen können,
- wie Sie intelligent anstelle von stumpf und undifferenziert Ihre Kosten reduzieren und an Ihr aktuelles und zukünftiges Geschäft anpassen,
- welche Überlegungen Sie anstellen sollten, um Ihre Kosten fachkundig und vorausschauend zu planen, und
- wie Sie damit Kostenmanagement als Erfolgsvorsorge für die Zukunft nutzen.

6.2 Probleme mit der Kostenposition

Auf den Boom folgt der Kostendruck

Besondere Fähigkeiten von motivierten Mitarbeitern und maßgeschneiderte, individuelle Lösungen für die Kunden mit einem einzigartigen Ergebnis sind nicht nur spezielle Merkmale von Dienstleistungen, sondern begeistern auch Kunden. Die in der Folge von beiden Seiten gewünschte, weitere intensive Zusammenarbeit führt beim Dienstleister häufig dazu, dass die langfristige Kundenbindung auch durch ein breiteres Dienstleistungsportfolio gewährleistet wird, um alles aus einer Hand anbieten zu können.

Dienstleistungscontrolling in der Praxis Matthias Siebold
Copyright © 2014 WILEY-VCH Verlag GmbH & Co. KGaA, Weinheim

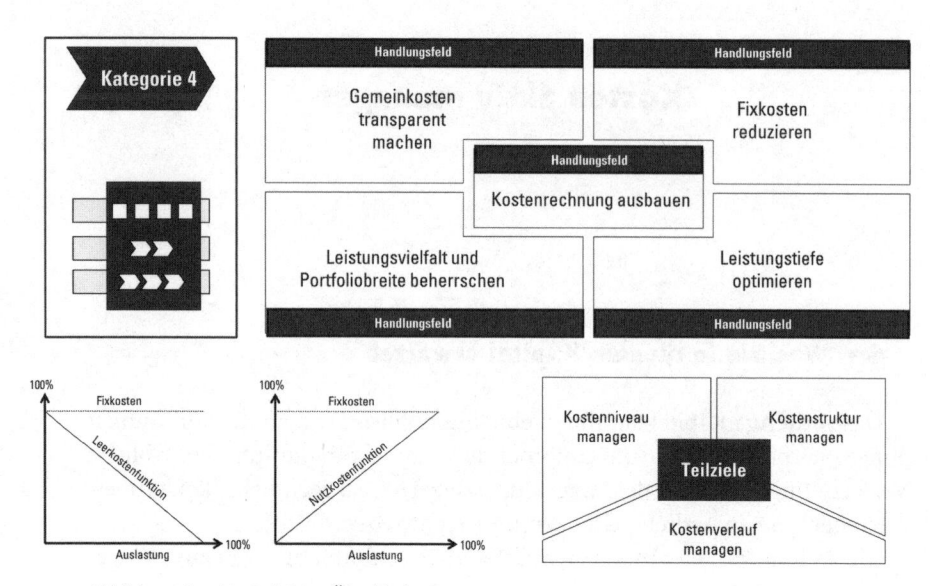

Abbildung 6.1: Kapitel 6 im Überblick

Gerade bei Dienstleistungsunternehmen des Typs »wissensbasierte Dienstleistungen« ist eine Ausweitung aufgrund von geringen Markteintrittsbarrieren schnell umzusetzen. Die Ausweitung des eigenen Leistungsspektrums führt bei Dienstleistungsunternehmen des Typs »standardisierte Dienstleistungen« wiederum zu hohen Investitionen (vgl. Reckenfelderbäumer 2005: S. 40).

Wegen der steigenden Nachfrage nicht nur nach den Dienstleistungen des Kerngeschäfts, Maßnahmen zur langfristigen Kundenbindung und Wachstumsorientierung findet häufig ein deutliches Ausweiten des Dienstleistungsportfolios und der Variantenvielfalt statt. Unrentable Geschäftsaktivitäten werden nicht oder sehr spät als solche erkannt. Damit steigen die Geschäftsrisiken beim Dienstleistungsunternehmen und werden spätestens dann deutlich, wenn die Konjunktur und/oder die Nachfrage schwächer werden. Nun machen sich große Kostenblöcke mit all ihren negativen Auswirkungen auf die Ertragslage bemerkbar.

Der Markt von morgen wird nicht berücksichtigt

Bei einem mangelhaften Kostenmanagement werden – wenn überhaupt – veraltete, vergangenheitsbezogene Kennzahlen berücksichtigt. Aktuelle Marktentwicklungen und -trends werden noch zu wenig in die eigene Planung einbezogen. Zukünftige Marktveränderungen und Veränderungen von Rahmenbedingungen wie Gesetze und Auflagen bleiben unberücksichtigt und eine aktive Steuerung der Kostenposition fehlt. Das gefährdet langfristig die eigene Marktstellung.

Eine gefährliche Folge einer schleichenden Fehlentwicklung in wichtigen Kostenpositionen ist die dauerhafte Veränderung der Betriebsgröße. Wenn infolge einer hohen Nachfrage verbunden mit einer guten Auslastung mehr Personal eingestellt wird und die Kapazitäten ausgeweitet werden, so muss das Dienstleistungsunternehmen auch zukünftig zur Abdeckung dieser Mehrkosten einen ausreichenden Mehrumsatz erzielen. Ist dieser Mehrumsatz nicht dauerhaft erreichbar, so wird eine Reduzierung der Kapazitäten bzw. Verkleinerung des Unternehmens unumgänglich. Schmerzhafte, langwierige und teure Korrekturmaßnahmen sind die Folge (in Anlehnung an Deutsche Bank AG 1993: S. 6).

Ursachen eines problematischen Kostenniveaus sind bekannt

Bei Dienstleistungsunternehmen ergeben sich aus der Kundenmitwirkung und der Immaterialität typische Problemfelder, die starke Einflüsse auf die Kostenpositionen und die Ausgestaltung einer Kosten- und Leistungsrechnung haben:
- Hoher Anteil an Bereitschaftskosten
- Schwankende Nachfrage
- Integration des Kunden oder eines seiner Objekte
- Fehlen typischer Funktions- oder Kostenstellenstrukturen
- Individualität der erbrachten Dienstleistungen

Warnsignale beachten

Ein besonderer Handlungsbedarf im Kostenmanagement von Dienstleistungsunternehmen entsteht vielfach dann, wenn folgende Indikatoren zutreffen:
- Steigende Umsätze und hohe Auslastung bei sinkenden Erträgen der Dienstleistungen, Projekte und Aufträge
- Deutliche Zunahme von Kleinkunden und Kleinaufträgen
- Drastische Zunahme des Dienstleistungsspektrums und der Variantenvielfalt
- Hoher administrativer Aufwand durch Zunahme von Qualitäts- und Terminproblemen sowie Reklamationsbearbeitung
- Der Anteil der Personalkosten in administrativen und unterstützenden Bereichen ist im Verhältnis zu den Personalkosten der Leistungserbringung ständig gestiegen.

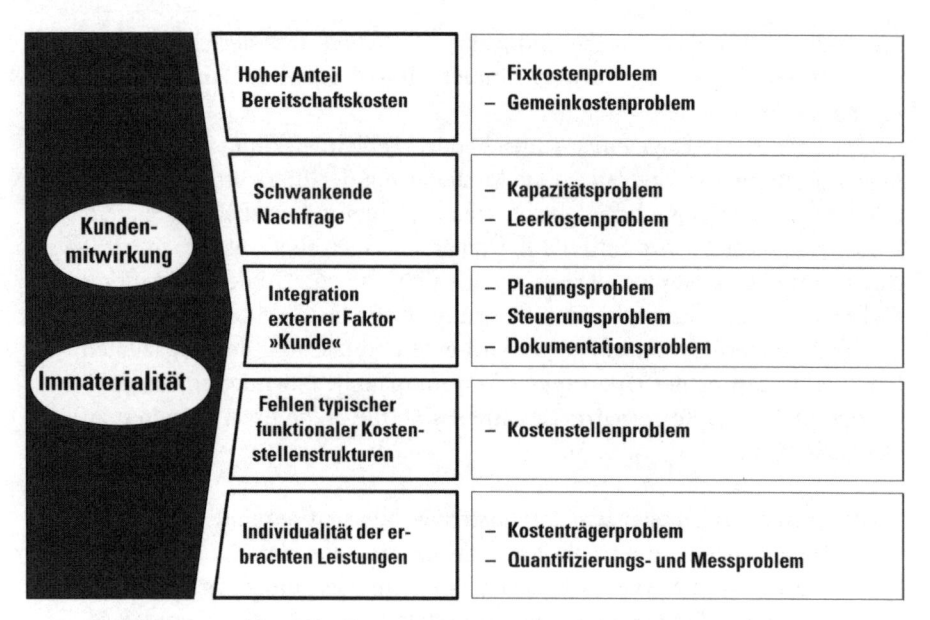

	Hoher Anteil Bereitschaftskosten	– Fixkostenproblem – Gemeinkostenproblem
Kunden-mitwirkung	Schwankende Nachfrage	– Kapazitätsproblem – Leerkostenproblem
	Integration externer Faktor »Kunde«	– Planungsproblem – Steuerungsproblem – Dokumentationsproblem
Immaterialität	Fehlen typischer funktionaler Kosten-stellenstrukturen	– Kostenstellenproblem
	Individualität der er-brachten Leistungen	– Kostenträgerproblem – Quantifizierungs- und Messproblem

Abbildung 6.2: Problemfelder des Kostenmanagements und der Kostenrechnung in Dienstleistungsunternehmen (vgl. Reckenfelderbäumer 2005: S. 37)

- Die organisatorischen Strukturen und Prozesse sind trotz Geschäftsausweitung und Umsatzzuwächsen unverändert geblieben.
- Der Gemeinkostenanteil, der nicht auf Dienstleistungen und Kunden direkt verrechnet werden kann, ist deutlich gestiegen (in Anlehnung an Deutsche Bank AG 1993: S. 5).

Die 10 Todsünden des Sparens

Kostenmanagement ist nicht ein anderes Wort für Sparen. Sparen beinhaltet häufig folgende fundamentale Fehler der Kostensenkung:
1. Als vorübergehende Maßnahme
2. Nur in wirtschaftlich angespannten Situationen
3. Ohne Identifikation der Kostentreiber
4. Ohne Durchleuchtung der Geschäfts- bzw. Marktsegmentierung
5. Nach der Rasenmäher-Methode
6. Ohne Fokussierung
7. Ohne Prozessoptimierung
8. Ohne Kontrolle durch Kennzahlen
9. Ohne Einbeziehung der Beteiligten
10. Auf »Befehl von oben« oder als Druckmittel

6.3 Kostenmanagement als Erfolgsvorsorge nutzen

In Kosten steckt Gewinn

Auch in Zeiten von nachlassender Konjunktur und Auftragsrückgängen können Dienstleistungsunternehmen erfolgreich bleiben.

Wer sein Kostenniveau im Vergleich zum Umsatz oder der Branche, die eigene Kostenstruktur und die Entwicklung des Kostenverlaufes über die Zeit ständig im Blick hat und unnötigen Ballast vermeidet, beherrscht sein Geschäft und kann auch Umsatzrückgänge ertragsmäßig kompensieren. Dienstleistungsunternehmen mit einem ausgeprägten Kostenmanagement sind daher nicht nur erfolgreicher, sondern sind gegenüber Konjunktur- und Geschäftsrisiken auch resistenter. Allerdings werden die meisten Fehler im Kostenmanagement von Dienstleistern gemacht, wenn es ihnen gut geht. Markterfolg und Unternehmenswachstum verleiten oft dazu, die richtigen Kostenverhältnisse aus den Augen zu verlieren und Fix- und Gemeinkosten unkontrolliert aufzubauen (in Anlehnung an Deutsche Bank AG 1993: S. 6).

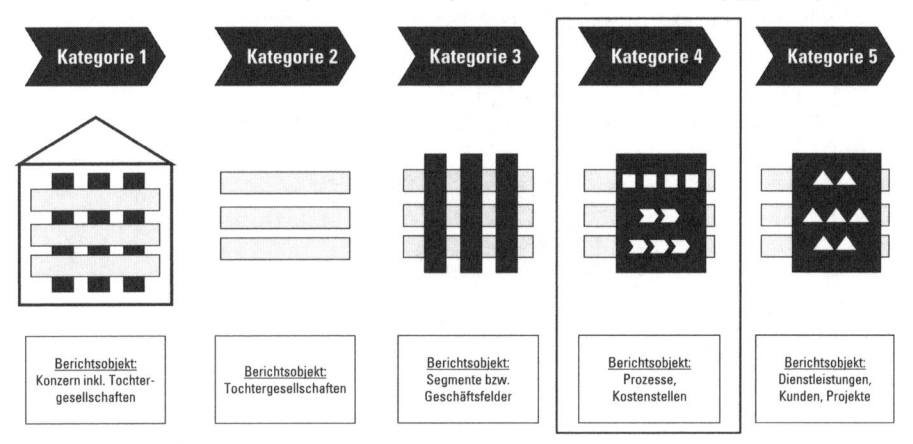

Abbildung 6.3: Kategorie 4 der Berichtsmatrix setzt den Rahmen für das Kostenmanagement (in Anlehnung an Schrott/Hellebrandt 2009: S. 25)

Ziele eines strategischen Kostenmanagements

Das Ziel des Kostenmanagements ist die langfristige Verbesserung der Kostenposition zur dauerhaften Steigerung der Wettbewerbsfähigkeit. Dabei ist Kostenmanagement nicht nur ein Instrument, das bei Ergebniseinbrüchen die Handlungsalternativen aufzeigt und Ansatzpunkte zur Kostensenkung und -korrektur liefert. Ziel eines strategischen Kostenmanagements ist vielmehr die langfristige Verbesserung der Kostenposition zur dauerhaften Steigerung der Wettbewerbsfähigkeit.

Daher sind Kostenniveau, Kostenstruktur und Kostenverlauf im Dienstleistungsunternehmen systematisch zu analysieren und planvoll zu steuern sowie zukünftige Marktveränderungen zu berücksichtigen, um Erfolgspotenziale im Kostenbereich gezielt auszuschöpfen (in Anlehnung an Deutsche Bank AG 1993: S. 1).

Kostenmanagement beinhaltet drei Teilziele und zentrale Aufgaben als strategische Herausforderungen von Dienstleistungsunternehmen:
1. Kostenniveau managen
2. Kostenstruktur managen
3. Kostenverläufe managen

Kostenniveau managen heißt: Ergebnis sichern

Wenn der Einsatz an Personal, externen Dienstleistungen und Material bei der Dienstleistungserbringung gesenkt werden kann, wird eine unmittelbare Verbesserung des Betriebsergebnisses erreicht.

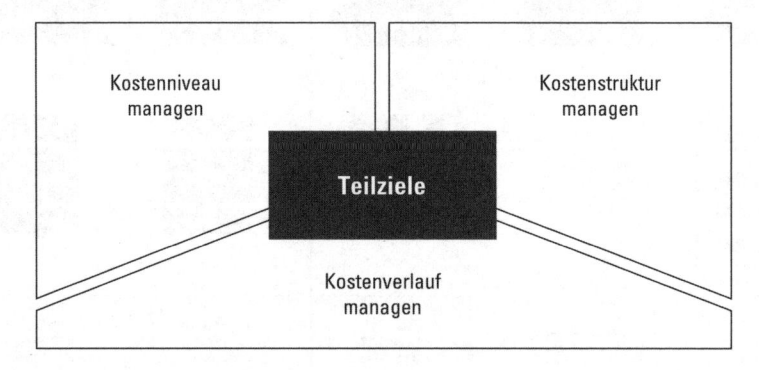

Abbildung 6.4: Teilziele des strategischen Kostenmanagements

Kostenstruktur managen bedeutet die Krisenanfälligkeit senken

Die Zusammensetzung der Kosten ist zu analysieren. Missverhältnisse oder Unausgewogenheiten zwischen einzelnen Kostenarten, fixen und variablen Kosten wie auch zwischen Gemein- und Einzelkosten sind zu beseitigen. Damit wird insbesondere die Krisenanfälligkeit des Unternehmens bei Konjunkturschwankungen und Wettbewerbsveränderungen herabgesetzt.

Kostenverlauf managen heißt Marktentwicklungen vorwegnehmen
Wichtig ist, die künftige Marktentwicklung auch bei den Kosten einzubeziehen. Dabei muss das Kostenverhalten in Abhängigkeit der Leistungsmengen geplant werden. Ferner müssen die Hauptkostenblöcke in den Bereichen anfallen, die die wesentlichen Erfolgsfaktoren des Unternehmens ausmachen. So kann die optimale Betriebsgröße erreicht werden. Damit wird das Fundament für eine langfristig stabile Unternehmensentwicklung gelegt (in Anlehnung an Deutsche Bank AG 1993: S. 7 ff).

Von der dokumentations- zur führungsorientierten Kostenrechnung
Nicht jedes Unternehmen, das eine zufriedenstellende Rentabilität erzielt, arbeitet auch wirtschaftlich. Eine professionelle und gut aufgebaute Kosten- und Leistungsrechnung schafft Transparenz, an welchen Stellen die Effizienz gesteigert werden kann. So kann erkannt werden, ob:
- unrentable und/oder verlustbringende Teil- oder Geschäftsbereiche im Unternehmen existieren,
- getroffene Maßnahmen wirksam sind,
- die eigenen Ressourcen und Leistungspotenziale wirtschaftlich genutzt werden und
- Ansatzpunkte zur marktgerechten Verbesserung bzw. Entwicklung von Dienstleistungen bestehen.

Eine derart führungsorientiert aufgebaute Kosten- und Leistungsrechnung liefert damit die Grundlage für gezieltes Kostenmanagement. Der Weg von der dokumentations- zur führungsorientierten Kostenrechnung ist zunächst einmal ein Denkprozess, der langsam fortschreitet und oft in der Krise an Fahrt gewinnt (in Anlehnung an Deutsche Bank AG 1993: S. 8).

6.4 Grundlagen einer führungsorientierten Kostenrechnung

Kosten differenzieren können
In einer führungs- und damit entscheidungsorientierten Kostenrechnung müssen die Führungskräfte Klarheit besonders über drei Kostenbegriffspaare haben, um einerseits endlose Diskussionen zu vermeiden und andererseits den eigenen Einfluss auf die Kosten gezielter zu verstärken:
1. Variable und fixe Kosten
2. Einzel- und Gemeinkosten
3. Beeinflussbare und nicht beeinflussbare Kosten

Variable und Fixkosten unterscheiden

Kosten ändern sich in Abhängigkeit der Leistungserbringung:
- *Variable Kosten*: Kosten, deren Höhe von der Ausbringungsmenge abhängig ist.
  - Beispiele: Rohstoffe, Strom etc.
- *Proportionale Kosten*: Diese sind eine spezielle Ausprägung der variablen Kosten. Der variable Kostenanteil pro Kostenträger ist immer identisch – von der ersten bis zur letzten Leistungseinheit.
- *Grenzkosten*: Bezeichnen die zusätzlichen variablen Kosten der letzten erstellten Leistungseinheit.
- *Fixe Kosten*: Kosten, deren Höhe unabhängig ist von der Ausbringungsmenge.
  - Beispiele: Abschreibungen, Laborkosten, Gehälter.

Fixkosten entstehen als Folge der Bereitstellung von Kapazitäten, damit überhaupt eine Dienstleistung erbracht werden kann. Variable Kosten dagegen gehorchen dem Prinzip der Kausalität. Sie entstehen, weil eine bestimmte Leistung erbracht wird. Dabei liegt eine technische, verbrauchsorientierte Denkweise zu Grunde. Die Grenzkosten werden durch das Mengen- und Zeitgerüst der Leistungsstruktur definiert.

Die Unterscheidung ist wesentlich bei der Kostenplanung in der Kostenstelle. Mit der Spaltung in fixe und variable Kosten ist es möglich, in der Kalkulation Voll- und Grenzkostenberechnungen anzustellen, um damit eigene Entscheidungen differenzierter treffen zu können.

Einzel- und Gemeinkosten unterscheiden

Zurechenbarkeit der Kosten auf ein allgemeines Bezugsobjekt:
- *Einzelkosten*: Kosten, die man nachweisbar für eine bestimmte Leistung oder einen Auftrag aufgewendet hat.
  - Beispiele: Rohstoffe, Fertigungslöhne, Fracht, Zoll.
- *Gemeinkosten*: Kosten, die durch mehrere Leistungen verursacht wurden und nicht unmittelbar einer Leistung zurechenbar sind.
  - Beispiele: Verwaltung, Firmenwerbung, Kantine.

Gemein(sam) sind die Kosten, weil sie nicht für ein einzelnes Bezugsobjekt erfasst werden können.

Die Einteilung »gemein« bzw. »einzel« ist relativ, weil abhängig von der Betrachtungsebene. So können Werbekosten für eine bestimmte Dienstleistung zum Beispiel die Virtualisierung, sogenanntes Cloud Computing, wohl nicht einem einzelnen Projekt oder Auftrag, aber sehr wohl einem Geschäftsbereich zugeordnet werden. Die Zurechenbarkeit auf verschiedenen Stufen wird bei der stufenweisen Deckungsbeitragsrechnung genutzt. Damit können der Verantwortung und Beeinflussbarkeit entsprechend einzelne Kostenelemente zugeordnet werden, ohne dass willkürliche Verteilungsschlüssel angewendet werden müssen. In der Praxis werden auch Kriterien wie Tragfähigkeit und Umsatzanteile verwendet, damit wird aber dem Kriterium der Beeinflussbarkeit, der Verantwortung für bestimmte Kosten, keine Beachtung geschenkt, was sich negativ auf das Kostenbewusstsein auswirkt.

Beeinflussbare und nicht beeinflussbare Kosten unterscheiden
Die Steuerbarkeit oder Beeinflussbarkeit gibt an, ob und welchen Beschränkungen die Kostenverantwortlichen unterliegen.
- *Beeinflussbare Kosten*: Höhe des Werteverbrauchs, der kurz-, mittel- oder langfristig durch aktive Korrekturmaßnahmen beeinflusst werden kann.
- *Nicht beeinflussbare Kosten*: Werteverbrauch, der einerseits durch eigene frühere Entscheidungen oder durch Dritte bedingt nicht gestaltbar ist. Andererseits können externe Beschränkungen zum Beispiel durch Verträge, Gesetzgebung, Verhalten von Kunden oder Ähnliches vorliegen.

Für die Steuerung des Erfolgs oder die Steuerung der Liquidität kann die Betrachtung und Suche nach Antworten auf folgende Fragen existenziellen Charakter haben:
- Wer kann Kosten beeinflussen, wer hat dazu die Kompetenz?
- Wie schnell können Kosten beeinflusst werden?
- Können wir noch Einfluss auf das laufende Geschäftsjahr nehmen?
- Wann tritt die Wirkung ein? (vgl. Grossmann 2002: S. 7 f).

6.5 Die Handlungsfelder eines operativen Kostenmanagements

Dimensionen des Kostenmanagements
Kostenmanagement kann sowohl Chancen- als auch Risikomanagement sein.

Wenn dieses Thema eher aktiv angegangen wird, dann besteht für ein schlankes und schlagkräftiges Unternehmen die Chance, Kostenmanagement zur Realisierung einer Kostenführerschaft einzusetzen. Über die Gestaltung der Hauptkosteneinflussgrößen wie Unternehmensgröße, Dienstleistungsportfolio, Leistungsprozesse, Qualität, Mengen, Preise und Be-

> **Beispiel:**
>
> Unternehmen der Immobilien- und Wohnungswirtschaft, die einen eigenen Bestand an Wohneinheiten verwalten, haben rund 80 Prozent fixe Kosten und 20 Prozent variable Kosten. Eine Kostenart, die sofort beeinflusst werden kann, sind zum Beispiel die variablen Instandhaltungskosten. Kurzfristig innerhalb desselben Jahres sind variable Dienstleistungen wie Versicherungskosten mit einjähriger Vertragslaufzeit beeinflussbar. Die bedingt beeinflussbaren Personalkosten und die nur langfristig veränderlichen Abschreibungen auf Gebäude haben demgegenüber einen fixen Charakter.
> Abschließend ist zu sagen, dass Veränderungen der Kostenposition in Dienstleistungsunternehmen mit dieser von hohen Fixkosten geprägten Kostenstruktur relativ schwierig sind.
> Demgegenüber bieten sich Event- oder Verkaufsförderungsagenturen, mit einer Kostenstruktur von rund 20 Prozent fixen Kosten und 80 Prozent variablen Kosten, erheblich bessere Möglichkeiten.

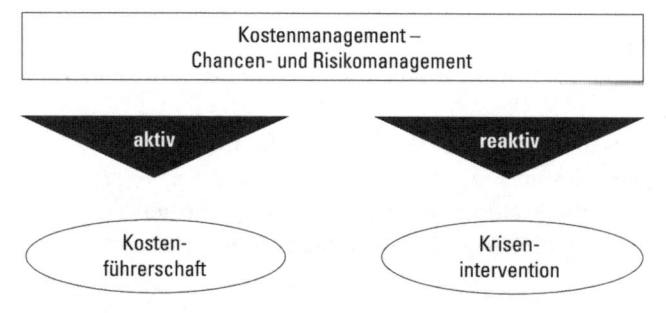

Abbildung 6.5: Dimensionen des Kostenmanagements

schäftigung der Leistungsfaktoren können vorausschauend Handlungsspielräume für Kostenanpassungen geschaffen werden.

Wenn dieses Thema eher reaktiv angegangen wird, dann nutzen Unternehmen Kostenmanagement als ein Krisenmanagementinstrument, das einen hohen Kostendruck lindern soll. Dann wird gegen die ursächlichen Kosteneinflussfaktoren wie Komplexität in der Leistungserbringung, Individualität der Dienstleistungen, Variantenvielfalt, Umfang des Dienstleistungsportfolios oder schlechte Auslastung der aufgebauten Kapazitäten von Personal und Infrastruktur vorgegangen.

Ansatzpunkte für ein aktives Kostenmanagement

Unabhängig davon, ob Kostenmanagement im Dienstleistungsunternehmen eher reaktiv zur Krisenintervention oder eher aktiv zum Erreichen einer Kostenführerschaft eingesetzt werden soll, sollten fünf Handlungsfelder aktiv und systematisch bearbeitet werden:

Handlungsfeld	Handlungsfeld
Gemeinkosten transparent machen	Fixkosten reduzieren
Handlungsfeld: Kostenrechnung ausbauen	
Leistungsvielfalt und Portfoliobreite beherrschen	Leistungstiefe optimieren
Handlungsfeld	Handlungsfeld

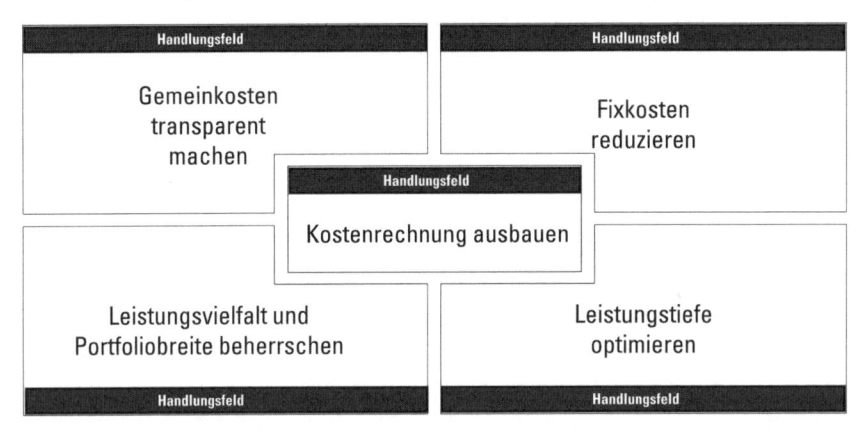

Abbildung 6.6: Die fünf Handlungsfelder des Kostenmanagements (in Anlehnung an Deutsche Bank AG 1993: S. 11).

Kostenrechnung ausbauen: Die Voraussetzung für alle Handlungsfelder ist eine funktionierende Kosten- und Leistungsrechnung. Welche Schwerpunkte sich für den Auf- und Ausbau der Kostenarten-, Kostenstellen- und Kostenträgerrechnung ergeben, ist im Dienstleistungssektor von Unternehmen zu Unternehmen verschieden. Wichtig ist, dass die Kostenrechnungsdaten das Unternehmensgeschehen abbilden und damit geeignete Informationen für die Steuerung und Kontrolle liefern.

Gemeinkosten transparent machen: Mit wachsendem Geschäftsvolumen nehmen meist auch die Gemeinkosten zu. Steigt ihr Anteil überproportional, so ist dies ein Alarmsignal. Es ist wichtig, die Gemeinkosten genau zu erfassen und im Zeitablauf zu analysieren.

Fixkosten reduzieren: Nicht nur der Aufbau von modernen Technologien, sondern auch das Festhalten an veralteten Strukturen sind für eine hohe Fixkostenbelastung im Unternehmen verantwortlich. Können Kapazitäten nicht mehr kurz- bis mittelfristig angepasst werden, gerät das Dienstleistungsunternehmen bei einer zurückgehenden Auftragslage in Gefahr.

Leistungsvielfalt und Portfoliobreite beherrschen: Die Tendenz zu immer kleineren Aufträgen und Kunden ist ein schleichender Prozess, der zu übergroßer Leistungsvielfalt und Portfoliobreite (»Bauchladen«) führt. Kleinaufträge und Kleinstkunden beschäftigen die kaufmännische Auftragsabwicklung übermäßig, blockieren dabei eventuell interessantere Aufträge und führen zu hohen internen Kosten.

Leistungstiefe optimieren: Eine zu hohe eigene Leistungstiefe macht jedes Dienstleistungsunternehmen schwerfällig und setzt es zusätzlichen Belastungen aus. Hier gilt es, die eigenen Kernkompetenzen im Blick zu behalten, die eigene Wertschöpfungstiefe zu analysieren und eigene Leistungen mit externen Angeboten auf ihre Effizienz hin zu vergleichen (in Anlehnung an Deutsche Bank AG 1993: S. 11 f).

6.5.1 Kostenrechnung ausbauen

Effizientes Handeln im Tagesgeschäft

Die innerhalb des Unternehmens Tag für Tag ablaufenden Verbrauchs- und Leistungserstellungsprozesse müssen erfasst, geordnet und bewertet werden. Effizient sind operative Verbrauchs- und Leistungserstellungsprozesse dann, wenn Unwirtschaftlichkeiten vermieden werden. Das zentrale Instrument zur Überwachung der Wirtschaftlichkeit ist die Kosten- und Leistungsrechnung.

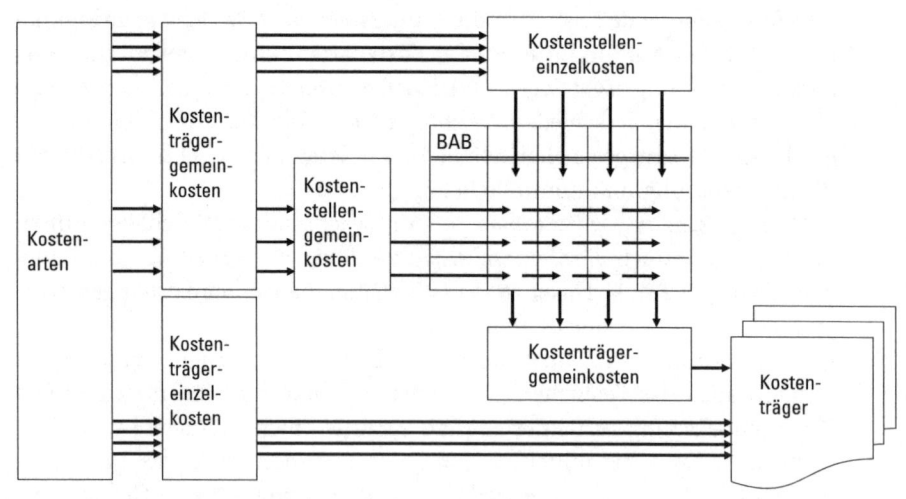

Abbildung 6.7: Klassischer Aufbau und Ablauf einer industriellen Vollkostenrechnung

Kosten

Kosten bezeichnen den in Geld bewerteten Verbrauch von Produktionsfaktoren (Güter und Dienstleistungen) pro Periode und zwar für die Erstellung der typischen betrieblichen Leistungen.

Leistungen

Leistungen sind das Resultat einer in Geld bewerteten gezielten Handlung, die zu einem dem eigentlichen Betriebszweck dienenden Wertezuwachs (Ertrag) eines Unternehmens führt. Leistung bezeichnet auch die betragsmäßige Erfassung dieses Wertzuwachses.

> **Beispiel:**
>
> Der Aufbau und die Implementierung einer Kostenrechnung in einer Fondgesellschaft erfolgten unter folgenden Prämissen:
> - Die Kostenrechnung muss zum einen in der Lage sein, verdeckte Wirkungszusammenhänge von Kostenstrukturen mit einer hohen Messgenauigkeit aufzudecken.
> - Zum anderen muss die neu einzuführende Kostenrechnung objektiv nachvollziehbar sein, um von den betroffenen Mitarbeitern akzeptiert zu werden.
> - Zusätzlich ist darauf zu achten, dass die Ergebnisse der Kostenrechnung nutzungs- und nutzergerecht aufbereitet werden. Sie müssen leicht verständlich und nachvollziehbar sein, damit sie als »gemeinsame Sprache« innerhalb des Unternehmens eingesetzt werden können.
> - Die Kostenrechnung soll dabei die Formulierung von Kosten- und Ertragskriterien für neue Mandate und Produkte ermöglichen. Das bedeutet bei Neuprodukten, dass sie eine objektive Preisfindung ermöglicht. Sie macht andererseits die Kosten des Fondmanagements nachvollziehbar.
> - Daher dient die Kostenrechnung auch als Argumentationshilfe, um Investoren die Kostenstruktur neuer Produkte aufzeigen und Gebühren rechtfertigen zu können. Die Informationen der Kostenrechnung sollen jedoch nicht nur extern als Argumentationshilfe gegenüber Kunden eingesetzt werden, sondern auch intern zur Diskussion mit dem Vertrieb (vgl. Hirsch 2002: S. 80).

Besonderheiten der Kosten- und Leistungsrechnung von Dienstleistungsunternehmen

Die klassischen Standards der industriellen Voll- und Teilkostenrechnung sind im Dienstleistungssektor nur bedingt einsetzbar. Das hat folgende wichtige Gründe:

- Kostenartenrechnung: Die Materialkosten sind bei den meisten Dienstleistungsunternehmen von untergeordneter Bedeutung. Es dominieren sogenannte Bereitschaftskosten (Personalkosten, Kosten für Anlagen und Gebäude, Kosten für Informationstechnologie und Telekommunikation).
- Kostenstellenrechnung: Eine Bildung der Kostenstellen nach Funktionen ist oft nicht möglich. Eine verursachungsgerechte Verrechnung der Gemeinkosten wird dadurch erschwert.
- Kostenträgerrechnung: Die Heterogenität der Leistungen führt zu Problemen bei der Vergleich- und Messbarkeit der Kostenträger sowie der Kalkulation mit Standard- und Durchschnittskosten.
- Besonderheiten im Rahmen der Kostenstruktur: Die dominanten Bereitschaftskosten sind überwiegend fixe Gemeinkosten. Aus dem Einbezug des Kunden oder eines Kundenobjektes in den Leistungserstellungsprozess folgt das Problem der Leerkosten bzw. des Kapazitätsmanagements. Die Integration des Kunden bzw. von Kundenobjekten kann kostensenkend, aber auch kostenerhöhend wirken.

Aus den Prinzipien der Salutogenese ergeben sich folgende drei Anforderungen an die Kosten- und Leistungsrechnung von Dienstleistungsunternehmen:

- Nachvollziehbar: sie sollte empfängergerecht sein
- Sinnvoll: durch eine hohe Messgenauigkeit sollten verdeckte Wirkungszusammenhänge zu erkennen sein
- Handhabbar: die Informationen sollten nutzungs- und nutzergerecht aufbereitet sein

1. Schritt: Kostenartenrechnung ausbauen

Was: Definition der Kostenartenrechnung

Kostenarten sind Kategorien von verbrauchten Produktionsfaktoren. Die Kostenartenrechnung dokumentiert strukturiert die verbrauchten Gesamtkosten aufgeteilt in die jeweiligen Kostenkategorien.

Wo/Wann: Funktion und Aufgaben der Kostenartenrechnung
Die Kostenartenrechnung bildet die Grundlage für die gesamte Kostenrechnung. Sie ist der erste Abrechnungsschritt in der Kostenrechnung und das einfachste Instrument zur Analyse des Betriebsgeschehens.

Sie strukturiert die angefallenen Kosten nach verschiedenen Kostenarten, Kostenartengruppen und nach ihrer Beeinflussbarkeit, stellt eine Ursache-Wirkungsbeziehung zu den Dienstleistungen her und zeigt in einer Übersicht an, welche Plan-Kosten in einer bestimmten Periode anfallen werden, bzw. welche Ist-Kosten angefallen sind.

Die Kostenartenrechnung ist einerseits Grundlage für kostenartenorientierte Planung und Kontrolle sowie andererseits Grundlage für die Kostenstellen- und Kostenträgerrechnung:
- Direkt zurechenbare Kosten ordnet man verursachungsgerecht unmittelbar den Kostenträgern zu.
- Nicht unmittelbar zurechenbare Kosten verrechnet man in der anschließenden Kostenstellenrechnung auf Kostenträger.

Warum: Nutzen und Ziele der Kostenartenrechnung
Die Kostenartenrechnung vermittelt einen Überblick über die Kostenstruktur und -entwicklung im Dienstleistungsunternehmen und ermöglicht damit die Überwachung und Steuerung einzelner Kostenarten. Zu Kostenarten werden typischerweise monatliche, quartalsweise und jährliche Übersichten erstellt. Die Ziele einer Kostenartenrechnung sind:
- Exakte und lückenlose Erfassung aller Kosten
- Überblick über die Kostenstruktur
- Interne und externe Betriebsvergleiche zur Offenlegung von Unwirtschaftlichkeiten, Verschwendung, Fehlern, Schwachstellen etc.

Gliederung der Kosten
- Art der verbrauchten Produktionsfaktoren
- Betriebliche Funktionen
- Art der Verrechnung
- Art der Beschäftigungsabhängigkeit

Abbildung 6.8: Kostenarten exakt und lückenlos erfassen

Wie: Handlungsanleitung für den Aufbau eines Kostenartenplans
Prinzipiell sollte ein Kostenartenplan immer von den spezifischen Informationsbedürfnissen der Führungskräfte abhängen. Theoretisch verfügt ein Kostenartenplan dann über eine ideale Gliederungstiefe, wenn in jeder Kostenart ein in der Höhe sehr ähnlicher Verbrauch homogener Produktionsfaktoren erfasst wird. In der Praxis ist das so nicht realisierbar, da die Kostenstrukturen in vielen Dienstleistungsunternehmen zum Beispiel wegen der überproportional hohen Bedeutung der Personalkosten dies nicht hergeben oder der Aufwand für die Kostenrechnung zu hoch wäre. Ein pragmatischer Ansatz ist der Aufbau eines Kostenartenplans in Anlehnung an den Kontenplan der Finanzbuchhaltung. Ein Kontenplan ist die unternehmensspezifische Auswahl von Sachkonten aus den Buchungsklassen eines Kontenrahmens. In betriebswirtschaftlichen Standardsoftwarelösungen wie zum Beispiel SAP und anderen wird nur noch mit einem einzigen Kontenplan gearbeitet, der sowohl für die Finanzbuchhaltung als auch für die Kostenartenrechnung relevant ist. Das grundsätzliche Schema eines Kostenartenplans beinhaltet folgende Kostenartengruppen:

- Personalkosten
- Kosten zur Erbringung der betrieblichen Leistungen
- Bewirtschaftungskosten der Infrastruktur
- Kapitalkosten
- sonstige Kosten

Wie: Erfolgsfaktoren für eine aussagekräftige Kostenartenrechnung
Für eine bestmögliche Aussagekraft der Kostenartenrechnung müssen folgende Faktoren berücksichtigt sein:

- Kosten müssen vollständig, eindeutig und überschneidungsfrei erfasst sein.
- Der Kostenartenplan gilt als verbindlicher Standard für das ganze Unternehmen.
- Es sind grundsätzlich vergleichbare Zeiträume zu überwachen.
- Der Kostenartenplan sollte so komprimiert wie möglich – aber so differenziert wie nötig – sein.
- Vergleichbare Volumina der Kostenartengruppen führen zu mehr Transparenz. Unter Umständen sollte eine Mindesthöhe definiert werden. Auch wenn das bei anlageintensiven Dienstleistern wie zum Beispiel Hotels oder Verkehrsunternehmen mit der Kostenart »Abschreibung« oder bei Anbietern wissensbasierter Dienstleistungen mit der Kostenartengruppe »Personalkosten« nicht machbar ist.

- Kostenarten sollten eindeutig getrennt werden können, um für Führungszwecke nutzbar zu sein:
  - Variable und fixe Kosten
  - Einzel- und Gemeinkosten

2. Schritt: Kostenstellenrechnung ausbauen
Was: Definition der Kostenstellenrechnung
Kostenstellen sind die Orte der Kostenentstehung. Diese Orte können Organisationseinheiten, Verantwortungsbereiche, räumliche Gesichtspunkte oder andere Bereiche des Dienstleistungsunternehmens sein, für die wiederum nach anderen Gesichtspunkten Kosten erfasst werden. Die Kostenstellenrechnung dokumentiert einerseits die Entstehung und innerbetriebliche Verrechnung von Kosten in den Organisationseinheiten im Dienstleistungsunternehmen. Andererseits weist sie als Ergebnisrechnung die Einhaltung von Plankosten und Kostenbudgets bzw. die Erwirtschaftung von Überschüssen in Organisationseinheiten nach.

Wo/Wann: Funktion und Aufgaben der Kostenstellenrechnung
Die Kostenstellenrechnung mit der Verantwortungssicht bildet die zweite Stufe der Kosten- und Leistungsrechnung. Sie ist das Bindeglied zwischen der Kostenartenrechnung als Ressourcensicht und der Kostenträgerrechnung mit der Dienstleistungssicht.

Die Erfassung der Kosten auf den Kostenstellen ermöglicht die Beobachtung der Kostenentwicklung und die Veränderung der Kostenstruktur der Kostenstellen im Zeitvergleich und die Ermittlung von Kennzahlen für den unternehmensinternen Vergleich. Als Verteilungsrechnung können die in den Kostenstellen angefallenen Kosten differenziert nach den einzelnen Kostenarten dargestellt werden.

Warum: Nutzen und Ziele der Kostenstellenrechnung
Die Kostenstellenrechnung leistet einen entscheidenden Beitrag zur Kontrolle der Wirtschaftlichkeit in allen Organisationseinheiten und damit auch im gesamten Dienstleistungsunternehmen. In ihr ist konzeptionell die im vorherigen Kapitel ausführlich beschriebene innerbetriebliche Leistungsverrechnung zwischen Kostenstellen angesiedelt. Die wichtigsten Aufgaben sind:
- Berechnung von Kalkulationszuschlagssätzen, um Gemeinkosten auf die Dienstleistungen zu verteilen. Die Gemeinkostenverrechnung schafft Transparenz in den Gemeinkostenarten, die den Dienstleistungen nicht direkt zugeordnet werden können.

- Kontrolle der Gemeinkosten als Plan-Ist-Vergleiche.
- Überwachung der Einhaltung von Kostenstellenbudgets bzw. Ausweis eines kostenstellenbezogenen Gewinns. Damit dokumentiert sie Kostenverantwortung. Die Verantwortung für die Kostenentwicklung einer Kostenstelle trägt der Kostenstellenleiter. Infolge der regelmäßig zu erstellenden Kostenstellenberichte erhält er Informationen über die Kostenentwicklung und damit die Möglichkeit, im eigenen Verantwortungsbereich die Kosten aktiv zu steuern.
- Abbildung von unternehmensinternen Leistungsbeziehungen. Sind die Kosten einer Kostenstelle sowie deren erbrachte Leistungen bekannt, können die Selbstkosten pro Dienstleistung kalkuliert werden.

Wie: Handlungsanleitung für eine sinnvolle Kostenstellenbildung
Für die Bildung von Kostenstellen müssen wichtige Einflussgrößen berücksichtigt werden:

- Ausgangspunkt ist der Organisationsplan des Dienstleistungsunternehmens. Die Einteilung der Kostenstellen muss die Aufbauorganisation widerspiegeln. Kostenstellen werden nach Verantwortungsbereichen abgegrenzt. Jede Organisationseinheit wird zunächst als Kostenstelle definiert. In einem weiteren Teilschritt werden gegebenenfalls kleine Kostenstellen zusammengefasst oder größere geteilt.
- Das Dienstleistungsspektrum bzw. die Geschäftsfelder des Dienstleistungsunternehmens müssen im Kostenstellenplan nachvollziehbar und trennbar sein.
- Eingesetzte Technologien des Arbeitsprozesses, räumliche Zusammenhänge oder andere, sachlogisch vertretbare und messbare Abgrenzungen müssen berücksichtigt werden.

Kriterien zur Bildung von Kostenstellen

- Verantwortungsbereiche abbilden
- Organisationsstruktur nachvollziehen
- Auf Klarheit und Eindeutigkeit achten
- Übersicht behalten

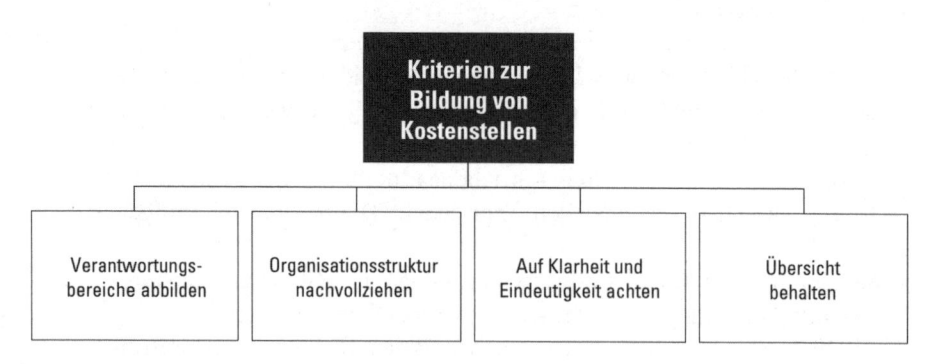

Abbildung 6.9: Sinnvolle Kostenstellenbildung

Wie: Erfolgsfaktoren für eine aussagekräftige Kostenstellenrechnung
Für eine aussagekräftige Kostenstellenrechnung sollten folgende Faktoren berücksichtigt werden:
- Auf Klarheit und Eindeutigkeit achten:
  - Überschneidungen und Auslegungsspielräume sind zu entfernen.
  - Kostenstellen so gliedern, dass immer eine zweifelsfreie Zuordnung möglich ist.
  - Kostenstellen können von unten nach oben verdichtet und beurteilt werden.
  - Identische bzw. ähnliche Einheiten sind zu bilden, um einen internen Betriebsvergleich zu ermöglichen.
- Übersicht behalten:
  - Die Kostenstellen sollten nur so weit differenziert werden, wie es wirtschaftlich gerechtfertigt ist und die Übersicht nicht gefährdet.
  - Kostenstellenbildung ist kein Selbstzweck. Im Zweifel ist eine Mindestgröße zu definieren.
- Kostenstellenbildung bedeutet Verantwortung zuweisen:
  - Jede Kostenstelle braucht einen Leiter.
  - Das ist die Grundlage für eine Kosten- und Wirtschaftlichkeitskontrolle durch die Verantwortlichen.
- Dienstleistungsbezug herstellen:
  - Den Kostenstellen müssen externe und interne Dienstleistungen zugeordnet werden können.
  - Dies soll einmal aus Sicht des externen zahlenden Kunden und einmal aus Sicht des intern abnehmenden Fachbereichs erfolgen.
- Einfachheit des Systems:
  - Die Wahl der Bezugsgrößen sollte verursachungsgerecht sein.
  - Die Wahl der Verrechnungsschlüssel sollte gleichzeitig möglichst einfach sein.

3. Schritt: Kostenträgerrechnung ausbauen
Was: Definition der Kostenträgerrechnung
Kostenträger sind gleichartige externe oder interne Dienstleistungen, die in Form von Einzelleistungen, als Projekt oder Aufträge erbracht werden. In der Kostenträgerrechnung werden sämtliche Kosten einer Periode vollständig auf die Objekte wie Dienstleistung, Auftrag, Projekt, Mandat oder Ähnliches verrechnet.

> **Beispiel:**
>
> Wenn ein Anbieter wissensbasierter Dienstleistungen, wie eine Personal-, Unternehmens- oder Steuerberatungsgesellschaft, aus mehreren Niederlassungen oder Büros besteht, ist eine Kostenstellenrechnung unumgänglich, die die Ergebnisse der einzelnen Verantwortungsbereiche auswirft.
>
> Der Aufwand für die interne Kostenumlage für zentrale Dienstleistungen für Informationstechnologie, Finanz-/Rechnungswesen und Steuern oder für zentrale Recherchefunktionen im Gesamtunternehmen muss in einem guten Verhältnis zu der beabsichtigten Genauigkeit stehen. Die interne Verrechnung der Kosten unternehmensinterner Dienstleistungen anhand der Anzahl von Beratern in den Niederlassungen und Büros oder den einzelnen Projektaufträgen und Mandaten ist ein sehr einfacher, aber guter erster Ansatz.

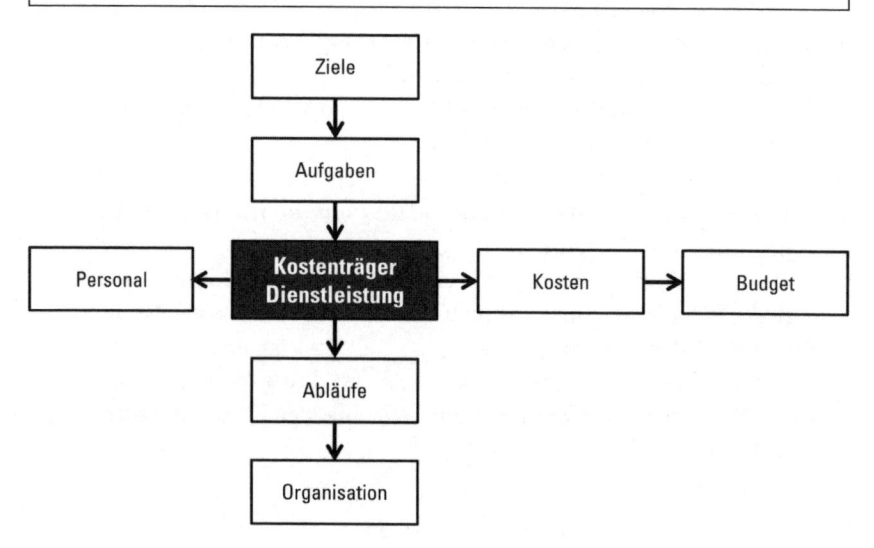

Abbildung 6.10: Dienstleistungen sind zentrale Objekte des Handelns

Wo/Wann: Funktion und Aufgaben der Kostenträgerrechnung

Die Kostenträgerrechnung ist die dritte und letzte Stufe im System der Kostenrechnung. Mit ihrer Hilfe können von jeder Einheit eines Kostenträgers die verursachten Selbstkosten berechnet werden. Sie ermittelt als Voraussetzung für Kalkulationen einerseits die Kosten, die das einzelne Objekt tragen soll.

Andererseits stellt sie als sogenannte Kostenträgerzeitrechnung Kosten und Leistungen eines Zeitraums gegenüber, das heißt die vollständige Verrechnung der erfassten und gegliederten Kostenarten einer Abrechnungsperiode auf die in derselben Periode entstandenen Leistungsmengeneinheiten.

> **Beispiel:**
>
> Manchmal sind Kostenträger schwer abgrenzbar. In der Informationstechnologie oder Telekommunikation werden Softwarelösungen als Softwarewartungs- und -pflegeverträge abgeschlossen. Nur die zeitliche Definition der Dienstleistung ist präzise. In der Regel beziehen sich diese Verträge auf ein Jahr. Die inhaltliche Ausgestaltung ist vergleichsweise vage und entspricht in keiner Weise vollkommen exakten Leistungsvereinbarungen.
> Ähnliches gilt auch für sonstige Wartungs- und Instandhaltungsverträge sowie Versicherungsverträge.

Warum: Nutzen und Ziele der Kostenträgerrechnung
Die beiden wichtigsten Ziele der Kostenträgerrechnung sind:
1. Mit der Kostenträgerstückrechnung Vor-, Zwischen- und Nachkalkulationen zu ermöglichen. Sie stellt weiterführende Kosteninformationen zur Bewertung von Beständen und selbsterstellten Anlagen bereit.
2. Mit der Kostenträgerzeitrechnung den monatlichen oder jährlichen Erfolg des gesamten Dienstleistungsunternehmens oder von Teilen des Leistungsspektrums zu ermitteln.

Wie: Handlungsanleitung für die Komponenten der Kostenträgerrechnung
Handlungsanleitungen zur Durchführung der Kostenträgerzeitrechnung sind ausführlich im Kapitel 4 »Den Gesamtüberblick behalten« beschrieben. Was bei der Kostenträgerstückrechnung zu tun ist, kann im Kapitel 5 »Wertschöpfung unternehmensintern verrechnen« und im Kapitel 7 »Mit der richtigen Preispolitik profitabel wachsen« nachgelesen werden.

Wie: Erfolgsfaktoren für eine aussagekräftige Kostenträgerrechnung
Aussagekräftig ist eine Kostenträgerrechnung dann, wenn folgende Faktoren berücksichtigt sind:
- Die Kostenträger sollen das ganze Leistungsspektrum des Dienstleistungsunternehmens abbilden.
- Basis ist ein Leistungskatalog aus externer und interner Kundensicht.

```
                    Kostenträgerrechnung
                    ┌───────────┴───────────┐
         Kostenträgerstückrechnung:    Kostenträgerzeitrechnung:
           Kalkulationsrechnung         Kurzfristige Ergebnisrechnung

         Ziel: Ermittlung der          Ziel: Ermittlung des Erfolgs einzelner
         Kostenträgerstückkosten        Kostenträger innerhalb einer
                                        Rechnungsperiode

    Divisions-      Äquivalenz-      Zuschlags-
   kalkulation       ziffern-       kalkulation
                   kalkulation
```

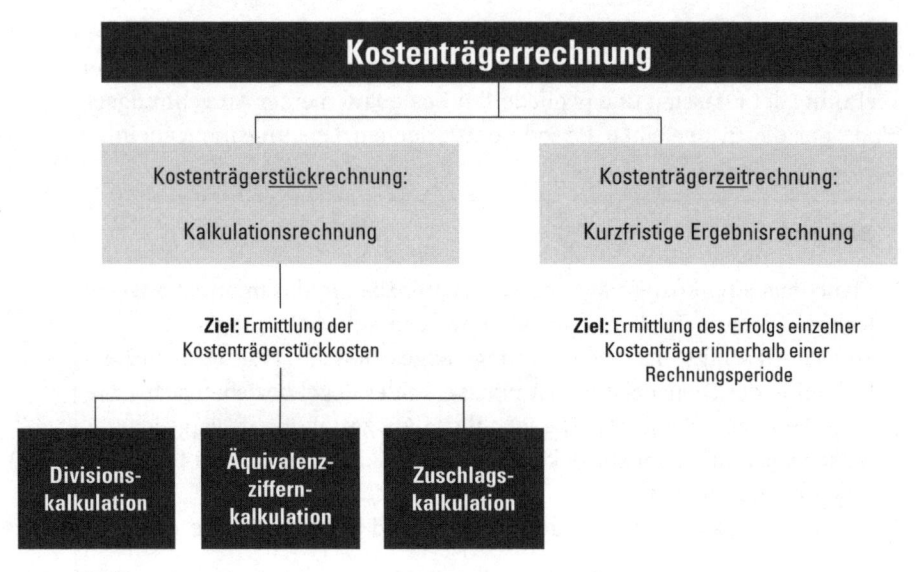

Abbildung 6.11: Klassische Instrumente der Kostenträgerrechnung

- Innerbetriebliche Dienstleistungen sollten analog zu denen auf dem externen Markt gebildet werden, das heißt, sie sollten Marktleistungen entsprechen.

6.5.2 Gemeinkosten transparent machen

Probleme durch mangelnde Gemeinkostentransparenz

Wächst das Unternehmen, wachsen meist auch die Gemeinkosten. Steigt ihr Anteil überproportional, so ist dies ein Alarmsignal. Wichtig ist, diese Kosten genau zu erfassen und im Zeitablauf zu analysieren.

Die Gemeinkosten sind die großen Unbekannten im Dienstleistungsunternehmen. Man weiß zwar, wo und welche Kosten entstehen, aber nicht wodurch oder für welche Leistungen. Je höher der Anteil der Gemeinkosten an den Gesamtkosten, desto undurchsichtiger sind die Umstände, die zu Gewinnen und Verlusten, zu Erfolgen und Misserfolgen führen (in Anlehnung an Deutsche Bank AG 1993: S. 14).

> **Beispiel:**
>
> Je nach Geschäftsmodell eines Beratungsunternehmens, eines wissensbasierten Dienstleisters, gibt es verschiedene Arten von angebotenen Beratungsdienstleistungen. Allerdings weisen die Kostenarten je Beratungsdienstleistung nur bei dem mit Abstand größten Kostenblock «Personalkosten» signifikante Unterschiede auf.
> In der Kalkulation werden sie auf Basis der gleichen Stundensätze mit einer Differenzierung in zwei bis drei Preisstufen abgerechnet. So werden zum Beispiel für Junior- bzw. Seniorberater oder Projektleiter unterschiedliche Preise kalkuliert. Für eine Gemeinkostenumlage ist es dann ausreichend, für diese zwei bis drei Preisstufen eine homogene Umlage zu bilden.
> Damit werden umfangreiche Kalkulationen getrennt nach Beratungsdienstleistungen und -themen überflüssig. Es muss lediglich der notwendige Aufwand pro Berater und Preisstufe in Stunden mit dem entsprechenden Umlagesatz für diese Preisstufe multipliziert werden, um mit Vollkosten zu kalkulieren.
> Auch Festpreisprojekte können so abgerechnet werden. Projektteams bestehen in der Regel aus einem Projektleiter und mehreren Senior- bzw. Juniorberatern. Wenn eine klare Vorstellung von der zur Umsetzung notwendigen Beraterkapazität besteht und der Vollkostensatz pro eingesetztem Beratertag oder -stunde der jeweiligen Preisstufe vorhanden ist, kann dieser Vollkostensatz sowohl auf Aufwandprojekte als auch auf Festpreisprojekte angewendet werden (in Anlehnung an Brandt 2002: S. 29).

Merkmale und Symptome hoher Geschäftsrisiken

Aufgrund mangelnder Gemeinkostentransparenz können hohe Geschäftsrisiken entstehen. Wenn die Gemeinkosten 50 Prozent der Gesamtkosten übersteigen, bergen kurzfristige Kostensenkungsmaßnahmen das Risiko, mangels Kenntnis von Ursache-Wirkungszusammenhängen an der falschen Stelle zu sparen. Unter Umständen wird den ergebnisstärksten Dienstleistungen das Wasser abgegraben.

Gemeinkosten werden proportional als Zuschlag auf die Einzelkosten der Dienstleistungen verrechnet: Damit werden Standardleistungen vermutlich zu teuer und maßgeschneiderte kundenindividuelle Leistungen zu billig kalkuliert.

Ergebnisse einzelner Dienstleistungen sind nicht bekannt, um das Dienstleistungsportfolio regelmäßig um wenig profitable Leistungen zu bereinigen. Ohne eine fundierte Entscheidungsgrundlage lässt sich also auch keine aktive Angebotspolitik betreiben.

Im Betrieb fallen eine wachsende Vielfalt von Konzeptions-, Koordinationsaufgaben, Kontrollen, Transporten oder Vorbereitungsaktivitäten an: Das sind typisch gemeinkostentreibende Faktoren. Diese »falschen« Gemeinkosten müssen identifiziert und in die Angebotskalkulation einbezogen werden.

Der Automatisierungsgrad des Dienstleistungserbringungsprozesses ist stark gewachsen: Damit verschiebt sich ein Teil der Tätigkeiten aus der Leistungserbringung in vor- und nachgelagerte Bereiche, die bei der traditionellen Kostenrechnung und Kalkulation nicht richtig erfasst werden.

Die Produktivität in den Gemeinkostenbereichen kann nicht gemessen und kontrolliert werden: Auch die Gemeinkostenbereiche müssen auf einen angemessenen Produktivitätsfortschritt achten. Dazu werden geeignete Leistungsmessgrößen benötigt.

Ohne genaue Kenntnis der Ursachen-Wirkungszusammenhänge stellen kurzfristige Gemeinkostensenkungsprogramme eine Gefahr dar. Zunächst ist es Aufgabe im Rahmen des Gemeinkostenmanagements, geeignete Kostenrechnungs- und Kalkulationsverfahren einzuführen, die den Kostenfaktoren und Prozessen im Unternehmen Rechnung tragt. Kostentreiber wie Profitbringer, unerkannte Lasten ebenso wie ungenutzte Potenziale müssen transparent gemacht werden (in Anlehnung an Deutsche Bank AG 1993: S. 15 f).

Nutzen eines Gemeinkostenmanagements

Die Kosten der internen Koordination und Unterstützung werden transparent gemacht. Sämtliche Gemeinkostenfunktionen im Dienstleistungsunternehmen werden hinterfragt und auf ein notwendiges und tragbares Minimum reduziert (in Anlehnung an Deutsche Bank AG 1993: S. 17).

Handlungsanleitung: Bewährte Hebel, um Gemeinkosten zu reduzieren

Zur Senkung der Gemeinkosten gibt es drei wichtige Hebel:
1. Kosten variabilisieren
2. Leistung absenken
3. Leistung rationeller erbringen

Kosten variabilisieren

Die kritische Überprüfung von eigener Leistungserstellung im Vergleich zur Fremdvergabe ist auf Basis einer Wirtschaftlichkeitsbetrachtung anzustellen. Beim Auslagern von internen Funktionen und Unterstützungsprozessen, die bisher im internen Gemeinkostenblock untergegangen sind, können Gemeinkosten zum Teil zu Einzelkosten gemacht werden. Dann, wenn nach einer Auftragserteilung an externe Dritte die so verursachten Kosten der Auftrag gebenden Organisationseinheit und/oder der verursachenden Dienstleistung zugeordnet werden. Wenn diese Funktion oder dieser Unterstützungsprozess nicht mehr benötigt wird, fallen die Kosten im Gegensatz zur Ansiedlung von Funktion und Prozess im eigenen Haus ganz weg.

Leistung absenken

Verträge mit externen Kunden und Leistungsvereinbarungen mit internen Kunden sind einzuhalten. In jedem Dienstleistungsunternehmen sollte allerdings in regelmäßigen Abständen das Abwerfen von »Ballast« und das Erteilen von »Sonderkommandos« überprüft werden.
- Ballast abwerfen
  - An »alte Zöpfe« herangehen und Leistungen abbauen oder vereinfachen, die betrieblich nicht erforderlich sind, zum Beispiel das Erstellen von Listen, Auswertungen, Übersichten und Formularen, die nicht mehr notwendig oder zeitgemäß sind.
  - Den Wildwuchs an internen Aktivitäten und Leistungen reduzieren, bei denen sich das Dienstleistungsunternehmen zu ausgiebig mit sich selbst beschäftigt.
- Sonderkommandos zweimal überlegen
  - Auswertungen und Sonderaufgaben, die außer der Reihe zu erstellen sind, auf ein Minimum begrenzen.
  - Zu häufig werden hohe Gemeinkosten durch von Führungskräften in Auftrag gegebene, umfangreiche Sonderaufgaben und -auswertungen ausgelöst.

Leistung rationeller erbringen

Durch die Verbesserung der organisatorischen Zuordnung, die Optimierung von Prozessen und die Verbesserung von Rahmenbedingungen für die externe und interne Leistungserbringung lassen sich erfahrungsgemäß Gemeinkosten erheblich reduzieren.

Abbildung 6.12: Leistung absenken als bewährter Hebel zur Gemeinkostensenkung

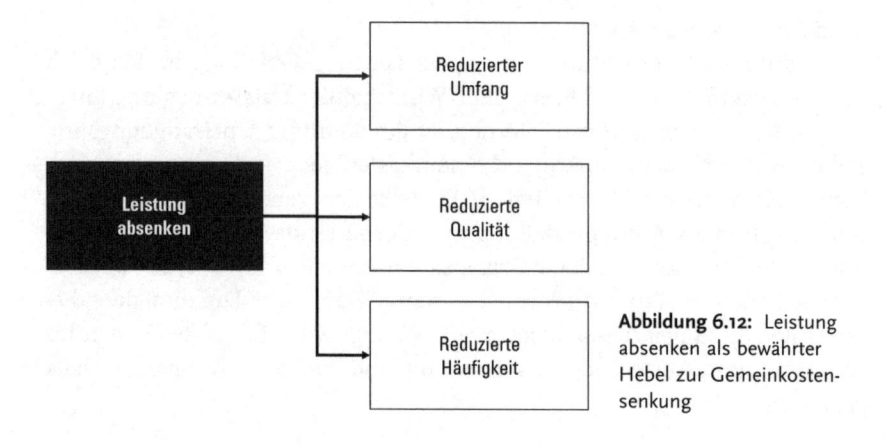

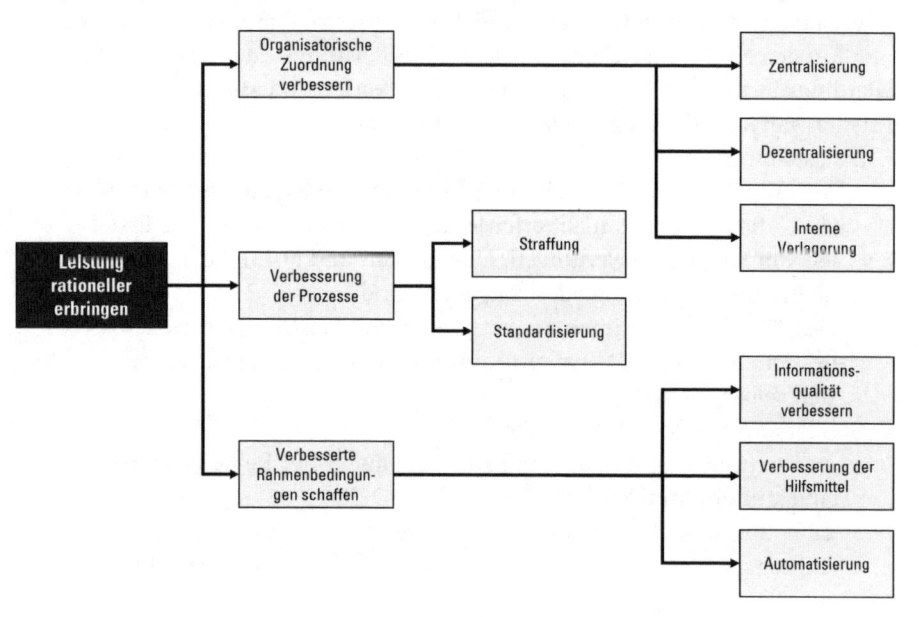

Abbildung 6.13: Leistung rationeller erbringen als bewährter Hebel zur Gemeinkostensenkung

> **Beispiele:**
>
> Leistungen rationeller erbringen, um Gemeinkosten zu senken:
> - Aufgabenverteilung überdenken
>   - Die Vorteile der Zentralisierung, Dezentralisierung und deren Kombination, wie in Shared-Service-Centers praktiziert, nutzen.
>   - Überzogener oder unklarer Abstimmungsbedarf kann hohe Reibungsverluste und Frustrationen auslösen.
> - Durch Straffung und Standardisierung die Durchlaufzeiten beschleunigen, Fehlerquoten senken und Kundenzufriedenheit erhöhen
>   - Sobald standardisierbare Abläufe identifiziert werden, sind Rationalisierungsmöglichkeiten zu prüfen.
>   - Mit Einzelplatz- und Insellösungen aufräumen.
> - Sinnvolle Kostenartengliederung zur Verbesserung der Informationsqualität
>   - Häufig ist die Anpassung oder Aktualisierung des Kostenartenplans bereits eine wirksame Maßnahme, um die Transparenz zu erhöhen und in Folge die Gemeinkosten zu senken.

6.5.3 Fixkosten reduzieren

Problematische Spätfolgen des Wachstums

Eine gute Konjunktur, hohe Nachfrage seitens der Kunden und gute Geschäfte lassen die Fixkosten steigen. Zusätzliches Personal wird eingestellt und die eigene Infrastruktur wird ausgebaut. Geht dann bei schwächer werdender Konjunktur die Nachfrage zurück, stellen viele Dienstleistungsunternehmen fest, dass sie auf einem großen Block von Fixkosten sitzen. Diese passen sich dem Absatz- und Leistungsrückgang nicht oder nur sehr langsam an. Nach dem Geschäftseinbruch ist durch das starre Verhalten der Fixkosten ein direkter Ergebniseinbruch zu verzeichnen (in Anlehnung an Deutsche Bank AG 1993: S. 24).

Probleme durch die Kostenstruktur von Dienstleistungsunternehmen

Dienstleistungsunternehmen haben eine besondere Kostenstruktur. Bei den Bereitschaftskosten handelt es sich überwiegend um fixe Gemeinkosten. Als Folgen der Einbeziehung des Kunden in den Leistungserstellungsprozess entstehen häufig Leerkostenprobleme, und die Integration des externen Faktors »Kunde« kann kostensenkend oder kostenerhöhend wirken.

> **Beispiel:**
>
> Durch einen großen Anteil von rund 80 Prozent Fixkosten für Abschreibungen, Zinszahlungen und Personalkosten gibt es in Unternehmen der Wohnungswirtschaft vergleichsweise wenig Spielraum für operative Gegensteuerungsmaßnahmen auf der Kostenseite. Schwerpunkte des Controllings müssen hier im Kapazitätsmanagement und in der Steuerung der Erlösseite liegen. Das bedeutet, dass die Planung, Steuerung und Kontrolle von leerstehenden Wohnungen, der Fluktuation von Mietern und dem Ausschöpfen von Mietsteigerungspotenzialen eine überragende Bedeutung zukommt.

Auswirkung des Beschäftigungsgrades auf Nutz- und Leerkosten

Bei einem Beschäftigungsgrad von 100 Prozent wird eine vollständige Auslastung der Kapazität vorgenommen. Bei einem Beschäftigungsgrad unter 100 Prozent wird ein Teil der Kapazität nicht genutzt. Je nach Beschäftigungsgrad kann bei den fixen Kosten zwischen Nutz- und Leerkosten unterschieden werden. Nutzkosten stellen die Kosten der genutzten, Leerkosten die Kosten der nicht genutzten Kapazität dar (vgl. Steinle 2007: S. 462).

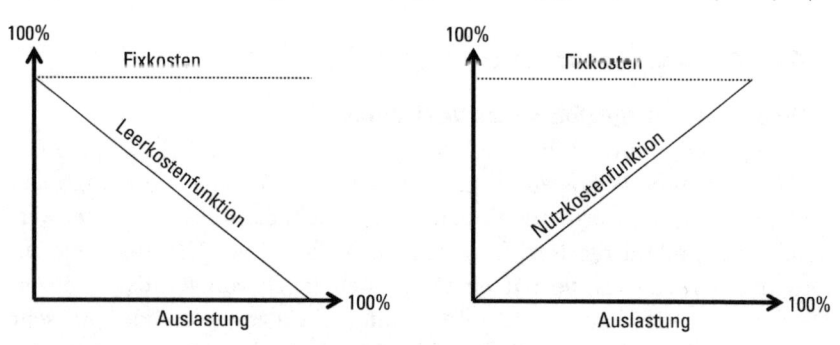

Abbildung 6.14: Verhältnis zwischen Nutz- und Leerkosten im Kapazitätsmanagement (vgl. Steinle 2007: S. 463)

Nutzen eines Fixkostenmanagements

Wer die eigenen Fixkosten »im Griff« hat, der bewahrt sich die eigene Reaktions- und Anpassungsfähigkeit der Kostenstrukturen im Dienstleistungsunternehmen bei Marktveränderungen oder schwankendem Leistungsbedarf. Durch strategisches Fixkostenmanagement bewahren sich Organisationen ihre Flexibilität zur rechtzeitigen Anpassung der eigenen Kapazitäten (in Anlehnung an Deutsche Bank AG 1993: S. 24).

Handlungsanleitung beim Fixkostenmanagement
Um die Fixkosten kurzfristig zu beherrschen und dauerhaft im Griff zu behalten, sollte in drei Schritten vorgegangen werden:
1. Fixkosten identifizieren
2. Fixkosten aktiv beeinflussen
3. Fixkostenbewusst investieren und erweitern

Schritt 1	Fixkosten identifizieren
Schritt 2	Fixkosten aktiv beeinflussen
Schritt 3	Fixkostenbewusst investieren und erweitern

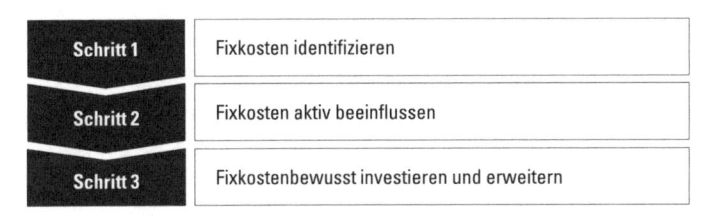

Abbildung 6.15: Vorgehen beim Fixkostenmanagement in drei Schritten

1. Schritt: Fixkosten identifizieren
Auf Basis der Kapazitätsauslastung können Fixkosten analysiert werden:
- Identifikation der Kostenstellen bzw. Organisationseinheiten mit einem hohen Fixkostenanteil
- Ermittlung der relativen Fixkostenanteile je Kostenstelle und Kostenart
- Differenzieren der Fixkosten nach der Bedeutung für den Unternehmenserfolg (Trennung in wert- und nicht wertschöpfende Aktivitäten)
- Beeinflussbarkeit der Fixkostenblöcke in »bedingt«, »kurzfristig« und »sofort« analysieren

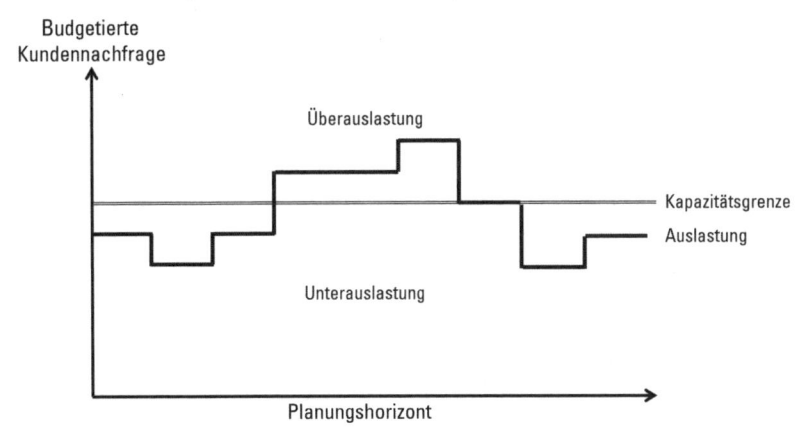

Abbildung 6.16: Analyse der Kapazitätsauslastung
(vgl. Biermann 2007: S. 124)

2. Schritt: Fixkosten aktiv beeinflussen
1. Zielrichtung: Kunden in ihrem Bestellverhalten beeinflussen, um vorhandene Fixkosten auszulasten
2. Fixkosten in variable Kosten umwandeln
3. Zielrichtung: Fixkosten auf Kapazitätsengpässe umlasten
   a) Mitarbeiter mobilisieren (Arbeitszeitveränderungen, gleichmäßigere Auslastung)
   b) Kostenaufbau in Engpassbereichen vermeiden
4. Zielrichtung: schnelle Hilfe durch Fixkostenabbau zum Beispiel durch Kündigung von Langfristverträgen, Verkauf von Infrastruktur oder Umsetzen von Arbeitskräften (in Anlehnung an Deutsche Bank AG 1993: S. 29 f).

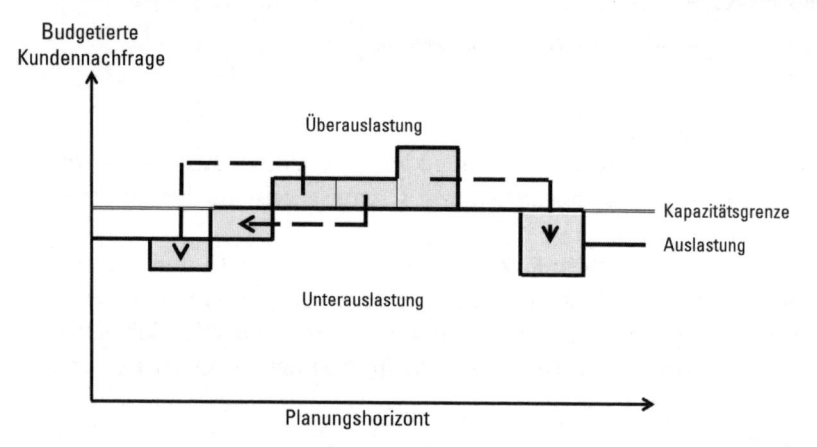

Abbildung 6.17: Fixkosten durch Kundenbeeinflussung optimal auslasten (vgl. Biermann 2007: S. 126)

3. Schritt: Fixkostenbewusst investieren und erweitern
Der risikoreiche Aufbau des Fixkostenblocks durch Ausweitung der eigenen Kapazitäten sollte immer erst dann erfolgen, wenn die internen strukturellen Gestaltungsspielräume ausgeschöpft sind:
- Alternativen ausloten
- Marktbedarf realistisch bis pessimistisch einschätzen
- Vorgehen in fünf Teilschritten:

1. Leistungsreserven des Unternehmens aktivieren
2. Flexibilisierung der Arbeitszeiten
3. Externe Vergabe von Auslastungsspitzen oder Verzicht auf die Spitzenauslastung durch Auftragsselektion:

a) Auftragspriorisierung zum Beispiel nach Ergebnis, Deckungsbeitrag oder Auftrags- bzw. Projektvolumen
b) Aufträge mit negativem oder schlechtem Deckungsbeitrag werden abgelehnt
4. Infrastruktur leasen
5. Infrastruktur nur bei langfristigem Nachfrageschub kaufen (in Anlehnung an Deutsche Bank AG 1993: S. 31 f).

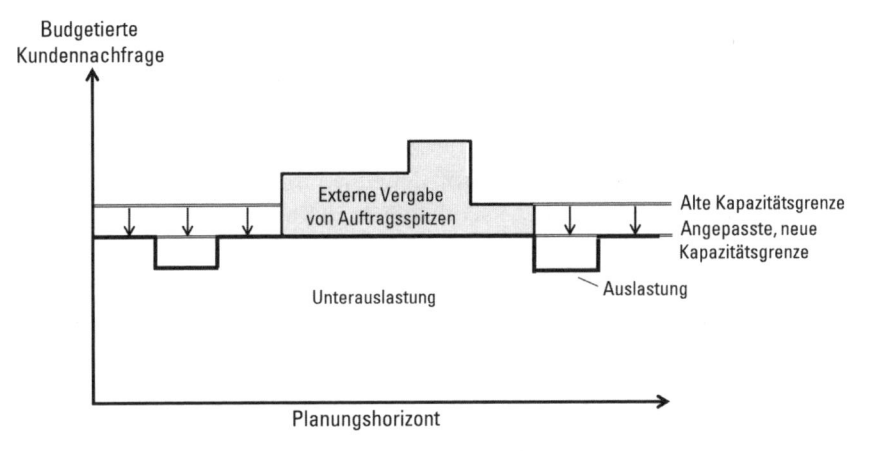

Abbildung 6.18: Kapazitätsanpassung durch externe Vergabe von Auftragsspitzen (vgl. Biermann 2007: S, 127)

6.5.4 Leistungsvielfalt und Portfoliobreite beherrschen

Probleme eines ausgeweiteten Dienstleistungsspektrums
In den meisten Fällen gehen der Tendenz zu einem breiten Leistungsspektrum und Kleinstaufträgen Veränderungen des Wettbewerbs voraus. Der Preisdruck bei Standardleistungen wird immer stärker und daher weicht man auf maßgeschneidertes, kundenindividuelles Geschäft und Einmalaufträge aus, um sich dabei mit Höchstleistungen zu profilieren. So viel Individualität und Detailperfektionismus haben aber ihren Preis. Im Dienstleistungsunternehmen schlägt sich die große Vielfalt und Einzigartigkeit mit erheblichen Mehrkosten nieder – angefangen bei der Akquisition und Angebotserstellung bis hin zur Auftragsabwicklung. Flexibilität und Kundenorientierung werden häufig als zentrale Wettbewerbsvorteile gerade kleiner und mittlerer Dienstleister angesehen. Darum haben Leistungsviel-

falt, Terminzugeständnisse, Prioritätsänderungen und Dispositionsflexibilität ihre Berechtigung – allerdings nur bis zu einem gewissen Grad. Langfristig lohnt sich diese Strategie nur, wenn die entstehenden Mehrkosten bekannt sind und an den Kunden weiterverrechnet werden können (in Anlehnung an Deutsche Bank AG 1993: S. 35 f).

Nutzen eines aktiven Portfoliomanagements

Als Ergebnis eines aktiven Portfoliomanagements ist klar, in welchen Bereichen das Dienstleistungsunternehmen rentabel ist, welchen Beitrag einerseits die standardisierten und andererseits die kundenindividuell erbrachten Dienstleistungen sowie unterschiedliche Kundensegmente bringen. Kunden- und auftragsbezogene Mehrkosten können identifiziert und kalkuliert werden. Alle diese Informationen liefern die Basis, um Kriterien für die Auftragsselektion und Kalkulation zu definieren.

Handlungsanleitung für ein aktives Portfoliomanagement

Bei der regelmäßigen Überprüfung des eigenen Leistungsspektrums bietet sich ein Vorgehen in fünf Schritten an:
1. Kunden- und Auftragsstruktur erfassen
2. Kunden- und auftragsbezogene Mehrkosten erfassen
3. Deckungsbeiträge von Kleinaufträgen und Dienstleistungsvarianten analysieren
4. Erfolgsrechnungen auf Basis von Kunden und Dienstleistungen einführen
5. Kriterien für die Auftragsselektion und Kalkulation definieren (in Anlehnung an Deutsche Bank AG 1993: S. 39 ff).

Schritt 1	Kunden- und Auftragsstruktur erfassen
Schritt 2	Kunden- und auftragsbezogene Mehrkosten erfassen
Schritt 3	Deckungsbeiträge von Kleinaufträgen und Dienstleistungsvarianten analysieren
Schritt 4	Kunden- und Dienstleistungserfolgsrechnungen einführen
Schritt 5	Kriterien für die Auftragsselektion und Kalkulation definieren

Abbildung 6.19: Fünf Schritte im Portfoliomanagement
(in Anlehnung an Deutsche Bank AG 1993: S. 39 ff)

Beispiel:

Fragen-Checkliste, um das Dienstleistungsspektrum regelmäßig auf eine übergroße Vielfalt und Breite zu überprüfen.

1. Gehört es zu den bekannten Stärken des Unternehmens, stets flexibel und unverzüglich auf Sonderwünsche von Kunden einzugehen? Achtung: Auf Dauer besteht die Gefahr, dass das Dienstleistungsunternehmen seine Flexibilität durch Fixkostenaufbau verliert.
2. Trotz hoher Auslastung und großer Hektik wird kein herausragendes Ergebnis erwirtschaftet? Grund hierfür: Viele Aufträge mit niedrigen Auftragswerten werden abgewickelt und die Rentabilität sinkt bei steigender Auslastung.
3. Nimmt der Vertrieb häufig Aufträge an, die als Basis für mögliche lukrative Folgeaufträge (»Türöffner«) gerechtfertigt werden? Achtung: Dieses typische Vertriebsargument ist zu verfolgen und es ist zu analysieren, ob vom Kunden tatsächlich lukrative Folgeaufträge erteilt werden.
4. Werden Akquisiteure und Außendienst ausschließlich über Umsatzvorgaben gesteuert? Achtung: Die Gefahren der Umsatzorientierung sind: Leistungsvielfalt und Annahme von Kleinstaufträgen.
5. Entfällt auf eine hohe Anzahl der Kunden ein vergleichsweise geringer Teil des Umsatzes? Trägt ein Großteil der Dienstleistungen und Aufträge zu vergleichsweise wenig Umsatz bei? Grund hierfür: Der Ballast von Kleinkunden und -aufträgen drückt vermutlich auf das Ergebnis.
6. Werden öfter Meilensteine und Fertigstellungstermine nicht eingehalten und nehmen die Kundenbeschwerden zu? Grund hierfür: Mit wachsender Komplexität des Leistungsspektrums wächst auch das Fehlerpotenzial.
7. Gibt es spürbare innerbetriebliche Konflikte zwischen Vertrieb und internen Abwicklungsabteilungen über kundenspezifische Aufträge? Grund hierfür: Häufig wird die Erstellung von Sonderlösungen und Kleinaufträgen zunächst als unproblematisch angesehen, da die benötigten Kostenblöcke »ja eh da« sind.
8. Werden Gemeinkosten pauschal als Zuschlag auf die Einzelkosten verrechnet? Achtung: Damit werden Volumenaufträge und große Projekte zu teuer und kleines maßgeschneidertes Geschäft zu billig kalkuliert. Die exotischen Aufträge erscheinen rentabler, als sie tatsächlich sind (in Anlehnung an Deutsche Bank AG 1993: S. 37 f).

1. Schritt: Kunden- und Auftragsstruktur erfassen

ABC-Analyse durchführen

Mit der ABC-Analyse ist zu klären, welchen Beitrag einzelne Dienstleistungen und Kunden zum gesamten Umsatz leisten. Die Relation aus Dienstleistungs- bzw. Kundenspektrum und Umsatz- bzw. Geschäftsanteil ist festzustellen. Mit Hilfe der ABC-Analyse kann analysiert werden, wie sich die Kundenstruktur zusammensetzt, ob das Kundenportfolio eher ein zufälliges oder ein aktiv beeinflusstes Ergebnis ist und welche Unterschiede in der Dienstleistungsqualität zwischen A-, B- und C-Kunden bestehen.

Je steiler die Kurve verläuft, umso höher ist die auftrags- oder kundenspezifische Konzentration beim untersuchten Unternehmen. Typische Struktur ist die sog. 20-80-Struktur, d.h., mit 20 Prozent der größten Aufträge oder umsatzstärksten Kunden werden 80 Prozent des Gesamtumsatzes erzielt. Auf weitere 30 Prozent der Aufträge oder Kunden entfallen dann häufig ca. 15 Prozent des Umsatzes, während mit etwa 50 Prozent der Kleinaufträge oder umsatzschwachen Kunden in der Regel nicht mehr als 5 Prozent des Umsatzes erwirtschaftet werden.

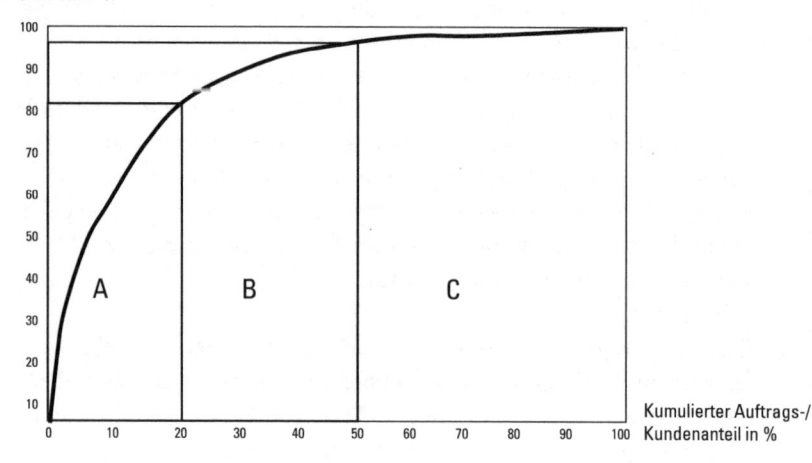

Abbildung 6.20: ABC-Analyse der Umsatzstruktur

Grafisches Ergebnis auswerten
- Die ABC-Struktur erlaubt Rückschlüsse, ob das Dienstleistungsunternehmen von wenigen Großaufträgen oder -kunden abhängt oder über eine breite Abstützung durch zahlreiche mittlere und kleinere Aufträge oder Kunden verfügt.

- Teile des Leistungsportfolios und einzelne Kundengruppen werden gegenübergestellt: Der tatsächliche und der relative Deckungsbeitrag oder Umsatz einzelner Dienstleistungskategorien oder Kundengruppen werden transparent.
- Das grundsätzliche Problem eines hohen Anteils von C-Kunden wird verdeutlicht: Komplexität wird in das Dienstleistungsunternehmen getragen. Damit werden in der Folge Ertragsprobleme in Kauf genommen, weil C-Kunden in höherem Maße auch C-Dienstleistungen mit geringen Margen kaufen.

Analyse der Deckungsbeitrags- oder Umsatzveränderungen

Analog dazu sollte auf Basis der ABC-Struktur die Deckungsbeitrags- oder Umsatzveränderung erstellt werden. Diese Auswertung kann auch hinsichtlich von Geschäftsbereichen, von potenziellem anstelle des tatsächlichen Umsatzes oder hinsichtlich anderer Kriterien vorgenommen werden.

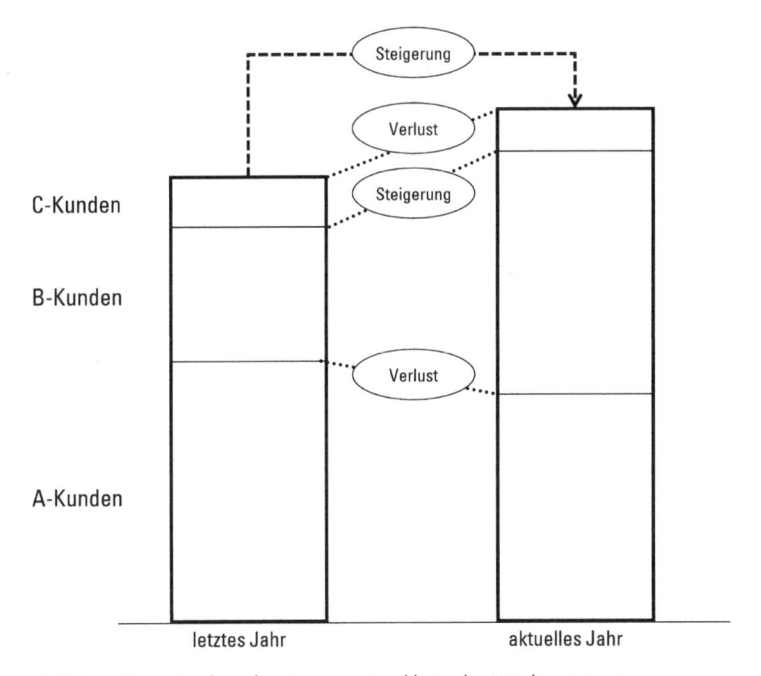

Abbildung 6.21: Analyse der Umsatzentwicklung der Kundengruppen

Das Leistungsportfolio und die Kundenstruktur im Dienstleistungsunternehmen sollen aktiv gesteuert werden.

Voraussetzung dafür ist es, dass Veränderungen innerhalb der ABC-Struktur über die Zeit analysiert werden:
- Welche Aufträge oder Kunden hat das Unternehmen verloren? Welche gewonnen? Was sind die Gründe dafür?
- Welche Dienstleistungskategorien oder Kunden haben sich in ein höheres oder niedrigeres Segment entwickelt? Was sind die Gründe dafür?

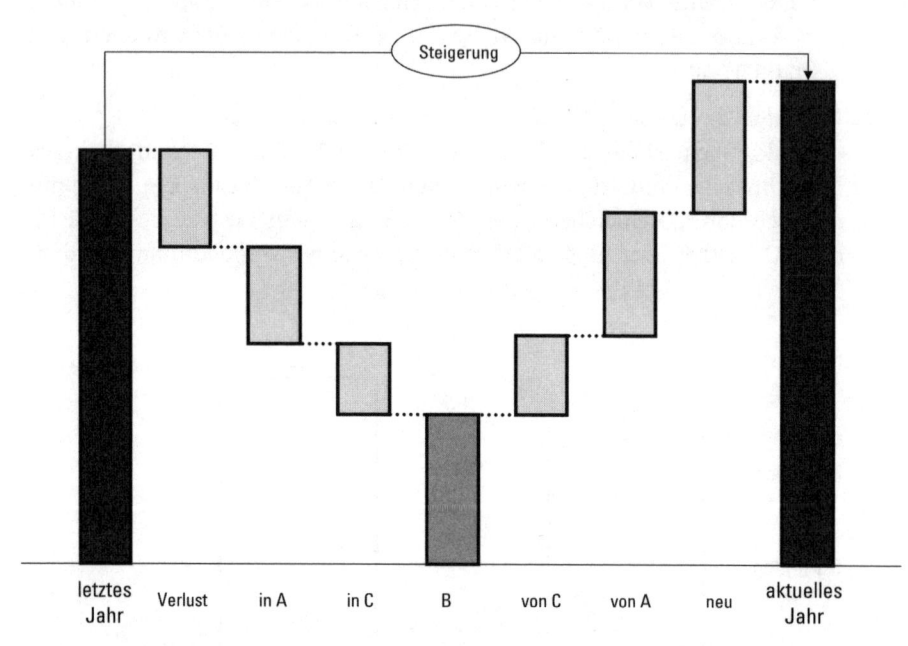

Abbildung 6.22: Wasserfalldarstellung der Veränderungen in den einzelnen ABC-Segmenten

Die aus beiden Teilschritten gewonnenen Erkenntnisse können zu folgenden Überlegungen führen:
- Das Dienstleistungsspektrum könnte um die vom Markt nur wenig gefragten Varianten bereinigt werden.
- Diejenigen Leistungen, die die Mehrzahl der Kunden mit der größten Umsatzbedeutung wünscht, werden zum Standardangebot erklärt – vorausgesetzt die Kundennachfrage wird in der Zukunft als tragfähig eingeschätzt.

2. Schritt: Kunden- und auftragsbezogene Mehrkosten erfassen

Der Einfluss von Kleinaufträgen und Dienstleistungsvarianten auf die Gemeinkosten ist zum Beispiel durch Stundenaufschreibung und -auswertung zu analysieren.

In diesem Zusammenhang sind Kosten zu analysieren, die im Rechnungswesen nicht differenziert ausgewiesen werden.

Bekannte Kosten:
- Produktive:
  - Überstundenzuschläge
  - Vergabe an externe Subunternehmen
  - Mehrkosten im Sachaufwand
  - Kalkulation und Terminierung
- Unproduktive:
  - Nacharbeit
  - Leerlaufzeiten von Infrastruktur und Personal
  - Doppelarbeit

Unbekannte Kosten:
- Produktive:
  - Kommunikation mit Kunden, Mehraufwand im Vertrieb, Arbeitsvorbereitung
  - Verwaltungsaufwand bei Änderungen
  - Verhandlungen mit externen Subunternehmen
  - Finanzierungsmehrkosten
- Unproduktive:
  - Nachdenkpausen
  - Fehlerkosten
  - Motivationsverlust durch Urlaubssperren und -verschiebungen oder Durcheinander (vgl. Deutsche Bank AG 1993: S. 41)

Die so gewonnenen Erkenntnisse sollten dazu führen, für einzelne Dienstleistungsvarianten und Kleinaufträge die Zuschläge zu ermitteln.

3. Schritt: Deckungsbeiträge von Kleinaufträgen und Dienstleistungsvarianten analysieren

Unter Berücksichtigung der oben genannten Zuschläge sind die Standardkosten der Leistungserbringung je Dienstleistung und Auftragsart zu kalkulieren. Anhand von Deckungsbeiträgen wird dann festgestellt, welchen Beitrag Kleinaufträge und Dienstleistungsvarianten zum gesamten Ertrag

leisten. Das stellt eine rationale Entscheidung sicher, sodass dem Dienstleistungsunternehmen nicht die Ertragsbasis genommen wird. Danach ist allen Akteuren im Unternehmen klar:
- ob sich kleinere Aufträge und Sonderwünsche lohnen,
- ob sie zu lohnenden Folgeaufträgen geführt haben,
- ob der Kunde bereit ist, für Sonderwünsche, Varianten oder Kleinstaufträge Mehrkosten zu tragen und
- ob der Kunde wirklich maßgeschneiderte Dienstleistungen braucht oder nicht auch mit dem Standard zufrieden ist (in Anlehnung an Deutsche Bank AG 1993: S. 41).

4. Schritt: Kunden- und Dienstleistungserfolgsrechnung einführen

Alle Kundenaufträge und Dienstleistungen sind im Zeitablauf zu erfassen, zu saldieren und auszuwerten. Akquisiteure und Außendienst sind regelmäßig über Kunden- und Dienstleistungsergebnisse zu informieren.

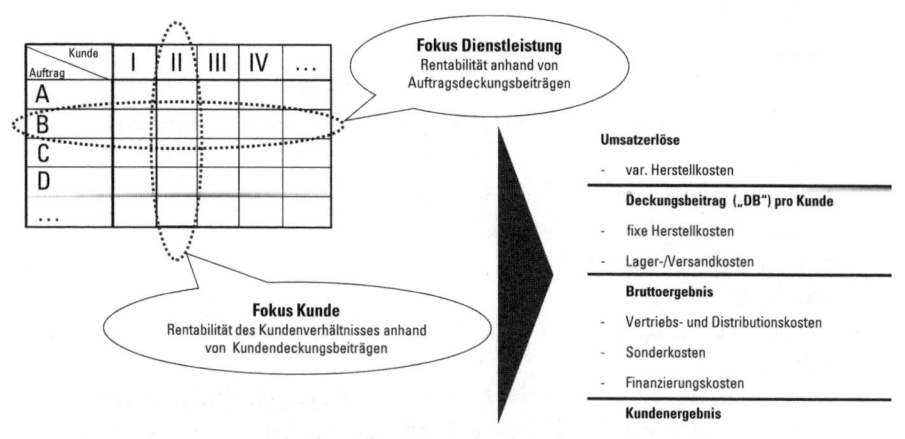

Abbildung 6.23: Laufende Überwachung der Auftrags- und Kundendeckungsbeiträge

5. Schritt: Kriterien für die Auftragsselektion und Kalkulation definieren

Für alle Auftrags- und Dienstleistungsarten sind Mindestvolumina zum Beispiel in Tagen und Tagessätzen und/oder Standards in Bausteinen und Dienstleistungspaketen vorzugeben. Für die Unterschreitung von Mindestvolumina sind Zuschläge beim Tagessatz zu kalkulieren (in Anlehnung an Deutsche Bank AG 1993: S. 42).

> **Beispiel:**
>
> Im Dienstleistungsangebot, dem sogenannten Service-Offering-Portfolio, eines Anbieters von technischen und Unterstützungsdienstleistungen in der Informationstechnologie sind Bausteine und Leistungspakete definiert, die der Kunde buchen kann. Zum Beispiel Unterstützungsleistungen für IT-Anwender mit definierten Zeitintervallen und definierten Reaktionszeiten. An diese vordefinierten Leistungspakete sind Stellenplanung, Schichtplanung, Personaleinsatzplanung und die Dimensionierung der technischen Kapazitäten der ausführenden Einheiten geknüpft.
>
> Werden nun durch den Vertrieb Dienstleistungsverträge außerhalb der vordefinierten Bausteine und Leistungspakete geschlossen, indem sich Kunden aus dem vordefinierten Gerüst einzelne Bausteine und Bestandteile herauspicken, wird das Leistungsportfolio verbreitert und die Koordinationskosten steigen erheblich.
>
> Als Folge der Ausweitung des Leistungsspektrums entstehen erhebliche Mehrkosten durch eine stark schwankende Auslastung der Kapazitäten, zusätzliche Personalkosten durch Bezahlung von Überstunden und Sonderzuschlägen sowie Kosten durch die externe Vergabe von Leistungsteilen bei Spitzenauslastung. Diese Mehrkosten werden in den Dienstleistungsvertrag einkalkuliert.

6.5.5 Leistungstiefe optimieren

Probleme durch eine zu hohe Leistungstiefe und Wertschöpfung

Die Leistungstiefe eines Dienstleistungsunternehmens ist das Verhältnis zwischen den unternehmensintern durchgeführten Eigenaktivitäten und den von externen Spezialisten wahrgenommenen Teilaufgaben, die in diesem Bereich über ihre Kernkompetenz verfügen. Die Messung der Leistungstiefe ergibt sich aus einer Analyse der Wertschöpfung (in Anlehnung an Deutsche Bank AG 1993: S. 46).

Der Rückschluss, dass eine besondere Fähigkeit in einem Bereich automatisch auch der Beleg dafür ist, dass in anderen Bereichen ebenfalls Spitzenleistungen erbracht werden können, ist schlicht falsch. Dienstleistungsunternehmen bieten oftmals Zusatzleistungen an, um die eigenen Kapazitäten kurzfristig auszulasten oder dem Kunden alles aus einer Hand anbieten zu können. Häufig wird daraus ein Dauerzustand, der sich Rand- und Nebengeschäft nennt. Ähnlich wie der Hobbybastler nach einem sonnabendlichen Besuch im Baumarkt wollen Unternehmen so viel wie möglich selbst machen. Für Unternehmen, die sich so verhalten, haben sich auch schon eigene Branchen und Geschäftsmodelle entwickelt. So werden spezielle Werkzeuge für Laien angeboten, um den eigenen Internetauftritt zu programmieren und zu pflegen. Vermeintlich einfache, intuitive Finanzbuchhaltungsprogramme oder die selbst zu erstellende Steuererklärung sind weitere Beispiele für selbst erbrachte Vor- und externe wie interne Unterstützungsleistungen, die sich negativ auf das Kostenniveau, die Qualität und den dafür notwendigen erhöhten Zeitaufwand im Dienstleistungsunternehmen auswirken.

> **Beispiel:**
>
> Verkehrsunternehmen, die die Reinigung von Fahrzeugen, Haltestellen und Bahnhöfen, Sicherheitsdienstleistungen und Fahrscheinkontrollen, Verkauf und Produktion von Verkehrsmittelwerbung, teilweise Reparatur und Instandhaltung der Fahrzeuge und weitere Vor- und Unterstützungsleistungen an darauf spezialisierte externe Partnerunternehmen ausgelagert haben, verfügen über eine deutlich bessere Kostenposition als die Verkehrsunternehmen, die diese Leistungen alle im eigenen Haus »aus einer Hand« anbieten. Die Kosten pro Nutzwagenkilometer sind bei den Letztgenannten deutlich höher als bei denen, die sich auf ihr Kerngeschäft konzentrieren.

Nutzen einer Analyse der Leistungstiefe

Einfache Infrastrukturleistungen wie Gebäudereinigung, -sicherheit oder Kantinenbewirtschaftung wurden bereits vor Jahrzehnten fremdvergeben. Hochwertige Dienstleistungen von Spezialisten, die nur fallweise benötigt werden, wie Rechtsberatung oder Werbekonzeptionen, beschafft die Mehrzahl der Dienstleistungsunternehmen ebenfalls von extern. Neu ist der Trend, Prozesse oder sogar komplette Funktionsbereiche des Unternehmens extern zu vergeben (vgl. Biermann 2007: S. 38).

Bei der dafür notwendigen vorherigen Analyse der Leistungstiefe ergeben sich Hinweise auf Kosten, die oft außer Acht gelassen werden, aber unbedingt mit ins Entscheidungskalkül gehören. Aus einer Analyse der Kernkompetenzen des Dienstleistungsunternehmens ergeben sich die Ansatzpunkte zur Optimierung der Leistungstiefe.

Durch eine Reduzierung der Leistungstiefe auf die Dienstleistungen, bei denen das Unternehmen über Kernkompetenzen und Wettbewerbsvorteile verfügt, können Kosten aufgrund unterschiedlicher Gehalts- und Steuersatzniveaus sowie durch Mengen- und Ausstattungsvorteile durch Bezug von spezialisierten Herstellern gesenkt werden. Die Kapitalbindung durch eine hohe Infrastruktur sinkt ebenso wie der Finanzierungsbedarf für das interne Wachstum von Dienstleistungen. Die eigenen zeitlichen Spielräume bei einer Fremdvergabe steigen. Unabhängig davon bietet eine schlanke Struktur mit einer geringen Leistungstiefe immer die Möglichkeit, Fremdleistungen bei eigener geringerer Auslastung durch Eigenleistungen abzulösen – kurzfristig natürlich! (in Anlehnung an Deutsche Bank AG 1993: S. 49).

Entscheidungskriterien für die Analyse von Eigenleistung versus Auslagerung

Bei der Optimierung der eigenen Leistungstiefe sind fünf Entscheidungskriterien zu berücksichtigen:
1. Den Beschaffungsmarkt analysieren: Das Dienstleistungsunternehmen muss überprüfen, ob ausreichend geeignete Lieferanten in Bezug auf ihre Leistungsfähigkeiten und Qualität der Vor- und Unterstützungsleistungen verfügbar sind.
2. Ergebnisauswirkung kritisch hinterfragen: Die Kosteneinsparungen durch Fremdbezug anstelle von Eigenleistung müssen realisierbar sein. Gerade die sogenannten unbekannten Kosten in Form von Kommunikation und Verhandlungen mit externen Subunternehmen, der Mehraufwand für Koordination und Arbeitsvorbereitung und das Mehr an allgemeinen Verwaltungsaktivitäten aufgrund der Auslagerung ist realistisch zu berücksichtigen.
3. Beeinflussung der Kostenstruktur: Der Fixkostenanteil muss sich durch einen Fremdbezug reduzieren lassen.
4. Kapitalbindung reduzieren: Durch eine Fremdvergabe müssen sich spürbare Entlastungen bei der Bindung von Kapital und Liquidität ergeben.
5. Die Absatzmärkte analysieren: Bei einer unsicheren Marktsituation und einer entsprechenden Absatzprognose ist der Fremdbezug einer Eigenleistung, die eine Kapazitätserweiterung benötigt, immer vorzuziehen (in Anlehnung an Deutsche Bank AG 1993: S. 51).

Beispiel:

Fragen-Checkliste zur Analyse der Leistungstiefe

1. Kann die besondere Stärke des eigenen Dienstleistungsunternehmens in einem Satz charakterisiert werden? Achtung: Wenn dies schwerfällt oder nicht möglich ist, dann sind die Kernkompetenzen nicht eindeutig definiert. Möglicherweise wird dann zu viel (selbst) gemacht.
2. Hat sich das Unternehmen aus einer erfolgreichen Marktposition heraus durch Einbeziehen vor- und nachgelagerter Wertschöpfungsstufen breiter aufgestellt? Achtung: Aus der Tatsache, dass man eine Wertschöpfungsstufe sehr gut beherrscht, folgt nicht, dass das bei allen anderen auch so sein muss. Die Gefahr besteht, dass anstelle des Ausbaus von Stärken eine Addition von Schwächen erfolgt.
3. Ist mit der Erweiterung des Unternehmens der Umsatz stärker als der Gewinn gewachsen? Achtung: Wenn beim Ausbau der Leistungstiefe die sich daraus ergebenden Kosten nicht genau analysiert werden, liegen die Kosten der Eigenleistung unter Berücksichtigung von Fix- und Gemeinkosten der Infrastruktur möglicherweise über den Kosten der Fremdvergabe.
4. Setzt das Unternehmen mehr als ein Drittel des Personals und/oder der Infrastruktur für die Erbringung von Leistungen ein, die Wettbewerber am Markt zukaufen? Achtung: Das Unternehmen verzichtet auf die Vorteile der Arbeitsteilung und Spezialisierung. Fachkenntnis und Auslastungsvorteile spezialisierter Lieferanten bedeuten handfeste finanzielle und organisatorische Vorteile.
5. Ist der Personalstand genauso schnell gestiegen wie die Vielfalt der erbrachten Leistungen? Achtung: Bei Umsatzrückgängen ist ein Kapazitätsabbau zur Kostenanpassung unvermeidlich.
6. Blockieren interne Spezialisten eine objektive Wirtschaftlichkeitsbetrachtung mit der Befürchtung, bei einer Fremdvergabe von Aufträgen wertvolles Spezialwissen aus dem Haus zu geben? Achtung: Verfechter solcher Argumente sind vor allem Führungskräfte, deren Verantwortungsbereich sich durch die Entscheidung über die Fremdvergabe einer Wertschöpfungsstufe einengen würde (in Anlehnung an Deutsche Bank AG 1993: S. 47).

1	Situation des Beschaffungsmarktes
2	Ergebnisauswirkung
3	Beeinflussung der Kostenstruktur
4	Auswirkungen auf Kapitalbindung
5	Situation auf Absatzmärkten

Abbildung 6.24: Entscheidungskriterien für Eigenleistung versus Fremdvergabe (in Anlehnung an Deutsche Bank AG 1993: S. 51)

Handlungsanleitung für die Analyse der Leistungstiefe

Im Dienstleistungsunternehmen ist regelmäßig das Dienstleistungsportfolio auf eine übergroße Leistungstiefe in drei Schritten zu überprüfen:

1. Schritt: Koordinationskosten analysieren
2. Schritt: Kernkompetenzen analysieren
3. Schritt: Entscheidungsregeln aufstellen

Schritt 1	Koordinationskosten analysieren
Schritt 2	Kernkompetenzen analysieren
Schritt 3	Entscheidungsregeln aufstellen

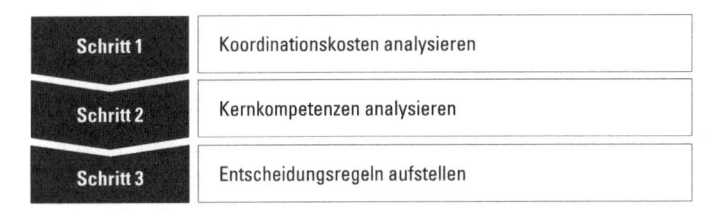

Abbildung 6.25: Drei Schritte bei der Analyse der Leistungstiefe

1. Schritt: Koordinationskosten analysieren

Häufig werden bei der Entscheidung über Eigenleistung oder Auslagerung die Koordinationskosten außer Acht gelassen, sodass die Eigenleistung wirtschaftlicher aussieht als sie tatsächlich ist. Koordinationskosten sind Kosten, die durch die Eigenleistung zusätzlich verursacht werden. Weil sie oft wie Gemeinkosten behandelt und dabei zum Teil nicht verursachungsgerecht den Dienstleistungen zugerechnet werden, fehlen sie nicht selten im Entscheidungskalkül. Das zieht eine zu positive Wirtschaftlichkeitsbetrachtung zugunsten der Eigenleistung nach sich, denn beim externen Lieferan-

ten sind diese Kosten im Preis enthalten. Die Koordinationskosten der Eigenleistung resultieren zum Beispiel aus:
- zusätzlichen Kosten in Administration, Einkauf und Planung;
- Leerzeiten von nicht ausgelasteten Kapazitäten;
- bei Beschwerden notwendiger Doppelarbeit, die bei der Fremdvergabe wegen der Gewährleistungspflicht nichts gekostet hätte; oder
- Zinskosten und Kosten der Verzögerung, die bei Fremdvergabe an einen Externen zu Schadenersatz in Form von Vertragsstrafen führt (in Anlehnung an Deutsche Bank AG 1993: S. 48).

2. Schritt: Analyse der Kernkompetenzen
Die Basis für die Optimierung von Eigenleistung versus Fremdvergabe ist eine Analyse der Kernkompetenzen des Dienstleistungsunternehmens. Die Kernkompetenzen, die die Stärke des Dienstleisters ausmachen, bestimmen langfristig die Wettbewerbsposition. Wichtige Schlüsselkompetenzen und Erfolgsfaktoren dürfen auf keinen Fall nach außen verlagert werden – das käme einer Preisgabe von Spezialwissen gleich.

Unbedeutende Vor- und Unterstützungsleistungen bzw. Wertschöpfungsstufen können hingegen problemlos fremdvergeben werden. Bisher von unternehmensinternen Querschnittsabteilungen erbrachte Dienstleistungen werden auf externe Dienstleister ausgelagert. Wertschöpfungsstufen, die unter Wettbewerbsgesichtspunkten als kritische Erfolgsfaktoren identifiziert wurden und aufgrund deren die relative Wettbewerbsstärke hoch ist, sind immer Stufen der Eigenleistung.

3. Schritt: Entscheidungsregeln aufstellen
Grundsätzlich müssen zwei Arten von Entscheidungen getroffen werden:
1. Kurzfristiger Entscheidungshorizont von Eigenleistung versus Fremdvergabe: Kurzfristig bedeutet, dass aktuell freie eigene Kapazitäten verfügbar sind. Die Entscheidungsregel lautet: Die variablen Stückkosten sind kleiner als die Kosten des Zukaufs. Die Fixkosten dürfen nicht einkalkuliert werden, da sie unabhängig von der zugekauften Leistung anfallen.
2. Langfristiger Entscheidungshorizont von Eigenleistung versus Fremdvergabe: Eine langfristige Entscheidung wird dann getroffen, wenn der Auf- und Abbau von Kapazitäten zur Diskussion steht. In diesem Zusammenhang müssen sämtliche Kosten inklusive der Fixkosten und problematischen Koordinationskosten berücksichtigt werden.

Aber: Einmal getroffene Entscheidungen müssen nicht für immer gültig sein. Grundlegende Änderungen in den eigenen Beschaffungs- und Absatzmärkten sollten immer zum Anlass genommen werden, die eigene Entscheidung bezüglich Eigenleistung und Fremdvergabe erneut zu überprüfen. (in Anlehnung an Deutsche Bank AG 1993: S. 50 f).

6.6 Controller-Wörterbuch Deutsch – Englisch

ABC-Analyse	ABC analysis
Auftragsspitzen	Peaks in demand
Auslagerung	Outsourcing
Beeinflussbare Kosten	Changeable costs
Bereitschaftskosten	Stand-by costs
Bewegungsanalyse	Movement analysis
Dokumentationsorientierte Kostenrechnung	Document-oriented accounting
Eigenleistung	Own performance
Einzelkosten	Direct costs
Flexibilität	Flexibility
Fixe Kosten	Fixed costs
Fixkostenbewusst	Fixed cost aware
Fremdvergabe	Subcontracting
Führungsorientierte Kostenrechnung	Leadership-oriented accounting
Gemeinkosten	Indirect costs
Gemeinkostentransparenz	Indirect cost transprency
Grenzkosten	Marginal costs
Handlungsfelder	Areas for action
Kapazitätsanpassung	Capacity adjustments
Kapazitätsmanagement	Capacity management
Kapitalbindung	Capital commitment
Kerngeschäft	Core business
Korrekturmaßnahme	Corrective measure
Kosten	Costs
Kostenart	Cost type, Cost element
Kostenartenplan	Cost type plan
Kostenartenrechnung	Cost type accounting
Kostenblock	Block of costs
Kostenbudget	Cost budget
Kostenführerschaft	Cost leadership
Kostenmanagement	Cost management
Kostenniveau	Cost level
Kostenposition	Cost position
Kostenstelle	Cost centre
Kostenstellenbildung	Cost centre formation
Kostenstellenrechnung	Cost centre accounting

Kostenstruktur	Cost structure
Kostenträger	Cost unit, Cost object
Kostenträgerrechnung	Cost object accounting
Kostenträgerstückrechnung	Unit of output accounting
Kostenträgerzeitrechnung	Cost unit period accounting
Kosten- und Leistungsrechnung	Cost accounting
Kosten variabilisieren	Variabilizing costs
Kostenverlauf	Cost trends
Krisenanfälligkeit	Susceptibility to crises
Krisenintervention	Crisis intervention
Leerkosten	Idle costs
Leistung	Performance
Leistung absenken	Reducing performance
Leistung rationeller erbringen	Rationalizing performance
Leistungstiefe	Vertical integration
Leistungsvielfalt	Horizontal integration
Marktentwicklung	Market development
Missverhältnis	Imbalance
Nachfrageverlagerung	Shift in demand
Nicht beeinflussbare Kosten	Unchangeable costs
Nutzkosten	Usage costs
Plan-Ist-Vergleiche	Actual-budget comparison
Plankosten	Planned costs
Portfoliobreite	Portfolio range
Portfoliomanagement	Portfolio management
Proportionale Kosten	Proportional costs
Schwankende Nachfrage	Fluctuations in demand
Selbstkosten	Prime costs
Strukturkosten	Structural costs
Überauslastung	Overutilization
Unterauslastung	Underutilization
Ursache-Wirkungsbeziehungen	Causal relations
Variable Kosten	Variable costs
Verursachungsgerecht	Cost-causative
Warnsignal	Warning signal

7
Mit der richtigen Preispolitik profitabel wachsen

7.1 Was Sie in diesem Kapitel erwartet

Das letzte Kapitel hat Ihnen Methoden und Handlungsanleitungen zur Schaffung von Kostentransparenz und zur Reduktion von Kosten in Organisationseinheiten und Prozessen nähergebracht.
Dieses Kapitel behandelt, wie Sie
- eine Entscheidungsbasis für wettbewerbsgerechte Preise schaffen,
- die Schlüsselfaktoren zur Verbesserung von Projekt-, Auftrags- und Dienstleistungsergebnissen erkennen und die beschriebenen Ansätze umsetzen,
- das richtige Kalkulationsverfahren für Ihre Dienstleistungen finden und es sicher anwenden können,
- externe Marktleistungen, innerbetrieblich verrechnete Dienstleistungen sowie produktbegleitende Dienstleistungen vor-, zwischen- und nachkalkulieren und
- moderne Kalkulationsinstrumente wie Zielkostenrechnung und preisgesteuertes Kapazitätscontrolling nutzen können.

7.2 Probleme der Preiskalkulation in Dienstleistungsunternehmen

Probleme mit der Informationsbasis

Ob von Flugtarifen, Hotelraten, Arzthonoraren, Bereitstellgebühren, Beratertagessätzen, Versicherungsprämien, Maklercourtage, Vereinsbeiträgen, Rechtsanwaltskostennoten oder Briefporto die Rede ist, es geht immer ums Geld – es geht um den Preis. Der Preis ist die vom Kunden zu zahlende Gegenleistung für eine erbrachte Dienstleistung.

Das Problem von Dienstleistungsunternehmen ist häufig, dass die Kalkulation dieser Preise ohne solide Informationen der Kosten- und Leistungs-

```
        Prozesstyp I          Prozesstyp II         Prozesstyp III
              │                    │                     │
              └────────┬───────────┘                     │
                       ▼                                 ▼
              ( Marktpreis liegt vor )           ( Kein Marktpreis )
                       │                                 │
                       ▼                                 ▼
              [ Rückwärtskalkulation ]          [ Vorwärtskalkulation ]
                   ┌───┴───┐                            │
                   ▼       ▼                            ▼
            Wettbewerber-  Nachfrage-                 Kosten-
             orientiert    orientiert                orientiert

            → Zielkostenrechnung ←              → Divisionskalkulation
            → Kapazitätscontrolling ←           → Zuschlagskalkulation
            → Projektkalkulation ←              → Deckungsbeitragsrechnung
                                                → Prozesskostenrechnung
```

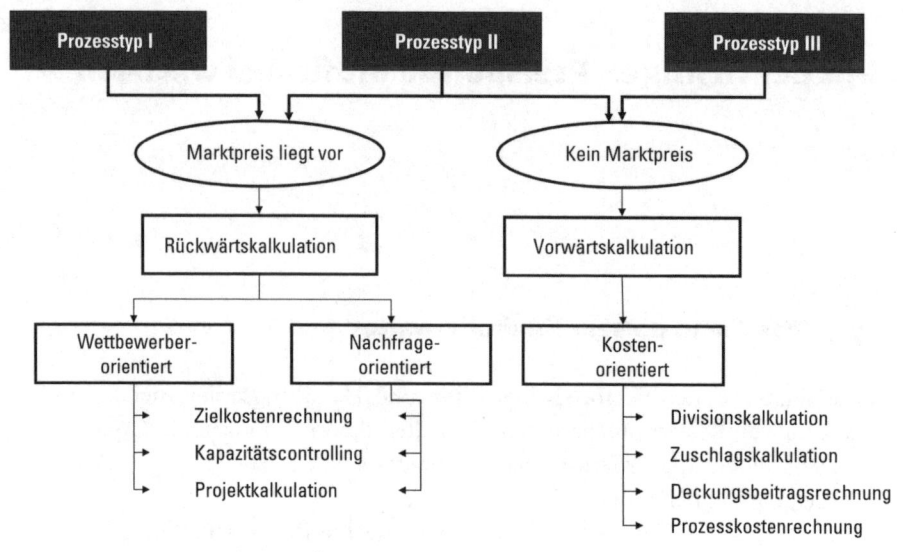

Abbildung 7.1: Kapitel 7 im Überblick

rechnung getätigt werden. Denn die klassischen Kalkulationsverfahren produzierender Unternehmen der Industrie sind nur bedingt für den Einsatz in Dienstleistungsunternehmen geeignet. In der Konsequenz bedeutet das häufig, dass Preise nach Gefühl und Meinung bestimmt werden.

Unabhängig davon bestehen selbstverständlich auch noch die bekannten Vorbehalte gegenüber Vollkosten- und Deckungsbeitragsrechnung:
- Die Deckungsbeitragsrechnung beinhaltet die Gefahr, dass langfristig die vollen Kosten doch nicht gedeckt werden.
- Die Vollkostenrechnung wird wegen der Proportionalisierung der Gemeinkosten kritisiert.

Spezifische Rahmenbedingungen werden nicht berücksichtigt

Der Wunsch nach einer Standardkalkulation im Dienstleistungsunternehmen, am besten als softwarebasierte, feste Kalkulationstabelle mit Checkliste, ist nachvollziehbar. Allerdings gibt es neben den klassischen Unterschieden in der Ausgangssituation – wie nicht ausgelastete versus ausgelastete Kapazitäten, kurzfristige versus mittelfristige versus langfristige Preisuntergrenze, guter Bestandskunde versus unbekannter Neukunde, strategische versus Standardprodukte und Ähnlichem – verschiedene Situationen, die als Rahmenbedingungen für die Preiskalkulation so nur in Dienstleistungsunternehmen existieren.

Abhängig von dem Prozess der Leistungserstellung und dem Ergebnis der Dienstleistung gibt es unterschiedliche Prozesstypen von Dienstleistungsunternehmen. Die Kategorie des Prozesstyps hat Auswirkungen auf die Möglichkeit der Nutzung der bekannten Kalkulationsverfahren:
- Prozesstyp I: Das Dienstleistungsunternehmen wickelt das Geschäft mit standardisierten Prozessen ab. Die Prozessergebnisse sind vorab bekannt. Zum Beispiel bei der Geldabhebung an Bankautomaten, bei der Fahrt mit der Straßenbahn oder beim Kauf eines Parktickets.
- Prozesstyp II: Abhängig vom Kunden sind unterschiedliche Prozessverläufe möglich. Allerdings sind die Prozessergebnisse vorab bekannt, wie zum Beispiel bei der Schadenbearbeitung in einer Versicherung, einer EDV-Schulung oder einer medizinischen Operation.
- Prozesstyp III: Abhängig vom Kunden sind unterschiedliche Prozessverläufe bei vorab nicht bekannten Prozessergebnissen möglich. Zum Beispiel beim Coaching, einer Strategieberatung oder einer Rechtsvertretung vor Gericht.

	Wissensstand bei Preiskalkulation	bekannt	nicht bekannt
Prozesstyp I	Prozess der Leistungserstellung	X	
	Ergebnis der Dienstleistung	X	
Prozesstyp II	Prozess der Leistungserstellung		X
	Ergebnis der Dienstleistung	X	
Prozesstyp III	Prozess der Leistungserstellung		X
	Ergebnis der Dienstleistung		X

Abbildung 7.2: Rahmenbedingungen für die Preiskalkulation
(vgl. Reckenfelderbäumer 2005: S. 40)

Während bei Prozesstyp I die klassischen Kalkulationsinstrumente gut anwendbar sind und beim Prozesstyp II noch vielfach der Einsatz möglich ist, stellen die kreativ-schöpferischen Dienstleistungen mit individuellem Output des Prozesstyps III große Anforderungen an die Preiskalkulation (vgl. Reckenfelderbäumer 2005: S. 40 f).

Ursachen der Kalkulationsprobleme sind bekannt

Bei Dienstleistungsunternehmen ergeben sich aus der permanenten Aufrechterhaltung der Leistungsfähigkeit, der Kundenmitwirkung und der Immaterialität typische Problemfelder, die starke Einflüsse auf Preisstrategien und -politik im Allgemeinen und die Preiskalkulation im Speziellen haben:

- Schwierige Kostenzurechnung
- Preis ist häufig maßgebliches Instrument zur Steuerung der Kapazitätsauslastung
- Berücksichtigung der Selbstbeteiligung des Kunden hinsichtlich Motivation und Qualität
- Preis als Qualitätsindikator
- Schwieriger Nachweis eines Preis-Leistungsverhältnisses
- Schwierige Ermittlung der Preisbereitschaft (vgl. Meffert/Bruhn 2006: S. 550)

Permanente Leistungsbereitschaft	Hoher Anteil Bereitschaftskosten	– Kostenstrukturproblematik: Dominanz fixer Gemeinkosten verhindert einfache verursachungsgerechte Kalkulation
	Schwankende Nachfrage	– Preisstrategie als Geschäftsmodell: Preis als Instrument der Auslastungssteuerung
Kundenmitwirkung	Integration externer Faktor »Kunde«	– Problem einheitlicher Preise bei variabler Leistung – Einfluss der Auslagerung von Teilaktivitäten, Motivation und Qualität des Kunden auf den Preis
Immaterialität	Unsichtbare Leistungsmerkmale	– Problem des Preises als Qualitätsindikator – Schwieriger Nachweis Preis-Leistungsverhältnis – Problem der Erfassung der Preisbereitschaft des Kunden
	Nichtlagerfähigkeit	

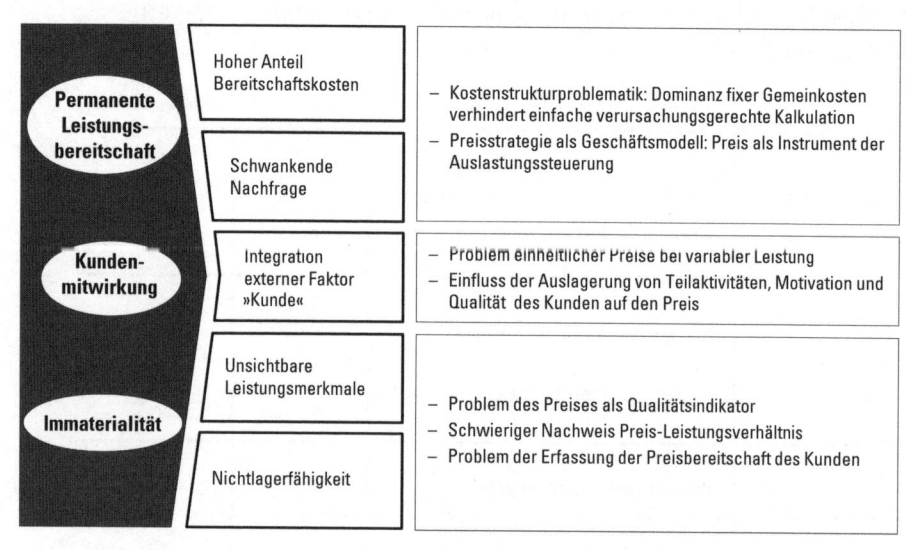

Abbildung 7.3: Problemfelder der Preiskalkulation in Dienstleistungsunternehmen (vgl. Meffert/Bruhn 2006: S. 550)

Absatzprobleme als Warnsignale

Gerade bei Problemen mit der Akquisition von Aufträgen und Neugeschäft oder dem Vertrieb von Dienstleistungen müssen sich die Entscheider intensiv mit ihrer Preispolitik auseinandersetzen. Denn mit Preisänderungen kann ein direkter Einfluss auf Absatz, Auslastung und wirtschaftlichen Erfolg genommen werden.

Die Festlegung von Preisen spielt bei Dienstleistungsunternehmen eine wichtigere Rolle als in der Industrie. Nicht verkaufte Produkte können nicht gelagert und auch nicht später vermarktet werden. Ist der Preis für eine Dienstleistung zu hoch angesetzt, entsteht bei personalintensiven Dienstleistern eine Unterauslastung. Weil ein späterer Verkauf einer Dienstleistung unmöglich ist, können die fixen Personalkosten nicht gedeckt werden und ein Verlust entsteht. Die unmittelbare Reaktion ist dann häufig die Senkung der Preise, das drückt auf die Gewinnmarge. Das könnte zwar bedeuten, dass die Auslastung besser wird, aber im schlechtesten Fall droht ein Verlust.

7.3 Sich auf das wirklich profitable Geschäft konzentrieren

Preisdifferenzierung

Der aus Sicht des Dienstleistungsunternehmens optimale und höchste Preis ist der, bei dem ein potenzieller Kunde gerade noch zur Vertragsunterzeichnung oder zum Kauf bewegt werden kann (vgl. Biermann 2007: S. 87). Die dem Abschluss zu Grunde liegende Zahlungsbereitschaft kann also recht unterschiedlich ausgeprägt sein. Für Dienstleistungsunternehmen ergibt sich daher die Anforderung, diese von Kunde zu Kunde individuelle Bereitschaft durch eine intelligente Preisdifferenzierung mit dem optimalen Preis auszuschöpfen. Eine professionelle Preisdifferenzierung wird typischerweise in den folgenden Formen vorgenommen:

- Eine echte Preisdifferenzierung zieht Veränderungen in der Dienstleistungsgestaltung nach sich. Während die Grundleistung für alle Kunden gleich ist, werden Zusatz- oder Nebenleistungen abhängig von der Preishöhe variiert. Zum Beispiel die Verpflegung im Flugzeug abhängig von den Buchungsklassen, der Sitzbezug im Erste-Klasse-Abteil, die Lounge für Premiumkunden oder Ähnliches. Die Kosten des Dienstleistungsunternehmens variieren von Kunde zu Kunde nur unwesentlich.
- Die reine Preisdifferenzierung liegt dann vor, wenn die identische Dienstleistung zu unterschiedlichen Preisen angeboten wird. Häufige Kriterien für die reine Preisdifferenzierung sind Leistungszeit, Abnahmemenge, Ort, Vertriebswege, Personen- oder Verhaltensmerkmale. Sehr charakteristisch für echte Preisdifferenzierungen sind saisonal oder tageszeitlich gestaffelte Preise, Mengenrabatte, Berücksichtigung der regionalen Kaufkraft oder günstige Automaten- und Internettickets.
- Mehrkomponentenpreise spalten die Preise in eine Grundgebühr und eine verbrauchsabhängige Komponente auf, zum Beispiel bei manchen

Smartphone- oder Energietarifen. Der Kunde stellt die grundsätzliche Entscheidung mit der fixen Grundgebühr nach dem Abschluss nicht mehr in Frage. Die Wahrscheinlichkeit, dass er mehr variable Leistungen als bei einem preisintensiveren Durchschnittspreis abnimmt, ist sehr hoch. Einfache Wechselmöglichkeiten in höherwertige und teurere Tarife runden diese Form der Preisdifferenzierung ab.

- Der Paketpreis geht umgekehrt vor. Das Dienstleistungsunternehmen bietet dem Kunden alles aus einer Hand an. Das wirkt sich positiv auf die Kapazitätsauslastung aus und sichert ein gleichmäßigeres Geschäft. Zum Beispiel das Angebot eines hochsubventionierten Smartphones in Kombination mit einem Zweijahresvertrag.
- Rückvergütungssysteme erstatten dem Kunden bei Erreichen einer bestimmten Abnahmemenge einen Teil des gezahlten Preises. Echte Rückzahlungen erhält der Versicherungsnehmer von seiner Krankenkasse bei einer Nichtinanspruchnahme von Leistungen. Einen materiellen Vorteil erhält der meilensammelnde Fluggast nach Buchung einer bestimmten Anzahl von Flügen mit Freiflügen. Rückvergütungen in Warenform erhalten Kunden bei sogenannten Kreuzcoupons. Bei Kauf einer Dienstleistung erhält der Kunde einen Gutschein für eine Gratis- oder verbilligte Leistung eines anderen Unternehmens. Viele Onlinehändler legen Gutscheine anderer Händler, die derselben Zielgruppe andere Leistungen anbieten, bei. Unabhängig von den Ausprägungen trägt dieses System zur Kundenbindung bei (in Anlehnung an Biermann 2007: S. 89 ff).

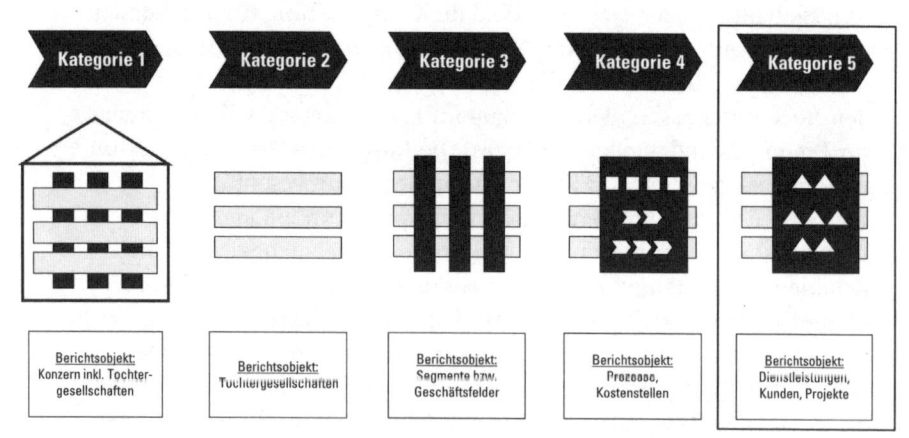

Abbildung 7.4: Kategorie 5 der Berichtsmatrix setzt den Rahmen für die Preiskalkulation (in Anlehnung an Schrott/Hellebrandt 2009: S. 25)

7.4 Kriterien für die Auswahl der richtigen Kalkulationsmethode

Die Verfahren im Überblick

Bei der Kalkulation von Dienstleistungen, Aufträgen und Projekten sollten gleichzeitig immer mehrere Verfahren zum Einsatz kommen. Das ist die beste Voraussetzung für eine erfolgreiche Preiskalkulation in der Dienstleistungsbranche.

Abhängig von dem Wissen im Dienstleistungsunternehmen über den Prozess der Leistungserstellung und das Ergebnis der Dienstleistung ergeben sich zwei grundsätzlich verschiedene Ansätze der Preiskalkulation:
1. Kostenorientierte Kalkulationsansätze
2. Nachfrage- und wettbewerbsorientierte Kalkulationsansätze

Zu 1. Kostenorientierte Kalkulationsansätze

Die kostenorientierte Preiskalkulation erfolgt auf Basis der Kostenträgerrechnung. Bei einer Vollkostenrechnung als Kalkulationsgrundlage wird auf die Selbstkosten ein Gewinnzuschlag addiert. Die Gemeinkosten werden proportional auf die einzelnen Dienstleistungen verteilt. Besonders schwierig gestaltet sich die verursachungsgerechte Verteilung der fixen Gemeinkosten (vgl. Meffert/Bruhn 2006: S. 560).

Bei der Verwendung der Teilkosten- bzw. Deckungsbeitragsrechnung wird das Problem entschärft. Der Preis wird auf Basis der Einzelkosten kalkuliert. Das birgt allerdings das Risiko, dass die Preise nicht gesamtkostendeckend sind.

Unabhängig von Teil- oder Vollkostenorientierung wird die kostenorientierte Kalkulation dadurch erschwert, dass bei Dienstleistungen mit nichtstandardisierten Prozessen und individuellen Ergebnissen Preise zu kalkulieren sind, bevor die Leistung erstellt wird und somit, bevor die entstehenden Kosten bekannt sind (vgl. Meffert/Bruhn 2006: S. 561).

Zu 2. Nachfrage- und wettbewerbsorientierte Kalkulationsansätze

Ausgangspunkt für nachfrage- und wettbewerbsorientierte Preiskalkulation ist ein vorhandener Marktpreis. Je größer der Standardisierungsgrad der Dienstleistung bei allen Anbietern, je geringer die Leistungsunterschiede und je mehr Erfahrung ein potenzieller Kunde mit der Dienstleistung hat, desto stärker ist der Preis vom Markt vorgegeben. Zielkostenrechnung, preisgesteuertes Kapazitätscontrolling und Projektkalkulation sind ganzheitliche, wettbewerbsorientierte Kalkulationsmethoden.

7.5 Kostenorientierte Preiskalkulation

Die kostenorientierte Preiskalkulation basiert auf den »klassischen Kalkulationsverfahren« der Voll- und Teilkostenrechnung. Zusätzlich werden die Prozesse mit der Prozesskostenrechnung in den Mittelpunkt gestellt:
- Divisionskalkulation
- Zuschlagskalkulation
- Deckungsbeitragsrechnung
- Prozesskostenrechnung

7.5.1 Divisionskalkulation

Grundlagen
Bei diesem Kalkulationsverfahren werden die Selbstkosten einer Kostenträgereinheit aus der Division der Gesamtkosten einer Rechnungsperiode durch die Zahl der erstellten Leistungseinheiten ermittelt. Dieses Verfahren ist dann anwendbar, wenn das Unternehmen nur eine einzige Leistungsart in großen Mengen erbringt. Sie ist auch immer dann zulässig, wenn eine relativ grobe Ermittlung der Selbstkosten ausreichend ist.

Formen der Divisionskalkulation
1. Einfache Divisionskalkulation
2. Mehrfache Divisionskalkulation
3. Mehrstufige Divisionskalkulation
4. Sonderform Äquivalenzziffernkalkulation

Zu 1. Einfache Divisionskalkulation
Werden vergleichbare Leistungen in großen Mengen erbracht ohne Veränderungen von Beständen an unfertigen Leistungen, kann die einfache Divisionskalkulation eingesetzt werden.
Voraussetzungen
- Homogene Leistungserbringung in Massen
- Kleines oder Ein-Dienstleistungsprodukt-Unternehmen
- Keine Bestandsveränderungen an unfertigen Leistungen (Projekten)

Formel
Kosten pro Kostenträger:
$$\text{Selbstkosten je Leistung} = \frac{\text{Gesamtkosten der Abrechnungsperiode}}{\text{Anzahl der Leistungseinheiten}}$$

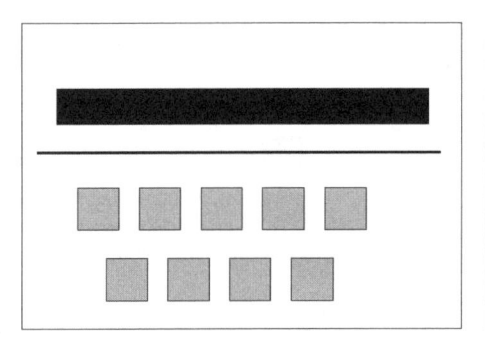

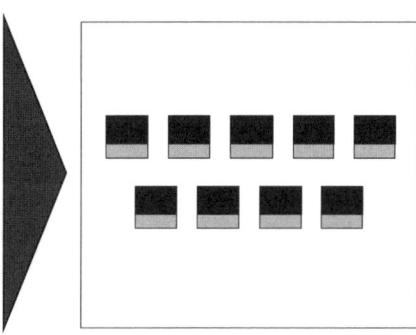

Abbildung 7.5: Einfache Divisionskalkulation

Eine verursachungsgerechte Zuordnung über die tatsächlichen Kosten der einzelnen Dienstleistungen ist nicht möglich.

> **Beispiele:**
>
> Sind bei einem Versicherer für eine bestimmte Versicherungsart (z. B. Hausratversicherung) die gesamten Kosten bekannt, dann ergeben sich die Selbstkosten pro Vertrag, indem die Gesamtkosten durch die Anzahl der Verträge geteilt werden.
>
> In einem Verkehrsunternehmen werden die gesamten Vollkosten auf die einzelnen U-Bahn-, Straßenbahn- und Buslinien nach dem Durchschnittsprinzip übergewälzt.
> - Vorteile: Gut geeignet für kleine Verkehrsunternehmen oder Verkehrsunternehmen mit sehr homogener Linienstruktur
> - Problem/Schwäche des Verfahrens: Keine verursachungsgerechte Verteilung, wenn im Verkehrsgebiet kurze und lange Linien, inner- und außerstädtische, stark und gering frequentierte Linien oder welche mit kurzen und langen Takten vorhanden sind.

Zu 2. Mehrfache Divisionskalkulation

Die mehrfache Divisionskalkulation ist eine Erweiterung der einfachen Divisionskalkulation. Sie wird dann verwendet, wenn unterschiedliche Dienstleistungen in voneinander unabhängigen Betriebsteilen hergestellt werden. Die Betriebsteile stellen in der Kostenrechnung jeweils eigenständige Kostenstellen dar. Die Leistungen sind verschieden, doch innerhalb jeder Kostenstelle gleich. Die einfache Divisionskalkulation wird jetzt mehrfach, nämlich für jede Kostenstelle, durchgeführt.

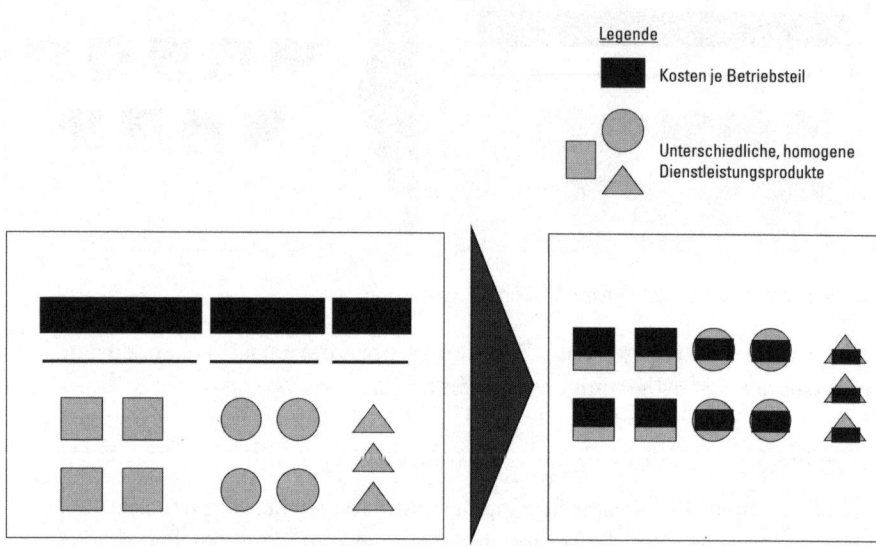

Abbildung 7.6: Mehrfache Divisionskalkulation

Voraussetzungen
- Homogene Leistungseinheiten in unterschiedlichen Betriebsteilen bzw. Kostenstellen
- Keine Bestandsveränderungen an unfertigen Projekten
- Erfassung der Kosten in Kostenstellen

Formel
Kosten pro Kostenträger:

$$Selbstkosten\ je\ Leistung = \frac{Gesamtkosten\ je\ Betriebseinheit}{Anzahl\ der\ Leistungseinheiten\ je\ Betriebseinheit}$$

Beispiele:

Werden in einem Entsorgungsunternehmen bei der Abfallbeseitigung Abfalltonnen unterschiedlicher Größe geleert, kann man die mehrfache Divisionskalkulation anwenden, wenn unterschiedliche Betriebsteile mit separaten Organisationsabläufen für die Leerung der unterschiedlichen Abfalltonnen gebildet worden sind.

In einem Verkehrsunternehmen werden die Gesamtkosten je Betriebsbereich (U-Bahn, Straßenbahn und Bus) auf die einzelnen U-Bahn-, Straßenbahn- und Buslinien nach dem Durchschnittsprinzip verrechnet.

Zu 3. Mehrstufige Divisionskalkulation

Die nächste Erweiterung führt zur mehrstufigen Divisionskalkulation. Sie wird dann angewandt, wenn vergleichbare Dienstleistungen in voneinander unabhängigen Betriebsteilen in mehreren uneinheitlichen Leistungserstellungsprozessen erbracht werden. Die Betriebsteile stellen in der Kostenrechnung jeweils einzelne Kostenstellen dar.

Die mehrstufige Divisionskalkulation geht von einem mehrstufigen Erstellungsprozess aus; d.h. ein Dienstleistungsprojekt durchläuft nacheinander mehrere Bearbeitungsstufen. Die Kosten der fertigen Leistungseinheit werden dann durch die Addition der Ergebnisse der Erstellungsstufen er-

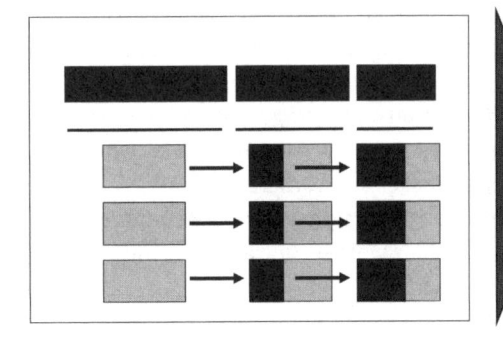

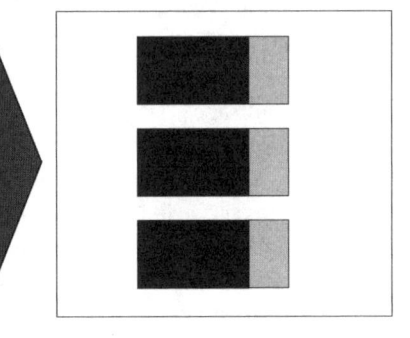

Abbildung 7.7: Mehrstufige Divisionskalkulation

rechnet. In der Dienstleistungswirtschaft sind mehrstufige Erstellungsprozesse eher selten.

Voraussetzungen
- Homogene Leistungseinheiten in unterschiedlichen Betriebsteilen bzw. Kostenstellen
- Homogene Leistungseinheiten, deren Leistungserstellungsprozess mehrstufig ist
- Alle Leistungserstellungsstufen werden innerhalb der betrachteten Abrechnungsperiode durchlaufen
- Erfassung der Kosten in Kostenstellen

Formel
Kosten pro Kostenträger:

Selbstkosten je Bearbeitungsstufe =

$$\frac{\textit{Gesamtkosten der Bearbeitungsstufe}}{\textit{Anzahl der Leistungseinheiten der Bearbeitungsstufe}}$$

Selbstkosten je mehrstufiger Leistung =

Summe aller Selbstkosten der Bearbeitungsstufen

Beispiele:

Der Leistungsprozess eines Architektenbüros besteht aus zwei Stufen:
1. Erstellung der Bauzeichnung bis zum Bauantrag
2. Baubetreuung bis zur Fertigstellung

Gibt es Abnehmer, die die Baubetreuung nicht benötigen, ist eine mehrstufige Divisionskalkulation erforderlich. Nur so ist der kostendeckende Preis für die Erstellung der Bauzeichnung bis zum Bauantrag ohne Baubetreuung richtig kalkulierbar.

In einer Versicherungsgesellschaft durchläuft ein Antrag auf eine Lebens- oder Berufsunfähigkeitsversicherung drei Bearbeitungsstufen:
1. Personell: Prüfung auf formale Richtigkeit und Vollständigkeit des Antrages. Dabei fallen falsche und unvollständige Anträge heraus.
2. Personell: Prüfung auf Vorerkrankungen. Dabei werden Antragsteller mit zu hohen gesundheitlichen Risiken aussortiert.
3. Maschinell: Abgleich mit den Erfahrungen der vergangenen Jahre zur allgemeinen Risikoanalyse. Auch hier werden Antragsteller mit zu hohen sonstigen Risiken aussortiert.

Für die exakte Ermittlung der Stufenkosten ist die mehrstufige Divisionskalkulation geeignet.

Zu 4. Sonderform Äquivalenzziffernkalkulation

Äquivalenzziffern sind Gewichtungsziffern, die angeben, in welchem Verhältnis die Kosten einer Leistung zu den Kosten einer anderen Leistung stehen. Die Äquivalenzziffernkalkulation ist eine Sonderform der Divisionskalkulation. Im Gegensatz zur Divisionskalkulation werden Leistungseinheiten mit starker Ähnlichkeit anstelle vergleichbarer (homogener) Leistungseinheiten erbracht. Zwischen den Kosten der verschiedenen Leistungseinheiten besteht eine feste Kostenrelation. Sie gleicht die Unterschiede durch Verhältniszahlen aus, die die Kostenrelation zum Ausdruck bringen. Ungleiche Leistungsarten werden also rechnerisch vergleichbar gemacht.

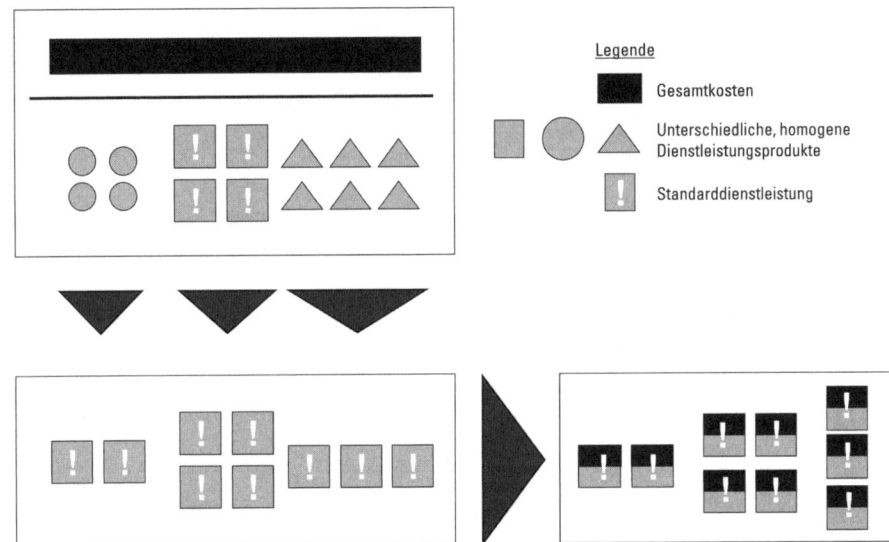

Abbildung 7.8: Sonderform Äquivalenzziffernkalkulation

Voraussetzungen
- Festes Kostenverhältnis zwischen den verschiedenen Leistungsarten (Sorten)
- Leistungseinheiten mit starker Ähnlichkeit

Formel
Kosten pro Kostenträger:

$$\text{Selbstkosten je Leistung} = \frac{\text{Gesamtkosten der Abrechnungsperiode}}{\text{Anzahl der gewichteten Leistungseinheiten}}$$

Ansatz
- Annahme, dass Kosten der verschiedenen, jedoch artverwandten Dienstleistungen aufgrund von Ähnlichkeiten in einem bestimmten Verhältnis zueinander stehen.
- »Gewichtungsziffer«, »Wertigkeitsziffer« oder auch »Verhältniszahl« der Kostenbelastung gibt das Verhältnis der Kosten einer Dienstleistung zu den Kosten einer Standard- oder Einheitsleistung mit der Äquivalenzziffer 1 an.

Vorgehen zur Festlegung der Äquivalenzziffern
- Eine Dienstleistung von bestimmtem Umfang und Qualität wird als Standard definiert und erhält die Äquivalenzziffer (Wert) 1.
- Alle anderen Dienstleistungen werden mit entsprechenden äquivalenten Werten versehen (als Äquivalent = relativ zu 1 errechnet).
- Eine Differenzierung könnte durch Bearbeitungsaufwand, Entfernung, Betreuungsintensität o.Ä. erfolgen.

Die Äquivalenzziffernkalkulation kommt in der Dienstleistungswirtschaft häufiger vor. Grundsätzlich sind dieselben Varianten wie bei der Divisionskalkulation möglich:
- Einfache Äquivalenzziffernkalkulation
- Mehrfache Äquivalenzziffernkalkulation
- Mehrstufige Äquivalenzziffernkalkulation.

7.5.2 Zuschlagskalkulation

Grundlagen
Die Zuschlagskalkulation wird in Unternehmen eingesetzt, in denen sehr heterogene Dienstleistungen (Individualleistungen oder Serien) hergestellt werden, die aber grundsätzlich dieselben Leistungserstellungsprozesse durchlaufen, oder wenn eine Endkostenstelle verschiedene Leistungen erbringt.

Hierbei werden die Kosten verursachungsgerecht erfasst und der entsprechenden Leistung zugeordnet. Die Gemeinkosten werden über Zuschlagssätze verteilt. Dieses Verfahren beruht auf einer Trennung in Kostenträgereinzel- und Kostenträgergemeinkosten.

Beispiele:

Die Gesamtkosten eines Softwaresystems belaufen sich pro Jahr auf 600 000 Euro. Die 1000 Benutzer greifen mit unterschiedlicher Intensität auf das System zu. Der »Normalnutzer« wird als Standard definiert. In Relation zum »Normalnutzer« werden für »Gelegenheitsnutzer« und »Intensivnutzer« Äquivalenzziffern gebildet.

Benutzertypen	Relative Nutzungsintensität	Äquivalenzziffern	Reale Anzahl Benutzer	Gewichtete Anzahl Benutzer	durchschnittliche Stückkosten je Benutzertyp	Gesamtkosten je Nutzerkategorie: Anzahl Benutzer x Stückkostensatz
Normalbenutzer	100%	1	500	500 x 1 = 500	400,-	500 x 400 = 200.000,-
Intensivbenutzer	300%	3	300	300 x 3 = 900	1.200,-	300 x 1.200 = 360.000,-
Gelegenheitsbenutzer	50%	0,5	200	200 x 0,5 = 100	200,-	200 x 200 = 40.000,-
			1.000	1.500 Norm-Benutzer		= 600.000,-

Nebenrechnungen: Stückkostensatz je Norm-Benutzer = $\frac{600.000}{1.500}$ = 400 EUR

Abbildung 7.9: Anwendung der Äquivalenzziffernkalkulation (vgl. Kütz 2005: S. 117)

Ein Verkehrsunternehmen verfügt über eine Busflotte von 33 Fahrzeugen: 10 »Gelenkbusse«, 8 »Doppeldeckerbusse« und 15 »Solobusse«.
- Für die einheitliche durchschnittliche Verrechnung von Bus-Fahrzeugkosten werden die vorhandenen 10 »Gelenkbusse« als Standard definiert.
- Die vorhandenen 8 »Doppeldeckerbusse« verursachen im Vergleich erfahrungsgemäß die doppelten Fahrzeugkosten eines »Gelenkbusses« und werden in 16 Rechnungseinheiten »Gelenkbusse« umgerechnet.
- Die 15 »Solobusse« verursachen erfahrungsgemäß lediglich 50 Prozent der Fahrzeugkosten eines »Gelenkbusses« und werden in 7,5 Rechnungseinheiten »Gelenkbusse« umgerechnet.
- Für die Kalkulation und Verteilung der Kosten wird mit 33,5 Rechnungseinheiten »Gelenkbusse« gearbeitet.

Kostenträgereinzelkosten

Kostenträgereinzelkosten können für jeden Kostenträger direkt ermittelt werden. Im Dienstleistungssektor sind dies oftmals die geleisteten Arbeitsstunden je Kostenträger, manchmal auch Materialkosten. Im Versicherungssektor stellen die Schäden je Versicherungsart Einzelkosten dar.

Kostenträgergemeinkosten

Bei Kostenträgergemeinkosten ist eine direkte Zuordnung zu einem Kostenträger nicht möglich oder es wäre mit einem erheblichen Aufwand verbunden. Daher werden sie über Bezugsgrößen auf die Kostenstellen verteilt. Beispiele: Abschreibungen für Gebäude und Büroausstattung, Versicherungen, Gehälter von Führungskräften.

Bei der Zuschlagskalkulation wird davon ausgegangen, dass ein berechenbares Verhältnis zwischen den zuzurechnenden Anteilen der Gemeinkosten und den Einzelkosten des Kostenträgers besteht. Infolgedessen erfolgt der Zuschlag der Gemeinkosten auf der Grundlage der Kostenträgereinzelkosten. Denn die Kostenträgereinzelkosten werden verursachungsgerecht verrechnet.

Formen der Zuschlagskalkulation

Für die Zuschlagskalkulation in Dienstleistungsunternehmen kommen zwei Varianten in Frage:
1. Summarische Zuschlagskalkulation
2. Differenzierende Bezugsgrößenkalkulation

Zu 1. Summarische Zuschlagskalkulation

In der Dienstleistungswirtschaft kann die summarische Zuschlagskalkulation vergleichsweise häufig angewandt werden. Insbesondere dann, wenn Personalkosten überwiegend als Einzelkosten anfallen. Bei diesem Verfahren werden sämtliche Gemeinkosten einer Periode aufgrund einer einzigen Bezugsgröße, den Einzelkosten, den Leistungseinheiten zugeordnet. Die Gemeinkosten sind oftmals relativ gering, sodass eventuelle Ungenauigkeiten bei der Verrechnung akzeptiert werden können.

Voraussetzungen
- Heterogene Produkte, aber identischer Leistungsprozess oder identische Bearbeitungsstufen
- Personalkosten als Einzelkosten und vergleichsweise geringer Anteil an Gemeinkosten

Grundsätzlich ist jedoch davon auszugehen, dass bei einer pauschalen Verrechnung von Gemeinkosten auf der Zuschlagsbasis »Einzelkosten« Abstriche hinsichtlich der Verursachungsgerechtigkeit zu machen sind.

Formel
Gemeinkostenzuschlagssatz zur Verrechnung auf jeden Kostenträger:

Gemeinkostenzuschlagssatz je Leistung =

$$\frac{\text{Summe Gemeinkosten pro Periode} \times 100}{\text{Summe Einzelkosten pro Periode}}$$

Beispiel:

Die Gesamtkosten eines Softwaresystems belaufen sich pro Jahr auf 600 000 Euro. Die Software wird 1 000 Benutzern zur Verfügung gestellt. Das System besteht aus drei Modulen. Pro Modul sind für jeden Benutzereintrag Lizenzgebühren zu zahlen.

Modul	Lizenzgebühren (Einzelkosten) je Benutzereintrag	Anzahl der Benutzereinträge	Summe der Lizenzgebühren	Stückkostensatz pro Modul
1	200	1.000	200.000	200 x (1 + 0,5) = 300
2	500	200	100.000	500 x (1 + 0,5) = 750
3	400	250	100.000	400 x (1 + 0,5) = 600
			400.000	

Nebenrechnungen: Gesamtkosten 600.000 / Einzelkosten 400.000 / Gemeinkosten 200.000

Gemeinkostenzuschlagssatz: $\frac{\text{Gemeinkosten}}{\text{Einzelkosten}} = \frac{200.000}{400.000} = 50\,\%$

Abbildung 7.10: Anwendung der summarischen Zuschlagskalkulation (vgl. Kütz 2005: S. 118)

Zu 2. Differenzierende Bezugsgrößenkalkulation

Die Kostenstruktur vieler Dienstleistungsunternehmen ist durch einen hohen Gemeinkostenanteil und nur einen geringen Einzelkostenanteil geprägt. Die differenzierende Bezugsgrößenkalkulation bietet in diesem Fall eine brauchbare Lösung für die Kalkulation an. Mit ihr werden große Anteile der Gemeinkosten über die Verrechnung von Personalkosten- und Maschinenstundensätzen wie Einzelkosten auf die Kostenträger verrechnet. Die verbleibenden Restgemeinkosten werden auf der Basis der direkt gebuchten Personal- und Maschineneinzelkosten verrechnet. Die Entlastung der Kostenstellen erfolgt demnach weitgehend durch die Verrechnung der Personal- und Maschinenkosten über eine Kostenträgerbezogene Zeit- und Mengenerfassung (vgl. TSI 2001: S. 124).

Bei der differenzierenden Bezugsgrößenkalkulation mit Personal- und Maschinenstundensätzen werden die Gemeinkosten für bedeutende Gemeinkostenverursacher auf deren Periodenproduktivität oder Periodenlaufleistung umgelegt und als Kostensatz pro Zeiteinheit (Minute, Stunde, Tag) verrechnet. Durch die Ermittlung von Personalkosten- und Maschinenstundensätzen wird ein Großteil der Gemeinkosten für die Kalkulation der Dienstleistungen zu Einzelkosten. In einer Kalkulation von Dienstleistun-

> **Beispiel:**
>
> In Verkehrsunternehmen wird mit der differenzierenden Bezugsgrößenkalkulation gearbeitet, Kosten und Erlöse auf definierte Träger (Linien, Linienbündel, Verkehrsgebiete, Verkehrszeiten wie Haupt-, Normal-, Schwach- und Nachtverkehrszeit) verrechnet. Dabei werden den Kostenträgern die zentralen Kostenartengruppen Personal und Technik/Infrastruktur über Stundensätze zugeschlagen. Die Kosten der Verkehrsinfrastruktur (Haltestellen und Bauten des Schienenweges, der Streckenausrüstung und der Sicherungsanlagen) werden in Relation zu den Ausstattungsstandards und der Häufigkeit der Nutzung durch mehrere Linien, Berücksichtigung von Umsteigehaltestellen oder -bahnhöfen, gewichtet.
>
> Formeln zur Verrechnung der Kostenartengruppen:
> - Fahrzeuge: EUR pro Fahrzeug je Fahrzeugtyp
> - Fahrdienste: EUR pro Umlaufstunde Fahrpersonal je Tagesart und Stundenintervall
> - Treibkraftversorgung: EUR pro Gesamt-km je Fahrzeugtyp
> - Betriebshofservice: EUR pro Nutz-km je Fahrzeugtyp
> - Fahrzeuginstandhaltung: EUR pro Nutz-km je Fahrzeugtyp
> - Haltestellen: Gesamtkosten Haltestellen – Verteilung nach gewichteten Abfahrten
> - Bauten des Schienenweges, Streckenausrüstung und Sicherungsanlagen: Gesamtkosten – Verteilung nach gewichteten Abfahrten
> - Verwaltungs- und Vertriebskosten: Umlage nach Betriebskosten bzw. Linienerlösen

gen können die Kosten, die eine Leistungseinheit durch die Personal- und Maschinenbeanspruchung verursacht, anhand des Zeitanteils und der Personal- und Maschinenstundensätze genau ermittelt werden. Zum Beispiel in Freizeiteinrichtungen, Einrichtungen des Gesundheitswesens mit hoher technischer Ausstattung etc.

Vorteile dieses Verfahrens
- »Ein Teil der Gemeinkosten wird wie Einzelkosten auf das Produkt verrechnet. Dadurch erhöht sich die Genauigkeit der ermittelten Selbstkosten.
- Der Zuschlagssatz für die zu verrechnenden Restfertigungsgemeinkosten verringert sich erheblich, und damit die Auswirkungen, die bei einer Veränderung der Einzelkosten entstehen können« (TSI 2001: S. 120f).

Im Zusammenhang mit einer strategischen Neuausrichtung auf die Anforderungen des Wettbewerbs ist das eigene Leistungsangebot permanent unter dem Gesichtspunkt der Wirtschaftlichkeit zu analysieren.

7.5.3 Deckungsbeitragsrechnung

Grundlagen
Vollkostenrechnungssysteme haben Anwendungsprobleme, die konzeptionell angelegt sind und immer wieder im Zentrum der Kritik stehen:
- Proportionalisierung der Fixkosten
- Schlüsselung der Gemeinkosten
- Verbundeffekte bei Erlösen

Fixkostenproblem
Je größer der Anteil an fixen Kosten an den Gesamtkosten, desto stärker reagieren die Stückkosten auf Änderungen der Beschäftigung.

Gemeinkostenproblem
Es handelt sich hierbei um die spezifische Problematik von Mehrproduktunternehmen. Wo immer bei der Ermittlung der Selbstkosten die Gemeinkosten geschlüsselt werden, wird das Verursachungsprinzip verletzt. Dadurch entstehen subjektive Ermessensspielräume bei der Ermittlung der Selbstkosten. Da die Schlüsselwahl die Struktur der Gemeinkostenverteilung und damit die Höhe der Zuschlagssätze bestimmt, können die Selbstkosten niemals objektiv richtig, sondern immer nur »akzeptabel« hinsichtlich eines »Betriebs-Konsenses« sein.

Beispiel:

Die Ermittlung von Kostendeckungsgraden ist als Instrument des externen Rechnungswesens aufgrund zentraler Unbundlingvorschriften vom 21.02.2002 (fallbezogene Rechnung zum Nachweis der Differenz von Mehraufwand gegenüber Mehrumsatz zur Beanspruchung von Ausgleichszahlungen) in Verkehrsunternehmen erforderlich.

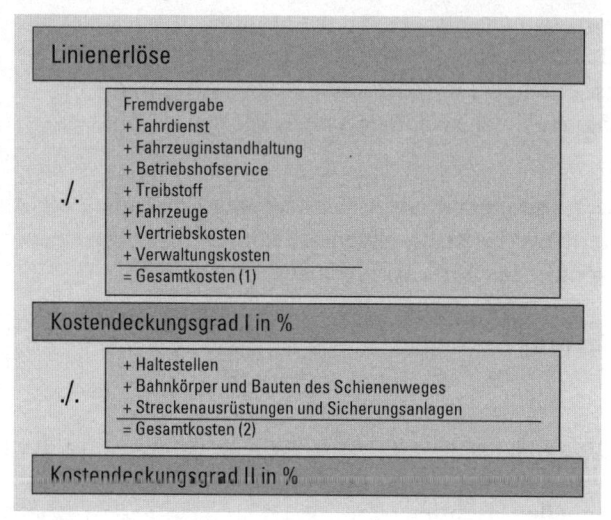

```
Linienerlöse
        Fremdvergabe
        + Fahrdienst
        + Fahrzeuginstandhaltung
        + Betriebshofservice
  ./.   + Treibstoff
        + Fahrzeuge
        + Vertriebskosten
        + Verwaltungskosten
        = Gesamtkosten (1)

Kostendeckungsgrad I in %
        + Haltestellen
  ./.   + Bahnkörper und Bauten des Schienenweges
        + Streckenausrüstungen und Sicherungsanlagen
        = Gesamtkosten (2)

Kostendeckungsgrad II in %
```

Abbildung 7.11: Kalkulationsschema zur Ermittlung von Kostendeckungsgraden in Verkehrsunternehmen

Für die Aufteilung von Erlösen auf die Linien werden verschiedene Methoden der Informationsgewinnung genutzt:
- Repräsentative (aufwendige) Fahrgastbefragung
- Automatische Fahrgastzählgeräte (AFZ)
- Mobile Datenerfassung (MDE): Fahrscheinkontrolleure mit Handheld-Computern
- Elektronische Chipkarten (Bezahlung wird einfacher, Bewegungsdaten werden erfasst – ähnlich Scannerkassen)

Erlösprobleme

Gemeinerlöse sind analog zu den Gemeinkosten Erlöse, die von mehreren Bezugsobjekten gemeinsam erzielt werden. Beispiele für diese Erlösverbunde sind: Folgeaufträge durch exzellente Auftragsabwicklung; anwendungsbezogener Zusammenhang (z. B. Pauschalreise) oder nachträgliche Gewährung eines Bonus auf alle Bezüge eines Jahres.

Aus diesen genannten Gründen liegt es nahe, für bestimmte Entscheidungssituationen andere Kosteninformationen als die Selbstkosten heranzuziehen. Die Deckungsbeitragsrechnung als Teilkostenrechnung vermeidet die zentralen Kritikpunkte an der Vollkostenrechnung: die Proportionalisierung der Fixkosten sowie die Schlüsselung der Gemeinkosten.

> **Beispiel:**
> In wissensbasierten Dienstleistungsunternehmen werden die Personalkosten inklusive Kosten des Arbeitsplatzes zum Beispiel von Beratern als relative Einzelkosten über Stunden- oder Tagessätze auf die einzelnen Dienstleistungen, Aufträge und Projekte abgerechnet. Bei der Vollkostenbetrachtung würde eine Beratungsanfrage, die die Personalkosten inklusive Kosten des Arbeitsplatzes nicht deckt, abgelehnt werden. Wenn die dafür vorgesehenen Berater nicht über ein anderes Projekt ausgelastet werden können, entsteht dem Unternehmen ein Verlust in Höhe der beraterbezogenen Kosten. Die Deckungsbeitragsrechnung wäre die geeignetere Kalkulationsmethode gewesen.

Deckungsbeitrag

Der Deckungsbeitrag ist die Differenz zwischen einem Erlösbetrag und einem bestimmten Kostenbetrag, zum Beispiel der variablen, Dienstleistungsprodukt- oder relativen Einzelkosten. Er ist derjenige Teil des Erlöses, den ein verkaufter Artikel zur Deckung von Kosten des ihn betreuenden Apparates übrig lässt. Der Deckungsbeitrag als Kosteninformation ist für bestimmte Entscheidungssituationen sinnvoller heranzuziehen als die Selbstkosten.

Ziele der Deckungsbeitragsrechnung

Die Deckungsbeitragsrechnung ist ein Informationssystem zur Ertragssteuerung und Bewertung von Bereichen und Projekten, d.h., sie dient der
- Ertragssteuerung
- Projektsteuerung
- Zielgruppenbewertung

Das bedeutet, dass sie Grundlage ist für
- Ermittlung von kurzfristigen Preisuntergrenzen
- Entscheidung über Make or Buy

- Entscheidungen über Angebotsveränderungen
- Entscheidungen über Prozessveränderungen

Anwendungsformen der Deckungsbeitragsrechnung
1. Break-even-Analyse
2. Einstufige Deckungsbeitragsrechnung
3. Mehrstufige Deckungsbeitragsrechnung
4. Mehrdimensionale Auswertungen

Zu 1. Break-even-Analyse

Mit dem Break-even-Punkt (BE) ist jenes Volumen gemeint, bei dem die Deckungsbeiträge (DB) gerade so hoch sind wie die gesamten Kosten. Man könnte ihn auch »Gerade-eben-Punkt« nennen.

Rechnerisch: $BE(Stück) = \dfrac{Fixkosten}{DB/Stück}$ oder

$$BE(Wert) = \dfrac{Fixkosten}{DB \text{ in \% v. Umsatz}}$$

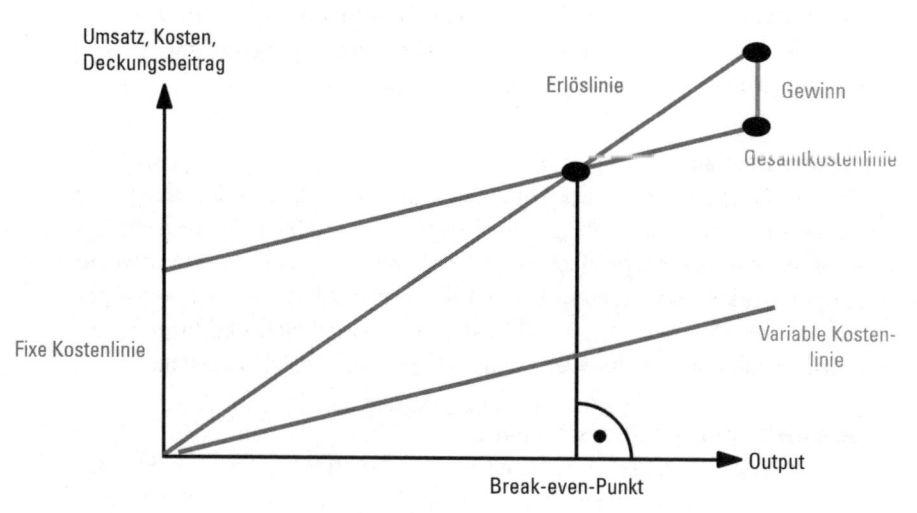

Abbildung 7.12: Grafische Ermittlung des Break-even-Punktes

Zu 2. Einstufige Deckungsbeitragsrechnung

Bei der einstufigen Deckungsbeitragsrechnung, dem Direct costing, wird aus der Differenz von Nettoerlösen und variablen, direkten- oder relativen Einzelkosten der Stückdeckungsbeitrag ermittelt. Mit dem Stückdeckungsbeitrag als resultierendem Überschuss sind die »restlichen« (fixen) Kosten zu decken. Die aus der einstufigen Deckungsbeitragsrechnung resultierende Gewinngröße »Stückdeckungsbeitrag« ist ein Bruttogewinn, aus dem noch weitere, eben die fixen bzw. Strukturkosten gedeckt werden müssen.

Bedeutung der stückbezogenen Deckungsbeiträge

Der Stückdeckungsbeitrag pro Leistungseinheit ist eine dynamische Größe. Er ist ein wichtiger Indikator für die festzulegenden Prioritäten im Portfolio oder Sortiment. Er gibt eine Antwort auf die Frage: Welche zusätzlich verkaufte Leistung bringt wie viel Deckungsbeitrags- bzw. Ergebnisverbesserung mit sich?

Beispiel:

- Anwendung der einstufigen Deckungsbeitragsrechnung im Verkehrsunternehmen mit dem Ziel die Kostendeckungsgrade für die den Linien direkt zurechenbaren Kosten zu ermitteln. Verarbeitungsprinzip der Kosten: Verrechnung der einer Linie direkt zurechenbaren Kosten nach dem Verursachungsprinzip
- Vorteile: Verbesserte Kontrolle der Kosten, die bei Betrieb entstehen bzw. bei Einstellung des Betriebs entfallen
- Problem/Schwäche des Verfahrens: Mangelhafte Zurechenbarkeit; die von einer Linie direkt verursachten Kosten müssen ggf. unterstellt werden

Linienspezifische Kostenartengruppen	Schlüsselgrößen, z.B.	Linienkosten	Kosten des Gesamtbetriebes
Direkt auf Linien zurechenbare Kosten			
Fahrdienst	Dienstplan-Personalkosten	Verrechnung	
Betrieb und Unterhaltung der Fahrzeuge	Wagenkilometer	Verrechnung	
Kapitaldienst der Fahrzeuge	Maximaler Wagenbedarf	Verrechnung	
Nicht direkt auf Linien zurechenbare Kosten			
Betrieb und Unterhaltung des Fahrwegs			Verrechnung
Kapitaldienst des Fahrwegs			Verrechnung
Unterhaltung der Grundstücke und Gebäude			Verrechnung
Kapitaldienst der Grundstücke und Gebäude			Verrechnung
Betriebsdienst			Verrechnung
Allgemeiner Verwaltungsdienst			Verrechnung
Übrige Kosten (z.B. Abgaben, Prämien)			Verrechnung

Abbildung 7.13: Linienkostenrechnung als Deckungsbeitragsrechnung (in Anlehnung an Bräunig 2000: S. 315)

Zu 3. Mehrstufige Deckungsbeitragsrechnung

Die mehrstufige Deckungsbeitragsrechnung oder auch Fixkostendeckungsrechnung ist gleichzeitig ein bereichsbezogenes Abrechnungsinstrument. Mit diesem Ansatz ist eine permanente Fixkostenkontrolle möglich.

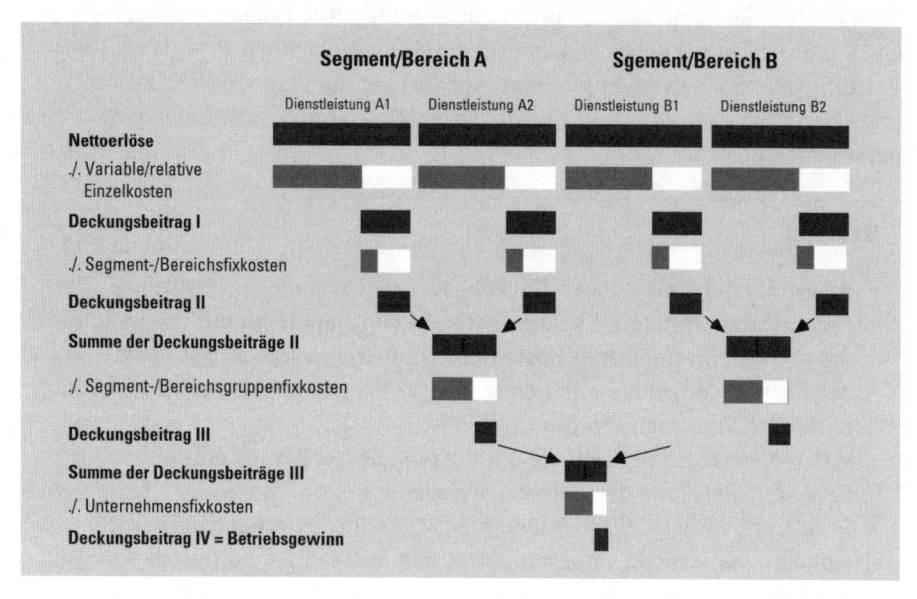

Abbildung 7.14: Konzept der mehrstufigen Deckungsbeitragsrechnung

Die Struktur der Deckungsbeitragsrechnung als innerbetriebliche Ergebnisrechnung mag auf den ersten Blick eine gewisse Ähnlichkeit zur externen handelsrechtlichen Gewinn- und Verlustrechnung nach dem Umsatzkostenverfahren (UKV) aufweisen. In der Deckungsbeitragsrechung erfolgt jedoch ein Splitten der Kosten nach variablen/fixen und direkten Kosten bzw. relativen Einzelkosten/Strukturkosten, um den Deckungsbeitrag als zentrale relevante ökonomische Steuerungsgröße bei gegebenen Kapazitäten zu erhalten. Die Deckungsbeitragsrechnung gibt auch gleichzeitig den Rahmen für eine Mehrjahresbetrachtung. Ein zentrales Element der Deckungsbeitragsrechnung ist jedoch, dass sie kunden- und marktfokussiert ist. Ohne Umsätze gibt es keinen Deckungsbeitrag.

Bedeutung des Deckungsbeitrags I

Der absolute Deckungsbeitrag I beschreibt, wie eine einzelne Leistung, ein Auftrag oder Projekt zur Deckung der Fix- bzw. Strukturkosten und zur Erreichung eines Gewinnziels beiträgt. Er gibt die Abhängigkeit des Gesamtergebnisses von dieser Leistung an. Zu berücksichtigen ist noch, dass der Deckungsbeitrag I ein »mehrdimensionaler« Wert ist. Er drückt aus, welche Leistung, bei welchen Kunden, in welchen Regionen, über welchen Vertriebsweg und in welcher Höhe zur Deckung der Fix- bzw. Strukturkosten beiträgt.

Insofern kann er außer durch eine verbesserte Position bei den variablen, direkten Kosten bzw. relativen Einzelkosten auch durch Änderungen des Verkaufspreises beeinflusst werden. Die Veränderung im Deckungsbeitrag I – soweit die Fixkosten unverändert sind – ist immer auch in gleicher Höhe ergebniswirksam.

Bedeutung des Deckungsbeitrags II
Der Deckungsbeitrag II gibt an, inwieweit die Leistungen, Aufträge oder Projekte in der Lage sind, ihre eigenen Segment- bzw. Bereichsfixkosten z. B. Werbekosten, Produktmanagementkosten etc. zu verdienen. Ist der Deckungsbeitrag II negativ, sind die Segment- bzw. Bereichsfixkosten im Vergleich zum Deckungsbeitrag I zu hoch.

Zwischen dem Deckungsbeitrag II, den Segment- bzw. Bereichsfixkosten und den Mengen und Preisen sind zirkuläre Betrachtungen durchzuführen. Wie verändern sich durch ein Absenken der Werbekosten (Segment-/Bereichsfixkosten) die Menge, evtl. auch die Preise, der Deckungsbeitrag I und schließlich der Deckungsbeitrag II? Wird der Deckungsbeitrag II besser, sind die entsprechenden Veränderungen vorzunehmen.

Bedeutung des Deckungsbeitrags III
Der Deckungsbeitrag III ist normalerweise die typische Ziel- und Beurteilungsgröße für ein Profit-Center, in diesem Fall des Bereiches bzw. des Segmentes. Er wird normalerweise nicht mehr auf Leistungs-, Auftrags- oder Projektebene ermittelt, sondern nur noch auf der Gesamtebene. Hat ein Profit Center einen positiven Deckungsbeitrag III erwirtschaftet, wurden alle Profit-Center-direkten Kosten abgedeckt. Üblicherweise wird der Deckungsbeitrag III immer mit einer Zielgröße verbunden, die ausreicht, einen ausreichenden Deckungsbeitrag zur Deckung zentraler Unternehmenskosten und zum Betriebsgewinnziel zu erbringen.

Bedeutung des Deckungsbeitrags IV/Betriebsgewinn
Mit Betriebsgewinn ist typischerweise die Kennzahl EBIT als Ergebnis vor dem Abzug von Zinsen und Steuern gemeint. Waren die Deckungsbeiträge III der einzelnen Bereiche bzw. Segmente positiv, die Kennzahl EBIT ist aber negativ, so könnte beispielsweise interpretiert werden, dass die Unter-

nehmensfixkosten in Relation zum erwirtschafteten Deckungsbeitrag III zu hoch sind. Kostensenkungen für die Zentrale wären anzudenken. Andererseits sollte auch versucht werden, die Ertragsstärke der Sparten zu erhöhen, um die notwendigen Deckungsbeiträge zur Deckung der Kosten der Zentrale (und des Gewinnziels) zu erwirtschaften (in Anlehnung an Grotheer 2011: S. 21 f).

Beispiel:

Anwendung einer dreistufigen Deckungsbeitragsrechnung in Verkehrsunternehmen:
- Verarbeitungsprinzip der Kosten: Mehrstufige Verrechnung der Kosten nach dem Grad der Veränderbarkeit der Kosten
- Vorteile: Trennung der Kosten in kurz-, mittel- und langfristig beeinflussbare Leistungs- sowie Bereitschaftskosten
- Problem/Schwäche des Verfahrens: Arbeit mit »Scheineinzelkosten« und Vollkostenansatz in der letzten Abrechnungsstufe

Einzelkosten linienspezifischer Kostenartengruppen	Kostenhierarchie
Fahrdienst	Einlinien-Einzelkosten
Kapitaldienst der Fahrzeuge	Einlinien-Einzelkosten
DB I: Kosten der Linienbedienung	
Betrieb und Unterhaltung der Fahrzeuge	Einlinien-Einzelkosten
Betrieb und Unterhaltung des Fahrwegs	Ein- oder Mehrlinien-Einzelkosten
DB II: Kosten des laufenden Linienbetriebs	
Kapitaldienst des Fahrwegs	Ein- oder Mehrlinien-Einzelkosten
Unterhaltung und Kapitaldienst der Grundstücke und Gebäude	Unternehmens-Einzelkosten
Betriebsdienst	Unternehmens-Einzelkosten
Allgemeiner Verwaltungsdienst	Unternehmens-Einzelkosten
Übrige Einzelkosten (z.B. Abgaben, Prämien)	Unternehmens-Einzelkosten
DB III: Kosten der Linienexistenz	

Abbildung 7.15: Linienkostenrechnung als dreistufige Deckungsbeitragsrechnung (in Anlehnung an Bräunig 2000: S. 319)

Bedeutung der prozentualen Darstellung der Deckungsbeiträge
Neben einer Darstellung des Deckungsbeitrages in absoluten Größen als Geldeinheit pro Stück ist auch eine prozentuale Darstellung üblich. Der prozentuale Deckungsbeitrag pro Stück (DBU in Prozent) ergibt sich, indem man den Deckungsbeitrag durch den Umsatz dividiert. Der DBU in Prozent gibt an, wie viel Cent Deckungsbeitrag von jedem Euro Umsatz generiert wird.

Zu 4. Mehrdimensionale Auswertung nach Dienstleistungsprodukten, Kunden und Regionen

In diesem Abschnitt werden weitere, typische controllingorientierte Erfolgsrechnungen behandelt – mit den Schwerpunkten:
1. Dienstleistungsproduktcontrolling
2. Kundencontrolling
3. Vertriebscontrolling

- Zu 1.: Dienstleistungsproduktcontrolling
  Eine Dienstleistungsprodukterfolgsrechnung kann differenziert werden nach:
  - Dienstleistungsprodukt
  - Dienstleistungsproduktgruppe/Segment
  - Marke
  - Gesamtportfolio
- Zu 2.: Kundencontrolling
  Eine Kundenerfolgsrechnung wird in der Regel differenziert nach:
  - Kunde
  - Kundengruppe
  - Branche
- Zu 3.: Vertriebscontrolling
  Typische Ansätze einer Vertriebserfolgsrechnung sind nach:
  - Region
  - Land
  - Vertriebsweg
  - Profit Center

Kurzfristige Erfolgsrechnung
Eine kurzfristige Erfolgsrechnung weist den – meist monatlichen – Gewinn eines Segmentes oder Bereiches aus und kann nach unterschiedlichsten Objekten gestaltet werden. Dies wird Managementerfolgsrechnung, Dienstleistungsprodukterfolgsrechnung, Absatzsegmentrechnung oder allgemeingültig Segmenterfolgsrechnung genannt (in Anlehnung an Preißner 2010: S. 242).

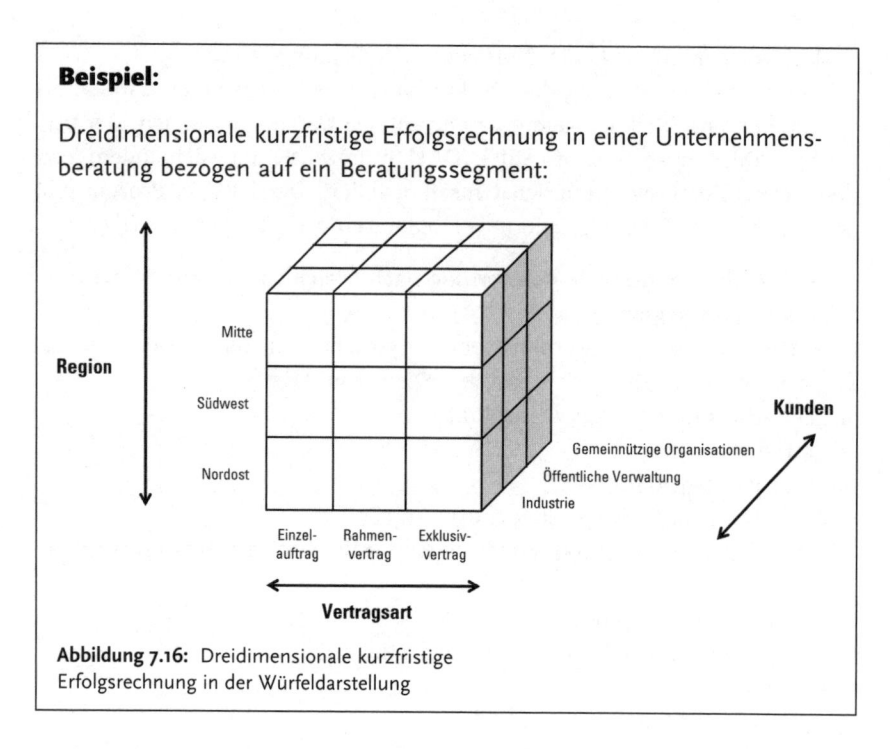

> **Beispiel:**
>
> Dreidimensionale kurzfristige Erfolgsrechnung in einer Unternehmensberatung bezogen auf ein Beratungssegment:
>
> **Abbildung 7.16:** Dreidimensionale kurzfristige Erfolgsrechnung in der Würfeldarstellung

Abhängig von der differenzierten Erfassung von Kosten- und Erlösdaten kann eine kurzfristige Erfolgsrechnung nach sämtlichen Objekten der Unternehmenstätigkeit (den Absatzsegmenten) vorgenommen werden. Es ist somit möglich, Informationen über die Ertragsstärke für jeden Entscheidungsbereich bereitzustellen. Die entscheidende Frage ist jeweils, wie detailliert die Daten erfasst werden (vgl. Preißner 2010: S. 243).

Prinzipiell können Kosten und Erlöse nicht nur dreidimensional, sondern 10-, 12- oder auch 15-dimensional ausgewertet werden. Im Folgenden sind zusätzlich zu den typischen oben genannten Schwerpunkten des Dienstleistungsprodukt-, Kunden- und Vertriebscontrollings beispielhaft verschiedene Dimensionen aufgelistet, nach denen abgegrenzt und analysiert werden kann:

- Kundengruppen (z. B. Einzel-/Großhandel, private/gewerbliche Kunden),
- Aufträge bzw. Auftragsarten (z. B. Klein-/Großaufträge),
- Vertriebswege (z. B. Handel/Direktvertrieb),
- Konditionsgestaltungen (z. B. Rabattarten, finanzierte/bar bezahlte Aufträge),

- Regionen (z. B. Agenturen, Verkaufsbüros, Deutschland/Europa/Übersee),
- Auftragsdaten (z. B. Datum)
- Vertragsarten (z. B. Einzelauftrag/Rahmenvertrag/Exklusivvertrag)
- usw. (vgl. Preißner 2010: S. 243).

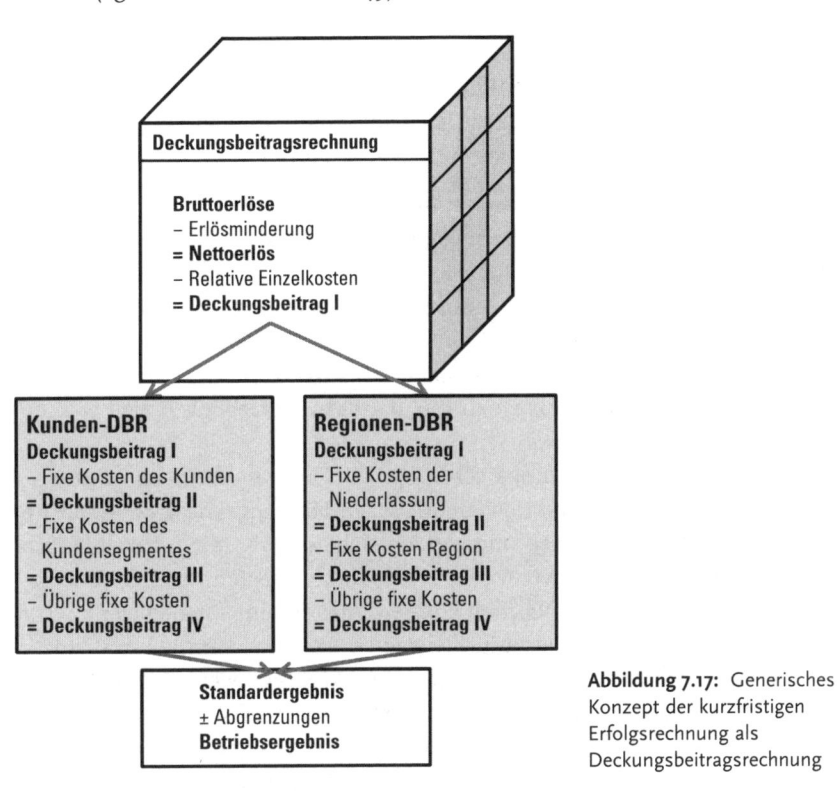

Deckungsbeitragsrechnung

Bruttoerlöse
− Erlösminderung
= Nettoerlös
− Relative Einzelkosten
= Deckungsbeitrag I

Kunden-DBR
Deckungsbeitrag I
− Fixe Kosten des Kunden
= Deckungsbeitrag II
− Fixe Kosten des Kundensegmentes
= Deckungsbeitrag III
− Übrige fixe Kosten
= Deckungsbeitrag IV

Regionen-DBR
Deckungsbeitrag I
− Fixe Kosten der Niederlassung
= Deckungsbeitrag II
− Fixe Kosten Region
= Deckungsbeitrag III
− Übrige fixe Kosten
= Deckungsbeitrag IV

Standardergebnis
± Abgrenzungen
Betriebsergebnis

Abbildung 7.17: Generisches Konzept der kurzfristigen Erfolgsrechnung als Deckungsbeitragsrechnung

Die separate Analyse nach unterschiedlichen Dimensionen trägt dazu bei, Ursachen für Erfolgsabweichungen zu ermitteln. So können etwa einzelne Dienstleistungsprodukte besonders unprofitabel sein, ein Vertriebsweg zu hohe Kosten verursachen, eine Kundengruppe besonders ertragsstark sein usw.

Beispiele für typische Fragen, die mit Hilfe der mehrdimensionalen kurzfristigen Erfolgsrechnung beantwortet werden können:
- Wie profitabel ist Dienstleistung, Auftrag oder Projekt A im Vergleich zu B und C?
- Welcher Vertriebsweg erwirtschaftet den höchsten Deckungsbeitrag?

- Lohnt es sich überhaupt, eine bestimmte Auftragsart (z. B. Einzelaufträge) zu akzeptieren?
- Ist die Höhe der Kundenbetreuungskosten für einen bestimmten Kunden angemessen?
- Müssen für bestimmte Aufträge besondere Zuschläge verlangt werden?
- Wie effizient werden die einzelnen Verkaufsgebiete betreut?
- Stehen die Kosten für das Portfoliomanagement in einem angemessenen Verhältnis zu den Deckungsbeiträgen der Produkte?
- Werden in einem Gebiet überdurchschnittlich hohe Rabatte eingesetzt, ohne dass es zu Wachstum kommt? (vgl. Preißner 2010: S. 243).

Anwendung der Deckungsbeitragsrechnung in der Praxis
Die Planung der Deckungsbeiträge hat in der Praxis zwei wesentliche Bedeutungen:

1. Sie ist eine Entscheidungsrechnung: Entscheidungen über Preise, Mengen, Dienstleistungsportfolio, Vertriebswege und Marketingkosten können mit diesem Tool vorbereitet und geplant werden.
Die *Kernfrage* lautet: Was ist zu tun, damit mehr Gewinn erzielt werden kann?
2. Sie ist eine Verantwortungsrechnung: Die Deckungsbeitragsrechnung liefert die Zielhöhe und den Zielmaßstab. Führungskräfte können ihre Ziele nur dann erreichen und werden sich auch nur dann für die Erreichung stark machen, wenn sie auf alle Komponenten ihrer Zielerreichung selbst Einfluss nehmen können. Aus diesem Grunde werden für (vertriebsorientierte) Deckungsbeitragsrechnungen für die variablen, direkten oder relativen Einzelkosten zweckmäßigerweise Standardkosten herangezogen. Kostenabweichungen (verbrauchs- oder verfahrensbedingt) sind in der Verantwortung der Umsetzung und nicht in der des Vertriebs. Die zuordenbaren Fix- oder Strukturkosten sind allerdings auch Sache der Vertriebs- oder Profit-Center-Verantwortlichen.
Fixe Kosten heißt nicht, dass man diese nicht beeinflussen könnte.
Unter diesen Voraussetzungen wird die Deckungsbeitragsrechnung zu einem wichtigen Führungsinstrument für ein »Führen mit Zielvereinbarungen«.
Die *Kernfrage* lautet: Wer wird wie viel zum Gewinn beitragen?

	Entscheidungsrechnung	Verantwortungsrechnung
DB I (pro Einheit)	Leistungs-, Auftrags-, Projektpriorität	
DB I (Summe)	Welche Leistungen fördern/halten?	Ziel für Akquisiteure und Verkäufer
DB II	Beurteilung der Effizienz von Akquisitionsmaßnahmen; mit Mengen und -preisen rückkoppeln	Ziel für Portfoliomanager
DB III	Beurteilung der Effizienz des Bereichs-/Segmentmanagements	Ziel für Bereichs-/Segmentverantwortliche

Entscheidungsrechnung ist geeignet für:
Treffen von Entscheidungen zum Zweck der Vertriebs-/Unternehmensplanung

Verantwortungsrechnung ist geeignet für:
Treffen von Zielvereinbarungen mit Verantwortlichen zum Zweck der Führung mit Zielen

Abbildung 7.18: Gegenüberstellung von Entscheidungs- und Verantwortungsrechnung (in Anlehnung an Grotheer 2011: S. 23)

7.5.4 Prozesskostenrechnung

Grundidee

Als Prozess wird eine geordnete Reihenfolge von Aktivitäten zur Erreichung eines wirtschaftlichen Zieles verstanden. Bei Dienstleistungsunternehmen sind Prozesse nicht nur notwendige Zwischenetappen auf dem Weg zu einem Dienstleistungsprodukt wie z. B. bei der internen Leistungsverrechnung, sondern sie sind vielmehr häufig das Dienstleistungsprodukt selbst.

Die Grundidee der Prozesskostenrechnung besteht darin, den oftmals sehr hohen Gemeinkostenblock in möglichst differenzierter Weise auf die betrieblichen Prozesse zu verrechnen, um so ein klareres Bild über den prozessbezogenen Ressourcenverbrauch zu gewinnen. Mit Hilfe der traditionellen Kostenrechnungsverfahren (Voll- bzw. Teilkostenrechnung) ist diese Analyse aber nicht möglich.

Ob die Einführung einer Prozesskostenrechnung im Dienstleistungsunternehmen sinnvoll ist, hängt von bestimmten Voraussetzungen ab. Mit Hilfe der folgenden Checkliste lässt sich feststellen, ob diese Voraussetzungen vorliegen.

Traditionelle Sicht der Kostenverteilung

Kostenarten — verteilen auf → Kostenstellen — verteilen auf → Dienstleistungen
(Verrechnungsschlüssel)

Ursachenkette der Prozesskostenrechnung

Ressourcen ← verursachen — Aktivitäten ← verursachen — Dienstleistungen
(Kostentreiber)

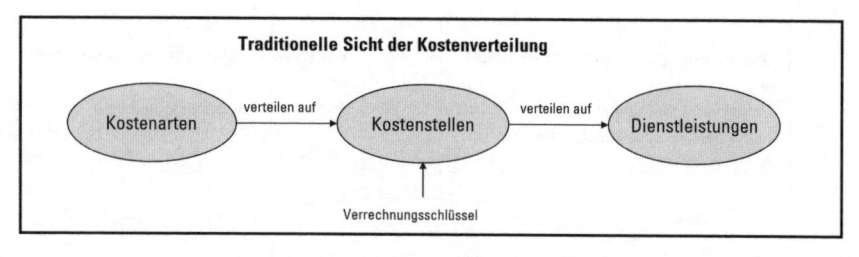

Abbildung 7.19: Ursachenkette der Prozesskostenrechnung

> **Beispiel:**
>
> Fragen-Checkliste: Ob ein bestimmtes Dienstleistungsunternehmen für die Prozesskostenrechnung geeignet ist, hängt von der Beantwortung folgender Fragen mit ja oder nein ab:
> - Laufen in dem Dienstleistungsunternehmen hauptsächlich sich stark wiederholende, gleichförmige Tätigkeiten ab?
> - Ist in dem Dienstleistungsunternehmen ein proportionaler Zusammenhang zwischen den Gemeinkosten und den sie verursachenden Prozessen festzustellen?
> - Wurde eine umfangreiche Analyse der abgelaufenen Prozesse und der angefallenen Kosten durchgeführt oder wird dies beabsichtigt?
> - Machen die Personalkosten einen Großteil der Gemeinkosten aus?

Im Dienstleistungssektor lassen sich insbesondere die unternehmensinternen Unterstützungsleistungen sehr gut mit Hilfe der Prozesskostenrechnung analysieren. Hier ein Auszug typischer Kostenstellen, die für die Prozesskostenrechnung besonders geeignet sind:
- Personalwesen
- Telefonzentrale
- Einkauf und Verkauf/Innendienst
- Informationstechnologie
- Finanzbuchhaltung

Handlungsanleitung für den Aufbau einer Prozesskostenrechnung
Der Aufbau der Prozesskostenrechnung erfolgt in drei Schritten:
1. Identifikation der in den Kostenstellen ablaufenden Teilprozesse, Tätigkeiten und Bezugsgrößen
2. Ermittlung der Prozesskostensätze der Teilprozesse
3. Kostenträgerkalkulation mit Prozesskosten

1. Schritt: Identifikation der Teilprozesse

Zunächst sind im Rahmen einer Tätigkeitsanalyse die betrieblichen Teilprozesse festzustellen. Sie verursachen die Entstehung der Gemeinkosten. Hier gilt die 20:80-Regel: Nur ein kleiner Teil dieser Kosteneinflussfaktoren verursacht den Großteil der Gemeinkosten. Grundsätzlich lassen sich leistungsmengeninduzierte und leistungsmengenneutrale Prozesse unterscheiden. Leistungsmengeninduziert sind Kosten in Teilprozessen dann, wenn sie variabel von zweckbezogenen Tätigkeiten dieses Gemeinkostenbereiches abhängen. Leistungsmengenneutrale Kosten sind unabhängig von solchen zweckbezogenen Tätigkeiten. Bei leistungsmengeninduzierten Prozessen gilt es, Bezugsgrößen festzustellen, deren Kostenverlauf möglichst proportional zur beanspruchten Prozessmenge verläuft. Diese Bezugsgrößen sind die Kostentreiber des Gemeinkostenblocks.

> **Beispiel:**
>
> Unternehmensinterne Unterstützungsleistungen als typische Teilprozesse, deren Kostentreiber im Wesentlichen den Gemeinkostenblock verursachen.
>
> | Teilprozesse | ⇒ | Kostentreiber |
> |---|---|---|
> | Wareneingang | ⇒ | Anzahl der Einlagerungen |
> | Hotelreinigung | ⇒ | Anzahl der Gäste |
> | Kundenberatung | ⇒ | Anzahl der Kundengespräche |
> | Mahnwesen | ⇒ | Anzahl der verschickten Mahnungen |
> | Rechnungswesen | ⇒ | Anzahl der Buchungen |
> | Vertrieb | ⇒ | Anzahl der Kundenbesuche |

2. Schritt: Ermittlung der Prozesskostensätze

Den identifizierten Teilprozessen sind Teile der ursprünglichen Gemeinkosten möglichst verursachungsgerecht zuzuordnen (die hierbei auftretenden Probleme entsprechen denen der traditionellen Vollkostenrechnung). Die Gemeinkostenzuordnung auf die Teilprozesse erfolgt direkt oder über Verteilungsschlüssel (vgl. Nagl/Rath 2004: S. 66 ff).

Beispiel:

Eine Abteilung, die in einem Verkehrsunternehmen Werbeflächen auf Verkehrsmitteln vermarktet, hat recht einfache Prozesse. Für die Vermarktung von Werbeflächen in Bahnhöfen, an Haltestellen und in den Fahrzeugen wurde u. a. auch folgender Prozess definiert:
Hauptprozess:
Gewinnung neuer Kunden für die Verkehrsmittelwerbung
Teilprozesse:
- leistungsmengeninduzierter Teilprozess »Interessententelefonate«: Akquisitionstelefonate mit Alt-Kunden und potenziellen Interessenten mit dem Kostentreiber »Anzahl Telefonate«
- leistungsmengeninduzierter Teilprozess »Interessententermine«: Durchführung von Kundenbesuchen und -präsentationen bei potenziellen mittleren und großen Auftraggebern mit dem Kostentreiber »Anzahl persönliche Termine und Präsentationen«
- leistungsmengeninduzierter Teilprozess »Vertragsbearbeitung«: Erstellung eines Dienstleistungsvertrages zur Verkehrsmittelwerbung mit dem Kostentreiber »Anzahl der Verträge«
- leistungsmengenneutraler Teilprozess »Abteilung leiten«: Mitarbeiterführung, Qualitätsmanagement und Management durch den Verantwortlichen. Der Abteilungsleiter wird zu 50 Prozent vom Teilprozess »Vertragsbearbeitung« ausgelastet und zu je 25 Prozent von den beiden anderen Teilprozessen.

geplante Prozesskosten/Monat

Tätigkeit	lmi/lmn	Kostentreiber	Prozessmenge	Plankosten	lmi-Kostensatz	Umlage lmn-Kosten in %	lmn-Kostensatz	Prozesskostensatz
Leitung	lmn			10.000				
Interessententelefonate	lmi	Telefonate mit Interessenten	400	12.000	30,00	25 %	6,25	36,25
Interessententermine	lmi	Persönliche Termine	40	6.000	150,00	25 %	62,50	212,50
Vertragsbearbeitung	lmi	Anzahl Verträge	20	7.000	350,00	50 %	250,00	600,00
Summe				35.000		100 %		

Vollkosten des Arbeitsplatzes:
1 Abteilungsleiter (10 TEUR/Monat)
2 Mitarbeiter Innendienst Interessententelefonate (12 TEUR/Monat)
1 Mitarbeiter Außendienst Interessententermine (6 TEUR/Monat)
1 Mitarbeiter Innendienst Vertragsbearbeitung (7 TEUR/Monat)

Abbildung 7.20: Prozesskosten zur Gewinnung neuer Werbekunden

Formeln:

$$lmi-Kostensatz = \frac{Plankosten\ des\ Teilprozesses}{Prozessmenge}$$

$$lmn-Kostensatz = \frac{Plankosten\ Leitung \times Umlagefaktor}{Prozessmenge}$$

$$Prozesskostensatz = lmi-Kostensatz + lmn-Kostensatz$$

3. Schritt: Kostenträgerkalkulation mit Prozesskosten

Bei der Prozesskostenkalkulation können jetzt drei anstelle von zwei Kostendimensionen berücksichtigt werden:
1. Variable, direkte oder relative Einzelkosten der Dienstleistung
2. Prozesskosten als Ergebnis der verursachten internen Unterstützungsprozesse multipliziert mit dem Prozesskostensatz
3. Ein sehr kleiner Rest Gemeinkosten wird über einen Gemeinkostenzuschlagssatz geschlüsselt

7.6 Nachfrage- und wettbewerbsorientierte Preiskalkulation

Vor allem Dienstleistungsunternehmen des Typs I und auch II bzw. des Typs A mit ihrem standardisiertem Angebot bieten auf dem Markt Leistungen an, die vergleichbar mit denen der Wettbewerber sind und die der Kunde gut kennt. In dieser Marksituation ist der Preis vom Markt vorgegeben. Ausgangspunkt für nachfrage- und wettbewerbsorientierte Preiskalkulation ist ein vorhandener Marktpreis.

Die notwendige nachfrage- und wettbwerbsorientierte Preiskalkulation basiert auf den eher modernen Kalkulationsverfahren und preispolitischen Konzepten:
- Zielkostenrechnung
- Preisgesteuertes Kapazitätscontrolling
- Projektkalkulation

7.6.1 Zielkostenrechnung

Ausgangssituation

Die beiden Methoden Divisions- und Zuschlagskalkulation zielen darauf ab, die im Unternehmen angefallenen Kosten verursachungsgerecht auf die

Dienstleistungsprodukte, Aufträge und Projekte zu verrechnen. Der zu fordernde Marktpreis ergibt sich aus den angefallenen Kosten und dem geplanten Gewinnzuschlag. Auf von Nachfragern dominierten Dienstleistungsmärkten, auf denen ein intensiver Wettbewerb herrscht und die Gunst des Kunden durch eine optimale Kosten-Nutzen-Relation der Dienstleistung erarbeitet werden muss, könnte diese Denkrichtung nicht mehr zeitgemäß sein. Die Frage darf nicht mehr lauten: »Was *wird* den Kunden mein Produkt am Markt kosten?«, sondern allenfalls »Was *darf* mein Produkt aus Sicht des Kunden bzw. des Marktes kosten?«

```
    Eigenes Unternehmen              Kunde bzw. Markt

    zu verrechnende,                 (erlaubter)
    angefallene Kosten               Marktpreis ./.
    + Gewinnzuschlag                 Gewinnzuschlag

    = (zu fordernder)                = (vom Kunden/Markt)
    Marktpreis                       erlaubte Kosten


    Kunde bzw. Markt                 Eigenes Unternehmen
```

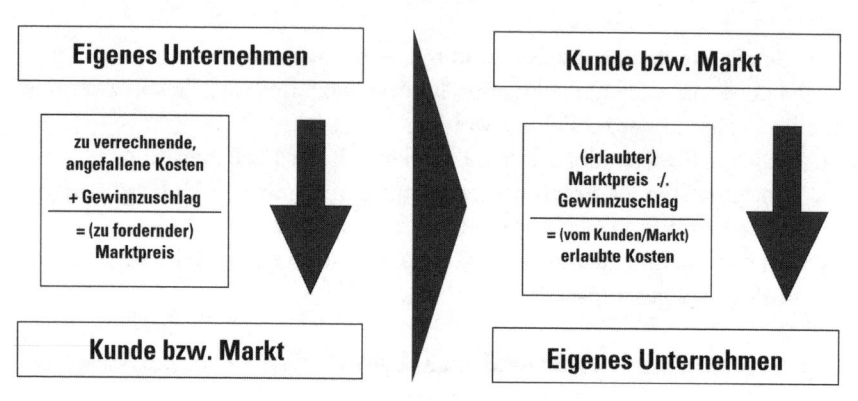

Abbildung 7.21: Vom traditionellen zum Denkansatz der Zielkostenrechnung

Der Ausgangspunkt des unternehmerischen Denkens auf umkämpften Dienstleistungsmärkten ist der zulässige, sich am Wettbewerb orientierende Marktpreis, aus dem dann unter Abzug der Gewinnmarge die vom Kunden bzw. vom Markt erlaubten Kosten abgeleitet werden. Das zentrale Anliegen der Zielkostenrechnung besteht darin, die Kosten der Dienstleistungserstellung an den Anforderungen (Nutzenpräferenzen) und der Zahlungsbereitschaft der Nachfrager auszurichten.

Vorteile der Zielkostenrechnung
Der größte Nutzen basiert auf der kunden-, markt- und wettbewerbsorientierten Denkweise:
- Sicher wettbewerbsorientiert kalkulieren
- Fundierte Entscheidungsbasis für marktgerechte Preise
- Im Gegensatz zu der klassischen, an internen Gegebenheiten ausgerichteten Divisions- und Zuschlagskalkulation stellen bei der Zielkostenrechnung die Markterfordernisse die Kalkulationsgrundlage:

- Die konkreten Kundenwünsche, Nutzenpräferenzen, Marktpreiserwartungen und Zahlungsbereitschaft der Nachfrager für eine Leistung
- Veränderte Kundenwünsche und -anforderungen über den Kunden- oder Dienstleistungsproduktlebenszyklus
- Preis- und Kostenstrukturen der Wettbewerber

Die Verantwortlichen und Beteiligten der über drei Phasen aufzubauenden Zielkostenrechnung koordinieren alle internen Bereiche, die an der Leistungsentstehung und -optimierung beteiligt sind, über ihre Rollenverteilungen im Phasenmodell. Dies ist ein weiterer wesentlicher Nutzenfaktor, der sich aus der internen Sicht ergibt.

Voraussetzungen
Voraussetzungen für die Anwendung der Zielkostenrechnung:
- Zerlegbarkeit der Dienstleistung in Teilleistungen, Prozesse und Aktivitäten
- Aussagen der Kunden des Marktes über gewünschte Anforderungen und Nutzenpräferenzen

Handlungsanleitung für die Arbeit mit der Zielkostenrechnung
Der Aufbau einer Zielkostenrechnung erfolgt über drei Phasen:
Phase I: Ermittlung und Vorgabe der Zielkosten
Phase II: Spaltung der Zielkosten
Phase III: Erreichung der Zielkosten

Phase I: Ermittlung und Vorgabe der Zielkosten
Im Rahmen einer Marktpreisanalyse ist der vom potenziellen Kunden vorgegebene nachfrage- und wettbewerbsorientierte Preis für die eigene Dienstleistung zu bestimmen. Von diesem externen Preisdatum wird die intern vorgegebene Gewinnmarge abgezogen. Dadurch wird das vom Kunden erlaubte Kostenniveau der eigenen Dienstleistung offensichtlich. Die eigenen Ist-Kosten werden mit dem erlaubten Kostenniveau abgeglichen. So kann das Zielkostenniveau abgeleitet und für die weiteren Schritte vorgegeben werden.
Analysematrix
Anteil der einzelnen Dienstleistungskomponenten an den Gesamtkosten der Dienstleistung:

Liste der Dienstleistungskomponenten	Anteil an Gesamtkosten
Komponente 1	Kostenanteil x Prozent
Komponente 2	Kostenanteil y Prozent
Komponente 3	Kostenanteil z Prozent
Komponente n	Kostenanteil n
	Gesamtkosten 100 Prozent

Abbildung 7.22: Zielkostenrechnung – Komponenten-Kostenmatrix

Phase II: Spaltung der Zielkosten

1. Schritt: Die Gesamtzielkosten werden nach Funktionen aufgespalten. Die Anforderungen und Wünsche der Kunden an die Dienstleistungen werden in Funktionen »übersetzt« und von den Kunden nach der Wichtigkeit bewertet. Daraus kann später ermittelt werden, welchen Anteil an den Gesamtzielkosten die einzelnen Funktionen ausmachen dürfen.

Analysematrix

Anteil an den Gesamtzielkosten, die die einzelnen vom Kunden gewünschten und in Funktionen »übersetzten« Dienstleistungskomponenten ausmachen dürfen. Dazu werden Kunden nach ihren funktionalen Erwartungen an die Leistung und nach ihren Nutzenpräferenzen befragt. Frage: Welchen Wert legen die Kunden auf die Funktionen?

Liste der Funktionen	Gewichtung durch Kunden
Funktion 1	Gewicht x Prozent
Funktion 2	Gewicht y Prozent
Funktion 3	Gewicht z Prozent
Funktion n	Gewicht n
	Gesamtgewicht 100 Prozent

Abbildung 7.23: Zielkostenrechnung – Funktions-Gewichtungsmatrix

Durch die Multiplikation der Gesamtkosten mit den Funktionsgewichten erhält man in dieser Teilphase der Zielkostenrechnung als Zwischenergebnis Aussagen darüber, ob die bisherige oder geplante funktionale Aufwandsverteilung den Bedürfnissen der Kunden entspricht.

2. Schritt: Hier werden die Gesamtzielkosten auf die Ebene der Komponenten heruntergebrochen. Es wird zunächst eine Matrix erstellt, die die Beiträge der einzelnen Komponenten zur Erfüllung der vom Kunden gewünschten Funktionen darstellt. Als Ergebnis erhält man eine Matrix von

»technischen« Funktionalitäten. Typische Fragen, die sich die beteiligten eigenen Mitarbeiter stellen, sind:
- Welchen Beitrag leisten die Komponenten zur Erfüllung der Funktionen?
- Mit welchem Gewicht einzelner Komponenten werden die einzelnen Teilfunktionen realisiert?

	Funktion 1	Funktion 2	Funktion 3	Funktion n
Komponente 1	in Prozent	in Prozent	in Prozent	in Prozent
Komponente 2	in Prozent	in Prozent	in Prozent	in Prozent
Komponente 3	in Prozent	in Prozent	in Prozent	in Prozent
Komponente n	...	...	...	...
Summe	100 Prozent	100 Prozent	100 Prozent	100 Prozent

Abbildung 7.24: Zielkostenrechnung – Funktions-Komponentenmatrix I

Die entstandenen Zwischenergebnisse geben den prozentualer Beitrag einer Komponente zur Realisation der (vom Kunden gewünschten und gewichteten) Funktionen an.

In der zweiten Phase der Zielkostenspaltung wird nun eine neue Matrix erstellt, in der die Ergebnisse der Funktions-Komponenten-Matrix I mit den Bedeutungsstärken der Funktionen verknüpft werden. Das bedeutet, dass die prozentualen Beiträge einer Komponente zur Realisation der gewichteten Funktionen mit den Nutzenpräferenzen der Kunden multipliziert werden.

	Funktion 1	Funktion 2	Funktion 3	Funktion n	Anteil an Gesamtzielkosten
Gewichtung	in Prozent	in Prozent	A Prozent	A Prozent	100 Prozent
Komponente 1	in Prozent	in Prozent	in Prozent	in Prozent	in Prozent
Komponente 2	in Prozent	in Prozent	in Prozent	in Prozent	in Prozent
Komponente 3	in Prozent	in Prozent	in Prozent	in Prozent	in Prozent
Komponente n	...	...	...	...	in Prozent

Abbildung 7.25: Zielkostenrechnung – Funktions-Komponentenmatrix II

Das entstandene Endergebnis gibt an wie hoch der prozentuale Anteil einer Dienstleistungskomponente an den Gesamtzielkosten des Dienstleistungsproduktes sein darf.

Phase III: Erreichung der Zielkosten
Für das Portfoliomanagement und alle weiteren Beteiligten im Unternehmen werden durch die festgestellten Abweichungen von Ist-Kosten zu den vom Markt erlaubten Kosten, die Ermittlung von Gesamtzielkosten und die systematische Erhebung und Berücksichtigung der Kundenwünsche und -anforderungen ein (Re-)Design eines Dienstleistungsproduktkonzepts unter Einhaltung der Kostensenkungsziele initiiert. Weiterhin motiviert die Zielkostenrechnung dazu, kontinuierlich nach Potenzialen zur Kostensenkung zu suchen

7.6.2 Preisgesteuertes Kapazitätscontrolling

Ausgangssituation
Gerade fixkostenintensive Dienstleistungsunternehmen mit unflexiblen Kapazitäten, wie z. B. Fluglinien, Bahn, Hotellerie, Kreuzfahrtschiffe, Verkehrs-, Transport- oder Reiseunternehmen, leiden aufgrund von Nachfrageschwankungen unter Auslastungsproblemen ihrer Kapazitäten. Damit sind in der Folge Ertrags- und Gewinneinbußen verbunden (vgl. Weiermair/Peters 2005: S. 398).

Vorteile des preisgesteuerten Kapazitätscontrollings
Es handelt sich um eine Methode, mit deren Hilfe man die richtige Angebotseinheit dem passenden Kunden zum passenden Zeitpunkt verkaufen kann. Ziel ist es somit, Kapazitäten möglichst profitabel auszunutzen, das heißt:
- Steuerung der Kapazitätsauslastung in kapazitätsbegrenzten Dienstleistungsunternehmen und
- Ertragscontrolling im Sinne einer Maximierung des Durchschnittsertrages (vgl. Weiermair/Peters 2005: S. 398).

Bei Buchungen in Hotels, bei Fluglinien, Reiseveranstaltern usw. werden im Rahmen einer geschachtelten Kontingentierung folgende Prämissen gesetzt:

Variante 1: Ein Kunde fragt eine Kapazitätseinheit in einer Buchungs-/Tarifklasse an: Wenn in dieser oder in einer geringwertigeren Buchungs-/Tarifklasse noch Kapazität vorhanden ist, wird seine Anfrage bestätigt und die Buchung erfolgt. Wenn die angefragte Buchungs-/Tarifklasse ausgebucht ist, dann wird zuerst auf freie Kapazitäten der (geringwertigeren!) günstigsten Buchungs-/Tarifklasse zugegriffen. Wenn diese ausgebucht ist,

Buchungsprämissen der geschachtelten Kontingentierung:
Freie Kapazität in angefragter oder geringwertiger Buchungsklasse?
- Wenn ja ⇨ Anfrage bestätigen, d.h. Buchung erfolgt!
- Wenn nein ⇨ Anfrage ablehnen, d.h. Buchung erfolgt nicht!

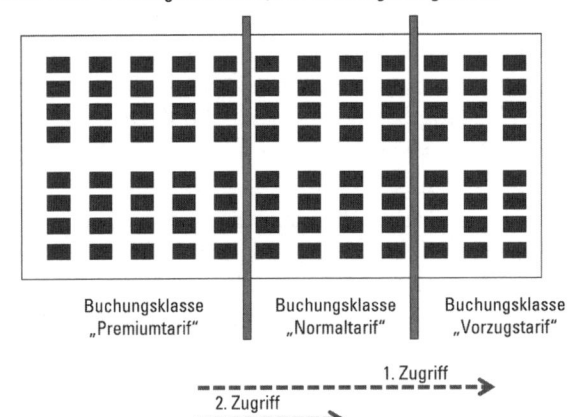

Abbildung 7.26: Generisches Modell der geschachtelten Kontingentierung im preisgesteuerten Kapazitätscontrolling (in Anlehnung an Biermann 2007: S. 96)

dann auf Kapazitäten der zweitgünstigsten Buchungs-/Tarifklasse usw. So wird sichergestellt, dass die vorhandenen freien Kapazitäten ertragsoptimal verkauft werden.

Variante 2: Ein Kunde fragt eine Kapazitätseinheit in einer Buchungs-/Tarifklasse an: Wenn in dieser Buchungs-/Tarifklasse keine Kapazität mehr vorhanden ist, sondern nur noch in höherwertigeren Buchungs-/Tarifklassen, wird seine Anfrage abgelehnt und die Buchung erfolgt nicht. So wird verhindert, dass bei einer stärkeren Nachfrage freie Kapazitäten zu günstig auf dem Markt abgegeben werden.

Voraussetzungen

Damit das preisgesteuerte Kapazitätscontrolling funktioniert, müssen eine Reihe von Bedingungen erfüllt sein:
- Identische Güter: Die angebotenen Güter müssen aus Kundensicht identisch sein, z. B. wie Hotelzimmer, Mietwagen oder ein Flugzeugsitz.
- Starre Kapazitätsobergrenze: Bei einer Vollauslastung kann einer bestimmten Nachfrage nur zu einem späteren oder früheren Zeitpunkt nachgekommen werden. So ist ein Hotelzimmer mit bestimmten Merkmalen (z. B. Meerblick) nur zu einem bestimmten Zeitpunkt frei. Hotelketten oder Hotelallianzen können hier allerdings Kapazitätsspielräume schaffen.

- Die Nachfrage schwankt im Zeitablauf: Dies trifft im Fall von saisonabhängigen Reisezielen zu.
- Der Verkaufszeitpunkt liegt vor dem Zeitpunkt der Nutzung: Reservierungssysteme können das zeitliche Auseinanderfallen von Kaufentscheidung bzw. Buchung und Konsum der gebuchten Leistung überbrücken. Die Frage für den Kapazitätsmanager lautet hier: Soll die Buchung zu einem ermäßigten Preis bestätigt werden oder soll die Kapazität gelagert werden mit der Hoffnung, ein anderes Kundensegment mit höherer Zahlungsbereitschaft zu erreichen?
- Die Grenzkosten sind gering: Die anfallenden Kosten einer zusätzlich verkauften Angebotseinheit sollten auf der einen Seite geringfügig sein. Auf der anderen Seite sind die hohen Kosten im Falle einer Kapazitätserweiterung auf notwendige hohe Investitionsvolumen zurückzuführen. Die Fixkosten sind somit sehr hoch.
- Marktsegmentierung: Will man preisgesteuertes Kapazitätscontrolling einsetzen, dann muss die Identifikation von unterschiedlichen Segmenten, die bereit sind, unterschiedliche Preise zu zahlen, möglich sein. Unterschiedliche Preiselastizitäten sind somit notwendige Voraussetzungen der Branche, in der preisgesteuertes Kapazitätscontrolling zum Einsatz kommen soll (vgl. Weiermair/Peters 2005: S. 399).

Typische Formen der Differenzierung

Zur Steuerung der Kapazitätsauslastung gibt es »klassische« Formen der preislichen Unterscheidung:
- Buchungszeit: Frühbucherrabatt, Last Minute-Rabatt
- Zeitpunkt des Konsums der Leistung: saisonal, werktags/Wochenende, Tageszeit (Mittagstisch, Happy Hour vor 20.00 h)
- Menge: Rabatte (zwei Leistungen zum Preis von einer)
- Vertrag: Überbuchung
- Leistungsklassen: Qualitätsunterschiede (Economy, Business, First Class)
- etc.

Handlungsanleitung für die Umsetzung eines preisgesteuerten Kapazitätscontrollings
Phase I: Systematische Datensammlung über Marktveränderungen
Phase II: Zusammenstellung des optimalen Kundenmixes
Phase III: Festlegen der Preisregelungen und -untergrenzen
Phase IV: Mitarbeitermanagement

Zu Phase I: Systematische Datensammlung über Marktveränderungen
Es genügt nicht mehr, Kundensegmentierung z. B. lediglich nach dem Absatzkanal oder sozio-demografischen Faktoren zu bilden. Echte Chancen für Preisdifferenzierungen ergeben sich aus der Erfassung von Kundendaten wie Ausgabebereitschaft, Buchungs-, Informations- oder Entscheidungsverhalten, Dauer der Nutzung und sonstigen Mustern. Dazu ist die Einführung effektiver Technologien zur Erfassung einer Buchungs- bzw. Kaufhistorie der Kunden und der Marktveränderungen und die effiziente Nutzung des Systems für ein preisgesteuertes Kapazitätscontrolling unabdingbar.

Zu Phase II: Zusammenstellung des optimalen Kundenmixes
Für einen Kunden stellen andere Kundensegmente einen wesentlichen Teil des Dienstleistungserstellungssystems dar. Der Kundenmix beeinflusst somit die Qualitätsbeurteilung des individuellen Konsumenten. Akzeptanzprobleme sowohl anderer Kundensegmente als auch gegenüber dem System des preisgesteuerten Kapazitätscontrollings müssen vermieden werden. Das stellt hohe Anforderungen an die Fähigkeiten und Flexibilität des Kontaktpersonals, das über die Preisempfindlichkeit der Kunden informiert sein muss.

Zu Phase III: Festlegen der Preisregelungen und -untergrenzen
Preisregelungen hin zu einer konsumenteninduzierten Preispolitik machen aus den handelnden Akteuren im eigenen Dienstleistungsunternehmen gewissenhafte Kenner des Marktes und der verschiedenen Marktsegmente. Eine enge Zusammenarbeit dieser Kapazitäts-Preismanager mit der Marktforschung, dem Marketing, dem Vertrieb und dem Buchungsmanagement ist notwendig. Die Auswirkung von zeitlichen oder sonstigen Preisdifferenzierungen auf die Erlös- und Gewinnsituation muss quantifiziert werden.

Zu Phase IV: Mitarbeitermanagement
Viele Mitarbeiter bringen kein Verständnis für die Kultur und Zielsetzung des preisgesteuerten Kapazitätscontrollings auf und empfinden den Ansatz als ungerecht. Akzeptanzbarrieren können zusätzlich besonders bei älteren Mitarbeitern durch den vermehrten Einsatz von Informations- und Kommunikationstechnologien verschärft werden. Selbst typische Innendienstmitarbeiter müssen nun auf Kundenorientierung und preispolitisches Verständnis geprüft werden. Dies stellt große Anforderungen an das Mitarbeitermanagement, die Überzeugungskraft und die Führung durch die Führungskräfte (vgl. Weiermair/Peters 2005: S. 401 f).

Probleme
Im Zusammenhang mit der Einführung und der Anwendung des preisgesteuerten Kapazitätscontrollings tauchen typische Probleme auf:
- Das Instrument ist anfällig für Konsumentenenttäuschungen. Denn kommunizieren Konsumenten untereinander und nehmen diese die Segmentierung als ungerecht und keineswegs kundenorientiert, sondern gewinnmaximierend wahr, dann ist der Einsatz des preisgesteuerten Kapazitätscontrollings gescheitert (vgl. Weiermair/Peters 2005: S. 398).
- Werden leerstehende Kapazitäten mit Preisabschlägen vermarktet, besteht grundsätzlich die Gefahr des Abrutschens des Preisniveaus auf einen niedrigeren Level. Wird andererseits zu lange gewartet, bis ein Nachfrager kommt, der bereit ist, den vollen Preis zu zahlen, besteht die Gefahr, diese Kapazitätseinheit ggf. überhaupt nicht verkaufen zu können.

7.6.3 Projektkalkulation

Definition Projekt
Ein Projekt ist nach DIN 69 901 definiert als: »Vorhaben, das im Wesentlichen durch Einmaligkeit der Bedingungen in ihrer Gesamtheit gekennzeichnet ist«, wie z. B.
- Zielvorgabe
- Zeitliche, finanzielle, personelle oder andere Begrenzung
- Abgrenzung gegenüber anderen Vorhaben
- Projektspezifische Organisation.

Verkaufschancen
Die Kalkulation großer, einmaliger Dienstleistungsvorhaben bedeutet, mit bzw. an Verkaufschancen zu arbeiten. Dies trifft insbesondere auf größere potenzielle Dienstleistungsvorhaben im gewerblichen Umfeld oder auf Dienstleister zu, die ihre Leistungen grundsätzlich als Projektgeschäft abwickeln. Verkaufschancen können sowohl als Projekt definiert als auch klar messbar nach Meilensteinen strukturiert werden (vgl. Pufahl 2012: S. 125).

Die Wahrscheinlichkeit, dass das Dienstleistungsunternehmen mit der eigenen Preiskalkulation erfolgreich sein wird und einen Auftrag erhält, ist das mathematische Produkt zweier Wahrscheinlichkeiten und kann im Detail z. B. von vier zentralen Faktoren abhängen:

- Stärke des Kundenbedarfs
- Sicherheit der Finanzierung
- Eigene Erfüllung der Kundenerwartungen
- Eigene Akzeptanz beim Kunden

Formel:
Wie hoch ist der Kundendruck? × Wie sieht der Kunde uns als Lieferant?

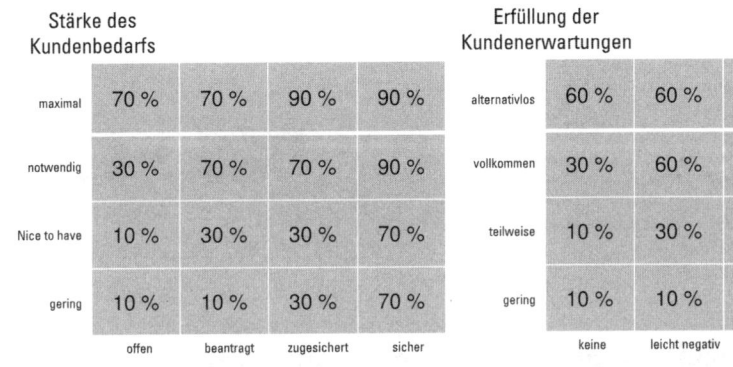

Stärke des Kundenbedarfs					Erfüllung der Kundenerwartungen				
maximal	70 %	70 %	90 %	90 %	alternativlos	60 %	60 %	90 %	90 %
notwendig	30 %	70 %	70 %	90 %	vollkommen	30 %	60 %	60 %	90 %
Nice to have	10 %	30 %	30 %	70 %	teilweise	10 %	30 %	30 %	60 %
gering	10 %	10 %	30 %	70 %	gering	10 %	10 %	30 %	60 %
	offen	beantragt	zugesichert	sicher		keine	leicht negativ	leicht positiv	hoch
	Sicherheit der Finanzierung					Eigene Akzeptanz beim Kunden			

Abbildung 7.27: Ermittlung der Auftragswahrscheinlichkeit

Aus den beiden Matrizen wird auf Basis der Einschätzung der Akquisiteure eine Gesamtauftragswahrscheinlichkeit ermittelt. Sollte die als aussichtsreich genug angesehen werden, steigen die Akquisiteure in die eigentliche Preiskalkulation des Projektes ein. Abhängig von der aktuellen Markt-/Wettbewerbssituation ergibt sich ein Entscheidungsbaum auf drei Ebenen:

1. Bei guter Auslastung des Dienstleistungsunternehmens bei normalen Markt-/Wettbewerbsverhältnissen sollte die Vollkostenkalkulation angewendet werden. Es wird mit intern vorgegebenen Mitarbeiter- und Maschinenstundensätzen – also mit internen Preislisten – gearbeitet.
2. In der Situation der Unterauslastung, und/oder wenn die zukünftige Marktentwicklung kritisch eingeschätzt wird und/oder wenn strategische Gründe für einen »Kampfpreis« sprechen, ist mit Deckungsbeiträgen zu kalkulieren. Die Preisuntergrenze sind dann die variablen Kosten.
3. Bei strategischen Themen, Kunden oder Projekten ist es sinnvoll, einen Preis unterhalb der eigenen variablen Kosten anzubieten, wenn Referenzeffekte oder Folgegeschäfte in der Zukunft in Aussicht stehen. In diesem Fall ist eine klassische Investitionsrechnung anzustellen. Eine Investition ist immer der zielgerichtete Einsatz finanzieller Mittel, die der Erwirtschaftung von zukünftigen Erträgen dient.

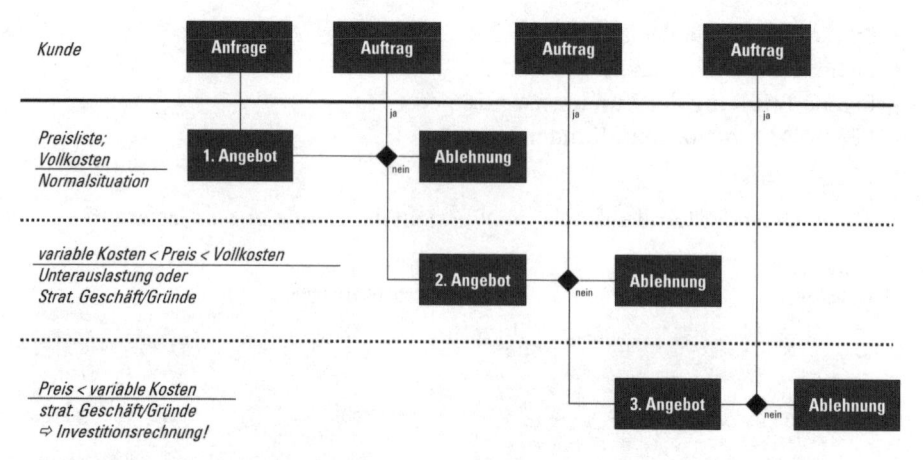

Abbildung 7.28: Entscheidungsbaum der Preiskalkulation im Projektgeschäft

7.7 Kalkulation produktbegleitender Dienstleistungen

Ausgangssituation

Zur Sicherung einer wettbewerbsfähigen Marktposition in der Industrie genügt es heute meist nicht mehr, eine Sachleistung oder eine Dienstleistung isoliert anzubieten. Zunehmend gewinnen in der Industrie Lösungen an wirtschaftlicher Bedeutung, die sowohl Sach- als auch Dienstleistungen integrieren und als Leistungsbündel am Markt verkauft werden. Der Vorteil einer Bündelung von Sach- und Dienstleistungskomponenten liegt für Unternehmen insbesondere in einer gesteigerten Wettbewerbsdifferenzierung sowie einem höheren Umsatz- und Gewinnpotenzial des Leistungsangebots.

Problemstellung

In den meisten Industrieunternehmen bestehen jedoch Defizite beim Controlling von produktbegleitenden Dienstleistungen. In der Regel werden deren Kosten nicht gesondert erfasst, sondern über Produktgemeinkosten zugeschlüsselt. Weiterhin fehlen oft klare organisatorische Zuständigkeiten und es existieren nur undifferenzierte Erfassungsmethoden. Produktbegleitende Dienstleistungen werden somit meistens ohne direktes Entgelt über den Gesamtpreis einer Anlage verrechnet. Die Erlösfähigkeit einzelner Dienstleistungskomponenten lässt sich somit kaum nachweisen. Als Folge müssen Anbieter mit erheblicher Unsicherheit bei der Wirtschaftlichkeit ihrer Dienstleistungsangebote rechnen (vgl. Reckenfelderbäumer 2002: S. 3).

Nutzenorientierte Preisbildung

In Preisverhandlungen für produktbegleitende Dienstleistungen ist die Kommunikation des Nutzens für den Kunden in den Mittelpunkt zu stellen. Das heißt, dass der vom Kunden zu zahlende Preis mit seinem voraussichtlichen Nutzen verknüpft werden sollte. Der ihm in Aussicht gestellte oder von ihm erwartete Nutzen ist maßgeblich für seine Zahlungsbereitschaft.

Durch den starken Zusammenhang von physischem Produkt und produktbegleitenden Dienstleistungen existieren Wechselbarrieren für den Kunden. Sind Kunden mit dem physischen Produkt zufrieden und verhalten sich loyal, so kann dieses Verhalten vergleichsweise leicht auf die produktbegleitenden Dienstleistungen übertragen werden. Der Anbieter ist in der komfortablen Situation, in Preisverhandlungen nutzenbasiert zu argumentieren (vgl. Seiter 2009: S. 9 f).

Kalkulationsmethoden zur Quantifizierung des Kundennutzens

Für die Nutzenquantifizierung kommen verschiedene Kalkulationsmethoden in Betracht, die die monetäre Attraktivität der produktbegleitenden Dienstleistung für den Kunden belegt:
- Prozesskostenrechnung
- Lebenszykluskostenrechnung
- Investitionsrechenverfahren
- Nutzwertanalyse (vgl. Seiter 2009: S. 12).

7.8 Controller-Wörterbuch Deutsch – Englisch

Äquivalenzziffernkalkulation	Equivalence number calculation
Akquisition	Acquisition
Angebotsveränderung	Supply changes
Auftrag	Order
Bestandsveränderungen	Change in stock
Betriebsteil	Operating unit
Break-even-Analyse	Break even analysis
Break-even-Punkt	Break even point
Deckungsbeitrag	Contribution margin
Deckungsbeitragsrechnung	Contribution accounting

Differenzierende Bezugsgrößenkalkulation	Differentiating reference value calculation
Divisionskalkulation	Division accounting
Einstufige	Single-tier
Entscheidungsbaum	Decision tree
Entscheidungsrechnung	Decision accounting
Einfache	Simple
Gemeinkostenverteilung	Overhead allocation
Gemeinkostenzuschlagssatz	Overhead rate
Gesamtkosten	Total costs
Hauptprozess	Core process
Homogen	Homogeneous
Herstellkosten	Production costs
Heterogen	Heterogeneous
Innerbetriebliche Leistungsverrechnung	Internal service acconting
Investitionsrechnung	Investment accounting
Kalkulation	Calculation
Kalkulationsmethode	Calculation method
Kalkulationstabelle	Spreadsheet
Kapazitätscontrolling	Yield controlling
Kostendeckungsgrad	Cost recovery
Kostenorientierte Kalkulation	Cost-based calculation
Kostenträgereinzelkosten	Cost unit direct costs
Kostenträgergemeinkosten	Cost unit overhead costs
Kostentransparenz	Cost transparency
Kostentreiber	Cost Driver
Kundencontrolling	Customer controlling
Leistungseinheiten	Yield units
Marktgerecht	Market-compliant
Marktpreis	Market price
Maschinenstundensatz	Machine-hour rate
Mehrdimensionale	Multi-dimensional
Mehrfache	Multiple
Mehrstufige	Multi-tier
Nachfrageorientierte Kalkulation	Demand-driven calculation
Paketpreis	Package price
Preis	Price
Preisänderung	Change in price
Preisdifferenzierung	Price differentiation
Preisstrategie	Pricing strategy
Preisakzeptanz	Price acceptance
Preiskalkulation	Pricing
Preisuntergrenze	Price floor
Produktcontrolling	Product controlling
Projektbudget	Project budget
Projektcontrolling	Project controlling
Projektkalkulation	Project calculation
Projektkostenrechnung	Project cost accounting

Projektplanung	Project planning
Proportionalisierung	Proportionalization
Prozesskostenrechnung	Activity-based costing
Prozesstyp	Process type
Prozessverlauf	Process flow
Qualitätsindikator	Quality indicator
Rabatt	Discount
Ressourcenverbrauch	Resource consumption
Rückwärtskalkulation	Backward costing
Schlüsselung	Coding
Segmenterfolgsrechnung	Segment accounting
Selbstkosten	Prime costs
Serien	Series
Standardkalkulation	Standard costing
Stundensatz	Hourly rate
Summarische Zuschlagskalkulation	Summary overhead costing
Teilkostenrechnung	Contribution costing
Teilprozess	Sub-process
Verantwortungsrechnung	Responsibility accounting
Verbundeffekt	Economies of scope
Verursachungsgerecht	Cost-causative
Verursachungsprinzip	Costs-by-cause principle
Vertriebscontrolling	Sales controlling
Vollkostenrechnung	Full-cost accounting
Vorwärtskalkulation	Forward costing
Zielkosten	Target costs
Zielkostenrechnung	Target costing
Zuschlagskalkulation	Overhead costing
Zweistufige	Two-tier

8
Berichtswesen

8.1 Was Sie in diesem Kapitel erwartet

Im vorherigen Kapitel haben Sie erfahren, welche Auswirkungen der Dienstleistungstyp, die Kostenstruktur, die Branchensituation und die eigene Lage auf die Preiskalkulation eines Dienstleistungsunternehmens haben. Nach diesem kurzen Kapitel wissen Sie,

- was die wichtigsten Anforderungen an ein professionelles, empfängerorientiertes Berichtswesen sind,
- wie diese Anforderungen umgesetzt werden könnten und vor allem
- wie sich der Reifegrad und die spezielle Situation eines Dienstleistungsunternehmens auf das Berichtswesen auswirken.

8.2 Probleme mit den Steuerungsinformationen

Schlechte Informationsdichte und Qualität

Viele Dienstleistungsunternehmen haben hohe Summen in ihr Berichtswesen investiert. Der Wunsch nach optimaler Information für die Führungskräfte, gesetzliche Auflagen und die Möglichkeiten der Informationsverarbeitung haben die Entwicklung getrieben. Und mit den neuen technischen Möglichkeiten, Informationen noch mobiler, überall verfügbar und jederzeit abrufbar anzubieten, kommt die nächste Optimierungs- und Investitionsinitiative auf die Dienstleistungsunternehmen zu.

Das Berichtswesen macht zwar einen Großteil der Kosten im Dienstleistungscontrolling aus, die Berichte bewegen trotzdem noch viel zu wenig. Für viele Fach- und Führungskräfte sind die Monatsberichte bzw. Auswertungen des eigenen Organisations- oder Verantwortungsbereiches mit ihren quantitativen und qualitativen Daten unverständlich. Keine Standards, zu viele Details, falsche Schwerpunkte, ungeeignete oder fehlende grafische Aufbereitung sind die häufigsten Gründe dafür (vgl. Wiegard 2012: S. 1).

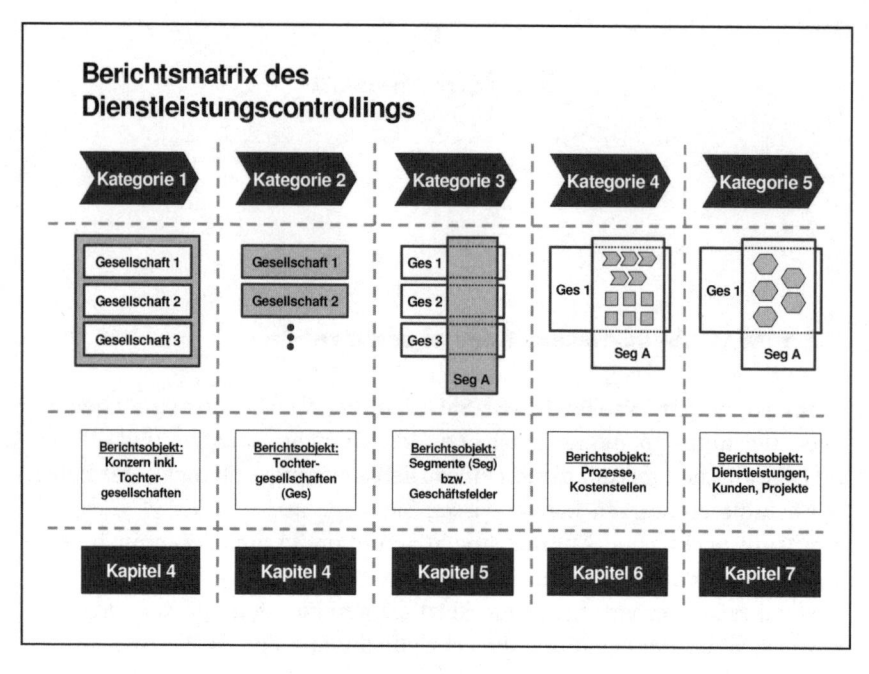

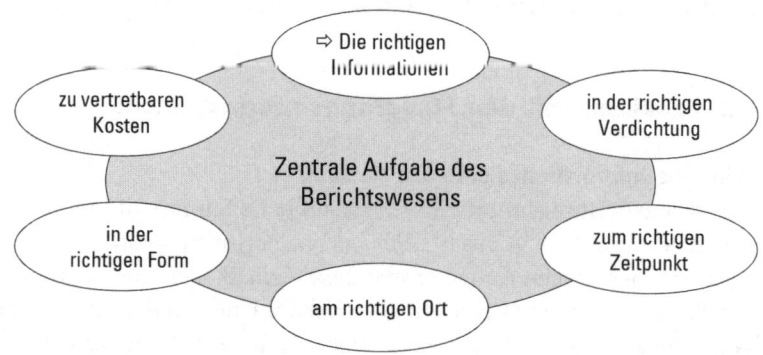

Abbildung 8.1: Kapitel 8 im Überblick

Entstehung und Verwendung fallen auseinander

Die Informationsentstehung und -verwendung fallen in großen Organisationseinheiten auseinander. In kleinen Organisationseinheiten bekommen Entscheidungsträger Entwicklungen noch »hautnah« mit bzw. erhalten diese Informationen innerhalb eines »informellen Berichtswesens«. In größeren Organisationseinheiten dagegen nehmen einzelne Einheiten (z. B.

Abteilungen) oft die Größe von Kleinbetrieben an und konzentrieren ihren Fokus ganz auf ihre fachspezifischen Problemstellungen.

8.3 Nutzen eines professionellen Reportings

Bedeutung des Berichtswesens

Die Bedeutung des Berichtswesens liegt in der Bereitstellung von empfängerorientierten, entscheidungsrelevanten Steuerungsinformationen. Empfängerorientierung heißt, dass die Berichtsdaten auf den lnformationsbedarf der unterschiedlichen Empfänger ausgerichtet sein müssen. Dabei gilt, dass »weniger oft mehr« ist.

Das Berichtswesen liefert grundsätzlich erst einmal Daten. Diese können als Kontrolle des zurückgelegten Weges verwendet werden (Ist-Daten). Darüber hinaus erhalten sie aber eine zentrale Steuerungsfunktion, wenn diesen Ist-Daten Plangrößen gegenübergestellt werden.

Auf Basis von Abweichungen frühzeitig gegensteuern

Das Berichtswesen muss sicherstellen, dass vorgesetzte Stellen über die Entwicklung in den hierarchisch nachgeordneten Organisationseinheiten informiert sind. Umgekehrt benötigen aber auch diese Einheiten Kontroll- und Steuerungsinformationen, um Einfluss auf ihre Entwicklung nehmen zu können.

Gegenstand des Auswertungsverfahrens des Berichtswesens ist, dass alle Verantwortungsträger für Kostenstellen und Dienstleistungen über die erzielten Ergebnisse berichten. Berichtet wird dabei grundsätzlich in der Form, dass auf den zugrunde liegenden Plan Bezug genommen wird und die Abweichungen dazu beschrieben und dargestellt werden. Dies erfolgt mit der Maßgabe, dass

- gleichzeitig Auswirkungen auf das Ergebnis aufgezeigt werden müssen und
- soweit möglich Konsequenzen gezogen werden.

Abweichungen sind Plan-Ist-Vergleiche und entstehen dadurch, dass die in der Planung vereinbarten Zielvorgaben den realisierten Ergebnissen gegenübergestellt werden. Ziele einer Abweichungsanalyse sind:
- markante Informationen aufnehmen;
- Muster, Trends oder eine Systematik in den Daten erkennen;
- wesentliche Merkmale erkennen;
- diese Informationen und Merkmale effizienter verfolgen können.

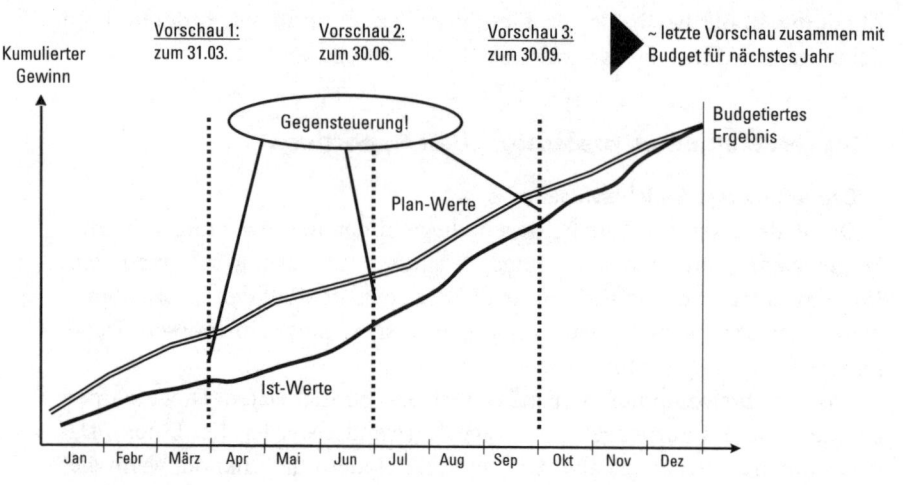

Abbildung 8.2: Funktion der Abweichungsanalyse

Weiterhin soll der jeweilige Vorgesetzte erkennen können, ob der ihm nachgeordnete Verantwortungsträger die Situation noch »im Griff« hat, oder ob eine Intervention seinerseits notwendig wird.

8.4 Anforderungen an ein zeitgemäßes Berichtswesen

Zentrale Aufgaben des Berichtswesens

Die Hauptaufgabe des internen Berichtswesens ist die optimale Ausstattung aller Stellen in einer Organisation mit denjenigen Informationen, die diese für ihr Handeln benötigen. Kurz gesagt besteht sie darin:
- die richtigen Informationen,
- in der richtigen Verdichtung,
- zum richtigen Zeitpunkt,
- am richtigen Ort,
- in der richtigen Form,
- zu vertretbaren Kosten
- zur Verfügung zu stellen.

Der Geschäftsführung und den nachgeordneten Führungskräften wird am besten in monatlichen Intervallen berichtet. Umsatz- und Kostenarten werden in mehrdimensionalen Ergebnisrechnungen aufgeschlüsselt. Die wichtigsten Entwicklungen des abgelaufenen Monats und sich abzeichnen-

Kennzahlen	Einheit	Status	Trend	IST	korr. PLAN	abs. Abw. IST/korr. PLAN	rel. Abw. IST/korr. PLAN
	Dimension	Ampel	Pfeil				

Erläuterungen zu gelben/roten Ampeln sowie negativer Vorschau

Abbildung 8.3: Muster für einen monatlichen Abweichungsbericht nach Kennzahlen

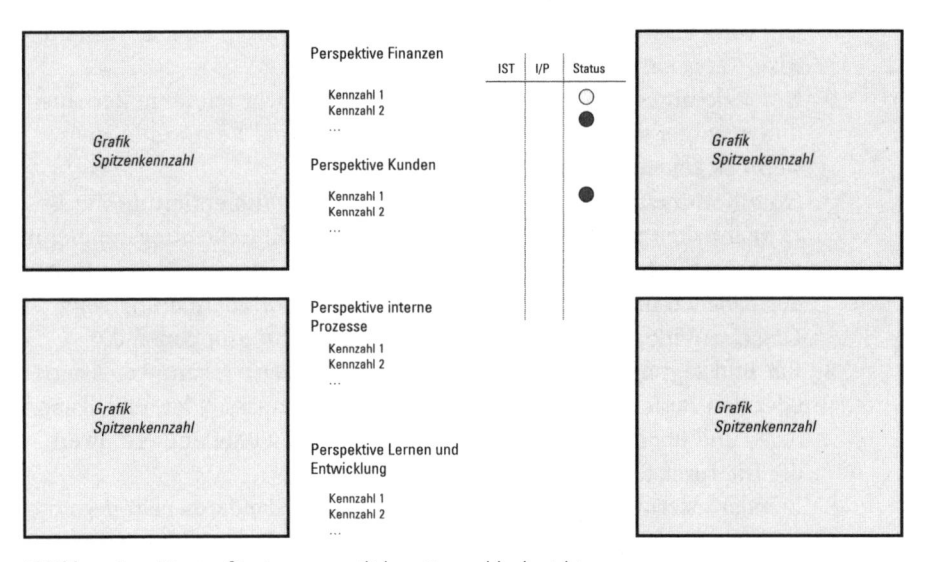

Abbildung 8.4: Muster für einen monatlichen Kennzahlenbericht

de Tendenzen für die Zukunft sollten kommentiert werden. Die Berichtskennzahlen stellen die Ist-Werte und die Plan-Werte des aktuellen Berichtszeitraums sowie Ist-Werte des gleichen Berichtszeitraums des Vorjahres gegenüber. Generell gilt für die Kommentierung «so viel wie nötig« und »so knapp wie möglich« (in Anlehnung an Brandt 2002: S. 28).

Mit Berichten im Dienstleistungsunternehmen etwas bewegen

Das Berichtswesen verursacht im Controlling hohe Kosten. Also müssen die Mittel auch gut eingesetzt sein und die Berichte etwas bewegen. Dazu sollten zehn Grundregeln beherzigt werden. Vier populäre Grundregeln im Berichtswesen sind:

1. Alles auf einer Seite! (One Pager)
2. 20 Kennzahlen pro Verantwortungsbereich sind genug! (Twenty is plenty!)
3. Kurz, knapp, präzise (KKP) und einfach! (KISS means: Keep it short and simple!)
4. Nur was man misst, kann man auch managen! (What gets measured gets done!)

Die fehlenden Grundregeln sind:

5. Ein gutes Berichtswesen braucht ein klares Steuerungskonzept! Der Unterschied zwischen finanziellen, strategischen oder operativen Zielen muss klar sein. Der Aufbau dieses Fachbuches mit der Berichtsmatrix setzt genau an der Stelle an.
6. Nur Relevantes berichten! Das bedeutet, dass nicht relevante Berichtsdimensionen entfernt werden. Nicht relevant sind Kennzahlen dann, wenn es keinen Verantwortlichen für sie gibt.
7. Gute Kommentierungen bewegen etwas! Die Kommentierung von Berichtsinhalten ist ein zentrales Instrument der Entscheidungsunterstützung. Doch oft sind Kommentare überflüssig oder nicht auf die Inhalte der Tabellen und Grafiken abgestimmt. Gute Kommentierung zeigt Ursache-Wirkungszusammenhänge und Handlungsoptionen auf.
8. Ein Bild sagt mehr als tausend Worte! Visualisierung kann begeistern oder den Bericht ruinieren. Die Verwendung unpassender, unvollständiger und überfrachteter Grafiken ist kontraproduktiv und erschwert die Interpretation von Berichtsinhalten.
9. Standardisierung fördert die Kommunikation! Standards befördern die Lesbarkeit, reduzieren Missverständnisse und erhöhen die Akzeptanz.
10. Gute Berichtsprozesse provozieren Entscheidungen und bringen Maßnahmen hervor! Das erreicht der Controller durch angemessene detaillierte Analysen und eine zielgerichtete Kommentierung mit dem Ziel, die Führungskräfte zu beraten (in Anlehnung an Wiegard 2012: S. 1 ff).

8.5 Reportingkonzepte abhängig vom Reifegrad

Junge versus etablierte Dienstleister
Der Reifegrad und die spezielle Situation eines Dienstleistungsunternehmens wirken sich auch auf das Berichtswesen aus.

Informationsbedarf in jungen Dienstleistungsunternehmen
In den Berichten von jungen Dienstleistungsunternehmen sollten Themen wie Liquidität, Umsatzstruktur und Kostenstruktur im Mittelpunkt stehen.
- Liquidität und Finanzen: Das Risiko der Zahlungsunfähigkeit ist in den ersten Jahren des Bestehens besonders hoch, deshalb die besondere Beobachtung von Liquidität und Finanzen.
- Umsatzstruktur: Die meisten Unternehmen beginnen zunächst mit einem sehr kleinen Kundenkreis. Die Abhängigkeit von einem oder wenigen Großkunden ist in der frühen Phase am Markt besonders wahrscheinlich. Eine positive Entwicklung heraus aus diesen Abhängigkeiten sollte anhand der Umsatzstruktur permanent beobachtet werden. Weiterhin kommt es naturgemäß zu einer Kombination von Kunden aus dem Bereich des Kerngeschäfts und Kunden, die eher Rand- und Nebengeschäfte nachfragen. Das heißt, die Umsatzstruktur ermöglicht Aussagen über den Erfolg der strategischen Ausrichtung.
- Kostenstruktur: Um sich die notwendige Flexibilität zu erhalten und um Risiken zu vermeiden, sind vor allem die fixen Kosten sowie die Gemeinkosten in ihrer Struktur und ihrer Entwicklung genau zu analysieren. Bei Dienstleistungsunternehmen dominieren die Personalkosten. Diese sind oft nicht in dem Maße flexibel, wie es der Auslastungsgrad erfordert (in Anlehnung an Backmann 2002: S. 95 f).

Interaktive Kennzahlen
Junge Dienstleistungsunternehmen sollten ihren Schwerpunkt im Berichtswesen auf interaktive Kennzahlen legen. Mit interaktiven Kennzahlen sind solche gemeint, die von festen zeitlichen Frequenzen losgelöst sind, aber immer demselben Kreis berichtet werden. Das bedeutet, dass in jungen Dienstleistungsunternehmen auch abweichend vom monatlichen Standardberichtswesen Kennzahlen reportet werden. Diese interaktiven Kennzahlen konzentrieren sich jeweils auf ein strategisches Ziel (in Anlehnung an Backmann 2002: S. 96).

Beispiel:

Bei einem neu gegründeten Dienstleistungsunternehmen der Informationstechnologie/Telekommunikation muss aus den operativen Tätigkeiten heraus sichergestellt werden, dass jeden Monat genügend Liquidität vor allem zur Zahlung der Gehälter, allerdings auch von Material- und Reisekosten vorhanden ist. Zwei Kennzahlen stellen die Überwachung sicher:

Liquiditätskennzahl 1: Bestand an liquiden Mitteln

Liquiditätskennzahl 2: $\dfrac{\text{Reichnungseingänge} \times 100}{\text{Umsatz}}$

Die Basis für die Liquidität ist der Umsatz. Allerdings ist die Umsatzentwicklung oftmals aussagekräftiger, weil dies eine dynamische Betrachtung zur Kunden- und Dienstleistungsstruktur erlaubt. Daher berichten drei Kennzahlen über die Entwicklung eines nachhaltigen Umsatzes, also ohne Berücksichtigung von Einmal- oder Sondergeschäften, unter Berücksichtigung von Kunden- und Dienstleistungsstruktur:

Umsatzkennzahl 1: $\dfrac{\text{Projektumsatz} \times 100}{\text{nachhaltiger Umsatz}}$

Umsatzkennzahl 2: $\dfrac{\text{Dienstleistungsgruppen} \times 100}{\text{Gesamtumsatz}}$

Umsatzkennzahl 3: $\dfrac{\text{Umsatz Kerngeschäft} \times 100}{\text{Rand-/Nebengeschäft}}$

Um die Gefahr des Aufbaus von nicht beherrschbaren Kostenblöcken zu vermeiden, werden fokussierte Kennzahlen genutzt, die über die Entwicklung der Kostenrelation von Personalkosten und nachhaltigen Umsätzen informieren:

Kostenkennzahl 1: $\dfrac{\text{Personalkosten} \times 100}{\text{nachhaltiger Umsatz}}$

Kostenkennzahl 2: $\dfrac{\text{Gesamtkosten} \times 100}{\text{nachhaltiger Umsatz}}$

(in Anlehnung an Backmann 2002: S. 97 f)

Informationsbedarf in etablierten Dienstleistungsunternehmen

Wenn sich Dienstleistungsunternehmen am Markt auf Dauer durchgesetzt haben, verschiebt sich der Informationsbedarf weg von interaktiven Kennzahlen zur Steuerung des operativen Geschäfts hin zu vergangenheitsorientierten, eher diagnostischen Kennzahlen. Diese werden in der Regel softwarebasiert im Rahmen einer Monatsauswertung bzw. einer betriebswirtschaftlichen Auswertung auch in jungen Dienstleistungsunternehmen gebildet, sind aber dort nur von nachgelagerter Bedeutung.

Da etablierte Unternehmen über die Jahre finanzielle Rücklagen haben aufbauen können und im Zweifel über Kreditlinien verfügen, ist die Liquidität zwar ein wichtiges, aber kein überlebenswichtiges, strategisches Thema mehr.

Die Entwicklung von Marktanteilen im relevanten Marktsegment ist inzwischen wichtiger als die Entwicklung der Umsatzstruktur. Man hat seinen Kundenstamm für die Dienstleistungen des Kerngeschäfts gefunden.

Durch die Erfahrung der vergangenen Jahre hinsichtlich Kunden- und Nachfrageverhalten und hinsichtlich von Trends beim eigenen Leistungsspektrum ist man in der Lage, die Auslastung der eigenen Kapazitäten zu verstetigen, sodass der Kostendruck deutlich geringer als bei jungen Unternehmen ist (in Anlehnung an Backmann 2002: S. 95 ff).

Diagnostische Kennzahlen

Mit zunehmendem Alter und steigender Etablierung eines Dienstleistungsunternehmens am Markt treten die diagnostisch-passiven Kennzahlen immer stärker in den Mittelpunkt. Die Dokumentation von Marktanteilen, Durchlaufzeiten und Produktivität bzw. Auslastung der Mitarbeiter werden permanent überwacht und mit den vereinbarten Zielen bzw. Plangrößen verglichen.

Es kommen quantitative Kennzahlensysteme wie zum Beispiel das Du-Pont-Kennzahlenschema mit dem Return on Investment (ROI) als Spitzenkennzahl und qualitative Systeme wie die Balanced Scorecard mit den vier Perspektiven Lernen und Entwicklung, interne Prozesse, Kunden und der Spitzenperspektive Finanzen zum Einsatz (in Anlehnung an Backmann 2002: S. 95 ff).

8.6 Controller-Wörterbuch Deutsch – Englisch

Abweichung	Deviation
Abweichungsanalyse	Deviation analysis
Abweichungsbericht	Deviation report
Bericht	Report
Berichtsdimension	Report dimensions
Berichtsinhalt	Report
Berichtsprozess	Reporting process
Berichtswesen	Reporting system
Diagnostische Kennzahl	Diagnostic indicator
Empfängerorientierung	Audience focus
Gegensteuerung	Countermeasure
Grafik	Illustration
Informationsdichte	Information density
Interaktive Kennzahl	Interactive indicator
Intervall	Interval
Kennzahlenbericht	Key figure report
Kerngeschäft	Core business
Kommentierung	Comments
Kostenstruktur	Cost structure
Liquidität	Liquidity
Merkmal	Trait
Muster	Pattern
Qualitative Daten	Qualitative data
Quantitative Daten	Quantitative data
Rand- und Nebengeschäft	Side and peripheral business
Reifegrad	Maturity
Relevantes	Relevant data
Steuerungsinformation	Controlling data
Steuerungskonzept	Controlling concept
Systematik	System
Tabelle	table
Tendenz	Trend
Trend	Trend
Umsatzstruktur	Revenue structure
Verdichtung	Consolidation

Über den Autor

Matthias Siebold ist selbstständiger Interim-Manager, Moderator und Trainer mit langjähriger auch internationaler Erfahrung in unterschiedlichen Branchen. Als Diplom-Kaufmann war er vier Jahre Profit Center-Leiter in der Verlagsbranche. Seit rund 20 Jahren ist er selbstständig tätig, davon mehrere Jahre als Manager auf Zeit in verschiedenen Dienstleistungsunternehmen. Er verfügt über umfangreiche Kenntnisse in den Bereichen Controlling, Personal- und Vertriebsmanagement.

Seine Arbeitsschwerpunkte liegen in drei Bereichen:
- Interim Manager für kleine und mittlere Dienstleistungsunternehmen mit Vertriebs-, Personal- und/oder Controllingschwerpunkten.
- Moderator für Unternehmen und Organisationen beim Auf- und Ausbau betriebswirtschaftlicher Steuerungsinstrumente sowie in Change-Management-Prozessen.
- Trainer für Strategisches Management, Finanzen/Rechnungswesen/Controlling sowie professionelle Konzept- und Projektarbeit.

Mehr Informationen über den Autor erhalten Sie unter der Internet- und Kontaktadresse: www.siebold.biz

Literaturverzeichnis

Andresen-Zöphel, Doris (2009): BWA – ein riskantes Beruhigungsmittel?, in: http://www.controllingportal.de/Fachinfo/Grundlagen/BWA-ein-riskantes-Beruhigungsmittel.html vom 24.01.2013

Backmann, Christian (2002): Kennzahlen junger Unternehmen der Dienstleistungsbranche, in: Kostenrechnungspraxis-Sonderheft 2/2002, S. 95ff, Heidelberg

Becker, Wolfgang (2008): Gestaltung von Shared Service Centers in internationalen Konzernen, in: Bamberger Betriebswirtschaftliche Beiträge, Band 158, Bamberg

Berekoven, Ludwig (1983): Der Dienstleistungsmarkt in der Bundesrepublik Deutschland, Band 1, Göttingen

Biermann, Thomas (2007): Kompakt-Training Dienstleistungsmanagement, 2., überarbeitete und aktualisierte Auflage, Ludwigshafen (Rhein)

Blanke, Ulrich (2005): Entscheidungs- und marktorientierte Kosten- und Leistungsrechnung in öffentlich-rechtlichen Rundfunkanstalten; Institut für Rundfunkökonomie, Arbeitspapiere; Köln

Böckmann, Wilfried (2005): Welches Geschäftsmodell führt zum Erfolg? Sonderdruck Frankfurter Allgemeine Zeitung, Frankfurt

Bosewitz, Annette/Bosewitz, René/Wörner, Frank (2010): Business English für Controller, Freiburg

Bräunig, Dietmar (2000): Die Linienerfolgsrechnung für öffentliche Verkehrsunternehmen – Rechnungssystematische Betrachtungen des Verbundenheitsproblems, in Fachzeitschrift: Betriebswirtschaftliche Forschung und Praxis BFuP 3/2000, S. 306 ff, Herne/Berlin

Brandt, Stefan (2002): Controlling in Beratungsunternehmen, in: Kostenrechnungspraxis-Sonderheft 2/2002, S. 27 ff, Heidelberg

Bruhn, Manfred/Stauss, Bernd (Hrsg.) (2005): Forum Dienstleistungsmanagement – Dienstleistungscontrolling, Wiesbaden

Bundesverband Deutscher Unternehmensberater BDU e.V. (2008): Grundsätze ordnungsgemäßer Planung (GoP), BDU-Servicegesellschaft, 2. Auflage, Bonn

Deutsche Bank AG (1993): In Kosten steckt Gewinn. Leitfaden Kostenmanagement, Mittelstandsbroschüre 12, Frankfurt

Deutsches Institut für Normung e.V. DIN (Hrsg.) (2009): DIN SPEC 1086 – Qualitätsstandards im Controlling, Berlin

Fischer, Regina (2002): Verfahren und Probleme der Preiskalkulation in Dienstleistungsunternehmen, in: Kostenrechnungspraxis-Sonderheft 2/2002, S. 87 ff, Heidelberg

Gadatsch, Andreas/Mayer Elmar (2004): Masterkurs IT-Controlling, 2. erweiterte Auflage, Wiesbaden

Greinecker, Herbert (2006): Verrechnungspreise im Konzern – Aktuelle Trends, in: Schwerpunktthema Transfer Pricing – Verrechnungen im Konzern: Die besten Wege finden, tipps&trends Eigendurck PriceWaterhouseCoopers PwC, Wien

Grossmann, F. (2002): Grundlagen der Kostenrechnung, Management Institut St. Gallen, Trainingsunterlage, St. Gallen

Grossmann, F. (2002): Konzeptionelle Grundlagen Finanzmanagement: Übersichten, Management Institut St. Gallen, Trainingsunterlage, St. Gallen

Grotheer, Manfred (2011): Crashkurs Controlling für Führungskräfte, Seminarunterlage 13. Auflage

Hirsch, Bernhard (2002): Einführung der Kostenrechnung bei einer Fondsgesellschaft – das Beispiel Warburg Invest, in: Kostenrechnungspraxis-Sonderheft 2/2002, S. 79 ff, Heidelberg

Hoffmann, Kai/Reinhard, Jürgen (2012): Steuerung interner Dienstleister, in: Controller Magazin – Arbeitsergebnisse aus der Controller-Praxis November/Dezember 2012, S. 58 ff, Gauting/München

Internationaler Controller Verein ICV (Hrsg.) (2005): Controller Statement – Strategische Planung, http://www.controllerverein.com/Controller_Statements.187.html vom 24.01.2013

Kerth, Klaus/Pütmann, Ralf (2008): Die besten Strategietools in der Praxis, 3., erweiterte Auflage, München

Kleinhietpaß, Guido (2012): Dienstleistungs-Controlling, in: Controller Magazin – Arbeitsergebnisse aus der Controller-Praxis Juli/August 2012, S. 45 ff, Gauting/München

Kopp, Jörg (2004): Shared Services, Arbeitspapier Fachhochschule Köln, http://www.dr-kopp.com/download.php?7b82f187cd7612b31ebbb-3a71535f592 vom 24.01.2013

Kralicek, Peter (2003): Bilanzen lesen – eine Einführung, 3., aktualisierte und erweiterte Auflage, Frankfurt/Wien

Kütz, Martin (2005): IT-Controlling für die Praxis, Heidelberg

Lingnau, Volker (Hrsg.) (2004): Aktueller Stand der Kostenrechnung für den Dienstleistungsbereich in Theorie und Praxis, Beiträge zur Controlling-Forschung, https://luc.wiwi.uni-kl.de/forschung/controlling-forschung vom 24.01.2013/

Meier, Horst (2006): Innovative Geschäftsstrategien durch produktbegleitende Dienstleistungen, Vortrag 1. Forum Innovationsmanagement Lipperlandhalle, www.innovations-wissen.de/.../innovationsforum/vortrag_prof_meier.pdf vom 24.01.2013

Meffert, Heribert/Bruhn, Manfred (2006): Dienstleistungsmarketing – Grundlagen – Konzepte – Methoden, 5., überarbeitete und erweiterte Auflage, Wiesbaden

Müller, Heinrich (1999): Anforderungen an das interne Rechnungswesen für die operative Unternehmenssteuerung global agierender Unternehmen und Konzerne, in: Altenburger/Janschek/Müller (Hrsg.): Fortschritte im Rechnungswesen, S. 383 ff, Wiesbaden

Müller-Stewens, Günter/Fontin, Mathias (2003): Die Innovation des Geschäftsmodells, Sonderdruck Frankfurter Allgemeine Zeitung

Nagl, Anna/Rath, Verena (2004): Dienstleistungscontrolling, Planegg/München

Preißner, Andreas (2010): Praxiswissen Controlling – Grundlagen – Werkzeuge – Anwendungen, 6. Auflage, München

PricewaterhouseCoopers PwC (2012): Mit der Korridorplanung werden Unsicherheiten bewusst berücksichtigt, www.pwc.de/risiko-management/Korridorplanung.jhtml vom 17.06.2012

Pufahl, Mario (2012): Vertriebscontrolling – So steuern Sie Absatz, Umsatz und Gewinn, 4. Auflage, Wiesbaden

Reckenfelderbäumer, Martin (2002): Die Kalkulation von Betreibermodellen als zukünftige Herausforderung für das Controlling produktbegleitender Dienstleistungen, Vortragspräsentation SPIN-Thementag, Chemnitz

Reckenfelderbäumer, Martin (2005): Konzeptionelle Grundlagen des Dienstleistungscontrollings – Kritische Bestandsaufnahme und Perspektiven der Weiterentwicklung zu einem Controlling der Kundenintegration, in: Bruhn, Manfred/Stauss, Bernd (Hrsg.) (2005): Forum Dienstleistungsmanagement – Dienstleistungscontrolling, Wiesbaden

Schimank, Christof/Strobl, Günter (2002): Controlling in Shared Services, erschienen in: Gleich, R./Möller, K./Seidenschwarz, W./Stoi, R. (Hrsg.): Controlling Fortschritte, März 2002, München

Schoen, Ralf (2006): Lifecycle Management für Produkte und Services, Seminarunterlage, http://www.competence-site.de/filedownload/cns-i?id=i_file_11738 vom 24.01.2013

Schoen, Ralf (2012): Einsatz von Kennzahlen für die strategische Positionierung und Mandantenentwicklung, Vortrag Fachtagung Schloss Bensberg, http://www.competence-site.de/filedownload/cns-i?id=i_file_11738 vom 24.01.2013

Schrott, Oliver/Hellebrandt, Michael (2009): Zusammenfassung der DIN SPEC 1086 »Qualitätsstandards im Controlling«, Foliensatz Plaut Consulting GmbH, Oktober 2009, Ismaning

Seiter, Mischa/Schwab, Carsten/Ahlert, Dieter/Heußler/Tobias, Michaelis/Manuel (2009): Nutzenmessung von produktbegleitenden Dienstleistungen im Industriegüter-Pricing – erste empirische Ergebnisse, http://www.korserv.de/downloads/IPRI_IfhM_Paper_RDL.pdf, Stuttgart

SGMI Management Institut St. Gallen (2003): Strategische Analyse, Seminarunterlage, St. Gallen

SGMI Management Institut St. Gallen (2003): Das Strategie-System, Seminarunterlage, St. Gallen

Standard&Poor's (2002): Corporate Ratings – Cash ist Fakt – Gewinn ist Ansichtssache, White Paper 08.04.2002, Frankfurt

Steinle, Claus/Daum, Andreas (Hrsg.) (2007): Controlling: Kompendium für Ausbildung und Praxis, 4. Auflage, Stuttgart

T-Systems Training TSI GmbH (2001): BWL für Funktionsumfang I für Führungskräfte, Nachschlagewerk i. R. d. Trainingsprojektes Neue Steuerungsinstrumente NSI, Stuttgart

Usadel, Jan (2002): Target Costing in TV-Produktionsunternehmen, in: Arbeitspapiere des Instituts für Rundfunkökonomie an der Universität zu Köln

Verhülsdonk Wirtschaftsprüfung und Steuerberatung (2009): Internationale Verrechnungspreise und ihre Dokumentation, Eigendruck

Weber, Jürgen (2010): Was unterscheidet erfolgreiche von nicht erfolgreichen Controllern?, in: Zeitschrift für Controlling und Management, 54. Jg. 2010 H.2

Wehnert, Oliver (2011): Eine Frage des Preises – Verrechnungspreise im Blickpunkt der Finanzbehören, in: Tax & Law Magazine Februar 2001, Ernst & Young, Stuttgart

Weiermair, Klaus/Peters, Mike (2005): Kapazitätsauslastung- und Ertragscontrolling von touristischen Dienstleistungen durch das Yield Maanagement, in: Bruhn, Manfred/Stauss, Bernd (Hrsg.) (2005): Forum Dienstleistungsmanagement – Dienstleistungscontrolling, Wiesbaden

Wiegard, Marc (2012): Management Reporting: Mit höherer Informationsdichte und Qualität mehr bewegen!, White Paper Horvath & Partner, Eigendruck, Berlin

Stichwortverzeichnis

a

Auswertung, betriebswirtschaftliche 131, **133 f.**

b

Balanced Scorecard 52, 80, 82, 84, 87, **144**, 169, 187, 301
Berichtsmatrix **14 f.**, 107 f., 145 f., 154, 201, 248
Berichtswesen 106 ff., 163, **293 ff.**, 298 f.
Beteiligungscontrolling **145**, 147
Betriebsergebnisrechnung **137 f.**
Bilanzschnelltest 113, **115 ff.**

c

Cashflow-Analyse **131**, 133
Controller-Wörterbuch 37, 98, 148, 193, 241, 289, 302
Controlling **27 f.**, 34 f., 44, 130, 143, 147, 288, 298
Cost Center 171, 180 f.

d

Deckungsbeitragsrechnung 205, 244, 249, **261**, 263 f., 266
– einstufige 264
– mehrstufige 266
Dienstleistung **20 f.**, 37, 50, 59, 89 f., 161, 165 f., 176, 178, 204, 214, 221, 233, 245, 247 ff., 256, 278 f., 288 f.
Divisionskalkulation **250**, 256
– einfache 250
– mehrfache 252
– mehrstufige 253

f

Fixkosten **204**, 207, **223 ff.**, 240, 263, 267

g

Gemeinkosten 181, 189, 201, 204, 207, **218**, 220 f., 233, 249, 256, 258 ff.
Gesamtsteuerung
– jährliche, quantitative **108**
– monatliche, quantitative **133**
– qualitative **141**, **143**
Geschäftsmodell 90 f.

i

Investment Center 171 f., 182

k

Kalkulationsmethode, kostenorientiere **250**
Kalkulationsmethode, nachfrage- und wettbewerbsorientierte **277**
Kapazitätscontrolling, preisgesteuertes 243, 249, **282 ff.**
Kennzahl, quantitative **108**, 110
Kennzahlen, dynamische **143**
Kennzahlen, qualitative 110, **142 f.**, 169
Kernkompetenz 50, 52, 57 f., **61 ff.**, 80 f., 90, 153, 172, 208, 235, 237, 240
Kosten- und Leistungsrechnung **158**, 188, 199, 203, 207, **210**
Kostenmanagement 187, 197 ff., **201 ff.**, **206 f.**
Kostenmanagement, operatives **205**
Kundenorientierung **20**, 157, 160, 165

l

Leistungsbereitschaft 21 f.
Leistungsfähigkeit 21, **23**, 85, **110 ff.**, 246
Leistungstiefe 208, **235 f.**, 237
Leistungsverrechnung, intern 156 f., **159 f.**, **161**, 177, 192 f., 213, 273
Leitbild **33**, 52, **53 ff.**, **80**, 106, 160

m

Management, strategisches 44
Marktsegmentierung 59, 284

p

Portfoliomanagement **228**, 282
Preiskalkulation 243 ff., 249, **250**, **277**
Preispolitik **243**, **246**, **285**
Profit Center 171, **172**, 181, **188**
Projektkalkulation 249, **286**
Prozesskostenrechnung 35, 177 f., 187, 250, **273 ff.**
Prozesstyp **102 f.**, 245

r

Rahmen, strategischer 64, **80**, **159**, 168
Reporting 155, **295**, 299

s

Service Center 171, 180 f.
Shared Service Center 41, **183 ff.**
Strategieansätze **49 f.**
Strategieentwicklung 40, 49, 51, 64 f., 88
Strategieentwicklungsprozess **48 f.**
SWOT-Analyse 52, **57 f.**
Szenario 64, **65 f.**

v

Verrechnungspreise, internationale 188, **190 f.**
Verrechnungssysteme, konzernintern 174, 183, **188**

w

Wertschöpfung 90 ff., **151**, 155, 189, 235, 240

z

Zielkostenrechnung **277**, 278 ff., 282
Zuschlagskalkulation 250, **256**, 258, 277

Wiley Lehrbuch

PETER LORSON, REINER QUICK
und HANS-JÜRGEN WURL

Grundlagen des Controllings

2013. 300 Seiten. Broschur.
ISBN: 978-3-527-50573-9
€ 29,90

In diesem neuen Lehrbuch erläutern Peter Lorson, Reiner Quick und Hans-Jürgen Wurl die Aufgaben, Teilbereiche und Ziele des Controllings.

Nach einer grundlegenden Einführung werden das strategische Controlling und das operative Controlling ausführlich dargestellt.

Im Anschluss erfolgt ein Blick auf das Controlling unter organisatorischen Gesichtspunkten und eine Darstellung der Zukunftsperspektiven. Ein besonderer Schwerpunkt sind die internationalen Aspekte und die Instrumente des Controllings wie M&A, Behavioral Accounting oder externe Kommunikation.

Wiley-VCH
Postfach 10 11 61 • D-69451 Weinheim
Fax: +49 (0)6201 606 184
e-Mail: service@wiley-vch.de • www.wiley-vch.de

WILEY

Advanced Controlling

JÜRGEN WEBER (Hrsg.)

Erfolgreiche Einführung von Controlling in öffentlichen Institutionen
Am Beispiel der Bundesagentur für Arbeit

2014. ISBN: 978-3-527-50761-0
€ 24,90

Vom Erbsenzähler zum Business Partner
Und wie geht es weiter?

2013. ISBN: 978-3-527-50762-7
€ 24,90

In jährlich vier Bänden deckt die Reihe *Advanced Controlling* alle neuen Entwicklungen im Bereich Controlling ab. Ob neue Instrumente oder neue Aufgabenfelder, die Reihe bietet sowohl Controllern als auch Managern einen schnellen und gut lesbaren Einblick in neue Themengebiete.

Empirische Studien, Fallstudien und ausführliche Analysen runden die Themenaufbereitung ab.

Sparen Sie über 20% im Abonnement!

Als Abonnent erhalten Sie die Advanced-Controlling-Bände für nur € 19,90 statt € 24,90 pro Band und greifen außerdem kostenlos auf die Online-Version der Bände zu.

Erfahren Sie mehr unter
www.advanced-controlling.de!

Wiley-VCH
Postfach 10 11 61 • D-69451 Weinheim
Fax: +49 (0)6201 606 184
e-Mail: service@wiley-vch.de • www.wiley-vch.de

WILEY